민족문화 학술총서 49

韓國看話禪의 源流

민족문화 학술총서 49

韓國看話禪의 源流

정영식 지음

KSI 한국학술정보[주]

《 추천사 》》》》》》》

이 책은 저자인 정영식 씨가 2006년 3월에 동경대학에 제출하여 박사학위를 취득한 일본어논문의 한국어판이다. 본서는 '중국에 있어서의 공안선의 확립과 한국에의 전개'를 주제로 하고 있다. 제1부에서 宋代에 공안선을 확립했다고 간주되는 대혜종고(1089-1163)를 중심으로 해서 중국에 있어서의 전개를 해명한 후, 제2부에서 韓國禪에 있어서의 영향과 발전을 논하고 있다.

제1부에서는, 우선 대혜의 생애와 『大慧語錄』의 성립을 논한 후에 대혜사상의 기반으로서 『화엄경』과 『수능엄경』이라는 두 개의 경전의 영향을 다루고, 나아가 대혜가 生死나 淨土라는 通佛敎적인 문제를 어떻게 다루고 있는가를 밝히고 있다. 그다음에는 공안선의 문제로 나아가, 대혜가 깨달음에 이르는 가장 효과적인 방법으로서 공안선을 채용한 경위를 명확히 하고, 가장 대표적인 공안인 無字公案에 대해서 그 성립과 전개 및 변화에 대해서 상세한 검토를 행하고 있다.

제2부에서는 우선 아직 공안선이 도입되기 이전(신라~고려 중기)의 한국선의 형성을 九山禪門을 중심으로 개관한 후, 한국선의 확립자인 보조지눌(1158-1210)과 그 제자인 진각혜심(1178-1234)을 중심으로 공안선의 수용과 확립과정을 밝히고, 대혜의 영향이 컸던 것을 논증하고 있다. 특히, 종래 한국선의 특징으로서 頓悟漸修가 들어지고 있었던 것에 대해서, 그러한 면이 있으면서도 대혜의 영향에 의해 공

안선을 돈오점수의 위에 두고 있는 것을 명확히 지적하는 한편, 대혜가 唐代 이래의 無事禪을 비판하는 것에 대해서 지눌이나 혜심에게는 無事禪적인 요소가 동시에 보인다고 하는 양자의 차이점을 명확히 하고 있다.

이와 같이, 본서는 종래 명확하지 않았던 '중국선의 한국에의 전개'라는 문제를 공안선에 초점을 맞추는 것에 의해 명확히 밝히고, 특히 대혜의 영향 및 대혜와 한국선의 차이점을 정확히 지적한 곳에 큰 성과가 보인다. 대혜 자신의 사상에 관해서도 종래 그 연구가 충분하지 않은 가운데 본서는 그 어록과 저작을 精讀하여 그 사상의 기반을 밝히고 있다. 종래 중국과 한국 양쪽을 모두 공부한 선연구자가 적었던 가운데서, 정 씨는 그 양쪽의 자료를 상세하게 검토하여 크게 발전시킬 수가 있었다. 본서는 금후의 중국・한국의 선연구의 기초가 될 귀중한 성과라고 할 수 있을 것이다.

저자인 정영식 씨는 度日 후, 동경대학 대학원에서 인도철학불교학을 전공하고, 석사과정과 박사과정에서 일관되게 선종사의 연구를 해왔다. 당초에는 木村清孝 교수를 지도교수로 했었지만, 木村 교수가 정년퇴임한 후는 내가 지도를 담당해 왔다. 정 씨는 또 일본에 있어서의 선연구의 중심인 駒澤大學에서, 중국선연구의 최첨단을 달리는 石井修道 교수나 小川隆 조교수의 지도를 받아서 그 연구방법과 연구성과를 몸에 익혔다. 또, 중국의 人民大學에 단기 유학하는 등 중국의 연구에 대한 배려도 게을리 하지 않았다.

정 씨의 불교연구는 단순한 지적 관심에 머무르지 않고, 깊은 신앙과 실천이 뒷받침되어 있다. 일본에 있을 때도 나의 소개로 동경 교외의 임제종 전문도량인 廣園寺에서 接心(안거 도중 철야정진하는 것(필자 주)에 참가하는 등 선의 실천도 게을리 하지 않았다. 정 씨와

이야기를 할 때는 언제나 학문적 연구에서 시작해서 불교의 실천, 그리고 인생의 문제로 이야기가 넓혀져 가는 것이 보통이었다.

이번에 정 씨의 오랫동안의 연구성과가 이러한 형태로 출판되어 학계에 도움이 되는 것을 기뻐함과 동시에, 정 씨가 금후 한국 · 일본 · 중국의 동아시아 전역에 걸친 새로운 불교연구의 지도자로서 활약할 것을 충심으로 기원하는 바이다.

東京大學敎授 末木文美士(스에키 후미히꼬)

《《 들어가면서 》》》》》》》》

본서는 필자의 동경대학 박사학위논문인 〈大慧宗杲と韓國公案禪の展開〉를 번역한 것이다. 필자가 대혜종고와 인연을 맺게 된 것은 1993년경으로서, 부산의 어느 선생님에게서 불교를 공부할 때 처음 접한 것이 『서장』이었다. 따라서 처음에는 학문보다 수행과정 속에서 대혜종고와 인연을 맺게 되었고, 『서장』을 읽을 때도 한글로 번역된 것을 읽었었다.

1998년 연말에 동경대학에 처음 유학하였을 때에는 木村清孝 교수의 밑에서 〈선과 화엄의 관계〉를 공부할 예정이었으나, 木村 교수가 정년퇴임한 관계도 있어서 평소 친숙했던 대혜종고의 연구에 본격적으로 착수하기로 마음을 먹게 되었다. 즉 중국선을 전공으로 선택했던 것인데, 그것이 석사과정 2학년 때였다. 그런데 중국선을 전공하게 되면서 처음 느낀 것은 일본 교수들의 무관심이었다. 그 이유는 내가 전혀 중국어를 하지 못했기 때문이었다. 필자는 동경대학뿐만이 아니라, 일본에서 선연구의 중심인 駒澤대학의 石井修道 교수, 小川隆 교수의 연구회에서도 오랫동안 공부하였는데, 거기에는 중국인 유학생과 중국어에 능통한 학자들뿐이었다. 따라서 아무도 나에게 관심을 기울여 주지도 않았고, 어쩌다 결석을 해도 '왜 결석했는지'를 궁금해 하는 사람도 없었다. 그때부터 나는 본격적으로 중국어를 공부하기 시작하여, 매일 밤 11시부터 일본 NHK의 중국어방송을 듣는 등 일본 교수들의 인정을 받기 위해 노력하였다. 그것이 얼마나 힘이 들었던지, 아마도 2년간은 거의 매일 '내가 왜 이 전공을 택했던가!' 하고 탄식했을 정도였다. 다행히 박사과정에 진학한 후에는 중국에 어학연수를 다녀오는 등 나름대로 성과가 있어, 겨우 일본의 중국선연구자들의 나까마(동료)에 들었음을 느낄 수 있었다.

이와 같이 일본의 중국선연구자에게 있어서 중국어에 대한 소양은 이미 필수불가결한 것이 되었으며, 그것은 학자들뿐만이 아니라 수행하는 승려들에 있어서도 그러하다. 그것은 入谷義高 선생의 영향으로, 오늘날 일본의 중국선연구의 중심은 入谷 선생에게서 직・간접적으로 영향을 받은 사람들이다. 중국선연구에 있어서 중국어학습의 필요성은 당연한 것이고, 학문의 세계에서는 더욱 그러하다. 하지만, 한국의 상황은 어떠한가? 반성해 볼 일이다.

그런데 겨우 중국선으로 일본의 학자들에게서 인정받게 되었을 무렵 인연이 있어 한국선을 공부하게 되었다. 참으로 쉴 틈이 없었다. 다시 한국에서 자료를 받아서 한국선연구에 착수하였다. 그러나 한국선연구를 하기 위해서는 중국선연구는 필수이다. 특히 한국간화선을 연구하기 위해서는 대혜종고에 대한 연구는 빼놓을 수 없다.

본서는 종래 한국에서 별로 읽혀지지 않았던 『4권본보설』을 본격적으로 다룬 것이다. 본서의 내용 중 주요한 것은 〈Ⅰ. 대혜의 간화선사상〉에서, 종래 대혜와 관계 깊은 경전으로 일컬어져 왔던 〈『화엄경』, 『수능엄경』과 대혜사상과의 관계〉를 구체적으로 밝힌 점과 〈무자공안의 역사적 변천과정〉을 규명한 것이다. 〈Ⅱ. 한국의 간화선전개〉에서는 〈『禪門寶藏錄』과 지눌・혜심의 사상〉을 주로 다루었다. 그리고 이 두 연구를 바탕으로 2장. 3절에서 최종적으로 〈중국선이 지눌과 혜심에 끼친 영향〉을 서술하였다. 특히, 〈혜심에 미친 영명연수의 영향〉에 관해서는 종래 전혀 연구되지 않았던 것이어서 나름대로의 자부심을 느낀다.

7년 4개월의 일본유학생활은 당시에는 결코 길게 느껴지지 않았다. 매일 매일이 바빠서였을 것이다. 그러나 지금 생각해 보면 '참 오래 있었구나!' 하는 생각이 들기도 한다. 30대의 대부분을 외국에서 보낸 셈이기 때문이다.

필자가 성공적으로 유학생활을 마칠 수 있었던 것은 주위 분들의 도움이 있었기 때문임은 말할 나위도 없다. 먼저, 학문적으로는 지도교수인 末木文美士 교수에게서 〈학자의 모범〉을, 石井修道 교수에게서는 〈선종사를 보는 폭넓은 안목〉을, 小川隆 교수에게서는 〈어록의 독해능력〉을 익혔다. 末木 교수는 개방적인 성격에 인격적으로도 훌륭하신 분이다. 末木 교수에게서 『방거사어록』의 교정을 부탁받았을 때에는 '아! 나도 드디어 인정을 받았구나.' 하고 기뻐하였던 기억이 난다. 또, 石井 교수와 小川 교수는 필자의 딸을 귀여워해 주셔서, 필자가 무사히 학위를 받게 된 것은 어쩌면 자식 덕인지도 모른다.

그리고 아무 조건도 없이 장학금을 지원해 주신 백련불교문화재단의 이사장이신 圓澤師의 은혜도 잊을 수 없다. 師의 지원이 없었더라면 아직도 일본에 있을지도 모른다. 또, 일본유학의 등불이 되어주신 부산대학교의 지도교수 김용환 교수님, 오랜 세월을 기다려주신 부모님과 장인 · 장모님, 3년간을 엄마 · 아빠와 떨어져 살았던 딸 임령이에게 감사의 말씀을 전한다. 그리고 마지막으로, 오랜 세월을 남편의 뒷바라지를 위해 딸과도 헤어져 살며 고생한 아내에게 정말로 감사드린다. 아내의 희생이 없었더라면 이 책도 나올 수 없었을 것이다.

2007년 7월
정영식 합장

contents

I

大慧宗杲의 看話禪思想 • 13

II

한국의 看話禪 전개 • 175

I.

大慧宗杲의 看話禪思想

제1장 大慧의 生涯와 大慧語錄의 成立過程

제1절 大慧의 生涯와 時代背景

1. 기존의 연구현황

지금까지의 중국선종에 대한 연구경향을 보면, 唐代에 대한 연구는 활발하지만 宋代선종에 대한 연구성과는 적다고 하지 않을 수 없다. 그것은 중국선종사에 있어서, 唐代를 '융성기', 宋代를 '침체기' 내지 '쇠퇴기'로 보는 인식에 근거하고 있을 것이다. 그러나 大慧宗杲에 대한 연구는 비교적 활발히 행해지고 있다. 특히 看話禪에 대해 언급할 때는 반드시 대혜를 거론하고 있다. 본 항에서는, 근세에서 현대까지의 일본에 있어서의 대혜의 研究史에 대해서 간략히 언급하기로 한다.

일본에 있어서의 대혜에 관한 연구서는, 江戶(에도)시대의 無著道忠(1653-1744)에까지 거슬러 올라간다. 『新纂禪籍目錄』(駒澤大學圖書館編, 1963년)에 수록되어 있는 근세의 연구서를 들면 다음과 같다.

① 『大慧語錄』에 관한 것.
大慧廣錄事考: 無著道忠
大慧錄事苑: 道廓 · 古鏡 共編

② 『宗門武庫』에 관한 것.
大慧普覺禪師宗門武庫輯釋: 雲巖智門
大慧武庫考: 回峯全綬

大慧武庫校定

③『大慧書』에 관한 것.

大慧普覺禪師書鈔: 萬安英種

大慧普覺禪師書栲栳珠: 無著道忠

大慧書(增冠傍註大慧書): 高木龍淵

大慧普覺禪師書鈔: 大圭紹琢 述, 南化玄興 等錄

大慧書考

大慧書考証

大慧普覺禪師書備考

大慧普覺禪師書別考

大慧書標註補考拾遺

大慧書漫聞

大慧答孫知縣或問書考

여기에서 보면, 연구의 대상이 『大慧書』(書狀)에 집중되고 있는 것을 알 수 있다. 그런데 현대에 이르면, 대혜에 관한 연구는 다양화하고 연구자의 수도 증가한다. 그중에서도 큰 성과를 올리고 있는 연구자로서는 荒木見悟 · 柳田聖山 · 石井修道의 3인을 들 수 있다.

우선 이들 3인의 연구성과를 간단히 소개함과 동시에, 그들의 연구성과에 대해서 간략히 문제점을 서술하고자 한다.

1) 荒木見悟

대혜에 관한 연구에는 다음과 같은 것이 있다.

(1969)『大慧書』, 禪의 語錄17, 筑摩書房

(1987)「宋元時代의 佛敎 · 道敎에 관한 研究回顧」, 久留米大學比

較文化硏究所紀要
(1988)「禪과 儒敎와의 葛藤」, 『禪과 哲學』
(1993)『新版 佛敎와 儒敎』, 硏文出版

이 중, 『新版 불교와 유교』와 『大慧書(해설)』을 보면, 기본적으로는 대혜에 찬동하는 태도를 취하고 있다. 또 士大夫와 대혜와의 관계를 중시하고, 朱子의 방법론과 대혜의 방법론을 비교하고 있는 것이 주목된다. 그러나 필자는 荒木의 주장 중 그 전제로 삼는 점에 대해서 두 가지의 의문을 갖고 있다.

A. 우선 "당시의 士大夫들은 대단히 타락하고 있었다"고 하는 전제하에, "대혜는 당시의 타락한 사대부들을 수행으로 인도하기 위해 看話禪을 강조했다"고 서술한다. 우선, 이 점에 대해서 의문을 가진다. 물론 당시의 宋은 국가적인 위기상황에 있었고, 국정을 담당하는 것은 사대부들이었다. 그러나 그렇다고 해서 당시의 위기상황의 원인이 사대부들의 타락에 있었다고 볼 수 있을 것인가? 그리고 "대혜가 그러한 사대부들을 개선시키기 위해 看話禪을 강조했다"고 하는 주장에도 의문을 느낀다. 왜냐하면, 그 당시 看話禪은 이미 僧俗을 묻지 않고 禪林의 중심적인 修行法으로 되고 있었기 때문이다.

물론, 『三十劵語錄』과 『四劵本普說』 중 사대부를 대상으로 한 「法語」와 「書」 속에 看話禪을 권하고 있는 횟수가 많은 것은 사실이다. 그러나 그것은 설법의 형식과 관련하는 문제이다. 즉 『三十卷語錄』 중 「語錄」은 승려를 대상으로 해서 정기적으로 행해진 上堂說法의 기록이기 때문에, 내용은 특정의 공안에 대해서 승려의 질문에 대혜가 대답하는 형식으로 되어 있다. 따라서 일부러 看話禪을 권할 필요는 없다고 생각된다. 반면, 「法語」와 「書」는 비전문적인 수행자인 사대부를 대상으로 한 것이므로 그 내용에는 기본적인 불교교리나 훈계조의 설법이 많다. 때문에 看話禪을 권하는 횟수도 많다. 이것은 똑같이 사대부를 대상으로 하는 「普說」에서는 看話禪을 별로 말하지 않는 사실에서도 알 수 있다. 「普說」은 「法語」와 「書」(둘 다 편지글이다)와는 달리 주최자인 사대부가 원하는 특정의 공안이나 주제에 대해서 설법하는 것이고, 내용도 전문적이다. 따라서 看話禪을 권하는 것은 별로 없다.

B. 荒木는 "사대부를 수행에 인도하고, 타락한 문화를 개선하기 위해 대혜는 적극적으로 사회현실에 개입한 반면, 曹洞宗은 현실문제에 소극적이었다"고 주장한다. 이 점에 대해서도 의문을 가진다. 臨濟宗은 看話禪을 주장하고 조동종은 말없이 坐禪에 몰두하는 默照禪을 주장했다. 그러나 그것은 수행방법의 차이이지, 그것이 '임제종=적극적인 현실참여, 조동종=소극적인 현실참여'라고 하는 현실대응방식의 차이와 연관될 것인가? 당시의 불교는 이미 국가불교였고, 따라서 국가와 사회의 문제에 무관계할 수 있었던 승려가 존재했다고는 생각하기 어렵다. 당시에 臨濟宗 楊岐派 승려들의 현실참여가 두드러지는 것은 楊岐派의 세력이 그만큼 컸기 때문이 아닐까?

이상, 필자의 의문을 서술하였다. 荒木의 연구에 관련해서 Levering, M.L.(1978)도 그 전제를 계승하고 있는 듯하지만, 그것에 대해서는 금후의 연구과제로 하고 싶다.

2) 柳田聖山

柳田의 연구에는 다음과 같은 것들이 있다.

(1975) 「看話와 默照」, 花園大學研究紀要 6

(1986) 「看話禪에 있어서의 信과 疑의 問題」, 『佛教에 있어서의 信의 問題』

(1975)「無字의 周邊」,『禪文化研究所紀要』 7

(1976)「佛教와 朱子의 周邊」,『禪文化研究所紀要』 8

(1993)「無字의 前後」,『禪과 日本文化』

柳田의 가장 큰 업적은 대혜의 묵조선비판의 상대가 宏智正覺이 아니라 眞歇淸了라는 것을 주장한 점에 있다. 그리고 그 근거를『朱子語類』등에서 찾고 있는 것이 주목된다. 이 柳田의 주장은 종래의 학설(宏智正覺說)에 비하면 분명히 진보한 것이라고 할 수 있다.

그러나 필자는 柳田의 주장에 전면적으로는 찬동할 수는 없다. 그것은 다음과 같은 이유에서이다.

A. 柳田이 제시하는 근거 중, 대혜가 묵조선사로서 진헐을 비난했다고 하는 직접증거는 1, 2개밖에 없고, 그 외는 정황증거인 것.

B.『三十卷語錄』과『四卷本普說』에는 수없이 많은 묵조선비판이 보이지만, 眞歇淸了의 이름이 한 번도 나오지 않는 것.

C. 종래의 학설, 즉 宏智正覺說을 부정한 근거는 '대혜와 굉지는 사상에 있어서는 다른 점도 있었지만, 서로 존중하는 사이였다'고 하는 이유이다. 그러나 그것은 대혜와 진헐의 사이도 같았다고 할 수 있다.『대혜어록』에는 굉지와 진헐의 이름이 딱 한 번씩 나오지만, 그 내용은 "굉지와 진헐은 깨달음을 구하지 않는다"고 간접적으로 비판한 부분이다. 그러나 대혜는 진헐의 청에 의해 普說을 행하고 있고, 또 진헐의 제자가 參究를 청했을 때에는 먼저 진헐의 허락을 받을 것을 요구하고, 진헐도 그것을 허락하고 있다. 이와 같은 점에서 보면, 대혜는 굉지와 진헐에 동의할 수 없는 점도 있었지만, 서로 禪林의 重鎭이었으므로 노골적으로 비난하지는 않았다고 생각된다. 대혜의 묵조선비판의 신랄함을 생각하면, 만약 진헐이 그 상대라면『대혜어록』에 그 이

름이 나오지 않는 것은 부자연스럽다고 하지 않을 수 없다.

우리는 대혜의 묵조선비판의 상대가 '특정의 1인'이라고 전제할 필요는 없고, 그 특정의 1인과 대혜의 사이에 심각한 대립이 있었다고 상정할 필요도 없다. 나아가 적어도 대혜의 생존 기간인 12세기까지는 임제종과 조동종 간의 종파대립은 존재하지 않았다.

3) 石井修道

石井의 대혜에 관한 연구 중, 우선 논문을 들면 다음과 같다.

(1979・80・82) 「大慧普覺禪師年譜의 研究」 上・中・下, 駒澤大學佛教學部研究紀要 36・37・40

(1973・74・75) 「大慧語錄의 基礎的 研究」 上・中・下, 駒澤大學佛教學部研究紀要 31・32・33

(1970) 「大慧宗杲와 그 제자들(1)－『五燈會元』의 成立過程과 關聯해서」, 印度學佛教學研究 18－2

(1971) 「大慧宗杲와 그 제자들(2)－『宗門聯燈會要』의 歷史的性格」, 印度學佛教學研究 19－2

(1972) 「大慧宗杲와 그 제자들(3)－大慧『正法眼藏』과 『聯燈會要』」, 印度學佛教學研究 20－2

(1973a) 「大慧宗杲와 그 제자들(4)－大慧의 著作에 대해서」, 印度學佛教學研究 21－2

(1973b) 「大慧宗杲와 그 제자들(5)－著意와 忘懷라고 하는 말을 둘러싸고」, 印度學佛教學研究 22－1

(1974a) 「大慧宗杲와 그 제자들(6)－眞歇淸了와의 關係를 둘러싸고」, 印度學佛教學研究 23－1

(1976a) 「大慧宗杲와 그 제자들(7)－眞淨克文과 大慧宗杲」, 印度學

佛敎學研究 24－2
(1976b)「大慧宗杲와 그 제자들(8)－眞歇淸了와의 關係를 둘러싸고(承前)」, 印度學佛敎學研究 25－1
(1978)「大慧종고와 그 제자들(9)－大慧의 著作에 대해서(承前)」, 印度學佛敎學研究 26－2
(1982)「虛丘紹隆과 大慧宗杲」, 佛敎史學論集 25－1
(1988)「中國唐宋代의 禪宗史의 研究狀況과 問題點」, 駒澤大學佛敎學部論集 20
(1992)『大慧法語』, 大乘佛典 12, 禪語錄
(1993・94)「大慧普覺禪師法語(續)」, 上・下, 駒澤大學禪研究所年報 4・5
(1994)「禪의 時機觀－宏智・大慧・道元의 禪比較를 中心으로 해서」, 駒澤大學佛敎學部研究紀要 49
(1998)「大慧宗杲의 看話禪과 磨塼作鏡의 이야기」, 駒澤大學禪研究所年報 9
(1999)「禪宗에 있어서의 善과 惡－大慧와 道元을 中心으로 해서」, 日本佛敎學會年報 65

이 외에도『道元禪의 成立史的 研究』(大藏出版, 1991),『宋代禪宗史의 研究』(大東出版社, 1993) 등에도 대혜에 관한 연구가 보인다.

위의 목록을 보아도 알 수 있듯이, 石井修道는 대혜연구에 있어서 양적으로나 질적으로나 훌륭한 성과를 올리고 있다. 그것은『대혜어록』에 대한 書誌學的인 연구를 비롯해, 사대부와의 교류, 묵조선비판, 그리고 看話禪사상에 이르기까지 종합적으로 행해지고 있다. 특히,『대혜어록』의 성립에 관한 연구는 더 이상 연구가 필요 없을 정도로 상세한 것이다. 사상적 연구의 특징은, 『大乘起信論』의 始覺, 本覺의 개념에 의해 看話禪과 묵조선을 해석한 것이다. 즉 『大慧法語』(해설) 중에서, "대혜의 看話禪은 시각에서 본각으로 나아가는 과정이고, 따라서 깨달음을 필요로 하는 시각문이다. 반면, 묵조선은 본각문에 속한다. 그러므로 깨달음을 구하지 않는다. 한편 唐代禪은 본각문이고, 대혜의 看話禪은 唐代禪에 대한 비판 위에 성립하는 것이다. 그러나 宗密의 사상을 보면, 종밀도 不覺→始覺→本覺의 과정을 주장하고 있는 점에서 대혜의 看話禪과 같은 구조를 가지고 있고, 그것은 返本還元이다."라고 주장하고 있다.

이상 대표적인 3인의 연구자의 업적을 소개했지만, 그 외의 현대의 연구자의 연구논문에는 이하의 것이 있다.

市川白弦(1941) 『大慧』, 禪叢書 4, 弘文堂書房
荻須純道(1963) 「大慧禪師의 碧巖錄燒毁에 대해서」, 印度學佛教學研究 11-1
(1967) 「大慧宗杲」, 禪文化 45
武田 忠(1963) 「看話禪과 默照禪에 대한 一考察: 大慧와 宏智의 立場」, 宗學研究 36
陸川堆雲(1966) 「道元禪師의 大慧禪批判에 대해서」, 禪學研究 55
阿部肇一(1966) 「南宋의 大慧宗杲」, 駒澤大學文學部紀要 24
小川弘貫(1972) 「大慧, 宏智에 보이는 如來藏, 佛性」, 駒澤大學佛教學部研究紀要 30
樽林津龍(1983) 「大慧宗杲의 宏智禪師像贊에 대해서」, 宗學研究 25
桐野好覺(2000) 「大慧宗杲와 五位」, 印度學佛教學研究 49-1
廣田和教(2000) 「大慧宗杲의 弁邪正說에 대해서」, 禪學研究 78

2. 대혜의 생애

『大慧年譜』에 의하면, 그는 中國 北宋 元祐 4년(1089) 宣州 寧國縣(지금의 安徽省 宣城縣)출신으로, 성은 奚씨이다. 조부의 이름은 '仲'이지만, 아버지의 이름은 알 수 없다. 그가 태어나고부터 가문이 점차 기울어, 10살 때에는 불이 나서 집이 다 타버렸다고 한다. 13살에 향교에 들어갔지만 일찍부터 불교에 뜻을 두었다. 16세에 慧齊禪師에 출가하여, 17세에 景德寺에서 具足戒를 받았다. 그 후, 20세부터 2년간 洞山微禪師 등에게서 조동종의 宗旨를 배웠다. 그러나 그들의 가르침에 실망한 대혜는 마침내 그들을 떠나게 된다. 이때의 경험이 후에 묵조선을 비판하는 계기로 된다. 21세부터 湛堂文準에게 참학하여 큰 영향을 받는다. 그러나 27세 때에 담당문준이 병이 들어, 대혜에게 圓悟克勤에게 참학할 것을 권한다. 대혜는 원오를 방문하지 않고 유랑했지만, 32세 때에 다시 張商英에게서 원오에 참학할 것을 권유받고, 마침내 37세 때에 天寧 萬壽禪寺에서 원오를 뵈었다. 『大慧年譜』에 의하면, 대혜는 원오에 참학하고 나서 42일 정도 후에 悟道했다고 한다. 마침내 원오는 『臨濟正宗記』를 써서 대혜에게 法을 부촉하였다. 따라서 법계상으로 보면 대혜는 임제종양기파의 4세가 된다.

한편, 대혜의 사상적 특징은 역시 '묵조선비판'과 '看話禪의 확립'에 있다고 해야 할 것이다. 대혜가 묵조선을 비판하기 시작하는 것은 46세(1134)이지만, 『大慧年譜』에서는 그때의 상황을 다음과 같이 기록하고 있다.

時宗徒撥置妙悟, 使學者困於寂默. 因著辯正邪說, 而功之, 以救一時之弊.[1]
〈그때 종도들이 妙悟를 버려두고, (도를)배우는 사람들로 하여금 寂默에 빠지게 하였다. 그래서 『辯正邪說』을 저술하여 그들을 책망하고, 당시의 폐단을 구했다.〉

묵조선비판과 看話禪확립은 거의 동시에 행해진다고 생각된다. 종래 대혜의 비판의 대상이 누군가에 대해서는 굉지정각설과 진헐청료설이 있지만, 지금 현재로는 진헐청료설이 가장 유력한 학설이다.

그런데 대혜는 53세(1141) 때, 하나의 정치사건에 휘말린다. 당시의 南宋은 金과의 화해를 주장하는 講和派(秦檜 등)와 主戰派(岳飛 등)가 대립하고 있었는데, 어느 날 평소부터 대혜와 교분이 있었던 主戰派의 한 사람인 無垢居士 張九成이 아버지를 여의고 대혜에게 설법해 줄 것을 청하였다. 그러자 대혜는 이하와 같이 偈를 읊는다.

神臂弓一發 透過千重甲 子細拈來看 當甚臭皮韈[2]

神臂弓이란 宋初에 張若水가 神宗에게 바친 뛰어난 石弓이지만, 그 표적이 秦會를 암시했다고 하는 구실을 붙여 대혜는 장구성과 함께 湖南省 衡州로 유배되고 승적을 박탈당하게 되었다. 대혜의 偈를 본떠서, 이것을 '神臂弓事件'이라고 부른다. 죄인으로는 되었지만, 衡州에서는 紹興 17년(1147)에 『正法眼藏』을 편집하고, 62세에 廣東省 梅州로 옮겨지고 나서는 『雜毒海』의 대부분을 저술하고 있다. 그 외에도 대혜의 저작과 법어의 대부분은 유배 중에 쓰인 것이고, 유배지에 있어서도 통상과 같이 제자들을 지도하고 있다. 총 17년간의 유배를 마치고

---

1) 『大慧年譜』 46세조(縮刷大藏經騰 8, 7b)
2) 『大慧年譜』 53세조(縮刷大藏經騰 8, 10b)

復僧한 것은 68세(1156)의 때이다. 그해의 연말에는 굉지정각의 추천에 의해 阿育王寺의 주지가 되고, 2년 후에는 徑山明月堂으로 옮겼다. 隆興元年(1163), 75세로 대혜가 示寂하자 효종은 명월당을 '妙喜菴'으로 이름하고, '普覺'의 시호를 내렸다. 『대혜연보』에 의하면, 사법제자는 育王遵璞·開善道謙·雪峰慧日·禪師蘊聞 등 모두 110인을 넘는다고 한다.

3. 당시의 禪林

대혜가 살았던 시대는 북송에서 남송에 걸치는 시기로, 遼·金·西夏 등과 전쟁이 되풀이되는 불안한 시대였다. 송이 건국하고 나서 대혜가 시적할 때까지의 시대상황과 禪林의 움직임을 간단히 정리해 보도록 하자.

五代十國의 분열상태가 끝나고 송이 건국한 것은 960년이다. 송은 수도를 開封에 정하고, 2대 황제 太宗(976~997년 재위)의 시대에는 중국의 중요한 지역에의 통일이 거의 달성되었다. 한편, 북방에서는 거란족인 遼가 발흥하여 華北 전역을 점령하는 등 세력을 확대하였고, 北西에는 西夏가 건국되어 중국 전토는 遼·西夏·宋의 三國이 鼎立하는 형세가 되었다. 송은 대외적으로는 이들 나라들과 전쟁과 강화를 되풀이하는 등 불안했지만, 국내적으로는 지방에 넘어가 있던 재정권을 중앙정부의 감독하에 두고, 과거제도를 확대해서 문신관료를 등용하는 등 중앙집권화를 추진해 나갔다. 이때, 새로이 등장한 세력이 과거제도를 통해서 등용된 사대부들이었다. 그들은 중국의 고전에 정통하고, 詩文이나 書畵에 통달한 지식인으로서 국민의 모범으로서 중국을 통치하였다. 이와 같이 문신관료를 중심으로 해서 정치는 점점 안정을 되찾고, 특히 4대 황제 仁宗(1022~1063 재위)의 때에는 '慶曆의 治'라고 불릴 정도로 안정이 확보되었다.

그러나 이러한 안정도 오래가지는 못하고 계속되는 西夏와의 전쟁에 의해 국가재정은 점점 궁핍해갔다. 그래서 6대 황제 神宗(1067~1085 재위)은 王安石(1021~1086)을 등용해서 국정의 대개혁을 행했지만, 神宗의 사망과 함께 실패로 끝나고 말았다. 그 후, 新法黨과 舊法黨 사이에는 당쟁이 끊이지 않고, 특히 8대 황제 徽宗(1100~1125 재위)은 정무를 돌보지 않고 도사인 林靈素(?~1119) 등의 꼬임에 빠져 막대한 국비를 낭비하였다. 그 때문에 북송 말기에는 전국 각지에서 반란이 일어났다.

한편, 국외적으로는 1115년에 金이 건국되어 宋과 결탁하여 遼를 멸망시켰다(1125년). 宋은 金과 강화를 체결했지만 계속되는 宋의 배신행위 등에 의해 마침내 1127년에 金軍은 開封을 함락시키고, 徽宗·欽宗 등 수천 명의 포로를 잡아갔다. 이것이 소위 '靖康의 變'으로 북송의 시대는 끝나게 된다. 그러나 欽宗의 동생인 趙構(1107~1187) 등은 송을 부흥시키고, 수도를 臨安으로 옮겨서 南宋을 건국한다. 그 후 남송은 국토의 회복을 도모하지만 금의 포로가 되어 있었던 秦檜(1090~1155)가 귀국하자 강화파가 세력을 얻어, 1142년에는 금과의 화의가 성립되고 주전파의 우두머리였던 岳飛(1103~1141)는 처형되었다. 굴욕적인 조건이기는 하지만 일단 대외적으로 안정을 회복한 남송은 2대 황제 孝宗(1163~1189 재위)의 시대까지는 근근이 평화가 지속되었다.

한편 선림의 상황을 보면, 五家(臨濟宗·曹洞宗·雲門宗·法眼宗·潙仰宗) 중, 송대 초기에 번성한 것은 임제종·운문종·법안종이었다. 임제종은 五代에는 세력을 떨치지 못했으나, 風穴延沼(896~973)

경부터 세력이 커지고, 首山省念(926~993)의 문하에서 汾陽善沼(947~1024)・廣慧元連(951~1036)・石門蘊聰(965~1032) 등이 나와서 갑자기 융성하게 되었다. 특히, 石霜楚圓(986~1039)의 문하에서 楊岐方會(992~1049)와 黃龍慧南(1002~1069)이 나와서, 각각 楊岐派와 黃龍派가 성립되어 五家七宗의 시대를 맞이하게 된다. 한편, 운문종에서는 德山緣密(10세기 후반)・香林澄遠(908~997)・洞山守初(910~990) 등이 송 초에 활약했지만, 특히 주목해야 할 인물은 雪竇重顯(980~1053)과 佛日契嵩(1007~1072)이다. 문학에도 뛰어난 설두중현은 그 문하에 天衣義懷(993~1064)를 내는 것에 의해 운문종의 기초를 쌓고, 佛日契嵩은 많은 저작을 통해서 후대에 큰 영향을 남겼다. 법안종에서는 天台德韶(891~972)의 계통은 쇠퇴하고, 淸涼泰欽(?~974)와 歸宗義柔(10세기 중반)의 계통이 주류가 되었지만 북송 중기가 되면서 급속히 쇠퇴한다.

북송 중기 이후는 운문종도 쇠퇴하고, 대신에 임제종 황룡파와 양기파가 점점 그 세력을 확대한다. 두 파 가운데 먼저 번성한 것은 황룡파로, 晦堂祖心(1025~1100)・東林常總(1025~1091)・眞淨克文(1025~1102)・覺範慧洪(1071~1128) 등이 나와서 활약했다. 그러나 양기파에서 五祖法演(?~1104)이 나타나고, 또 그 문하에서 '三佛'로 불린 圓悟克勤(1063~1135)・佛鑑慧懃(1059~1117)・佛眼淸遠(1067~1120)이 나오고 나서는 양기파의 융성을 초래하였다. 북송 말기로 되면, 운문종의 세력이 쇠퇴하는 대신에 조동종이 세력을 확대해 간다. 조동종은 송 초에는 별로 세력이 크지 않았으나, 송 중기에 投子義靑(1032~1083)이 나와 부흥하고, 芙蓉道楷(1043~1118)・丹霞子淳(1064~1117)에로 이어져 갔다. 남송시대에는 임제종과 조동종이 선의 주류가 되었는데, 그중에서도 임제종양기파의 발전은 눈부셔서 특히 大慧宗杲

(1089~1163)의 활약은 대단한 것이었다. 조동종에서도 굉지정각(1091~1157) · 진헐청료(1088~1151)의 두 사람이 나와 묵조선을 넓혔지만, 그 세력은 임제종에는 훨씬 미치지 못하였다.

이상과 같은 시대정세와 선림의 동향 가운데서, 송대 선사상의 특징을 4개로 나누어서 간단히 소개하기로 하자.

1) 국가불교체제의 강화

송 조정은 정책에 있어서 중앙집권화를 도모했지만, 불교정책에 있어서도 국가불교의 경향을 강화해 갔다. 그것을 단적으로 보이는 것이 '祝聖上堂' 의식의 일반화이다. 황제의 장수와 국가의 평안을 기원하는 祝聖上堂은 북송 3대 황제인 眞宗(997~1022 재위)의 때에는 이미 행해지고 있었다. 이와 같이 이미 승들은 국가와 황제에 봉사해야 할 존재가 되었다. 사원의 국가에의 예속을 심화시킨 것은, 남송 4대 황제 寧宗(1194~1224 재위)의 때에 제도화된 '五山十刹制'이다. 그것은 대표적인 禪寺에 대해서 정부가 서열을 매기고, 전국에서 고승을 선발하여 주지로 임명하는 제도였다. 五山十刹로 지정된 사원은 국가에 의해 그 권위를 인정받은 반면에, 官寺로서 국가에 의무를 다하고, 때로는 관료에 의해 평소의 修道狀況의 감찰조차 행해졌다.

또 송대 선종의 특징으로서 '燈史'의 출판이 있다. '燈史'란 선종의 傳法의 계보를 기록한 문헌으로, 대표적인 것으로서는 『景德傳燈錄』(1004), 『傳法正宗記』(1061) 등이 있다. 송대 이전에도 『楞伽師資記』나 『傳法宝記』 등의 등사가 간행된 것도 있었지만, 송대의 등사의 특징은 황제에 상정되어 入藏을 허락받았던 점이다. 황제의 허락을 받는 것은 대외적인 공인을 의미하는 것으로, 선승에 있어서는 대단한 영광이었음에 틀림없다.

2) 大藏經의 간행과 禪錄의 入藏

송대에는 출판기술의 향상에 의해 대장경이 처음으로 간행되었다. 우선, 북송 1대 황제인 太祖(960~976년 재위)의 때에는 勅版大藏經이 주조되고(971), 태종 때에는 婺州開元寺藏經이 간행되었다. 그 후, 북송 말이 되면서 대장경 간행사업은 민간으로 옮겨져서, 福州東禪寺版大藏經(1080~1112)・福州開元寺版大藏經(1112~1151)・湖州思溪版大藏經(1133년경)・磧砂版大藏經(1231~1315년) 등이 차례로 간행되었다. 이러한 대장경의 간행은 다른 나라에도 영향을 주어서, 遼의 거란판대장경(1031~1064)・金의 金刻大藏經(1149~?)・高麗의 高麗大藏經(1011~?) 등의 간행을 촉진하였다.

송대의 대장경 간행에 있어서 특징적인 것은 禪籍의 入藏이다. 최초의 선적의 입장은 金刻大藏經의 『寶林傳』이었지만, 송대에는 『景德傳燈錄』이 勅版大藏經의 續藏으로서 입장되었다(1011). 그 외에도 칙판대장경의 속장으로서 입장된 선적은 『天聖廣燈錄』, 『傳法正宗記』, 『傳燈玉英集』 등이 있는데, 『천성광등록』에는 처음으로 '御製序(황제의 서문)'가 붙어져서 권위를 더하였다. 칙판대장경에 입장된 선적은 주로 燈史類였지만, 福州東禪寺版大藏經에는 『傳心法要』, 『宛陵錄』, 『大慧普覺禪師語錄』, 『大慧普覺禪師普說』 등의 개인어록이 續入藏된다. 특히, 『대혜어록』의 입장은 동시대인의 어록의 입장이라는 점에서 획기적인 것이었다. 송대에는 대장경 이외에 개인의 어록도 많이 간행되었는데, 특히 다수의 어록을 모은 총서가 간행되었다. 그 대표적인 것이 『古尊宿語要』(1128~1144)이다.

3) 三敎一致와 諸宗融合의 경향

송대에 새로운 지배계급으로서 성장한 것은 사대부들로, 그들은 통치 이념으로서 유학을 존숭하고 있었지만, 철학적인 지향을 가진 사람들은 불교에 심취한 사람들도 많았다. 송 초에 불교에 조예가 깊었던 사대부로서는, 王隨(?~1035)·楊億(973~1035)·李遵勗(?~1038) 등이 있었는데, 그들은 정부의 고관임과 동시에 燈史의 편집과 入藏에 관여하고 있다. 북송 말기가 되어 蘇軾(1036~1101)·楊龜山(1053~1135)·張商英(1043~1121) 등이 유명하였고, 그들 중에는 선승에 못지않은 깨달음을 얻은 사람들도 있었다.

이와 같이 유학자인 사대부들이 불교에 흥미를 가지게 되자, 당시에 형성되기 시작한 주자학에도 큰 영향을 주었다. 예를 들면, 周敦頤(1017~1073)는 黃龍慧南·晦堂祖心·佛印了元·東林常聰 등에 참학하였고, 程顥(1032~1085)도 오랜 기간 불교를 배웠다고 말해진다. 나아가, 朱子(1130~1200)도 어린 시절에 『대혜어록』을 애독하고, 대혜의 제자인 開善道謙에 참학하고 있다. 그러나 유학자들 중에는 排佛論을 전개한 사람들도 있는데 歐陽脩(1007~1072)나 李覯(1009~1059) 등이 대표적인 인물이다. 배불론에 대해서 불교 측은 '三敎一致'나 '儒禪一致'의 논리를 가지고 대응했는데, 佛日契嵩의 『輔敎編』(1016) 등이 유명하다.

또, 불교 내부에서도 諸宗融合의 경향이 강해져서, 禪淨雙修 사상이 유행하였다. 禪淨雙修는 원래 五代의 永明延壽에서 시작하지만, 송대가 되어서는 운문종의 天衣義懷·慧林宗本·慈受懷深·長蘆宗賾 등을 중심으로 해서, 임제종의 死心悟新, 조동종의 眞歇淸了 등도 선정쌍수를 주장하였다. 나아가, 看話禪과 淨土思想의 융합도 발생해서 念佛公案이 참구되기도 하였다.

4) 看話禪과 頌古 · 拈古의 유행

한편, 송대에 있어서는 古人의 證悟時의 문답이나 기연을 '古則' '公案'이라고 불러서, 그것을 참구하는 看話禪이 점점 확대되어 갔다. 특히, 古人의 공안에 拈古 · 頌古 · 著語 · 評唱 등의 형식을 빌려서 비평하는 풍조가 유행하여, 선의 문학화를 초래하였다. 그러한 공안비평은 어록의 중요한 구성요소가 되어, 拈古와 頌古는 燈史에 있어서도 중요한 부분을 형성하게 되었다. 특히 頌古가 많이 만들어져서, 예를 들면 汾陽善昭의 『頌古百則』, 雪竇重顯의 『頌古百則』 등이 유명하다. 문학적인 소양이 풍부했던 重顯의 『頌古百則』은 높은 평가를 얻었기 때문에, 원오극근이 그것을 제창하여 그 제자들에 의해 『碧巖錄』이 편찬되었다. 남송에 들어가면서 공안비평은 더 활발하게 되어, 대혜종고가 『正法眼藏』을 편찬하고, 宏智正覺과 雪庵從瑾(1117~1200) · 虛堂智愚(1185~1269) 등에 의해 『頌古百則』이 만들어졌다.

제2절 『대혜어록』의 성립과정

대혜가 직접 쓴 편지글이나 제자들에 의해 편집된 글 등 대혜 관련 자료는 송대의 다른 선승들에 비해 풍부한 편이다. 대혜 관련 문헌에 대한 연구는 石井修道에 의해, 개별의 판본에 대해서는 아직 밝혀지지 않은 점도 있지만, 전체상은 상세히 규명되어 있다. 그러므로 본 논문에서는 대혜연구의 대상이 되는 대혜 관련 문헌을 간단히 정리한 후, 남겨진 문제점만을 다루는 것으로 한다.

1. 대혜 관련 문헌

대혜가 직접 쓴 서한이나, 제자의 편집에 의한 법어나 보설은 다음과 같다.

1) 三十卷本『大慧普覺禪師語錄』(대정신수대장경 권47 所收): 이미 개별로 간행되어 있던 書, 普說 등을 分卷해서 乾道 7, 8년(1171-1172)에 福州의 東禪寺와 開元寺에서 거의 동시에 입장된 것. 30권본『대혜어록』은 다음과 같이 나누어진다.

A. 권1-12: 語錄

B. 권13-18: 普說

C. 권19-24: 法語

D. 권25-30: 書

이 중, 어록과 보설은 口頭로 행해진 설법이고, 법어와 서는 문장으로 쓰인 것이다. 語錄은 주로 上堂說法이므로 행해진 시기를 추정할 수 있다. 반면, 普說이라는 것은 不定期의 설법으로 승뿐만이 아니라 在家信者의 요청에 의해 행해진 것도 많다. 법어와 서는 둘 다 서한이지만, 법어가 일반적인 선의 가르침을 쓴 데 반해, 서는 問書에 대한 答書인 경우가 많다. 따라서 그 내용도 問書에 응해서 구체적인 내용으로 되어 있다.

특히 서는 한국에서는『書狀』으로 불리어 왔다. 확인 가능한 최고의 판본은 한국에 전하는 乾道 2년(1166) 徑山妙喜庵 간행의 刊記가 있는 宋版의 復刻板이다. 한국에는 주로 이 복각판이 유통되었으므로 드물지도 않지만 일본에서 그것이 간행된 흔적은 없다.

2) 四卷本『大慧普覺禪師普說』(卍藏經 第31套소수):『30권어록』중의 권13-18의 보설과는 내용이 다르다. 단행본으로서 유통한 것은 4

권본이다.

3) 『大慧普覺禪師宗門武庫』 1권(대정신수대장경 권47 所收): 대혜의 제자인 開善道謙이 모은 일종의 설화집. 4)의 『잡독해』의 前半과 내용이 같기 때문에 종래 논란이 많았다. 예를 들면, 市川白弦은 "나는 『대혜무고』 全篇을 대혜의 작이라고 보는 종래의 통념, 더욱이 이 책을 '於于宗門最有功書'라고 하는 견해에 의심을 품는 것이다"[3]고 서술하고 있다. 그러나 石井修道는 『大慧語錄의 基礎的 硏究』(하) 중에서 『종문무고』가 대혜의 친작인 것을 상세히 논증하고 있다.

4) 『大慧禪師雜毒海』 2권(2권본 『大慧普覺禪師語錄』, 卍續121冊 所收): 上卷에는 조사의 기연을 싣고, 下卷에 대혜의 제자들에 의한 贊을 실었다.

5) 『正法眼藏』 3권(卍續118冊 所收): 先師의 고칙 663칙에 대혜가 著語를 붙인 것.

6) 『大慧普覺禪師年譜』 1권(『縮刷大藏經』 騰8 所收): 대혜의 제자인 祖詠이 1183년에 간행했지만 잘못이 많다고 雲臥庵主曉瑩에 의해 지적당했기 때문에 宗演이 개정을 행한 것이다.

7) 『東林和尙雲門菴主頌古』 1권(卍續118冊 所收): 대혜(雲門菴主)가 竹庵士珪(東林和尙)와 함께 양기파의 종지를 정하는 것을 목적으로 해서 각각 고인의 공안 110칙을 뽑아서 頌을 붙인 것.

---

3) 市川白弦(1941), p200

이 외에도 『大慧禪師語要』(『指月錄』 권31, 32 所收, 卍續143册), 「大慧禪師禮觀音文」(『緇門警訓』 권8 所收, 大正48) 등이 있다. 대혜가 관계한 문헌은 대단히 많아서, 『대혜연보』에는 "其八處九會, 陞堂 · 語要 · 普說 · 小參 · 讚 · 偈 · 機緣長牋法語, 無慮數十万言"이라고 하고 있다.

2. 대혜 관련 문헌의 刊行史

『대혜어록』은 대혜가 시적하고 나서 8, 9년 후인 1171-1172년에 입장된다. 그 후, 내용적으로 큰 변화는 없는 듯하다. 石井修道는 「대혜종고와 그 제자들(9)」에서 대혜 生存時에서 入藏되기까지의 간행과정을 3시기로 나누고 있다.[4] 제1기는 大慧在世期, 제2기는 대혜 시적 후 道印의 편찬을 거쳐 黃文昌에 의해 급속히 편찬되는 시기, 제3기는 黃文昌이 편찬한 것을 분권해서 입장하는 시기이다. 이하는 이 구분에 기초해서 대혜 관련 문헌의 간행사를 간단히 정리하고, 몇 개의 문제점에 대해서 언급한다.

1) 제1기

대정신수대장경 권47소수의 30권본 『대혜어록』은 語錄 · 普說 · 法語 · 書로 구성되어 있다. 그중에서 적어도 語錄과 書는 대혜생존 당시에 이미 단행본으로서 유통되고 있었다.

(1) 語錄: 復宋版인 成簣堂本에는 紹興 17년(1147, 대혜 59세)의 張浚의 序가 존재한다.

4) 石井修道(1978), p833

佛日杲公, 得法於円悟禪師. 臨濟宗風, 賴以不墜. 門人道謙持語錄至, 予徧觀詳閱……

〈대혜종고선사는 원오선사에게서 법을 얻었다. 그래서 임제의 종풍이 다행히 땅에 떨어지지 않았다. 대혜의 문인인 도겸이 어록을 가지고 여기에 와서, 내가 그것을 전부 읽은 바……〉

여기에서 보면, 1147년 이전에 이미 대혜의 어록이 편찬되어, 그것을 張浚이 읽은 것을 알 수 있다.

(2) 書: 『大慧書』가 대혜생존 시에 간행된 것은 다음의 두 점에서 알 수 있다.

A. 成簣堂本과 五山本의 끝에 있는 황문창의 後序에는 다음과 같이 쓰여 있다.

平時不許參徒編錄, 而衲子私自傳寫, 遂成卷帙. 晚年因衆力請, 乃許流通.

〈(대혜는)평소 제자들이 책을 편찬하는 것을 허락하지 않았으므로, 선승들이 몰래 써서 책을 만들었다. 만년에 사람들이 간곡히 청하자, 비로소 유통하는 것을 허락하였다.〉

그러나 이 후서는 岩瀨文庫本의 『대혜법어』의 末尾에도 쓰여 있으므로, 법어를 가리키고 있는가 하고도 생각된다.

B. 『朱文公文集』 권63의 「孫敬甫에게 보내는 편지」 가운데에 다음과 같이 있다.

小時喜讀禪學文字, 見杲老與張侍郎書, 云, 左右既得此欛柄入手, 便可改頭換面. 却用儒家言語, 說向士大夫, 接引後來學者.[5]

〈어릴 때에 즐겨 禪學의 문자를 읽었는데, 대혜가 장 시랑에게 보낸 편지를 보니, "당신이 이미 이 요점을 손에 넣은 이상, 종전과는 완전히 다른 사람으로 될 수 있을 것입니다. 도리어 儒家의 말로써 사대부에게 설하여, 후배의 학자들을 지도해야 할 것입니다"고 있었다.〉

朱子가 禪學을 공부한 시기는 14세(1143년)에서 24세(1153년)까지 이지만, 이때 대혜는 55세에서 65세로 유배되어 있던 시기에 해당한다. 만약 주자가 대혜가 장구성에게 보낸 서한을 보았다면, 이미 『大慧書』로서 편찬되어 있었던 서한을 읽었을 가능성이 크다.

(3) 『正法眼藏』: 『대혜연보』 59세(紹興 17년, 1147)條에 다음의 기록이 있다.

余因罪居衡陽, 杜門循省, 外無所用心. 間有衲子請益, 不得已與之酬酢. 禪者沖密慧然, 隨手抄錄, 日月浸久, 成一巨軸. 持來乞名其題, 欲昭示後來, 使佛祖正法眼藏不滅. 余因目之曰正法眼藏.6)

〈내가 죄로 인하여 衡陽에 유배되어, 문을 닫고 성찰하여 외연에 마음 쓰는 것이 없었다. 때때로 승들의 청이 있어 할 수 없이 그것에 응하였다. 선승인 沖密과 慧然이 멋대로 그것을 기록하여, 시간이 흘러 마침내 책이 되었다. 가지고 와서 나에게 이름을 붙여줄 것을 청하니, 후학에 보여서 佛祖의 正法眼藏이 멸하지 않도록 하고 싶다. 그래서 『正法眼藏』이라고 이름하였다.〉

이것을 보면, 『정법안장』은 1147년에 대혜의 유배지인 衡州에서 최초로 편찬된 것을 알 수 있다.

---

5) 『朱熹集』 3306(四川教育出版社, 1996)
6) 『大慧年譜』 59세조(縮刷大藏經 騰8, 11b)

(4) 『宗門武庫』와 『大慧禪師雜毒海』는 『雲臥記譚』 所收, 「雲臥書」[7]의 기록에 의하면, 紹興 10년(1140년, 대혜 52세)에서 紹興 23년(1153, 대혜 65세)까지는 편찬되었다고 생각된다. 그러나 이 둘의 관계는 『종문무고』가 『잡독해』의 前半과 완전히 같을 뿐만이 아니라, 그 성립과정도 복잡하다. 따라서 이 둘의 관계에 대해서는 石井修道의 「대혜어록의 기초적 연구」(하)[8]를 참조하기 바란다.

이상의 조사결과에 의하면, 語錄 · 書 · 『正法眼藏』 · 『宗門武庫』 · 『雜毒海』는 대혜생존 당시에 이미 편찬되어 있었던 것을 알 수 있다.

2) 제2기

대혜가 시적한 해인 隆興 元年(1163)의 『大慧年譜』에는 다음과 같이 기록되어 있다.

> 其八處九會陞堂語要普說小參讚偈機緣長牋法語, 無慮數十万言. 參徒道印編爲六十卷, 奉置于菴. 宗璉曇密惟禋宗演淨智居士黃文昌裒其綱要, 離爲五册, 刊行于世. 蒙詔賜入大藏, 同聖教以求其傳.[9]
> 〈그 八處九會의 陞堂 · 語要 · 普說 · 小參 · 讚 · 偈 · 機緣의 長短의 法語는 數十萬言에 이른다. 제자인 道印이 60권으로 편집해서 묘희암에 보관하였다. 宗璉 · 曇密 · 惟禋 · 宗演 · 淨智居士黃文昌이 그 綱要를 편집하여 따로 五册으로 만들어 간행하였다. 皇帝의 명령에 의해 입장되어, 聖教와 똑같이 영원히 전하였다.〉

이 기록에 의하면, 대혜가 시적한 후 道印이 우선 60권본을 편집하고(A), 그 후 黃文昌 등이 60권본에서 綱要를 뽑아 5책본을 만들어

7) 卍續148册, pp46하-48하
8) 石井修道(1982), pp155-159
9) 『大慧年譜』 75세조(縮刷大藏經 騰8, 16a)

(B), 그 후 황제의 명령에 의해 입장되었다(C)고 하는 것이다. 그 A, B의 과정에 대해서 우선 언급한 후, C에 대해서는 제3기에서 다루는 것으로 한다.

A. 道印이 편찬한 60권의 廣錄

最庵道印(생몰년 미상)은 『五燈會元』·『續傳燈錄』 등에 대혜의 제자로서 이름이 올라있는데, 道印이 편찬한 60권에 대해서는 『4권본보설』(卍藏經 제31套 所收)의 祖慶의 跋에 다음의 기록이 있다.

> 大慧先師以無量三昧辯才, 秉佛慧炬, 洞燭人心. 承學之徒, 隨說抄錄, 散落諸方. 末後最庵道印法兄裒次編正, 總爲一集, 名曰廣錄. 前後顚末了然無遺.[10]
>
> 〈대혜 선사는 無量三昧의 辯才로서 佛慧의 등불을 가지고 人心을 밝혔다. 參學의 제자들이 그것을 기록하여 여러 곳에 흩어져 있다. 후에, 最庵道印이 그것을 편집하여 一集을 만들어 '廣錄'이라고 이름하였다. 전후의 전말이 대단히 명료하였다.〉

이 기록과 앞의 『大慧年譜』의 기록을 종합하면, 最庵道印이 60권본을 만들어 그것을 '廣錄'이라고 이름한 것으로 된다. 60권본이라면 참으로 '廣錄'이라고 부를 만한 것이다. 60권본광록에 대해서는 다른 기록은 없으므로 그 이상은 알 수 없지만, '廣錄'이라고 불린 것이 있었던 것은 확실하다고 생각된다. 60권광록에 대해서 石井修道는 "권수는 많지만 내용적으로는 황문창이 편찬한 5책본과 거의 다르지 않았을 것이다"[11]고 추측하고 있다.

---

10) 卍藏經 제31套, 365a
11) 石井修道(1973a), p797下

그런데 최근 花園大學의 廣田和敎는 박사논문 중에서 "60권의 廣錄은 祖經에 의해 소각되었다"고 주장하고 있다. 그의 주장의 근거는 『4권본보설』의 祖慶의 序에 있다. 그것은 다음과 같다.

> 祖慶嘗欲焚前錄, 俾學者自悟西來直指, 不滯文字語言.[12]
> 〈조경은 일찍이 前錄을 소각해서, 학자가 佛法을 스스로 깨닫고, 문자언어에 빠지지 않게 하려 했다.〉

廣田 씨는 '前錄'을 60권광록으로 간주하고, 祖慶이 그것을 소각했다고 주장하고 있다. 나아가 그는 이 사건을 대혜의 '『벽암록』소각'사건과 연관시키고 있다. 즉 "대혜의 제자인 祖慶이 스승인 대혜의 60권광록을 소각한 것은 수행자들이 문자언어에 집착하는 것을 막기 위한 것이고, 그것은 대혜가 『벽암록』을 소각한 이유와 일치하는 것이다. 그러므로 대혜가 『벽암록』을 소각한 것은 당시에는 드문 사건도 아니었고, 소각한 것이 도리어 스승의 진의를 살린 것이 된다."고 주장하고 있다. 그러나 廣田 씨의 주장에는 문제가 있다. 그 논거를 2개 들어보자.

A. 우선, 祖慶의 序에서 말하는 '前錄'이 60권광록을 가리키고 있다고는 생각하기 힘들다. 그 근거는 다음과 같다.

1. 祖慶의 序와 跋은 『四卷本普說』에 붙인 것이고, 前錄이 무엇을 가리키고 있는지 확실하지 않다. 나아가, 이 祖慶의 序는 『잡독해』의 序이기도 하므로 더욱 복잡하다.

2. 또 『四卷本普說』에는 祖慶의 序의 뒤에 "最庵道印이 60권광록을 편찬했다"는 내용이 있는 跋이 나온다. 따라서 前錄이 60권광록을 가리키고 있다는 주장에는 전혀 근거가 없다.

12) 卍藏經 제31套, 365a

B. 祖慶의 序에는 "일찍이 前錄을 소각하려고 했다"고 하고 있을 뿐, '소각했다'고 명언하고 있지 않다. 오히려, 序와 跋의 전체 내용은 "釋迦의 시적 후 迦葉이 법장을 결집하도록 阿難에게 지시하고 아난이 그것에 따랐듯이, 대혜의 사후에 최암도인이 대혜의 법을 결집하려고 했을 때, 내가 아난이 되어 그것을 결집해서 영원히 전하려고 한다"고 말하고 있다. 즉 祖慶은 最庵道印이 60권광록을 편찬한 것을 迦葉이 석가모니의 가르침을 결집한 것에 비유하여 칭찬하고 있는 것이다.

위의 사실에서 '前錄'이 60권광록을 가리키고 있다고는 도저히 생각하기 힘들고, 따라서 道印이 편찬한 60권광록을 祖慶이 소각했다고 하는 것도 믿을 수 없다. 더욱이 이것을 근거로 해서 "대혜가 『벽암록』을 소각한 것은 당시에는 드문 사건도 아니었다"고 주장하는 것은 이상하다고 생각된다.

B. 黃文昌에 의한 5책본의 편찬

그런데 앞의 『大慧年譜』의 기록에 의하면, 道印이 60권광록을 편찬한 후 황문창 등이 그 강요를 편집해서 5책을 만들었다고 한다. 이 5책은 무엇을 가리키고 있는가? 『30권어록』의 일부분은 대혜생존 시부터 단행본으로서 유통하고 있었던 것은 앞에 서술했지만, 단행본으로서 유통한 것을 황문창이 대혜의 시적 후 重編한 것이 5책본이다. 왜냐하면, 현재 남아 있는 『30권어록』의 각각의 단행본은 거의 황문창에 의해 重編되고 있기 때문이다. 『30권어록』을 구성하고 있는 語錄 · 普說 · 法語 · 書의 古本의 編者와 重編者를 표시하면 다음과 같다.[13)]

13) 이 표는 石井修道(1973), pp295-298에서의 인용이다.

	編 者			重編者		
	元 版	覆宋版	五山版	元 版	覆宋版	五山版
語 錄 券1－6	道謙, 慧研, 道 先	道謙, 慧研, 道先		黃文昌	黃文昌	
語 錄 券7－12	悟 本			黃文昌		
普 說		慧 然			黃文昌	
法 語	道 先			黃文昌		
書		慧 然			黃文昌	黃文昌

즉 황문창은 대혜 시적 후 그때까지의 단행본이나 60권광록을 중편해서 5책본을 만들고 있는 것이다. 이 5책본은 입장되는 『30권어록』의 원본이었음에 틀림없다. 이와 같이 황문창은 대혜 시적 후 대혜 저작의 간행에 있어서 중요한 역할을 담당하고 있음을 알 수 있다.

黃文昌(1128－1165)은 字가 '永世'이고, 『嘉泰普燈錄』에는 대혜의 사법 제자의 한 사람으로서 들어지고 있다. 그런데 대혜 시적 후 황문창이 5책본을 만들었다고 한다면 2년밖에 시간이 없었다. 왜냐하면, 대혜가 시적한 2년 뒤에 황문창도 사망하고 있기 때문이다. 그 2년간의 5책본 편집의 과정을 보자.

우선, 황문창이 중편한 岩瀨文庫本(元版)의 『대혜어록』에는 張浚의 跋이 있는데, 그것은 1164년 6월 10일의 것이다. 張浚은 대혜가 가장 신뢰한 사대부이고, 대혜의 塔銘을 쓴 사람이기도 하다. 아마도 황문창은 대혜 시적 후, 바로 대혜 저작의 편찬에 착수했을 것이다. 그 최초의 성과가 1164년 6월 10일의 張浚의 跋이 있는 어록의 편찬이었을 것이다. 나아가, 王質(1135~1189)의 『雪山集』 5권의 「大慧禪師正法眼藏序」에는 다음과 같이 기록되어 있다.

又一年, 見語錄數種, 則淨智居士黃君文昌所纂者也.[14]
〈乾道元年에 대혜의 語錄數種을 보니, 淨智居士黃文昌이 편집한 것이었다.〉

1165년에 王質이 이미 황문창이 편찬한 『대혜어록』을 읽고 있는 것에서 보면, 그때에는 『대혜어록』이 상당히 유포되어 있었던 듯하다. 또, 앞에서도 서술했듯이 乾道 2년(1166)의 간기가 있는 覆宋版의 『大慧書』도 황문창의 중편이었다. 이와 같은 사실에서 石井修道는 "1166년 『大慧書』의 편찬에 의해, 황문창에 의한 5책본의 편찬은 일단 완성되었다"고 하고 있다. 그리고 이 황문창의 5책본을 기초로 해서 1171-1172년간에 福州의 東禪寺와 開元寺에서 연달아서 『30권어록』이 입장되게 된다.

3) 제3기

이와 같이, 『대혜어록』은 대혜 시적(1163년) 후 1164~1165년에 걸쳐서 황문창에 의해 5책본으로서 편찬된다. 나아가, 이 5책본을 분권해서 『30권어록』으로서 1171~1172년에 福州의 東禪寺에서, 또 『대혜보설』 1권을 더하여 『31卷語錄』으로서 開元寺에 거의 동시에 입장된다. 그런데 『대혜어록』의 입장은 개인의 어록으로서는 최초이고, 나아가 시적 후 바로 입장된 것은 대혜 개인에 있어서도 대단히 영광스러운 일이고, 선종사에 있어서도 획기적인 사건이었다. 그 배경으로서는 다음과 같은 점이 있다. 東禪寺版을 예로 들어보자.

(1) 福州版大藏經의 간행은 宋朝가 행해온 勅版大藏經의 출판사업이 정국의 불안에 의해 중지된 것이 직접적인 원인이었다. 東禪寺版대장경은 1080~1112년의 개판이고, 開元寺版은 1112~1151년의 개판이다. 『대

14) 四庫全書, 集部, 別集, 南宋建炎至德祐

혜어록』은 그것의 續藏으로서 입장되게 된다. 東禪寺에 입장된 禪籍은 12種, 개원사는 13種이 있다. 이와 같이 처음으로 민간에 의해 개판된 東禪寺版에서 선적이 많이 입장된 것은 다음과 같은 배경이 있다.

A. 우선, 민간의 절에서 대장경을 개판하는 것은 국가의 공인을 받는 것이며, 그 절로서는 대단한 영광이었다. 이것은 당시의 국가불교적인 색채를 반영하는 것이기도 하다. 나아가 당시 東禪寺의 주지는 선승으로, 그것은 선적의 입장에 크게 영향을 주었을 것이다. 특히 自宗계통의 선적을 입장하려고 한 것은 상상하기 어렵지 않다.

B. 민간의 절에서 대장경을 개판하는 것은 금전적으로도, 인적으로도 힘든 사업이다. 그를 위해서는 막대한 경비가 든다. 그러므로 자금을 제공하는 사람의 영향은 개판의 내용에도 미치고 있다. 당시는 선종, 특히 임제종이 불교의 주류였으므로 그것이 선적의 입장에도 영향을 주었을 것이다. 이와 같이 선적의 입장은 시대의 반영이었다고 할 수 있다.

(2) 東禪寺는 그 이름에 걸맞게 원래부터 선종과 관계가 깊은 절이다. 특히, 乾道年間의 東禪寺는 계속해서 大慧派의 승려가 주지였던 것이 『대혜어록』의 입장과 중요한 관계가 있다. 그것을 계보로 나타내면 다음과 같다.

大慧宗杲 → 蒙庵思嶽 → 寓菴德潛
　　　　 → 普慈蘊聞

여기서 蘊聞은 東禪寺版大慧語錄을 上進한 사람으로 당시 徑山能仁禪院의 주지였다. 한편 德潛은 『대혜어록』의 입장 시에 題記를 쓰고 있는 사람으로 당시 東禪寺의 주지였다. 나아가, 德潛의 스승인 蒙庵

思嶽도 東禪寺의 前 住持였던 것이다. 이와 같이 당시의 東禪寺의 주지가 대혜의 法嗣였던 것이 『대혜어록』의 입장에 큰 역할을 했던 것이다.

제2장 대혜사상의 기반

제1절 교학적 기반

村中祐生의 「楞嚴經의 解釋에 보는 天台敎義」(『天台學報』 26호, 1984년)에 실린 '중국불교에 있어서의 諸經註疏의 동향표'에 의하면, 송대~명대에 있어서 가장 많이 주석된 경전은 『華嚴經』 76회, 『법화경』 67회, 『금강경』 57회, 『반야심경』 55회, 『首楞嚴經』 48회의 순이었다고 한다. 주석의 多少가 그대로 경의 유행 정도를 가리키는 것은 아니지만, 송・명대에 이들 경전이 많이 읽혔다는 것은 알 수 있다. 이러한 경향은 대혜의 『30권어록』과 『4권본보설』의 인용경전을 조사해 보면 대체로 동일하다는 것을 알 수 있다. 廣田和敎(花園대학)는 박사논문인 '대혜종고의 선사상성립에 관한 연구' 가운데서, 대혜의 『30권어록』과 『4권본보설』에서 대혜가 인용하고 있는 경전의 인용 횟수를 조사하고 있다. 그것에 의하면, 『華嚴經』 125회・『법화경』 71회・『首楞嚴經』 70회・『유마경』 52회의 순으로, 송대의 일반적 경향과 일치하고 있다. 단지, 다른 경전에 비하여 『華嚴經』의 인용 횟수가 압도적으로 많은 것이 두드러진다. 『華嚴經』 중에서도 80권 『華嚴經』이 122회로 대부분을 차지하고, 60권 『華嚴經』은 3회에 지나지 않는다. 80권 『華嚴經』은 全品을 인용하고 있지만, 「入法界品」이 39회로 압도적으로 많다. 대혜는 이들 경전을 애독했을 뿐만 아니라, 주석서도 대부분 읽고 있는 것을 알 수 있다. 이하에서는 대혜의 선사상의 기반이 된 경전 중에서 『華嚴經』과 『首楞嚴經』을 예로 해서, 대혜가 두 경을 어떻게 이해하고 나아가 두

경이 대혜에 어떠한 영향을 끼쳤는가를 고찰해 보기로 하자.

1. 『華嚴經』

화엄사상과 선사상은 사상적으로 가깝고 서로 영향을 주었다. 특히 화엄의 唯心主義는 선사상에 큰 영향을 주었다고 생각된다. 따라서 화엄승의 사상 중에서 선사상을, 선승 중에서 화엄사상의 영향을 발견하는 것은 어렵지 않다. 화엄승이면서 선사상의 영향을 크게 받은 인물로서는, 淸凉澄觀(738~839), 李通玄(635~730) 등이 있다. 한편 선승 중에도 화엄사상의 영향을 받은 사람은 많은데, 일찍이 高峯了州는 『華嚴과 禪의 通路』 제2부 〈선에 나타난 화엄〉에서 그것에 대해서 상세히 논하고 있다.15)

그것에 의하면, 선종 2세 慧可 · 4조 道信 등을 필두로 五家七宗의 특정종파를 막론하고 널리 화엄사상의 영향을 받고 있는 것을 알 수 있다. 그것은 대혜도 마찬가지이다. 이하, 대혜에 있어서의 화엄사상의 영향을 1) 『華嚴經』의 영향 (1)대혜 이전의 선림의 「入法界品」 이해 (2)대혜의 「入法界品」 이해 2) 화엄교학의 영향으로 나누어 고찰해 보기로 하자.

1) 『華嚴經』의 영향

대혜는 湛堂文準, 圓悟克勤 등의 가르침을 받으면서 몇 번의 깨달

15) 그 외에도 선과 화엄의 관계를 논한 연구서에는, 鎌田茂雄 『禪典籍內華嚴資料集成』(동경대학출판회, 1984), 吉津宜英 『華嚴禪의 사상사적 연구』(대동출판사, 소화60년), 木村淸孝 『중국화엄사상사』 제8장 '근세화엄사상의 諸 形態'(平樂寺書店, 1992) 등이 있다.

음을 경험하지만, 아마도 『華嚴經』을 읽고 나서의 깨달음이 최후의 깨달음이라고도 생각된다. 『4권본보설』 권2 「姜機宜請普說」에서 대혜는 스스로 깨달음의 경험을 말하고 있는데, 그것을 3단계로 나누어 정리하면 다음과 같다.

> ① 山僧參禪十七年, 茶裏飯裏喜時怒時靜時亂時, 未嘗間斷. 一旦, 因薰風自南來, 殿閣生微凉, 忽然悟道. 雖然悟了, 只是寂滅不能現前, 爲坐在悟處.[16]
>
> 〈나는 참선해서 17년간 한시도 쉬지 않았다. 어느 날 아침, "훈풍이 남쪽에서 불어오니 전각에 미량이 생한다."는 句에서 홀연히 오도하였다. 그러나 비록 오도해도 적멸이 현전하지 못하고 悟處에 머물러 있었다.〉

이것은 대혜 37세(1125)의 사건으로, 원오의 하에서 오도는 했지만 인가를 받지는 못하였다. 위의 문장에서 대혜는 "17년간 참선했다"고 말하고 있지만, 대혜는 원오에 참학하기 전에 몇 명인가의 선사에 참구해서 상당히 자신을 갖고 있었던 듯하다. 그것은 『4권본보설』 권2 '錢承務同衆道友請普說'에서 "山僧十七歲上, 便知有此事. 恰恰參十七年, 也曾作偈頌拈古代別, 無有不會"(426b)라고 말하고 있고, 원오를 만나기 이전에 참구한 선사들은 모두 대혜를 인가하고 있었다. 위의 문장에서 '寂滅不能現前'이라는 것은, 『首楞嚴經』의 '生滅旣滅, 寂滅現前'(大正19, 128b)에서 오고 있을 것이다.

> ② 乃擧有句無句如藤倚樹. 纔開口, 便云不是……山僧纔聞擧, 便理會得. 先師曰, 只恐你透因緣不得在……然亦未得大自在.[17]

16) 卍藏經 제31套, 421a
17) 421a-b

〈그러자, (원오는) '有句無句如藤倚樹'의 공안을 들었다. (내가) 입을 열려고 하자마자, '틀렸다'고 했다…… 나는 드는 것을 듣는 순간 깨달았다. (그러자) 원오는 말했다. "단지 걱정인 것은 네가 인연을 꿰뚫지 못하는 것이다"라고…… 그러나 아직 대자재를 얻을 수는 없었다.〉

이것도 대혜 37세 때의 사건으로, 대혜는 '有句無句如藤倚樹'의 공안을 타파하는 것에 의해 마침내 원오의 인가를 받게 된다. 『大慧年譜』 37세조에 의하면, 그 후 원오는 『臨濟正宗記』를 써서 대혜에게 주고, 승들을 지도시켰다. 그러나 비록 원오의 인가를 받았어도 "아직 대자재를 얻을 수는 없었다"고 대혜 스스로 고백하고 있다.

③ 後, 因到虎丘, 閱華嚴經, 至菩薩住第八不動地……到這裏, 方始寂滅現前, 得大自在, 便解拈東作西, 指有爲無, 說大脫空. 一似只今信口說將去, 盡從這裏得來. 始信禪無傳授, 可傳授者, 教乘文字, 先德語言而已.[18)]

〈후에 虎丘에 이르러 『華嚴經』을 보니 "보살이 제8不動地에 住하여……" 여기에 이르러서 처음으로 적멸이 현전하여, 대자재를 얻을 수 있고, 東을 西로 만들고, 有를 無로 만들고, 大脫空을 설할 수가 있었다. 지금 자유자재로 말할 수 있는 것은 모두 여기(『華嚴經』 「十地品」)에서 얻은 것이다. (그래서) 비로소 "선은 전수할 수 없고, 전수할 수 있는 것은 教乘의 문자뿐이다"고 선덕이 이미 말하고 있는 것을 믿게 되었다.〉

이 내용은 대혜가 『華嚴經』 「十地品」을 읽고 대자재를 얻은 경험을 말한 것이다. 즉 대혜는 원오의 하에서 오도는 했지만, 아직 대자재를 얻을 수는 없었는데 『華嚴經』 「十地品」을 읽고 마침내 대자재를 얻었던 것이다. 虎丘에서의 이 경험은 대혜에 있어서는 대단히 중요했던 듯하여, 같은 경험을 『대혜보설』 권15 '錢計議請普說'에는 湛堂文準

18) 421b

이 『增一阿含經』의 '앙굴마라가 難產의 妊婦를 만난 이야기'를 들어서 제창한 것에 대해서 "당시에는 전혀 이해하지 못했는데, 虎丘에서 『華嚴經』을 읽고 나서 비로소 이해할 수 있게 되었다"[19]고 말하고 있다. 대혜가 湛堂文準에 참학한 것이 21세(1109)의 때이고 虎丘에 있었던 것이 40세(1128)이므로, 20년간 해결할 수 없었던 문제를 『華嚴經』에 의해 해결했던 것이다.

그런데 여기서 또 "선은 전수할 수 없고, 전수할 수 있는 것은 교승의 문자뿐이다"고 하는 것은 대혜가 묵조선을 비난하기 시작하는 이유로도 되는 것이다. 즉 대혜가 조동종의 元首座 · 微和尚 · 堅首座에게서 2년간 조동종의 종지를 배웠지만, 그들이 밀실에서 몰래 전법하는 것을 보고 실망해서 떠나게 된다. 『大慧年譜』 20세조에는 그때의 상황을 다음과 같이 말하고 있다.

> 於授受之際, 皆臂香, 以表不妄付授. 乃自惟曰, 禪有傳授, 豈佛祖自證自悟之法.[20]
> 〈전해 받을 때에, 모두 臂香해서 함부로 付法하지 않는다는 것을 나타낸다. 그래서 "선에 전수가 있다면 어째서 佛祖의 自證自悟의 법이겠는가?"고 혼자서 생각하였다.〉

대혜는 "전수할 수 있는 법이 있다면 그것은 선도 아니고 自證自悟도 아니다"고 생각하고, 그것이 후에 묵조선을 비판하는 하나의 동기가 되었던 것이다.

이상에서, 대혜는 젊었을 때부터 『華嚴經』을 읽고 있고 원오의 하

---

19) 「湛堂曰, 殃崛云, 我乍入道未知此法. 待問世尊. 未到佛座下, 他家生下兒子時如何. 我自從賢聖法來, 未曾殺生. 殃崛持此語, 未至他家, 已生下兒子時如何. 老漢當時理會不得.」(大正47, 875 b)
20) 『大慧年譜』 20세조(縮刷大藏經 騰8, 2a)

에서 오도한 후에도 언제나 『華嚴經』을 열독하고, 선 이상으로 『華嚴經』의 영향을 받고 있는 것을 알 수 있다.

다음은 『華嚴經』의 各品을 들어서, 대혜가 그것을 어떻게 해석하고 있는가를 고찰해 보자. 우선, 『大慧書』 권29 「答向侍郎」에서 대혜는 다음과 같이 말하고 있다.

> 示諭. 悟與未悟, 夢與覺一, 一段因緣……殊不知, 正是夢中說夢, 顚倒中又顚倒. 故, 佛大慈悲老婆心切, Ⓐ <u>悉能遍入一切法界諸安立海所有微塵, 於一一塵中, 以夢自在法門, 開悟世界海微塵數衆生, 住邪定者, 入正定聚.</u> 此亦普示顚倒衆生, 以目前實有底境界, 爲安立海, 令悟夢與非夢悉皆是幻, 則全夢是實, 全實是夢, 不可取, 不可捨.[21]
>
> 〈보내신 편지 잘 읽었습니다. 悟와 未悟, 꿈과 깸이 하나의 인연이라고 하신 것을…… 참으로 꿈속에서 꿈을 말하고, 전도 가운데서 또 전도하고 있다는 것을 조금도 알지 못합니다. 그러므로 佛은 대자비로서 가르치기를 "一切法界諸安立海의 모든 微塵에 들어가고, 하나하나의 微塵 중에서 夢自在法門으로 世界海의 무수한 邪定에 住하는 중생을 깨닫게 하고 正定聚에 들어가게 한다"라고. 이것도 또 目前의 實有의 경계를 安立海라고 오해하고 있는 전도중생에게 꿈과 깸이 모두 幻이고, 꿈 그 자체가 實, 實 그 자체가 꿈이어서, 取捨할 수 없다는 것을 깨닫게 한 것입니다.〉

이 부분은 꿈의 세계와 깨었을 때의 세계가 모두 幻이고, 寤와 寐가 一如인 것을 설명한 부분이다. 그런데 Ⓐ는 『華嚴經』 「如來現相品」의 구절이다. 즉 대혜는 寤寐一如의 이론적 근거를 『華嚴經』 「여래현상품」에서 발견하여, "佛은 夢自在法門을 설하여 꿈의 세계와 깨어 있을 때의 세계가 모두 幻이고, 夢=實, 實=夢이어서 취사할 수 없다는

---

21) 대정47, 935c-936a

것을 가르치고 있다"고 주장하고 있다.

그런데 실은 寤寐一如의 경지에 이르는 것은 대혜의 젊었을 때부터의 과제였다. 『4권본보설』 권1 「淨恭園頭請普說」에서 대혜는 다음과 같이 말하고 있다.

> 我十七歲上便參禪, 三十四歲方打破漆桶也……忽然一上牀睡著時, 雖未曾死, 早被心意識使, 都理會不下. 夢見一鋌金, 便歡喜, 夢見被人修補, 拖去要殺, 乃至見閻羅王鬼使時, 便生怕怖, 覺來一身汗出. 却返思量, 恁麼地禪便使得著. 佛說寤寐常一如, 今人夢裏與日裏, 自作兩般, 如何敢開大口, 道我會禪……自家如此疑, 十來年每日行住坐臥, 常自窮究.[22]
> 〈나는 17세에 참선하여, 34세에 비로소 칠통을 타파하였다…… 어느 날 자리 위에서 자고 있었는데, 죽지도 않았는데 이미 心意識의 부림을 받아 어찌할 수가 없었다. 꿈속에서 금을 보면 환희하고, 타인에게 끌려가 죽임을 당할 뻔한다든지, 염라대왕의 사자를 꿈에서 보았을 때에는 공포감을 느꼈는데 깨어 보니 온몸이 땀투성이였다. 사량심을 돌리는, 그러한 선이 되어야 비로소 도움이 될 것이다. 佛은 "寤寐는 언제나 一如이다"고 말했는데, 오늘날의 사람들은 꿈과 깨었을 때를 두 개로 구별하고 있으니, 어째서 '나는 禪을 안다'고 할 수 있겠는가?…… 나는 이와 같이 의심하여, 10여 년간 매일 언제나 참구하였다.〉

이와 같이, 대혜는 젊은 시절부터 오매일여의 경지에 이르고 있지 않은 것을 한탄하여 노력하고 있는 것을 알 수 있다. 그런데 그것을 알게 해 준 것이 『華嚴經』 「如來現相品」이었던 것이다.

다음에, 대혜에 있어서 信은 佛道 수행에 있어서 가장 기본적으로 갖추어야 할 덕목이다. 『대혜법어』 권20 「示無相居士」에서 "若能直下信, 此心決定本來成佛, 頓亡諸見, 卽此魔路, 便是當人出生死菩提路也."

22) 상게서, 411b-c

(大正47, 894a)고 하고 있는 곳에서 보면, 대혜에 있어서의 信이란 本來成佛을 믿는 것에 다름 아니다. 그런데 대혜가 信의 經證으로서 드는 것이 『華嚴經』이다. 『大慧書』 권26 「答許司理」 제1서에서는 이하와 같이 서술하고 있다.

> 黃面老子曰, Ⓐ 信爲道元功德母. 長養一切諸善法. 又云, 信能增長智功德, 信能必到如來地. 欲行千里, 一步爲初. 十地菩薩斷障證法門, 初從十信而入, 然後登法雲地, 而成正覺. 初歡喜地, 因信而生歡喜故也.[23]
>
> 〈석가가 말하기를, "信은 道의 근원, 공덕의 어머니이다. 일체의 모든 善法을 기른다." 또 말하기를 "信은 지혜의 공덕을 늘리고, 信은 (우리들로 하여금) 여래지에 이르게 한다." 천리를 가는 데는 한 걸음에서 시작해야 합니다. 十地菩薩이 장애를 끊고 법문을 증득하는 경우에도, 처음에 十信에서 들어간 후 法雲地에 올라 正覺을 이룹니다. (十地의) 初地가 歡喜地인 것은 信에 의해 歡喜를 낳기 때문입니다.〉

여기서 Ⓐ는 『華嚴經』 「賢首品」(大正10, 72b)의 구절이다. 대혜가 논거로 하고 있는 것은 『華嚴經』의 菩薩52位사상이다. 보살52위는 보살의 수행의 단계로, 十信 · 十住 · 十行 · 十廻向 · 十地 · 等覺 · 妙覺이 그것이다. 이 중, 十地의 初地가 歡喜地이고 第十地가 法雲地이다. 발심해서 十信의 단계에 들어가, 十地를 지나서 妙覺에 이르는 것이 보살의 수행의 과정이다.

이상으로 『30권어록』과 『4권본보설』에서 대혜가 『華嚴經』을 어떻게 이해하고 있는가를 살펴보았다. 그런데 앞에서도 보았듯이, 『華嚴經』 중에서도 대혜가 가장 중시하는 것은 「入法界品」이다. 선이 일찍부터 화엄사상과 친연성을 가지고 화엄사상도 선사상에 큰 영향을 주고 있

23) 대정47, 924b

으므로, 당연히 선승들은 일찍부터 「入法界品」에도 주목해 왔다. 우선, 大慧 이전의 선승들이 「入法界品」을 어떻게 이해했는가를 고찰해 보자.

1) 대혜 이전의 禪門의 「入法界品」 이해

「入法界品」은 선재동자의 구도이야기로, 선재동자가 문수보살의 권유에 의해 53명의 선지식을 방문해서 가르침을 받고 마침내는 오도한다는 이야기이다. 특히 「入法界品」은 이미지로 그릴 수 있는 이야기이므로 선승들에 친근하게 느껴졌을지도 모른다. 그러므로 선사의 어록 중에 「入法界品」을 인용한 곳은 많은데, 우선 臨濟義玄(?~867)의 『臨濟錄』 「示衆」에는 다음과 같이 기록되어 있다.

> 夫如至理之道, 非諍論而求激揚, 鏗鏘以摧外道. 至於佛祖相承, 更無別意. 設有言教, 落在化儀三乘五性, 人天因果. 如圓頓之教, 又且不然. 童子善財, 皆不求過.24)
>
> 〈최상의 道는 논쟁한다든지 자랑한다든지, 소리를 높여서 外道를 비난하는 것은 아니다. 佛祖가 잇는 데 이르러서는 다른 뜻이 없다. 비록 言敎가 있어도, 化儀의 三乘・五性, 人天因果에 떨어질 뿐이다. 그러나 圓頓敎는 그렇지 않고, 선재동자는 선지식을 방문한 적이 없다.〉

義玄에 의하면, 선재의 구도편력은 三乘・五性 등의 단계적 수행을 설하는 化儀의 법문을 구해 다닌 것이 아니라, 本具의 心을 깨닫기 위한 것이다. 따라서 "선재동자가 53명의 선지식을 방문한 것도 그 선지식은 선재의 밖에 있는 것이 아니라 선재동자의 마음속에 있는 것이다"고 주장하고 있다. 여기서 義玄은 화엄을 다른 교학보다 높은 단계의 것으로서 파악하고 있는 것을 알 수 있다. 그러나 그것은 어디까

---

24) 대정47, 503a

지나 선의 입장에서 이해한 화엄이었다.

또 黃檗希運(생몰년 미상, 8세기 중반~9세기 중반)은 『宛陵錄』 가운데에서 다음과 같이 말하고 있다.

> 如今纔別起一念, 卽入十二因緣. 無明緣行亦因亦果, 乃至老死亦因亦果. 故, 善財童子一百一十處求善知識, 祇向十二因緣中求. 最後見彌勒, 彌勒卻指見文殊. 文殊者卽汝本地無明. 若心心別異, 向外求善知識者, 一念纔生卽滅, 纔滅又生. 所以汝等比丘, 亦生亦老, 亦病亦死……一念不起, 卽十八界空, 卽身便是菩提華果, 卽心便是靈智, 亦云靈臺.[25]
> 〈지금 一念을 일으키자마자 十二因緣에 들어가 버려서 無明・行・老死 등의 인과가 있다. 그러므로 선재동자가 110城에서 선지식을 구한 것도 십이인연 중의 사건에 지나지 않는다. 최후로 미륵보살을 뵈었을 때, 미륵은 다시 문수보살을 방문할 것을 선재에게 권한다. 문수라는 것은 바로 너희들의 本地의 無明이다. 만약 心과 心이 다르고 밖에서 선지식을 구한다면, 一念이 끊임없이 생멸할 것이다. 그러므로 너희들도 생로병사의 고를 면할 수 없게 된다…… 一念이 일어나지 않으면 18界가 空으로 되고, 너희들의 몸이 바로 菩提華의 果이고, 心이 바로 靈知이고, 또 靈臺라고도 한다.〉

希運은 無念을 강조해서 一念이 일어나면 바로 苦의 원인인 十二因緣에 들어가 버린다고 한다. 그때는 "선재동자가 선지식을 구해서 방문하는 것도 십이인연 중의 사건에 지나지 않고, 知慧第一인 문수보살도 無明에 빠질 뿐이다"라고 한다. 반면, 一念을 일으키지 않으면 자신과 대상세계가 모두 空이 되고, 지금 현재의 자신의 몸이 菩提의 果이고, 心이 靈知에 다름 아니게 된다고 한다. 希運의 해석도 결국, 선재동자가 방문한 53명의 선지식도 一心 중에 있는 것이고, 밖에서 구

25) 卍續118冊, 195하

해서는 안 된다는 것을 주장한 것으로, 本具의 心에 모든 것을 구하는 선종의 이해에 다름 아니다.

이와 같이, 中唐에 이르기까지의 선승의 「入法界品」 이해는 선의 입장에서 「入法界品」을 이해하는 단순한 구조이고, 또 「入法界品」에 대한 언급도 단발적으로 행해지는 경우가 많았다. 그러나 會昌廢佛(845년) 이후 河北의 화엄종세력이 江南으로 옮겨 오게 된다. 특히 河北 출신의 李通玄의 『新華嚴經論』은 吳越國과 南唐의 왕실에 크게 신앙되고, 나아가서는 李通玄 자신이 신앙의 대상으로 되었다. 金井德幸(1982)에 의하면, 회창폐불 이후도 강남에서는 화엄사찰이 계속해서 건립되고, 특히 吳越王錢弘俶의 치세에 집중적으로 건설되었다고 한다. 선종종파에 있어서는 法眼宗이 李通玄의 사상을 받아들여 종종 『新華嚴經論』을 간행해서 유포하였다. 특히 법안종 제4세인 永明延壽의 『心賦註』, 『宗鏡錄』 등에는 여러 곳에서 『華嚴經』 특히 「入法界品」을 인용하고 있다. 우선 『심부주』 권4에서 연수는 다음과 같이 말하고 있다.

> 善財童子南行, 遍法界參五十三員善知識……及至彌勒, 證一生成佛之果. 後, 彌勒卻指歸再見初友文殊, 以表前心後心一等, 更無差別, 始終不出一心, 離此別無奇特矣.[26]
>
> 〈선재동자가 남행하여 諸 法界의 53인의 선지식에 참구하였다……미륵보살이 계시는 곳에 이르러서 一生成佛의 果를 증득하였다. 그 후, 미륵이 다시 문수보살을 방문하도록 권한 것은 "前心과 後心이 같아서 차이가 없고, 시종 一心을 벗어난 적이 없으며, 이 외에는 妙道가 없다는 것"을 나타낸 것이다.〉

연수는 선재동자가 53인째의 선지식인 미륵보살을 방문한 후 一生

---

26) 卍續111책, 141상

成佛의 果를 증득했다고 하고, 그 미륵보살이 선재동자에게 다시 문수보살을 방문하도록 권한 것은 "前心(初友의 문수보살)과 後心(54인째의 선지식으로서의 문수보살)이 같고, 결국 一心을 벗어나지 않는다는 것을 나타낸 것이다."고 하여, 「入法界品」을 一心을 나타내는 것으로서 해석한다. 이러한 해석은 天台・華嚴・禪 등을 선의 一心의 입장에서 회통하려고 한 연수에 있어서는 당연한 것일 것이다.

그런데 「入法界品」을 一生成佛의 입장에서 해석한 것은 실은 李通玄의 『新華嚴經論』에 유래하는 것이다. 『新華嚴經論』에서 李通玄은 다음과 같이 말한다.

> 善財一生成佛者, 不離刹那際, 證三世性古今總齊. 還與龍女一刹那際轉身, 具行成佛一時總畢. 皆稱本法, 法如是故.[27]
>
> 〈선재동자의 一生成佛은 刹那際를 떠나지 않고 과거・현재・미래의 삼세의 본질이 옛날이나 지금이나 같다는 것을 증득한 것이다. (그것은) 龍女가 일찰나에 轉身해서, 行을 갖추고 성불한 것과 같다. 그것은 모두 법에 맞는 것이고, 법이 원래 그러하기 때문이다.〉

여기에서 보면, 李通玄도 선재의 성불을 一生成佛로서 규정하고 『法華經』「提婆達多品」에서 용녀가 성불한 것과 같다고 한다. 이와 같이 「入法界品」을 一生成佛로 이해한 것은 李通玄 이래 일반적인 해석으로서 넓혀졌다고 생각된다. 또, 선재동자와 용녀가 一生成佛한 것은 모두 信에 의한 것이고, 『華嚴經』의 信중시는 그 후 看話禪의 信중시에로 연결된다.

한편, 연수는 『宗鏡錄』에서도 全卷에 걸쳐서 「入法界品」을 인용하고 있는데, 그 대표적인 구절을 들어보자. 우선 권2에서는 다음과 같

27) 대정36, 727b

이 말하고 있다.

> 諸祖只是以心傳心, 達者印可, 更無別法. 如華嚴經中, 文殊童子化五百童子, 發菩提心, 唯一人善財童子, 達本心原.[28]
> 〈조사들은 단지 마음에서 마음으로 전하고 요달한 자를 인가할 뿐 다른 법은 없다. 예를 들면, 『華嚴經』 중에서 문수동자가 500인의 동자를 교화하여 보리심을 發하게 했지만, 선재동자 혼자만이 본심의 근원을 요달할 수 있었다.〉

연수는 선재동자가 오도한 것은 '본심의 근원'을 요달했기 때문이라고 하고, 『心賦註』에서와 같이 心의 입장에서 「入法界品」을 해석하고 있다. 또 권34에서는 다음과 같이 말하고 있다.

> 善財不出道場, 遍歷一百十城之法. 是以, 文殊即自心能證之妙慧. 善財至彌勒, 一心佛果滿後, 却令見文殊. 因位將極, 令返照心原. 更無有異, 未始動念故. 再訪文殊, 不見其身者, 但了自心空般若故. 是眞見文殊. 普賢是自心所證法界無盡妙行. 善財雖遍法界, 參諸善友, 欲見普賢, 不假別指.[29]
> 〈선재동자는 도량을 벗어나지 않고 110城에서 법을 구하였다. 그러므로 문수는 自心의 能證의 妙慧이다. 또, 선재는 미륵을 방문해서 一心의 佛果를 증득한 후 다시 문수를 방문할 것을 권유받는다. 그것은 因位가 극하려고 할 때 心原을 반조한 것이다. (前心과 後心이) 다르지 않는 것은 念을 일으키지 않았기 때문이다. 다시 문수를 방문했지만 문수가 보이지 않았던 것은, 자심의 空般若를 요달했기 때문이다. 선재가 비록 諸 法界의 선지식에 참구했어도, 결국은 보현보살을 뵈기 위한 것이지 다른 목적이 있었던 것은 아니다.〉

---

28) 대정48, 426a
29) 대정48, 613a

여기서 연수는 문수보살=能證의 妙慧로서, 보현보살=所證의 妙行으로서 파악하고 있다. 이것은 문수보살을 慧, 보현보살을 行으로서 파악해 온 종래의 해석과 다르지 않다. 또 선재동자가 53인의 선지식을 방문했지만 결국은 보현보살을 뵈기 위한 것이라고 해석한 것은, 「入法界品」의 주제가 「普賢行」에 있는 것을 말한 것이다. 재미있는 것은, "선재동자가 미륵보살의 권유에 의해 다시 문수보살을 방문한 것은 因과 果가 같음을 나타낸 것이고, 因(初友의 문수보살)과 果(53인째의 선지식으로서의 문수보살)가 같은 것은 念을 일으키지 않았기 때문이다. 나아가 선재동자가 문수보살을 다시 방문했지만 문수보살이 보이지 않았던 것은 空般若를 요달했기 때문이고, 그것이야말로 참으로 문수보살을 뵌 것이다."고 해석한 것이다. 이와 같이 연수는 「入法界品」을 특히 중시하고 『宗鏡錄』 가운데서는 셀 수 없을 정도로 「入法界品」을 많이 인용하고 있다.

이와 같은 「入法界品」 중시는 宋代가 되어도 변하지 않았는데, 특히 임제종 양기파에서 그 경향이 강하다. 대혜의 「入法界品」 이해에 직접적인 영향을 미친 것은 역시 대혜의 스승인 圓悟克勤과 張商英이었다고 생각된다. 우선, 『圓悟語錄』에서 원오는 「入法界品」을 인용하여 다음과 같이 말한다.

> 又, 如華嚴法界無邊香水海, 不可說浮幢王刹, 盡向這裏一時開現. 卽此現成, 卽此受用. 不以眼見, 不以耳聞, 不以口談, 不以心知. 還證得麽. 若也證得, 不必覺城東際初見文殊, 樓閣門開, 方參慈氏. 敢問大衆. 且道, 卽今是什麽人境界. 擧拂子云, 盧舍本身全體現, 當機直下沒纖毫.[30]
>
> <"또 화엄법계의 한없는 香水海와 무수한 浮幢王刹이 여기에 일시에 나타난다. 이것에 즉해서 現成하고, 이것에 즉해서 受用한다. (그러나) 그

---

30) 대정47, 722a

것은 눈으로 보는 것도, 귀로 듣는 것도, 입으로 말하는 것도, 마음으로 알 수도 없다. 증득했는가. 만약 증득했다면 覺城의 동쪽에서 문수보살을 뵈지 않아도 누각의 문이 열리면 미륵보살에 참학할 것이다. 여러분들에게 묻는다. 지금은 누구의 경계인가?" 拂子를 들고 말했다. "비로자나의 본신이 바로 나타나 그 자리에서 바로 종적마저 사라졌다."〉

여기서는 원오가 『華嚴經』의 구상 그 자체를 '지금 여기에 있는 깨달음의 場'으로 파악하고, 毘盧遮那佛이라는 것은 '그곳에 있는 사람 자신'이라고 간주하고 있는 것을 알 수 있다. 또 張商英에 관해서는 『續傳燈錄』 권25에 원오극근과의 문답이 실려 있다.

翌日, 復擧事法界理法界, 至理事無礙法界. 師又問, 此可說禪乎. 公曰, 正好說禪也. 笑曰, 不然. 正是法界量裏在. 蓋法界量未滅. 若到事事無礙法界, 法界量滅, 始好說禪. 如何是佛, 乾屎橛. 如何是佛, 麻三斤.31)

〈(장상영이) 다음날, 다시 事法界・理法界・理事無礙法界를 들었다. 그러자 원오가 물었다. "그것은 禪을 말할 수 있는가?" "아주 잘 禪을 말할 수 있습니다." 그러자 원오가 웃으면서 말했다, "그렇지 않다. 그것은 法界量 중에 있어서, 法界量이 아직 없어지지 않았다. 事事無碍法界에 이르러서 法界量이 없어져야 비로소 禪을 말할 수 있다." "부처란 무엇입니까?" "마른 똥 막대기이다." "부처란 무엇입니까?" "麻 세 근이다."〉

여기서 원오는 화엄의 四法界 중 事法界・理法界・理事無礙法界는 法界量에 구속되어 있으므로 아직 禪에는 이르지 못하고, 事事無碍法界에 이르러야 禪과 같은 경지에 이른다고 한다. 여기서 '法界量'이라는 것은 '法塵煩惱'와 같은 뜻으로 佛法을 구하는 나머지 도리어 佛法에

31) 『續傳燈錄』 권25(대정51, 634b)

집착하는 것을 말한다. 장상영은 또 佛國禪師惟白(생몰년 미상, 북송 말)이 쓴 『文殊指南圖讚』에 序文을 쓰고 있다. 『文殊指南圖讚』은 선재동자의 수행편력의 여행을 圖像化하여, 그 하나하나에 讚文을 붙인 것이다. 그 서문에서 장상영은 『華嚴經』의 奧義를 다한 문헌으로 ① 李通玄의 『新華嚴經論』 40권 ② 澄觀의 『華嚴經隨疏演義鈔』 100권 ③ 龍樹의 『二十萬偈』 ④ 惟白의 『文殊指南圖讚』을 들고, 그중 『華嚴經』의 奧義를 가장 잘 드러낸 것이 『文殊指南圖讚』이라고 칭찬하고 있다.[32)]

그런데 앞에서 오대십국의 시대에 강남의 吳越國을 중심으로 해서 李通玄의 화엄사상이 성행한 것을 말했지만, 李通玄의 화엄사상의 특징은 '실천중시'와 '神異的 성격'에 있다고 할 수 있다. 이러한 경향은 송대에는 더욱 강해져서, 송대에는 화엄사상의 교학적 측면보다 華嚴結社나 寫經 등의 실천이 중시되었다. 華嚴結社로서 유명한 것은 '杭州西湖昭慶寺結社'로, 圓淨省常(959-1020)이 『華嚴經』 「淨行品」을 血書해서 宗要로 삼고, 승려 80인을 중심으로 해서 僧俗 100인에게 印施하였다. 또 『華嚴經』의 寫經도 유행하여, 至和 2년(1055)에는 沙門文用이 발기하고 63인의 관료가 참가하여 단체로 『華嚴經』의 사경이 행해진 적도 있었다. 그것뿐만이 아니라 개인적으로도 친척의 追善供養을 위해 사경을 행하는 등 각종 형태의 사경이 존재했다고 생각된다.[33)]

한편, 화엄의 실천중시의 경향은 필연적으로 他宗과의 결합을 낳는데, 특히 淨土사상과 결합하게 된다. 『華嚴經』 중에서 淨土사상을 언급하는 곳은 몇 군데 있는데, 「入法界品」 중에도 淨土사상의 단서가

---

32) 「李長者合論四十軸, 觀國師疏鈔一百卷, 龍樹尊者二十萬偈, 佛國禪師五十四讚. 四家之說, 學者所宗. 若乃撮大經之要樞, 擧法界之綱目, 標知識之儀相, 述善財之悟門, 人境交參事理俱顯, 則意詳文簡, 其圖讚乎.」(大正45, 793a)

33) 『大慧普說』 권15에는, 劉侍郎이 『華嚴經』을 書寫하여 大慧에게 보낸 후, 유시랑의 요청에 의해 행한 보설이 실려 있다.

되는 것이 존재한다. 우선, 선재동자는 두 번째의 선지식인 功德雲比丘에게서 21種 念佛三昧를 얻는데[34], 이 부분은 淨土宗의 道綽(562-645)·善導(613-681)의 阿彌陀佛에의 念佛三昧의 유력한 經證이 된다. 道綽의 『安樂集』 중에서 「入法界品」을 경증으로 하고 있는 부분을 들면 다음과 같다.

> 第二, 明此彼諸經多明念佛三昧爲宗者, 就中有八番. 初二明一相三昧, 後六就緣依相, 明念佛三昧……又善財童子求善知識, 詣功德雲比丘所, 白言, 大師云何修菩薩道, 歸普賢行也. 是時比丘告善財曰, 我於世尊智慧海中, 唯知一法. 謂念佛三昧門.[35]
>
> 〈두 번째로, 경전 중에서 염불삼매를 밝혀서 宗으로 삼는 것을 보면 8經이 있다. 처음 2경은 一相三昧를 밝히고, 나머지 6經은 緣에 나아가고 相에 의해서 念佛三昧를 밝힌다…… 또 선재동자가 선지식을 구하여 공덕운비구의 처소에 이르러서 말하기를 "대사는 어떻게 보살도를 닦고 보현행으로 돌아가는 것입니까?" 그러자 공덕운비구가 선재동자에게 말하였다. "나는 세존의 가르침 중에서 단지 一法만을 알고 있다. 그것은 염불삼매이다."〉

도작은 경전 가운데 염불삼매를 宗으로 하는 경전에 8경이 있다고 하고, 그중 『花首經』과 『文殊般若經』은 一相三昧를 밝히고, 『涅槃經』, 『觀經』, 『般舟三昧經』, 『大智度論』, 『華嚴經』, 『海龍王經』은 염불삼매를 밝히고 있다고 한다. 그중 제7『華嚴經』에서, 「入法界品」에서 선재동자가 공덕운비구를 방문하여 염불삼매를 증득한 것을 경증으로서 제시하고 있다[36].

---

34) 80『華嚴經』 권62(대정10, 334b-c)

35) 『安樂集』 권하, 대정47, 14c-15b

36) 여기에 드는 「入法界品」의 구절은 80『華嚴經』(대정10, 334a-c)에서의 取意이다.

다음에, 善導의 『觀無量壽佛經疏』에서 「入法界品」을 인용하고 있는 곳을 들면 다음과 같다.

> 成佛之法要, 須萬行圓備, 方乃剋成. 豈將念佛一行卽望成者, 無有是處. 雖言未證, 萬行之中是其一行. 何以得知. 如華嚴經說, 功德雲比丘語善財言, 我於佛法三昧海中, 唯知一行. 所謂念佛三昧. 以此文證, 豈非一行也. 雖是一行, 於生死中乃至成佛, 永不退沒. 故, 名不墮.37)
> 〈"成佛의 요체는 만행이 모두 갖추어져야 비로소 이룰 수 있다. 어째서 염불의 一行만으로 성불할 수 있겠는가?"라고 하는 말은 잘못이다. 비록 증오할 수는 없다고 해도, 萬行 중의 一行인 것은 틀림없다. 어째서 그렇게 말할 수 있는가? 예를 들면, 『華嚴經』에서 공덕운비구가 선재동자에게 말하기를, "나는 佛法三昧海 중에서 一行만을 안다. 그것은 염불삼매이다." 이 구절이 증거이니 어찌 一行이 아니겠는가? 비록 一行이라도 生死에서 成佛에 이르기까지 물러난 적이 없다. 그러므로 '不墮'라고 이름한다.〉

道綽과 善導와 같은 淨土宗의 승뿐만이 아니라 華嚴僧 중에도 淨土사상을 발견할 수 있는데, 『樂邦文類』(1200년 刊)에 실려 있는 義和의 「華嚴念佛三昧無盡燈序」에도 「入法界品」을 경증으로 삼고 있다.38)

또 하나, 「入法界品」이 淨土사상의 경증이 되는 것은 40『華嚴經』 권40의 「普賢行願讚」이다. 주지하는 대로, 이 偈는 梵文 Ganda-vyūha와 西藏譯, 40『華嚴經』(般若譯)에만 실려 있고 60『華嚴經』과 80『華嚴經』에는 실려 있지 않다. 이 偈는 普賢菩薩이 "普賢의 行願'을 說하고 그 德益을 칭찬하는 것이 요지이지만, 淨土사상가에 있어서는

---

37) 『觀無量壽佛經疏』 권1(대정 37, 249c)
38) 재미있는 것은 大慧가 『樂邦文類』의 序文을 쓰고 있다는 사실이다. 이 문제는 大慧의 生死觀과 관련해서 후술한다.

彌陀淨土思想의 경증으로도 된다. 해당 구절을 들면 다음과 같다.

> 一刹那中, 卽得往生極樂世界, 到已卽見阿彌陀佛……而說偈言……
> 願我臨欲命終時　　盡除一切諸障碍
> 面見彼佛阿彌陀　　卽得往生安樂剎39)
> 〈일찰나에 극락세계에 왕생하여 그 후 바로 아미타불을 뵙는다…… 偈를 설하여 말하였다, "원컨대는, 내가 임종할 때 모든 장애를 제거하고 아미타불을 뵙고, 바로 안락세계에 왕생할 수 있기를."〉

이 「普賢行願讚」을 근거로 해서 淨土사상가는 普賢行도 결국은 彌陀淨土에 왕생하기 위해서라고 해석한다.

2) 大慧의 「入法界品」 이해

원오극근과 장상영은 大慧의 사상형성에 큰 영향을 미쳤는데, 그것은 「入法界品」 이해에 있어서도 마찬가지이다. 『30권어록』과 『4권본보설』 중에서 大慧가 가장 많이 인용하는 경전이 『華嚴經』이고, 『華嚴經』 중에서도 「入法界品」을 인용하는 횟수가 가장 많다. 우선, 『大慧普說』 권15 「劉侍郎親書華嚴經施師乃請普說」 중에서 大慧는 다음과 같이 말한다.

> 趣大乘者猶爲易, 能信此法, 倍更難. 今有信此法者, 手寫是經, 黑底是墨, 白底是紙. 喚甚麽作此法, 此法又如何擧揚……不離一切菩提樹下, 而上升須彌, 向天帝釋妙勝殿普光明藏師子座上, 說十住品, 豈不是此法. 不離一切菩提樹下及須彌山頂, 而向夜摩天宮寶莊嚴殿寶蓮華藏師子座上, 入菩薩善思惟三昧, 說十行品, 豈不是此法……以至周旋八十一卷行布圓融, 亦與善財未見文殊, 未發阿耨多羅三藐三菩提心, 及發心已來, 遍歷諸城, 承事諸善知識, 次

39) 대정 10, 846c-848b

第滿足普賢諸行願海, 亦無差別. 如上所說, 豈不是此法. 杼山居士旣爾, 妙喜老漢亦爾. 妙喜老漢旣爾, 現前大衆亦爾. 現前大衆旣爾, 森羅萬象大地山河亦爾. 所謂, 塵塵爾, 念念爾, 法法爾.[40]

〈또, 大乘으로 향하는 것은 쉽지만 이 법을 믿는 것은 배나 어렵다. 지금 이 법을 믿는 사람이 있어 『華嚴經』을 서사했지만, 검은 것은 묵이고 흰 것은 종이이다. 무엇을 '이 법'이라고 하는 것인가? 이 법은 또 어떻게 거양하는가?…… 일체의 보리수를 떠나지 않고 수미산에 올라서, 天帝釋의 妙勝殿, 普光明藏의 師子座에서 十住品을 설한 것이 어찌 이 법이 아니겠는가? 일체의 보리수를 떠나지 않고 수미산의 정상에 올라, 夜摩天宮의 寶莊嚴殿, 寶蓮華藏의 師子座에서 菩薩善思惟三昧에 들어가 十行品을 설한 것이 어찌 이 법이 아니겠는가.…… 나아가 81권의 行布門과 圓融門까지 다 쓴 것은 선재동자가 문수보살을 뵙고 阿耨多羅三藐三菩提心을 발하기 이전, 또 발심해서 諸 城을 돌아 諸 善知識을 참견하고, 마지막으로 보현보살의 행원을 구족한 것과 다르지 않다. 이러한 것이 어찌 이 법이 아니겠는가. 杼山居士가 그러한 이상 나도 그러하다. 내가 그러한 이상 여러분들도 그러하다. 여러분들이 그러한 이상 모든 것이 그러하다. 이른바, "塵塵이 그러하고, 念念이 그러하고, 法法이 그러하다."라고 하는 것이다.〉

우선 大慧는, 『華嚴經』의 7處9會가 모두 '이 법'에 다름 아니라고 하고, 『華嚴經』 전체를 禪과 동일시하고 있다. 또 유시랑이 『華嚴經』을 서사한 것 자체가 선재동자가 53인의 선지식을 방문하여 가르침을 받은 것과 같다고 칭찬하고 있다. 나아가 여기서 "杼山居士旣爾, 妙喜老漢亦爾……"라고 하는 것은 事事無碍에 다름 아니다.

이와 같이 大慧는 『華嚴經』의 全品을 禪과 동일시하고 있지만, 특히 중시한 것은 「入法界品」이다. 그 이유는 무엇일까? 그것은 기본적으로는 大慧가 선재동자의 성불을 '一生成佛'로서 해석한 것에 있다고 생각한다.

---

40) 대정47, 877b-c

『四卷本普說』 권3 「孟宗丞請普說」에서 大慧는 다음과 같이 말한다.

> 釋迦老子說法度人, 三百六十余會, 於中一生成佛者只三人. 法華會上娑竭羅龍女, 年始八歲, 向南方無垢世界, 成等正覺. 涅槃會上廣額屠兒, 放下屠刀, 便預千佛之數. 華嚴會上善財童子, 於覺城東際古佛廟前, 見文殊師利, 初發心時, 便成正覺……以其一念發菩提心, 殊勝所致, 故能成就不思議事.[41)]
> 〈석가가 설법해서 중생을 제도한 것이 360회이지만, 그중에서 一生成佛한 것은 3인에 지나지 않는다. 法華會上의 娑竭羅龍女는 8세 때에 南方無垢世界에서 等正覺을 성취하였고, 涅槃會上의 廣額屠兒는 칼을 내려놓고 바로 성불하였다. 또, 華嚴會上의 善財童子는 覺城의 동쪽, 古佛의 묘 앞에서 문수보살을 뵙고 초발심의 때에 깨달음을 얻었다…… 그것은 一念의 보리심을 발한 공덕이 뛰어났으므로 이룰 수 있었던 것이다.〉

龍女成佛은 『法華經』 「提婆達多品」에 나오는 이야기로, 娑竭羅龍王의 딸인 龍女가 寶珠 한 알을 부처에게 바치고 성불했다는 이야기로, "여성은 五障을 가지고 있으므로 성불할 수 없다"고 한 초기 불교의 설을 뒤집은 것이다. 또 광액도아는 南本 『涅槃經』 「梵行品」에 나오는 인물로, 살생을 직업으로 하는 백정이 칼을 내려놓고 그 자리에서 성불했다는 이야기이다. 종래 성불이 불가능하다고 말해졌던 여성과 不殺生의 계를 범한 광액도아가 卽身成佛한 이야기로, 그들이 성불할 수 있었던 것은 보리심을 발했기 때문이다.

이와 같이 大慧가 「入法界品」을 중시하는 것은 선재동자의 一生成佛에 있지만, 선재동자가 一生成佛할 수 있었던 것은 信이 있었기 때문이다. 예를 들면 선재동자는 勝熱婆羅門을 만나 처음에는 그를 의심하였지만 그 의심을 끊고 불에 뛰어든 순간 菩薩善住三昧와 菩薩寂靜樂神通三昧를 얻었다. 그것은 선재동자에 信이 있었기 때문에 성취할

41) 상게서, 458d-459a

수 있었던 것이다. 大慧도 이 부분을 들어서 信의 경증으로 하고 있다(『4권본보설』 권3 「孟宗丞請普說」, 459b). 따라서 大慧看話禪에 있어서의 信중시는 화엄사상에서 직접적인 영향을 받은 결과라고 생각된다. 『大乘起信論』 이래 信은 화엄사상뿐만 아니라 대승불교 일반에 있어서 강조되는 개념이지만, 그러한 信중시는 『華嚴經』을 매개로 해서 看話禪에 영향을 미치고 있다.

나아가 大慧는 「入法界品」의 구조와 看話禪의 구조를 동일한 것으로서 파악하고 있는 것을 알 수 있다. 예를 들면, 『大慧法語』 권22 「示妙心居士」에서 大慧는 다음과 같이 말하고 있다.

> 決欲究竟此事, 應是從前作聰明說道理, 文字語言上記持, 於心意識內計較摶量得底, 颺在他方世界, 都不得有絲毫頭許頓在胸中, 掃除得淨盡也. 然後向心思意想不及處, 試進一步看. 若進得這一步, 便如善財童子於普賢毛孔剎中行一步, 過不可說不可說佛剎微塵數世界……但擧箇無字. 擧來擧去, 驀地絶消息, 便是歸家穩坐處也. 此外別無奇特. 前所云, 難進底一步, 不覺驀然過矣.42)
>
> 〈결정코 이 일을 궁구하려고 한다면, 지금까지 멋대로 생각해서 도리를 말하고, 문자와 언어로 기억하고, 심의식 중에서 사려하고 헤아려서 얻은 것을 다른 세계에 내던져 버리고, 조금도 가슴속에 놓아두지 말고, 깨끗하게 제거해 버리지 않으면 안 됩니다. 그 후에, 심의식이 미치지 않는 곳에서 한 걸음을 나아가 보십시오. 만약 이 한 걸음을 내디딜 수 있다면, 마치 선재동자가 보현보살의 털구멍 속에서 한 걸음을 나아가, 수많은 佛國의 무수의 세계를 지나간 것과 다르지 않습니다.…… 無字를 참구하기만 하면 됩니다. 끊임없이 참구하여 홀연히 소식을 끊으면 그곳이 바로 안락한 곳입니다. 그 외 특별한 것은 없습니다. 전에 말한 '나아가기 힘든 한 걸음'도 자기도 모르는 사이에 지나갈 수 있을 것입니다.〉

42) 대정47, 903a-c

여기서 "向心思意想不及處, 試進一步看"라고 하는 것은 看話禪의 수행에 다름 아니다. 大慧에 의하면, 看話禪이란 지각이 없는 무생물과 같이 無念으로 되는 것이 아니라, 하나의 공안을 끊임없이 의심하여 더 이상 의심할 수 없을 정도로 의식이 막다른 골목에 몰렸을 때 돈오하는 것이다. 그것은 『大慧書』 권28 「答呂舍人」에서 "但著意, 就不可思量處思量, 心無所之, 老鼠入牛角, 便見倒斷也. 又, 方寸若鬧, 但只擧狗子無佛性話."(대정47, 930a)고 한 것에서도 알 수 있다. 요컨대, 大慧는 "사량이 미치지 않는 곳에서 한 걸음을 나아가는 것은 「入法界品」에서 선재동자가 한 걸음을 나아간 순간 무수의 세계를 지난 것과 같고 그것은 無字公案을 참구하는 것에 의해 달성할 수 있다"고 생각했던 것이다.

그런데 大慧가 「入法界品」 중에서도 특히 자주 인용하는 것은 선재동자가 53인째의 선지식인 미륵보살을 방문했을 때의 '入樓閣'의 일화이다. 우선, 80권 『華嚴經』 「入法界品」의 해당 부분을 들면 다음과 같다.

> 善男子. 如汝所問, 菩薩云何學菩薩行, 修菩薩道. 善男子. 汝可入此毘盧遮那莊嚴藏大樓閣中, 周遍觀察, 則能了知學菩薩行. 學已成就無量功德. 爾時善財童子, 恭敬右遶彌勒菩薩摩訶薩已, 而白之言. 唯願大聖. 開樓閣門, 令我得入. 時彌勒菩薩, 前詣樓閣, 彈指出聲. 其門即開, 命善財入. 善財心喜, 入已還閉. 見其樓閣, 廣博無量, 同於虛空.[43]
>
> 〈(미륵보살이 말했다.) "선남자여. 너는 '보살은 어떻게 보살행을 배우고 보살도를 닦습니까?'고 물었다. '선남자여. 네가 이 毘盧遮那莊嚴藏大樓閣에 들어가 두루 관찰하면, 보살행을 배울 수가 있을 것이다. 또 그것을 배운 후에는 무량공덕을 성취할 수 있을 것이다.' 그때, 선재동자는 미륵보살에게 예배하고 우회하여 말했다. '오직 원컨대 大聖이시여! 누각의 문을 열어서 저로 하여금 들어가게 하실 것을.' 그러자 미륵보살이 누각에 이르러서 손가락을 튕겨서 소리를 내었다. 그러자 문이 열려서 선재로 하여금

43) 대정10, 434c-435a

들어가게 하였다. 선재가 기뻐하며 들어가자 문은 다시 닫혔다. 그 누각의 안을 보니 허공처럼 광대하였다."〉

이 중에서 "唯願大聖. 開樓閣門, 令我得入. 時彌勒菩薩, 前詣樓閣, 彈指出聲. 其門卽開, 命善財入. 善財心喜, 入已還閉."의 부분을 문제 삼으면, 예를 들면 澄觀은 『探玄記』에서 다음과 같이 해석하고 있다.

請其開門, 爲求證方便. 二彌勒彈指下, 加令入證. 謂, 若就因力, 卽是善財修無間道, 斷除妄想. 所證理現, 名曰門開. 解脫道中, 正證法界, 名爲卽入. 若就緣力, 卽是彌勒加持, 今約緣力說也. 證已反顧本來性滿, 非新得故, 更無入處之門. 故云還閉. 又以一證, 永得無有退失, 更無復出. 故云還閉.[44)]
〈(선재동자가 미륵보살에게) 누각의 문을 열도록 청한 것은 방편을 증득하기 위해서이고, 두 번째로 '彌勒彈指' 이하는 (선재동자가) 누각에 들어가서 증득하는 것을 도운 것이다. 因에 나아가서 말하면, 선재동자가 無間道를 닦고 망상을 제거하여 증득한 理가 나타난 것을 '門開'라고 한 것이다. 또 解脫道 중에서 법계를 바르게 증득한 것을 '卽入'이라고 한 것이다. (그러나) 緣에 나아가서 말하면, 미륵보살이 도왔으므로 지금은 緣의 입장에서 말한 것이다. 증득한 후 "본래 성은 원래부터 갖추어져 있지, 새롭게 얻은 것은 아니다."고 반조했으므로 入處의 문이 있는 것은 아니다. 그러므로 '還閉'라고 한 것이다. 또, 한번 증득하면 영원히 물러나지 않고, 다시 누각의 문을 나가는 일은 없다. 그러므로 '還閉'라고 한 것이다.〉

징관은 누각의 문이 열려서 선재가 들어갈 수 있었던 것은, 선재의 수행이라는 因과 미륵의 도움(彈指)이라는 緣이 합해서 이루어진 결과이고, 여기서는 미륵의 彈指에 의해 들어갈 수 있었으므로 緣의 입장에서 서술하고 있다고 한다. 또 '入已還閉'에 대해서는, 佛性은 원래

44) 대정35, 488c

부터 구족하고 있고 한번 증득하면 영원히 잃지 않으므로 '還閉'라고 한다고 주석한다. 결국 '門開'는 '선재가 깨달은 것'을, '還閉'는 '선재의 깨달음도 결국은 本來 性에 눈뜬 것이다'고 하는 것을 의미하고 있다.

한편 李通玄은 『新華嚴經論』에서 이 부분을 다음과 같이 주석하고 있다.

> 慈氏菩薩彈指出聲, 其門卽開者, 明聲是震動啓發之義. 彈指者, 是去塵之義. 塵亡執去, 法門自開. 善財入已, 其門還閉者, 以迷亡智現, 名之爲開. 智無內外中間, 無出無入, 無迷無證, 名爲還閉.45)
>
> 〈미륵보살이 손가락을 튕겨서 소리를 내자 누각의 문이 열린 것은, 소리에는 震動과 啓發의 의미가 있다는 것을 밝힌 것이다. 손가락을 튕긴 것은 번뇌를 제거한다는 의미이고, 번뇌가 없어지고 집착이 제거되자 法門이 저절로 열린 것이다. 선재가 들어간 후 문이 다시 닫힌 것은 번뇌가 없어져서 智가 나타났으므로 '開'라고 한 것이다. 또 智에는 內·外·中間도 없고, 出入도 없고, 迷證도 없으므로 '還閉'라고 한 것이다.〉

李通玄은 '門開'를 선재동자가 오도해서 智가 나타난 것, '還閉'를 智에는 內·外·中間, 出入, 迷證이 없다는 것을 의미한다고 주석한다. 여기에서 보면, '門開'에 대해서는 澄觀과 李通玄이 같은 해석을 하고 있지만, '還閉'에 대해서는 해석이 다른 것을 알 수 있다. 즉 징관이 "佛性은 원래부터 구족되어 있으므로, 한번 증득하면 영원히 잃지 않는다."라고 해석한 것은 정통화엄사상가의 해석이라고 할 수 있다. 반면, 李通玄이 '還閉'를 '無迷無證'이라고 해석한 것은 번뇌=보리의 입장에 선, 보다 禪的인 이해라고 할 수 있을 것이다.

그런데 이 부분에 대한 大慧의 해석은 門開보다 還閉를 중시하고

45) 대정36, 1006c

있는 것을 알 수 있다. 『大慧法語』 권22 「示妙心居士」 가운데서, 大慧는 다음과 같이 말하고 있다.

言, 理則頓悟, 乘悟倂銷. 事非頓除, 因次第盡. 要識這些道理, 便是善財聞彌勒彈指之聲, 樓閣門開. 善財心喜, 入已還閉. 香嚴聞擊竹作聲, 忽然契悟, 便解道. 一擊亡所知, 更不假修治. 更不假修治. 動容揚古路, 不墮悄然機之類是也.[46]

〈말하기를, "理는 돈오하여 깨달음에 의해 금방 없어진다. 그러나 事는 한꺼번에 제거하지 못하니 점차로 없어진다"고. 이 도리를 알고 싶다면, 선재동자는 미륵보살이 손가락을 튕기는 소리를 듣고 누각의 문이 열렸다. 선재가 기뻐하며 들어가자 다시 문이 닫혔다. 香嚴禪師는 (기와가) 대나무에 맞는 소리를 듣고 돈오하여 게를 읊을 수가 있었다. "一擊에 知가 완전히 없어져서 수행할 필요가 없네. 격발한 나의 身心은 옛 理法을 높이 드날리고 적막한 경지에 떨어지는 것은 없네."라고 한 類가 그것이다.〉

"理則頓悟, 乘悟倂銷. 事非頓除, 因次第盡."는 『首楞嚴經』 권10에 나오는 구절로 頓悟漸修論者들의 유력한 경증이 되지만, 大慧는 그 의미가 '선재동자가 누각에 들어간 일화'와 '香嚴智閑(?-898) 선사가 기와가 대나무에 맞는 소리를 듣고 오도한 일화'와 같다고 한다. 香嚴智閑의 일화는 『景德傳燈錄』 권11 「香嚴智閑禪師條」에 나오는 이야기로, 그것은 다음과 같다.

依潙山禪會. 祐和尙知其法器, 欲激發智光. 一日謂之曰, 吾不問汝平生學解及經卷册子上記得者. 汝未出胞胎, 未辨東西時本分事, 試道一句來. 吾要記汝. 師無對. 沈吟久之, 進數語陳其所解, 祐皆不許. 師曰, 卻請和尙爲說. 祐

46) 대정47, 903b

曰, 吾說得是吾之見解, 於汝眼目何有益乎. 師遂歸堂, 遍檢所集諸方語句, 無一言可將酬對. 乃自歎曰, 畵餠不可充飢……一日, 因山中芟除草木, 以瓦礫擊竹作聲, 俄失笑間廓然惺悟. 遽歸沐浴焚香, 遙禮潙山, 贊云. 和尙大悲恩逾父母. 當時若爲我說卻, 何有今日事也. 仍述一偈云, 一擊亡所知, 更不假修治. 動容揚古路, 不墮悄然機.47)

〈(지한선사는) 潙山의 禪會에 참가하였다. 潙山은 그의 法器를 알고 지혜를 격발하려고 했다. 어느 날 위산이 말했다. "너의 평소의 學解와 경전에서 배운 것은 묻지 않겠다. 네가 어머니의 胎에서 나와 東西를 분간하기 전의 너의 본분사를 말해보라. 나는 너를 수기하려고 한다." 그러나 지한은 대답할 수 없었다. 잠시 후 생각하는 바를 말씀드렸지만 인정받지 못하였다. 그러자 지한이 말했다. "화상이여. 부디 가르쳐 주십시오." 위산. "내가 말하는 것은 나의 견해이지, 너의 안목에 무슨 도움이 되겠느냐." 지한은 마침내 승당으로 돌아가서 경전을 찾아보았지만 적당한 구절이 없었다. 그러자 탄식해서 말하기를, "그림속의 떡으로는 허기를 채울 수 없다"…… 어느 날 산중에서 풀을 베고 있었는데, 기와가 대나무에 맞는 소리를 듣고 돈오했다. 마침내 돌아와서 목욕・분향하고 멀리서 위산에 예배하고 찬탄하기를, "화상의 은혜는 부모보다 크다. 당시에 나에게 가르쳐 주었다면 오늘의 깨달음은 없었을 것이다." 또, 偈를 읊기를 "一擊에 智가 완전히 없어져서 수행할 필요는 없네. 격발한 나의 身心은 옛 理法을 높이 드날리고 적막한 경지에 떨어지는 것은 없네."〉

이 일화의 요지는 "佛法은 경전 가운데 있는 것이 아니라 깨달아야 하고, 돈오하면 이전에 배운 지식은 쓸모없게 된다"고 하는 선의 전통적인 가르침이라고 할 수 있다. 따라서 '一擊亡所知'에 요점이 있을 것이다. 똑같이, 선재동자일화의 경우에도 還閉에 요점이 있는 것에 틀림이 없다. 이와 같이, 大慧가 門開보다 還閉를 중시하는 것은 『4권본

47) 대정51, 283c-284a

보설』 권2 「超明海三大師請普說」에서도 알 수 있다.

只是借方便, 爲入道之門, 卽得入卽捨方便. 正似香嚴擊竹作聲, 豁然悟道, 當下忘其所證. 故曰, 一擊忘所知也. 又, 如彌勒彈指, 命善財入樓閣門. 善財心喜, 入已還閉. 所言, 心喜處卽是悟入處. 入已還閉是所證處, 絶消息. 所證處旣絶消息, 卽是捨方便門.48)

〈그러나 방편을 빌려서 入道의 문으로 삼는다면, 들어가고 나서는 방편을 버리지 않으면 안 된다. 마치 향엄선사가 기와가 대나무에 맞는 소리에 오도하여 그 자리에서 증득한 것조차 잊었듯이. 그러므로 "一擊에 智가 전부 없어졌다"고 읊었던 것이다. 또, 미륵이 손가락을 튕겨서 선재로 하여금 누각의 문에 들어가게 하였다. 선재가 기뻐하며 들어가자, 문이 다시 닫힌 것과 같다. 心喜處라는 것은 悟入處를 말하고 있고, '入已還閉'란 증득한 곳에서 소식을 끊은 것이다. 증득한 곳에서 소식을 끊었다면 그것은 방편문을 버린 것이다.〉

大慧는 "선재동자가 누각의 문이 열려서 안으로 들어간 것"과 "향엄선사가 기와가 대나무에 맞는 소리를 듣고 오도한 것"도 중요하지만, 오도한 후는 "오도했다는 사실조차도 버리지 않으면 안 된다"고 한다. 大慧는 종종 法塵煩惱, 法界量을 제거해야 한다고 강조하는데, 바로 이것을 말하는 것이다. 여기에서 보면, 大慧의 入樓閣에 대한 이해는 澄觀과 李通玄 등의 화엄사상가와는 달리 철저히 禪的인 이해라고 할 수 있을 것이다.

2) 華嚴教學의 영향

화엄사상가 중에서 大慧가 자주 인용하고 영향을 받았다고 생각되는 사람은 李通玄(635-730) · 清凉澄觀(738-839) · 圭峰宗密(780-

48) 卍藏經 제 31套, 433a

841)의 3인이다. 우선, 李通玄에 대해서는 기본적으로 존경의 염을 품고 있었던 듯하다. 그것은 『30권어록』 권12 「大慧普覺禪師讚佛祖」 가운데서 李通玄에 대해서 "以一毛端智, 遍量法界空. 智空無自性, 空智在其中."(大正47, 859a)고 찬탄하고 있고, 또 『普覺宗杲禪師語錄』(일명, 『雜毒海』)에는 "如李長者論入華嚴法界, 詞分句解, 皎如日星, 泮然無疑. 若非親遇了緣, 安能如此."(卍續121책, 67상)이라고 하여 "李通玄의 화엄 해석이 명쾌하다"고 찬탄하고 있는 것에서도 알 수 있다. 『30권어록』 등에서 大慧는 李通玄의 『新華嚴經論』과 『略釋新華嚴經修行次第決疑論』의 구절을 몇 군데 인용하고 있지만, 실제로 李通玄의 저술에는 보이지 않는 것이 많다. 李通玄의 저술에서 인용했다고 단언할 수 있는 것은 『新華嚴經論』의 "無邊刹境, 自他不隔於毫端. 十世古今, 始終不移於當念."(大正36, 721a)의 한군데에 지나지 않는다.

그런데 징관과 종밀에 대해서는 『大慧書』 권30 「答孫知縣」에 언급이 있다. 「答孫知縣」은 손지현이 『金剛經』의 漢譯이 잘못되어 있다고 해서 『金剛經』을 改撰하여 大慧에게 인가를 구한 것에 대한 답서이다. 大慧는 '손지현은 梵本을 보고 있지 않다'는 이유로 인가를 거절하고, '멋대로 경전을 개찬해서는 안 된다'고 징관과 종밀의 예를 들어서 깨우치고 있다. 우선 징관에 대해서는 다음과 같이 말한다.

> 昔淸凉國師造華嚴疏, 欲正譯師訛舛. 而不得梵本, 但書之于經尾而已. 如佛不思議法品中所謂, 一切佛有無邊際身, 色相淸淨, 普入諸趣, 而無染著. 淸凉但云, 佛不思議法品上卷, 第三葉第十行, 一切諸佛舊脫諸字. 其餘經本脫落, 皆註之于經尾.[49]
>
> 〈옛날 청량국사는 華嚴疏를 지어서 漢譯의 잘못을 고치려고 하였습니다. 그러나 梵本을 얻을 수 없었으므로 경의 끝에 주석했을 뿐이었습니다.

49) 대정47, 940b

예를 들면 「佛不思議法品」 중의 "一切佛有無邊際身, 色相淸淨, 普入諸趣, 而無染著"의 부분에 대해서, 징관은 "「佛不思議法品」 上卷, 第3葉 第10行의 '一切諸佛'은 舊本에는 '諸'자가 빠져 있다."고 주석하고, 다른 탈락도 전부 卷末에 주석했습니다.〉

大慧는, 징관이 『華嚴經』 「佛不思議法品」 중의 "一切佛有無邊際身, 色相淸淨, 普入諸趣, 而無染著"의 구절에 대해서, "舊本에는 '一切諸佛'의 '諸'자가 빠져 있다"고 『華嚴疏』에서 지적했다고 하고 있다. 그러나 대정신수대장경 所收의 80권 『華嚴經』과 60권 『華嚴經』의 해당 부분을 보면, '一切諸佛'로 되어 있어 諸字가 탈락하고 있지 않다. 또 징관의 『華嚴疏』와 『演義鈔』에도 그것에 대한 지적은 보이지 않는다. 그러나 징관이 漢譯 『華嚴經』의 번역의 잘못을 수차 지적한 것은 사실이다. 결국 大慧는, 징관이 『華嚴經』 「佛不思議法品」에 의문이 있었음에도 불구하고 『華嚴疏』에서 그것을 지적했을 뿐 경전 자체를 개찬하지는 않았다고 칭찬하고 있는 것이다.

그러나 종밀에 대해서는 다음과 같이 말한다.

圭峰密禪師, 造円覺疏鈔. 密於円覺, 有證悟處, 方敢下筆. 以円覺經中一切衆生皆證円覺, 圭峰改證爲具, 謂譯者之訛. 而不見梵本, 亦只如此論在疏中, 不敢便改正經也. 後來泐潭眞淨和尙, 撰皆證論, 論內痛罵圭峰, 謂之破凡夫臊臭漢. 若一切衆生, 皆具円覺, 而不證者, 畜生永作畜生, 餓鬼永作餓鬼, 盡十方世界, 都盧是箇無孔鐵鎚, 更無一人發眞歸元. 凡夫亦不須求解脫. 何以故, 一切衆生皆已具円覺, 亦不須求證故.[50]

〈규봉종밀선사는 『圓覺經』의 疏와 疏鈔를 지었습니다. 종밀은 『圓覺經』에서 깨달은 바가 있어서야 비로소 붓을 들었습니다. 『圓覺經』 중의 '一切衆生皆證円覺'을 종밀은 '證'字를 '具'字로 고치고 '譯者의 잘못이다'고

50) 대정47, 940c-941a

말했습니다. 그러나 범본을 보고 있지 않으므로 단지 이와 같이 疏 중에서 논했을 뿐, 경전을 개찬하지는 않았습니다. 후에 泐潭의 眞淨和尙은 皆證論을 저술하여, 그 속에서 종밀을 비난하여 '타락한, 기름냄새 나는 놈'이라고 했습니다. 만약 일체의 중생이 모두 원각을 갖추어서 깨닫지 않는다면 축생은 영원히 축생이 되고 아귀는 영원히 아귀로 되어, 십방세계의 모든 것이 어떻게 할 수가 없어서, 아무도 眞心을 발하여 근원에 돌아갈 사람은 없을 것입니다. 범부도 해탈을 구할 필요가 없을 것입니다. 왜냐하면, 일체의 중생이 이미 원각을 갖추고 있으므로 깨달음을 구할 필요가 없기 때문입니다.〉

大慧는 종밀이 『圓覺經』의 '一切衆生皆證円覺'의 證을 具로 고쳤고, 그것에 대해서 眞淨克文이 「皆證論」을 저술하여 비난했다고 한다. 또 大慧도 진정극문의 의견에 찬동하여 '모든 중생이 이미 원각을 갖추고 있다면 깨달음을 구하지 않게 된다'고 해서 종밀을 비난하고 있다.

그렇다면 정말로 종밀은 證字를 具字로 고쳤는가? 종밀의 『圓覺經大疏』와 『圓覺經略疏』를 보면 다음과 같이 되어 있다.

> 解曰, 言皆證円覺者, 自悟本來円覺, 證知一切皆然, 非諸衆生皆已修證. 經文倒者譯人訛謬. 應云善男子證諸衆生皆有円覺, 卽顯然矣.[51)]
> 〈해석해서 말하기를, "'皆證円覺'이라고 하는 것은 본래의 圓覺을 스스로 깨달아 모든 중생이 그러하다고 證知하는 것으로, 모든 중생이 수행한 후에 證하는 것은 아니다. 經文의 순서가 바뀌어 있는 것은 譯者의 잘못이다. '선남자야. 모든 중생이 원각을 가지고 있다는 것을 증득한다'고 하면 분명해진다."〉

> 善男子, 一切衆生皆證円覺, 定知身心本來具有. 以已證知一切有情無不是覺, 譯經訛也. 應云證諸衆生皆有円覺.[52)]

---

51) 『圓覺經大疏』(卍續14책, 335상－하)

〈(『圓覺經』에) “善男子, 一切衆生皆證円覺”라고 있는 것은 身心에 원래부터 갖추어져 있는 것이라는 것을 알지 않으면 안 된다. 이미 모든 중생이 覺이 아닌 사람이 없다고 증득한 이상, (‘證’이라는 것은)譯經의 잘못이다. “모든 중생은 원각을 가지고 있다고 증득한다”라고 해야 한다.〉

위에서 보면, 종밀이 證字를 具字로 고친 것은 아니다. 그러나 ‘具有’의 표현이나 전후의 문맥을 보면, 證字를 具字로 이해한 것은 확실한 듯하다.[53)]

원래 종밀은 “모든 중생에는 靈知가 있다”고 주장했다. 종래 이 靈知의 개념에 대해서 議論이 많아서 “靈知는 실체적 존재이다”고 많은 선사들이 비난하기도 하였다. 大慧도 또한 “圭峰謂之靈知, 荷澤謂之, 知之一字衆妙之門. 黃龍死心云, 知之一字衆禍之門. 要見圭峰荷澤則易,

---

52) 『圓覺經略疏』(대정39, 552c)

53) 이 문제에 대해서는 필자의 논문 ‘『大慧書』에 있어서의 大慧宗杲의 宗密 이해—『圓覺經』의 해석을 둘러싸고—’(『印度學佛教學研究』 51-2, 平成 15년 3월)을 참조 바란다. 또, 『大慧書』 권30 「答孫知縣」은 주로 경전의 漢譯과 번역의 문제에 관한 내용인데, 그것을 정리하면 다음과 같다. 하나하나가 재미있는 문제이므로 앞으로의 연구과제로 하고 싶다.

① 鳩摩羅什 譯 『金剛經』 第二十七 「無斷無滅分」의 “須菩提, 汝若作是念, 如來「不」以具足相故, 得阿耨多羅三藐三菩提”(大正8, 752a)에 있어서 ‘不’字의 有無의 문제.

② 『華嚴經』 「佛不思議法品」의 ‘一切「諸」佛有無邊際身, 色相淸淨, 普入諸趣, 而無染著’(大正10, 242a-b)에 있어서, ‘諸’字의 有無의 문제.

③ 『圓覺經』의 ‘一切衆生皆證圓覺’(대정17, 916b-c)에 있어서, 종밀이 ‘證’字를 ‘具’字로 고쳤는가 아닌가의 문제.

大慧는 이 3가지 문제에 대해서 자신의 견해를 서술하고 있는데, 특히 『금강경』의 문제에 대해서는 長水子璿의 『金剛般若經疏論纂要』, 無著의 『金剛般若波羅蜜經論』, 功德施의 『金剛般若波羅蜜經破取著不壞假名論』 등을 인용하면서 논지를 전개하고 있다. 이와 같이, 「答孫知縣」은 몇 개의 문제를 제기하고 있으므로 『大慧答孫知縣或問書考』라는 주석서도 존재한다(『新纂禪籍目錄』 p289, 駒澤大學圖書館編, 昭和 39년).

要見死心則難."(大正47,879 b)고 해서, 종밀의 靈知를 별로 인정하지 않는 듯한 발언을 하고 있다. 결국 『大慧書』 「答孫知縣」은 종밀이 『圓覺經』의 證字를 具字로 고쳤지만, 경전 자체를 개찬하지는 않고 주석서에서 그것을 지적한 점에 대해서는 긍정하고 있다. 그러나 證字를 具字로 고친 것에 대해서는 비난하고 있고, 그 이유는 '묵조선사와 같이 깨달음을 구하지 않게 된다'는 이유에서였다.

이상으로, 大慧사상의 형성에 미친 『華嚴經』과 華嚴教學의 영향을 검토하였다. 결론적으로 말하면, 화엄교학보다는 『華嚴經』에서 더 직접적인 영향을 받고 있고, 특히 80권 『華嚴經』 「入法界品」의 영향이 큰 것을 알 수 있다. 그러나 화엄교학에도 정통하여, 李通玄 · 澄觀 · 宗密 등이 쓴 『華嚴經』의 주석서도 읽고 있는 것을 알 수 있다.

2. 『首楞嚴經』

1) 大慧 이전의 선림의 『首楞嚴經』 이해

주지하는 대로, 『首楞嚴經』은 8세기 초에 중국에서 성립된 僞經이다. 『首楞嚴經』을 위경으로 단정하는 근거로서는, ① 번역의 과정과 역자가 명확하지 않은 것. ② 철저한 수행과 계율을 중시하는 측면과 神呪를 주장하는 측면이 혼재해서 내용상 모순하는 것 등을 들 수 있다. 그러므로 『首楞嚴經』은 다양한 해석의 가능성을 가지고 있고, 각파의 승들은 자종의 관점에서 『首楞嚴經』을 이해하고 주석서를 쓰기도 하였다.

『首楞嚴經』과 선종과의 관계가 보이는 최초의 기록은 『首楞嚴經』의 전래에 관련해서 『宋高僧傳』 권6 「唐京師崇福寺惟慤傳」의 다음의 기록이다.

一說楞嚴經, 初是荊州度門寺神秀禪師在內時得本, 後因館陶沙門慧震於度門寺傳出. 慤遇之, 著疏解之. 後有弘沇法師者, 蜀人也. 作義章, 開釋此經, 號資中疏. 其中亦引震法師義例, 似有今古之說.[54]
〈일설에, 『首楞嚴經』은 처음에 荊州度門寺의 神秀禪師가 궁중에서 책을 입수하여, 후에 館陶沙門慧震이 度門寺에서 그것을 전래했다. 惟慤가 그것의 주석서를 썼다. 그 후, 弘沇法師라는 사람이 있어서(蜀人이다) 義章을 쓰고 경을 주석해서 '資中疏'라고 이름하였다. 그중에서 慧震의 義例를 인용했는데 古今의 說과 닮아 있었다.〉

이 기록의 신빙성은 의문시되지만, 어쨌든 『首楞嚴經』 전래의 기록으로서 주목된다. 이 기록에 의하면, 『首楞嚴經』은 최초에 北宗禪의 神秀(?-706)가 입수하여 館陶沙門慧震(또는, 振)이 度門寺에서 그것을 전래하였다고 한다. 惟慤가 쓴 주석서란 『玄贊』 3권(766년)이고, 『首楞嚴經』은 弘沇이 『資中疏』를 저술한 것에 의해 넓혀진 것을 이야기하고 있다. 그러나 『玄贊』과 『資中疏』는 현존하지 않으므로 상세한 것은 알 수 없다.

『首楞嚴經』에 직접적으로 영향을 받은 선승의 한 사람에 玄沙師備(835-908)가 있다. 『景德傳燈錄』 권18 「玄沙宗一大師條」에 "閱楞嚴經, 發明心地."(大正51, 344a)라고 있듯이, 『首楞嚴經』은 현사의 선사상의 골격을 이루고 있다고 할 수 있다.[55] 현사는 法眼文益을 필두로 하는 법안종의 사상에 영향을 주었다고 생각되는데, 법안종 2세인 天台德韶(891-972)의 문하에는 瑞龍遇安(?-995)이 있다. 그는 언제나 『首楞嚴經』을 열람하고 있었으므로 '安楞嚴'으로 불리었다고 한다. 이와 같이 일찍부터 『首楞嚴經』은 선승들에 의해 읽혀졌지만, 송대 이전

54) 대정50, 738c
55) 현사에 미친 『首楞嚴經』의 영향에 관해서는 鈴木哲雄(1976) 참조.

에는 그다지 성대히 연구된 것은 아니었던 듯하다. 그러나 宋代에는 대단히 성행하여 明代에 이르기까지 80종 이상의 주석서가 간행되고, 楞嚴會도 빈번히 거행되었다. 송대에 있어서의 『首楞嚴經』의 유행에 대해서, 道元은 『寶慶記』에서 다음과 같이 말하고 있다.

> 拜問. 首楞嚴圓覺經, 在家男女讀之, 以爲西來祖道. 道元披閱兩經, 而推尋文之起盡, 不同自余之大乘諸經, 未審其意. 雖有, 劣諸經之言句, 全無勝於諸經之義勢耶. 頗有同六師等之見. 畢竟如何決定. 和尙示曰, 楞嚴經自昔有疑者也. 謂, 此經後人構歟. 先代祖師, 未曾見經也. 近代癡暗之輩, 讀之愛之. 円覺經亦然. 文相起盡頗似也.56)
>
> 〈도원이 물었다. "세속의 사람들은 『首楞嚴經』, 『圓覺經』을 읽고 禪의 道로 삼습니다. 제가 두 경전을 읽고 그 뜻을 살피니, 다른 대승경전들과는 달리 그 의미를 알 수 없습니다. 또 조금 의미가 있다고 해도 다른 경전보다 훨씬 못합니다. 오히려 육사외도의 견해와 비슷한 점이 있습니다. 어떻습니까?" 그러자, 천동여정이 말하기를 "『首楞嚴經』은 예부터 의문시하는 사람들이 있어서 '이 경은 후인의 위찬이다'라고 하였다. 그래서 선사들은 이 경을 읽지 않았다. 그런데 오늘날의 어리석은 무리들은 그것을 애독하고 있다. 『圓覺經』도 마찬가지여서 『首楞嚴經』과 문장과 始終이 많이 닮아 있다."〉

이 기록에서 도원선사가 如淨에 참문했을 당시, 많은 재가인들이 『首楞嚴經』, 『圓覺經』을 애독하고 있었고 나아가서는 두 경전을 선의 경전으로서 인식하고 있었던 것을 알 수 있다. 이와 같은 송대에 있어서의 『首楞嚴經』의 유행에 대해서, 吉津宜英는 "明代에 대량으로 나오는 주석서들에 이르기까지, 『首楞嚴經』을 중심으로 한 일종의 신앙형태를 지적할 수 있지 않을까 하고 생각하고 있다. 그 이미지로서는 저

56) 『道元禪師全集』 권7, pp12-13, 春秋社

유명한 首楞嚴呪를 독송하고 楞嚴會를 거행한다고 하는 道俗에 공통하는 신앙형태를 생각하고 있다"[57]고 지적하고 있다.

그러나 『首楞嚴經』 유행의 직접적 계기가 된 것은 宗密이라고 생각된다. 우선 종밀은 『都序』 가운데서, 『首楞嚴經』을 『華嚴經』, 『圓覺經』 등과 함께 '敎의 3敎' 중 제3顯示眞心卽性敎에 넣어서 『首楞嚴經』을 높이 평가하고 있다.[58] 나아가서, 『圓覺經』 주석서의 여러 곳에서 『首楞嚴經』을 경증으로 들고 있다. 예를 들면, 『圓覺經略疏』에서는 『圓覺經』의 "如衆空華滅於虛空, 不可說言有定滅處. 何以故. 無生處故."(大正17, 913c)의 구절을 주석해서 다음과 같이 말한다.

> 意云, 見幻華時, 若實是有. 今不見時, 卽說滅處. 見時本無生處, 不見何尋滅處……故楞嚴經云, Ⓐ 此迷無本, 性畢竟空. 昔本無迷, 似有迷覺. 覺迷迷滅. 覺不生迷.[59]
>
> 〈해석해서 말하기를, "幻華가 보일 때는 마치 실재하는 듯하다. 보이지 않을 때에는 滅處가 있다고 한다. (그러나)보일 때에도 원래 生處가 없는데, 보이지 않을 때에 어찌 滅處가 있겠는가.…… 그러므로 『首楞嚴經』에 말하기를 '중생의 미혹은 본래 존재하지 않고, 그 본성은 결국 공이다. 본원에 돌아가면 원래 미혹도 없는데, 미혹과 깨달음이 있는 듯이 생각한다. 단지 미혹을 미혹이라고 자각하면 미혹은 소멸하고, 깨달음에서 미혹이 생기는 것도 없어진다.'라고."〉

---

57) 「화엄교학이 미친 송대선종에의 영향—『首楞嚴經』 신앙형성에의 요인—」(『송대선종의 사회적 영향』, 2002년, 山喜房佛書林)

58) '故顯示眞心卽性敎也. 華嚴・密嚴・圓覺・「佛頂」・勝鬘・如來藏・法華・涅槃等四十餘部經. 寶性・佛性・起信・十地・法界・涅槃等十五部論. 雖或頓或漸不同, 據所顯法體, 皆屬此敎. 全同禪門第三直顯心性之宗."(大正48, 405a)

59) 대정39, 534b

Ⓐ는 『首楞嚴經』 권4의 일부분이지만, 종밀은 "萬法은 空華와 같아서, 원래 生處도 滅處도 없고, 단지 如來藏의 나타남일 뿐이다"고 하는 『圓覺經』의 주장을 『首楞嚴經』을 경증으로 해서 설명한 것이다. 이와 같이, 여래장사상을 『首楞嚴經』에 의거해서 설명할 뿐만 아니라, 종밀의 특징은 頓悟漸修論의 경증으로서 『首楞嚴經』 권10의 "理則頓悟, 乘悟併銷. 事非頓除, 因次第盡."을 든 것이다. 『圓覺經大疏』 권상의 4에는 『圓覺經』의 "願爲末世一切衆生, 作何方便, 漸次修習, 令諸衆生永離諸幻."(大正17, 914a)을 주석해서 다음과 같이 말한다.

> 論云, 若人唯念眞如, 不以方便, 種種熏修, 終無得淨. 首楞云, 理則頓悟, 乘悟併銷. 事非頓除, 因次第盡. 對於暫離, 故言永離. 謂, 初觀一體, 未覺全眞, 後遇八風, 紛然起妄行.[60]
> 〈論에 말하기를, "만약 진여를 念할 뿐 방편으로 수행하지 않는다면, 결국 淨을 얻을 수는 없다. 『首楞嚴經』에는 '理는 돈오해서 깨달음에 의해 바로 없어지지만, 事는 한꺼번에 제거하지 못하고 점차로 없어진다'고 한다. '잠시 떠난다'는 것에 상대되므로 '영원히 떠난다'고 한다. 결국 처음에 일체를 觀해서 全眞을 깨달았다고 해서, 그 후에 번뇌를 만나면 妄行이 마구 일어나는 것이다."〉

종밀은 진여를 돈오해도 그것은 번뇌를 '잠시 떠날 뿐'이지, '영원히 떠나기' 위해서는 점수하지 않으면 안 된다는 것을 『首楞嚴經』을 경증으로 해서 설명하고 있다.

『首楞嚴經』 중시의 경향은 五代의 永明延壽에 이르러서 더욱 강화되었다. 鈴木哲雄은 "법안종의 경전 중시의 경향은 법안종형성 이전의 玄沙師備의 『首楞嚴經』 중시에서 시작한다."[61]고 하는데, 특히 법안종

60) 卍續14책, 274하
61) 鈴木哲雄(1976)

3세인 영명연수는 유식, 반야, 화엄 등의 사상을 선종의 一心의 입장에서 종합하였다. 따라서 그의 사상은 필연적으로 禪敎一致사상을 낳는데, 연수는 선교일치를 주장하는 데 있어서도 『首楞嚴經』을 경증으로 하고 있다. 우선 『宗鏡錄』 권36에는 다음과 같이 있다.

> 解雖分明, 行須冥合. 因解成行, 行成解絶. 不可一向執解, 背道迷宗. 行解相應, 方明宗鏡. 如首楞嚴經所明, 全爲見性修行, 不取多聞知解. 所以, 如來訶阿難言, Ⓐ 非汝歷劫辛勤證修, 雖復憶持十方如來十二部經, 淸淨妙理如恒河沙, 只益戱論. 汝雖談說因緣自然, 決定明了, 人間稱汝多聞第一, 以此積劫多聞熏習, 不能免離摩登伽難……若不斷殺, 修禪定者, 譬如有人自塞其耳, 高聲大叫, 求人不聞.[62)]
> 〈비록 解가 분명해도 行과 계합해야만 한다. 解에 의해 行을 이루지만, 行이 이루어진 후에는 解를 끊어야만 한다. 解에 집착해서 道를 등지고 宗에 어긋나서는 안 된다. 解와 行이 상응해야 비로소 宗鏡을 밝힐 수가 있다. 예를 들면, 『首楞嚴經』은 견성수행을 밝힌 경전이지 多聞知解를 받아들이지는 않는다. 그러므로 여래가 아난을 비난해서 말하기를 "너는 다겁 동안 수행하지 않으면, 비록 십방여래의 십이부경전의 청정묘리를 전부 외운다 해도 희론을 늘리는 것에 불과하다. 또, 비록 인연자연을 명쾌히 설할 수 있어서 사람들이 너를 多聞第一이라 부르고, 그렇게 다겁 동안 多聞薰習해도 마등가의 난을 면할 수 없다"…… 만약 (淫心을)끊고 선정을 닦지 않으면, 마치 어떤 사람이 자신의 귀를 막고 큰소리로 고함지르고서 사람들에게 듣지 말라고 하는 것과 같다.〉

연수는 行(禪) 解(敎)雙修를 주장하여, 행과 해를 전부 갖추어야 비로소 종경을 밝힐 수 있다고 한다. 이때의 宗鏡이란 心에 다름 아니다. Ⓐ는 『首楞嚴經』 권4의 구절이지만, 원래 『首楞嚴經』은 阿難이 摩登伽女의 幻術에 걸려서 자칫하면 戒를 범할 뻔했던 사건으로 시작한

62) 대정48, 624c－625a

다. 그래서 여래는 아난의 의문을 하나하나 풀어주면서 如來藏心을 깨닫게 하는 것이 경의 요지이다. 多聞第一로 불리던 아난의 解가 오히려 깨달음의 장애가 되고 여래에 당하는 곳에서 선승들은 친근감을 가졌을지도 모른다. 이와 같이 『首楞嚴經』이 多聞과 知解를 부정하고 실천을 중시한 점과, 위의 연수의 '首楞嚴經所明, 全爲見性修行'의 표현에서 보면, 『寶慶記』에서 "송대의 사람들이 『首楞嚴經』을 禪經으로서 인식하고 있었다"고 한 도원의 발언도 신빙성이 있다고 할 수 있을 것이다. 한편, "譬如有人自塞其耳, 高聲大叫, 求人不聞."은 大慧가 자주 사용하는 구절이기도 하다.

『宗鏡錄』은 心을 만법의 근원에 두고 있으므로 여래장을 주장하는 『首楞嚴經』과 상통하는 부분이 많다. 따라서 연수는 心의 경증으로서 『首楞嚴經』을 드는 것도 많다. 예를 들면 『宗鏡錄』 권44에서 연수는 다음과 같이 말한다.

> 故知, 萬法旣不從緣生, 亦不非緣生. 又不空亦不生, 空亦不生. 何者. 若一切法是不空者, 卽無有生. 以無自性空故, 方能隨緣成諸幻有. 若一切法是空者, 亦無有生. 以無自體故, 無有生相. 旣無有生, 亦無有滅……但隨心現, 畢竟無生. 如首楞嚴經云. 佛言, 善男子. 我常說言. 色心諸緣心所使諸所緣, 唯心所現. 汝身汝心, 皆是妙明眞妙精妙心中所現物.63)
>
> 〈그러므로 "만법은 인연에 의해 생하는 것도 아니고, 인연 없이 자연적으로 생하는 것도 아니다. 또, 不空도 생하지 않고 空도 생하지 않는다"고 하는 것을 알아야만 한다. 무엇 때문인가. 만약 일체 법이 不空(有)이라면 生이란 있을 수 없다. 왜냐하면 무자성의 공이기 때문에, 비로소 緣에 따라서 모든 幻有를 이루기 때문이다. 또, 일체법이 공이어도 생이란 있을 수 없다. 왜냐하면, (생하는) 주체가 없으므로 生相이 없기 때문이다. 생이 없으면 멸도 없다…… 心에 따라서 나타날 뿐으로 결국

63) 대정48, 673b-c

생이란 있을 수 없다. 예를 들면, 『首楞嚴經』에 말하기를 "부처가 말하였다. '선남자야. 나는 항상 설하지만, (인간을 구성하고 있는) 물질적인 것과 심의 본체와 여러 인연과, 또 세세한 심의 작용과 그 대상이 되는 것은 모두 유일절대의 眞實心에서 나온 것이다. 따라서 너의 몸과 心은 모두 신령스럽고 깨끗한 진실한 精髓, 즉 靈妙心 가운데에 나타난 것이다.'"고.〉

연수는 "만법은 인연에 의해 생하는 것도, 자연발생적으로 생하는 것도 아니다. 만약 일체 법이 원래부터 존재한다(不空)면 생이란 있을 수 없다. 왜냐하면, 무자성의 공이기 때문에 비로소 緣에 따라 有로 되기 때문이다. 또, 일체 법은 원래부터 존재하지 않는(空)다면 그때에도 생이란 있을 수 없다. 왜냐하면, 생하는 주체가 없기 때문이다." 고 주장한다. 결국, 만법은 心이 나타난 것에 지나지 않는다. 그것을 증명하기 위해 연수는 『首楞嚴經』 권2의 Ⓐ를 인용했던 것이다.

나아가 종밀에 있어서도 『首楞嚴經』 권10의 "理則頓悟, 乘悟併銷. 事非頓除, 因次第盡."이 돈오점수의 경증으로서 들어지고 있었지만, 연수도 마찬가지이다. 『宗鏡錄』 권36에서 연수는 다음과 같이 말한다.

今取頓悟漸修, 深諧教理, 首楞嚴經云, 理雖頓悟, 承悟併消. 事在漸修, 依次第盡. 如大海猛風頓息, 波浪漸停. 猶孩子諸根頓生, 力量漸備.[64]
〈지금 돈오점수를 취하여 교리를 조화시키면, 『首楞嚴經』에서 말하기를 "理는 돈오하여 깨달음에 의해 금방 없어진다. 그러나 事는 금방 제거하지 못하고 점차 없어진다"고. 마치 大海의 猛風은 일시에 그치지만 파도는 점점 잦아드는 것과 같다. 또, 아기의 諸 根은 일시에 생기지만 역량은 점점 갖추어지는 것과 같다.〉

64) 대정48, 626c

여기서 연수가 돈오점수의 예로서 들고 있는 '파도와 아기의 비유'는 종밀의 『都序』(대정48, 408a)를 계승한 것이다. 어쨌든 연수는 "상근기인은 心空을 돈오하지만, 중하근기인은 돈오할 수 없으므로 경지의 차이가 있는 것은 어쩔 수 없다"고 해서 돈오점수를 주장하고 있다. 이상에서 보면, 『首楞嚴經』 권10의 "理則頓悟, 乘悟併銷. 事非頓除, 因次第盡."이 종밀 이래 돈오점수의 경증으로서 사용된 것은 틀림없다고 생각된다.

이상으로 唐 · 五代에 있어서의 禪門의 『首楞嚴經』 이해에 대해서 고찰했지만 『首楞嚴經』은 송대가 되어 성대히 읽어졌다. 예를 들면 眞歇淸了(1050-1151)는 선승의 安居의 안전무사를 기원해서 楞嚴會를 개최하고 있고, 『碧巖錄』 94칙에는 '楞嚴不見'이 本則으로서 들어지는 등 선문에서 크게 유행하였다. 그러나 송대에 있어서의 『首楞嚴經』의 성행을 알 수 있는 것은 무엇보다도 수많은 주석서의 간행에 있다. 송대에 있어서의 『首楞嚴經』의 주석서는 대체로 天台系, 華嚴系, 禪系의 세 종류가 있다. 천태계의 주석서로서는 淨覺仁岳(992-1064)의 『熏聞記』, 竹庵可觀(1092-1182)의 『補註』 등이 있고, 화엄계의 주석서로서는 長水子璿(?-1038)의 『楞嚴經義疏注經』이 대표적이다. 그리고 선계의 주석서로서는 覺範慧洪(1071-1128)의 『尊頂法論』 10권 등이 있다.

2) 大慧의 『首楞嚴經』 이해

大慧는 『首楞嚴經』뿐만이 아니라 그 주석서도 읽고 있는 것을 『30권어록』과 『4권본보설』에서 알 수 있다. 예를 들면, 『大慧書』 권30 「答孫知縣」에는 손지현이 長水子璿의 금강경에 대한 주석(아마도 『金剛般若經疏論纂要』일 것이다)이 '依句而違義'라고 비난하자 大慧는 다음과 같이 長水를 옹호한다.

此公雖是講人, 與他講人不同. 嘗參瑯琊廣照禪師, 因請益瑯琊. 首楞嚴中, 富樓那問佛, 淸淨本然云何忽生山河大地之義. 瑯琊遂抗聲云, 淸淨本然云何忽生山河大地. 長水於言下大悟.65)

〈이 公(장수)은 비록 講人이지만 다른 강인과는 다르다. 일찍이 낭야혜각선사에 참학하여 『首楞嚴經』의 다음의 구절에 대해서 물었다. 부루나가 부처에게 물었다. "청정본연이 어떻게 문득 산하대지를 낳습니까?" 그러자 낭야는 큰 소리로 말했다. "청정본연이 어떻게 문득 산해대지를 낳는가?" 장수는 곧 대오했다.〉

'淸淨本然云何忽生山河大地'는 『首楞嚴經』 권4(대정19, 119c) 가운데서 부루나가 부처에게 "世尊, 若復世間一切根塵陰處界等, 皆如來藏淸淨本然, 云何忽生山河大地諸有爲相, 次第遷流, 終而復始."라고 질문한 구절이다. 부루나는 "六根·六塵·五陰·十二處·十八界 등의 모든 것이 여래장의 나타남이라면, 어째서 번뇌의 현상세계가 존재하는가?"고 물은 것이다. 이 長水子璿(?-1038)과 瑯琊慧覺(991-1067)과의 문답은 장수의 『楞嚴經義疏注經』에는 보이지 않지만 『五燈會元』(卍續 138책, 448하) 등에 보이고, 나아가서는 『從容錄』 제100칙 「瑯琊山河」의 본칙에 들어져서 후대에 중시된 문답이다. 「答孫知縣」에서 보면 大慧의 생존 시에 이 문답은 이미 공안화되어 있었다고 생각된다. 장수의 『楞嚴經義疏注經』은 간행 이래 후대에 큰 영향을 주었고 『首楞嚴經』 주석서의 대표로서 간주되었다. 長水子璿과 瑯琊慧覺의 문답에서는 화엄승인 장수가 禪旨를 깨달아 오도하는 것으로 되어 있지만, 大慧는 장수를 "講人이면서 보통의 講人과는 다르다"고 칭찬하고 있다. 따라서 大慧가 장수의 『楞嚴經義疏注經』을 읽고 있었을 가능성도 크다고 생각된다. 나아가 『大慧法語』 권22 「示妙智居士」에는 瑞龍遇安(安楞嚴)이 『首楞嚴經』

65) 대정47, 940b

권5의 "知見立知, 卽無明本. 知見無見, 斯卽涅槃處."(大正19, 124c)의 句讀을 바꾼 일화도 들고 있다. 이상에서 『首楞嚴經』이 大慧의 선사상에 큰 영향을 주고 있는 것은 의심의 여지가 없을 것이다.

그렇다면 이하에서는 『首楞嚴經』에 대해서 大慧가 실제로 어떻게 이해하고 있었던가를 고찰해 보자. 우선, 『大慧普說』 권18 「鄭成忠請普說」에는 『首楞嚴經』 권4의 인용이 있는데 그것은 다음과 같다.

嘗記得, 山僧往年行脚, 將入京師, 到鄧州天寧. 有蔡州道士, 忘其姓名……話間, 忽問山僧. 佛具正遍知, 世界上事一一說盡, 何故不曾見說金木水火土之所緣起. 吾師有所聞見, 無惜開示. 方是時, 自家漆桶未破, 未暇理會這般底. 只向他道, 藏經中莫須說著. 某尙居學地, 方要見人. 二俱吋嫁而休. 逮到夷門, 打發此事了. 因讀楞嚴經, 元來裏面說得極分曉. 佛謂富樓那曰, 同異擾亂, 相待生勞, 勞久發塵, 自相渾濁. 由是引起塵勞煩惱, 起爲世界, 靜成虛空. 虛空爲同, 世界爲異. 彼無同異, 眞有爲法. 覺明空昧, 相待成搖. 故有風輪, 執持世界……交妄發生, 遞相爲種. 以是因緣, 世界相續.[66]

〈기억하고 있는데, 내가 전에 행각하고 있을 때에 都에 가는 도중 鄧州의 天寧에 도착했다. 그때, 이름은 잊었지만 蔡州의 道士가 있었는데…… 그와 이야기를 하던 도중, 그가 나에게 "佛은 정변지를 갖추고 있고 세계의 모든 것을 설하였는데, 어째서 金木水火土의 발생에 대해서는 설하지 않았습니까?"고 물었다. 大慧는 자신이 알고 있는 것이면 숨김없이 가르쳐 주었지만, 이때는 아직 깨닫고 있지 않았으므로 알 수가 없었다. 그래서 단지 그에게 "경전 가운데 아마도 설한 것이 있을 것입니다만, 나는 아직 학승이므로 다른 사람에게 물어보십시오."라고 말할 뿐이었다. 결국 두 사람은 서로 부끄러워서 그만두었다. 후일, 夷門에 이르러서 '이 일'을 깨달았다. 그런데 어느 날 『首楞嚴經』을 읽고 있었는데 웬걸 그 속에 명쾌한 대답이 들어 있었다. 佛이 부루나에게 말하였다. "이와 같이 同相과 異相과 無同無異相의 3자가 섞여서 서로 대립하여 고뇌를 낳는다. 고뇌가

---

66) 대정47, 886b-c

거듭되면 번뇌가 일어나서 저절로 혼탁해진다. 거기에서 내외의 번뇌가 유발된다. 그중에서 활발한 것은 세계를 구성하고, 냉정한 것은 허공을 구성한다. 그 허공은 同相이지만 그중의 세계는 異相이 된다. 이 동상과 이상이 없는 무동무이상은 바로 생멸변화하는 것이다. 미망한 자각에 의한 明과 미망에 의해 만들어진 허공은 서로 의존해서 동요를 일으킨다. 따라서 그곳에 風輪을 낳고 세계를 지탱하게 된다.…… 이와 같이 삿된 요소의 상호 작용에 의해 서로 種因이 되는 것이다. 이러한 인연으로 세계는 계속 유지되는 것이다"고.〉

大慧는 젊었을 때 어떤 도사에게서 세계의 발생에 관해서 질문을 받았지만 대답할 수 없었다. 그러던 어느 날, 『首楞嚴經』을 읽고 그 해답을 찾았다고 한다. 『首楞嚴經』에서 부루나의 질문에 대한 佛의 대답의 요지는 대체로 다음과 같은 것이다.

性覺(如來藏)은 본래 명묘하고 主觀(能明)과 客觀(所明)을 떠나 있지만, 迷妄에 의한 분별(異相)을 낳고, 異相은 다시 同相과 無同無異相을 낳고, 이 三者가 섞여서 고뇌를 낳는다. 그 번뇌가 활발(動)한 것은 세계가 되고, 냉정(靜)한 것은 허공이 된다. 이 허공이 동요하면 風輪이 생기고, 金輪 · 水輪의 순서로 세계가 발생한다. 불과 물이 상호 작용해서 습한 부분은 大海가 되고, 건조한 부분은 大陸이 된다. 이와 같이 결국은 번뇌가 섞여서 씨앗이 되어, 그것에 의해 세계가 성립해서 존속하는 것이다.

三輪의 개념으로 세계를 설명하는 것은 『俱舍論』 이래의 원시불교의 우주관이다. 어쨌든 『首楞嚴經』을 통해서 大慧는 세계의 성립과정에 대해서 알았던 것이다.

또 『大慧書』 권26 「答李參政」 제1書에서 大慧는 다음과 같이 말한다.

往往利根上智者, 得之不費力, 遂生容易心, 便不修行. 多被目前境界奪將去, 作主宰不得……千萬記取, 前日之語. 理則頓悟, 乘悟併銷. 事則漸除, 因次第盡. 行住坐臥, 切不可忘了.[67]

〈종종 상근기인은 간단히 그것을 손에 넣어 마침내 쉽다는 생각을 내어 수행하지 않는다. 그래서 대부분이 눈앞의 경계에 장애받아 주인공이 되지 못한다…… 반드시 전에 "理는 돈오하고 깨달음에 타서 금방 없어진다. 그러나 事는 점점 제거되고 차례로 없어진다."고 말한 것을 기억하십시오. 항상 잊어서는 안 됩니다.〉

여기에서 보면 大慧는 돈오점수를 주장하고 있다고 해도 좋을 것이다. 비록 돈오점수라는 용어를 사용한 적은 없지만 "老僧常與衲子輩說. 要參妙喜禪, 須是辦得一生不會始得. 若要求速效, 則定是相誤."(『大慧法語』 卷22「示曾機宜」, 大正47, 906c)라는 표현이나 깨달음을 강조하는 것에서, 頓悟頓修論者와는 느낌이 다른 것이 사실이다. 이와 같이, 大慧는 『首楞嚴經』 권10의 "理則頓悟, 乘悟併銷. 事則漸除, 因次第盡."를 강조하고 있지만 『首楞嚴經』에서 漸修를 주장하는 구절은 다른 곳에도 있다. 예를 들면 권8에는 佛三昧를 성취하기 위해서는 '3種의 漸次'에 따라서 수행할 것을 권하고 있다. 3種의 漸次라는 것은 '助因을 제거하는 것, 正性을 파내는 것, 現業의 차이점을 제거하는 것'이다(云何名爲三種漸次. 一者修習, 除其助因. 二者眞修, 刳其正性. 三者增進, 違其現業. 大正19, 141c). 『30권어록』에는 권8의 3종 점차를 인용한 곳이 있는데, 『大慧書』 권26「答李參政」 제2書에는 다음과 같이 있다.

當依黃面老子所言, 刳其正性, 除其助因, 違其現業. 此乃了事漢. 無方便中眞方便, 無修證中眞修證, 無取捨中眞取捨也.[68]

---

67) 대정47, 920a
68) 대정47, 920b-c

〈석가의 "그 正性을 파내고, 그 助因을 제거하고, 그 現業을 없앤다"고 한 가르침에 의하지 않으면 안 됩니다. 그것이 일을 요달한 사람입니다. 또 방편이 없는 중의 참된 방편이고, 수증이 없는 중의 참된 수증이고, 취사가 없는 중의 참된 취사입니다.〉

비록 『首楞嚴經』에 대한 인용은 여기에서 그치고 大慧의 부연설명도 없지만, 어쨌든 大慧가 『首楞嚴經』을 중시하고 나아가서 점수의 경증으로 이용하고 있는 것을 알 수 있다.

또, 大慧의 사상적 특징인 묵조선비판에 있어서 大慧는 묵조선을 "寂滅處에 머물러서 法界量에 구속되어 있다"고 하고, 그것을 '法塵煩惱'라고 한다.69) 法塵은 제6識의 對境이고, 法塵煩惱란 法執 · 法縛이라고도 해서 佛法을 구하는 나머지 오히려 깨달음을 얻지 못하는 것을 말한다. 이와 같이 大慧는 土木瓦石처럼 적멸을 추구하는 것을 묵조선이라고 불러서 비난하는데, 그것은 『4권본보설』 권1 「松林臻長老請普說」에서도 말하고 있다.

教中道, Ⓐ 法不可見聞覺知. 若行見聞覺知, 是則見聞覺知, 非求法也…… 敢問諸人, 如今離却你見聞覺知了, 後你定是冥冥然無所識, 如土木瓦石相似, 如何得與見聞覺知底法相應去.70)

〈경전에 말하기를, "법은 견문각지할 수 없다. 만약 견문각지하면, 그것은 견문각지이지 법을 구하는 것은 아니다."…… (그러나) 여기서 여러 분들에게 묻는다. "지금 견문각지를 차단하면 너희들은 분명 멍하니 아무 것도 알지 못하고, 토목와석과 같이 되어 버린다. 어찌 견문각지의 법과 상응할 수 있겠는가."〉

---

69) 「然亦不得住在寂滅處. 若住在寂滅處, 則被法界量之所管攝. 教中謂之, 法塵煩惱.」(『大慧書』 卷27 「答張提刑」, 大正47, 928a)
70) 卍藏經 제31套, 406a

Ⓐ는 『維摩經』 「不思議品」의 구절이지만, "진실은 六根의 감각지각에 존재하는 것은 아니지만, 그렇다고 해도 모든 감각지각을 차단하고 멍하니 좌선에만 안주하면 깨달음은 얻을 수 없다"고 大慧는 주장하는 것이다. 그런데 이와 같은 생각은 『首楞嚴經』의 영향을 받았을 가능성이 크다. 예를 들면 『首楞嚴經』 권1에는 다음과 같은 구절이 있다.

縱滅一切見聞覺知, 內守幽閑, 猶爲法塵分別影事.71)
〈비록 모든 견문각지를 제거해서 안으로 幽閑을 지켜도, 아직 法塵分別에서 면할 수 없다.〉

見聞覺知란 감각・지각작용을 말하지만, 불교에 있어서 감각・지각에 의한 인식은 무명의 근본이다. 그러나 토목와석과 같이 모든 인식을 차단하고 無念(幽閑)이 되면 아직 제6識인 意識의 대상이 되어 언제라도 제6식인 의식과 제8식인 아뢰야식에 구속될 가능성을 가지고 있다. 『首楞嚴經』에는 '分別影事' '法塵影事'라는 말이 종종 사용되지만, 宿習의 뿌리인 근본무명을 끊는 것이 얼마나 어려운 것인가는 大慧도 "似石壓草, 雖暫覺絶消息, 奈何根株猶在."(大正47, 921 c)고 해서, 묵조선사처럼 좌선에 열중해서는 무명의 뿌리는 끊을 수 없다고 한다.

이상으로 『首楞嚴經』 권8・10 등이 大慧의 돈오점수사상과 묵조선 비판에 일정한 영향을 주고 있는 것을 알았다. 그런데 大慧가 『首楞嚴經』 중에서 가장 자주 인용하는 것은 권6의 觀音菩薩의 부분이다. 『4권본보설』 권1 「松林臻長老請普說」에는 다음과 같이 말한다.

---

71) 대정19, 109a

活句下悟去, Ⓐ 亡知於覺, 覺卽佛性矣. 便是我前日說底, 動靜二相了然不生. 觀音菩薩悟此法門, 便道, Ⓑ 初於聞中, 入流亡所. 所入旣寂, 動靜二相, 了然不生.[72)]

〈활구하에서 깨달아 '覺에서 知를 없애면, 覺이 즉 佛性이다.' 이것이야말로 전날에 말씀드렸던 "動靜의 2相이 분명해서 생하지 않는다"고 하는 것이다. 관음보살은 이 법문을 깨달아서 곧 말하였다. "최초에 聞慧에서 흐름에 들어가 장소를 잊는다. 들어갔다는 인식도 없어지면 動靜의 2相이 분명해서 생겨나지 않는다"고.〉

Ⓐ는 雲門文偃(864-949)의 말이지만(『雲門廣錄』, 대정47, 559b), 大慧는 활구를 참구할 것을 강조하고 활구를 참구하는 모범으로서 『首楞嚴經』 권6의 관음보살을 인용하고 있다. 『首楞嚴經』 권6에서 관음보살은 耳根圓通을 얻었기 때문에 觀世音이라고 불리게 되지만, 인간의 '듣는 작용'은 耳根(감각기관, 能聞)이나 聲塵(감각대상, 所聞)에 있는 것이 아니라, 聞性(如來藏)에 있다고 주장하는 것이 권6의 요지이다. 이와 같이, 듣는 작용이 聞性(如來藏)에 있는 것을 大慧는 다음과 같이 서술하고 있다.

這箇道理却在自家, 不在別人. 因甚麼喚作入流亡所. 元初爲你迷却聞性. 忽然聞得擊禪牀響, 卽知響底不是聲塵, 忽然入流. 纔入流, 便見自家不動不響不變之性, 聞底聲塵便滅. 元初動相靜相亦滅. 動相靜相旣滅却, 坐在寂滅處. 謂之定性聲聞. 如獐獨跳, 只顧其前, 不顧其後. 佛呵此流, 墮在解脫深坑, 是可畏之處.[73)]

〈이 도리는 자신에게 있지 타인에게 있는 것은 아니다. 어째서 '흐름에 들어가서 장소를 잊는다'고 하는 것인가? 원래 당신이 聞性을 알지 못하기 때문이다. 갑자기 禪床을 때리는 소리를 듣고, 울리는 것이 聲塵이

---

72) 卍藏經 제31套, 406b
73) 상게서, 406b

아닌 것을 알고 흐름에 들어간다. 흐름에 들어가자마자 자신의 不動不響不變의 性을 알아차려 들리는 聲塵도 멸한다. 또, 원래부터의 動相靜相도 멸한다. (그러나) 動相靜相이 멸한 후는 도리어 적멸처에 안주해 버린다. 그것을 '定性聲聞'이라고 한다. 마치 사슴이 뛰어다닐 때에 앞만 보고 뒤를 보지 않는 것과 같다. 佛은 이러한 것을 '해탈의 함정', '두려워해야 할 곳'이라고 비난했다.〉

大慧는 入流를 '聞性(如來藏)을 깨닫는 것'으로서 파악하고, 보통의 인간은 여래장을 깨달아서 動相과 靜相이 멸하면 그곳에 안주해 버린다. 다른 곳에서 大慧는 動相을 有爲, 靜相을 無爲로 표현하고 있는데[74], 動相靜相이 멸해도 적멸처에 안주해서는 안 된다. 한편 적멸처를 大慧는 '해탈의 함정', '두려워해야 할 곳'이라고 하지만, 그것은 法塵煩惱나 法界量과 같은 의미일 것이다. 그리고 그것은 묵조선비판에 다름 아니다.

이와 같이 大慧는 '入流'를 '여래장을 깨닫는 것'으로 규정하는데, 그것에 대해서 '亡所'는 "깨달았다고 하는 念조차 버리고, 動相도 靜相도 생기지 않는 것"이다. 그런데 그것은 『華嚴經』 「入法界品」의 '入樓閣'에서 大慧가 강조한 '還閉'에 다름 아닌 것을 알 수 있다. 『大慧普說』 권18 「鄭成忠請普說」에서 大慧는 다음과 같이 말한다.

善財心喜, 入已還閉. 閉時如何. 便是觀音入流亡所底消息.[75]
〈선재동자가 기뻐하며 들어가자 문은 다시 닫혔다. 닫혔을 때에는 어떠한가? 그것이 바로 관음보살이 흐름에 들어가 장소를 잊는 경지이다.〉

『華嚴經』 「入法界品」의 入樓閣의 이야기에서 大慧가 '還閉'를 강조

---

74) 『大慧普說』 권17 「禮侍者斷七請普說」(대정47, 882c)
75) 대정47, 889b

하고 있는 것은 앞에서 서술했지만, 『首楞嚴經』 권6의 '入流亡所'에서도 大慧가 중시하는 것은 '亡所'에 있다. 그렇다면, 還閉와 亡所는 어떠한 공통점이 있고 大慧는 왜 그것을 중시하는 것일까? 우선 大慧의 말을 빌리면, 「入法界品」의 門開와 『首楞嚴經』의 入流는 '證에 들어가 動相도 靜相도 적멸하는 것'이다. 證을 중요시하는 것은 교종도 선종도 같다. 그러나 선이 선답기 위해서는 證相도 버리고 '無迷無證'이 되지 않으면 안 된다. 大慧가 특히 경계하는 것은 '깨달음(적멸처)에 안주하는 것'이다. 大慧는 그것을 '法塵煩惱' '法界量' '解脫深坑' 등으로 표현한다. 門開 · 入流와 還閉 · 亡所를 간단히 정리하면,

門開 · 入流=證, 還閉 · 亡所=無迷無證

이 될 것이다.

그런데 門開 · 入流보다 還閉 · 亡所를 강조하는 大慧의 입장은 소위 '返本還元'이라고도 생각된다. 石井修道는 『大慧法語』 「解說」, pp498-499에서 廓庵의 『十牛圖』의 제9'返本還元' · 제10'入廛垂手'가 大慧의 看話禪과 잘 일치한다고 하고, "간화선에 의한 견성대오의 경험은 返本還元이고, 本元을 '本覺'으로 파악한 선사상이다"고 주장한다. 여기에서 보면, 大慧는 『華嚴經』, 『首楞嚴經』을 통해서 始覺에서 本覺에 이르는 '返本還元'의 논리를 이끌어내고, 看話禪에 의해 그것을 실현하려고 했다고 할 수 있을 것이다.

3) 大慧와 『注清淨海眼經』

大慧가 『首楞嚴經』 권6의 觀音菩薩의 부분을 중시하고 있는 것은 앞에서 서술했지만, 『首楞嚴經』 해석과 관련해서 『大慧普說』 권18 「孫

通判請普說」과 『4권본보설』 권4 「壬午正旦妙明居士李太尉請普說」에는 다음과 같은 기록이 있다.

Ⓐ 妙喜常思, 無盡居士這一箇人, 不知幾百生中學般若來, 今生如此得大受用. 所註淸淨海眼經, 說八成就, 謂如是我聞一時佛在. 云, 理無不如之謂是. 事無不是之謂如. 自來不曾有人如此說. 蓋爲他見徹釋迦老子骨髓……心洞十方之謂聞. 蓋世間人, 皆以耳聞一切音聲, 唯普賢菩薩乃以心聞. 故經云, 心聞洞十方, 生于大因力……又云, 始覺合本之謂佛. 言以如今始覺合於本覺. 往往邪師輩, 以無言默然爲始覺, 以威音王那畔爲本覺. 固非此理……善哉, 心洞十方空. 六根互顯如是義. 觀音菩薩以眼聞, 而普賢菩薩以心聞. 卽此是互顯之義.76)

〈나는 언제나 생각하지만, 張商英은 훌륭한 선수행자로 도대체 몇 백생에 걸쳐서 반야를 배웠기에 금생에 이와 같이 대수용을 얻는 것일까? 『淸淨海眼經』을 주석해서 八成就, 즉 '如是我聞一時佛在'를 설해서 "理가 언제나 如如한 것을 '是'라고 하고, 事가 언제나 是인 것을 '如'라고 한다"고 하니 일찍이 이렇게 말한 사람은 없었다. 그것은 그가 석가의 골수를 얻었기 때문이다…… 心이 十方을 꿰뚫는 것을 '聞'이라고 한다. 세간인은 모두 귀로 소리를 듣지만 보현보살은 마음으로 듣는다. 그러므로 경전에는 "心으로 들어서 十方을 꿰뚫어 보는 것은 大因力에서 나는 것이다"고 한다…… 또 말하기를 "始覺을 근본에 합한 것을 '佛'이라고 한다"고. 그 의미는 지금의 始覺을 本覺에 계합시키는 것을 말한다. 종종 엉터리 수행자들이 無言默然을 始覺으로 삼고, 威音王那畔을 本覺으로 삼는다. 그러나 원래 그런 이치가 아니다…… 훌륭하구나! "心이 十方의 허공을 꿰뚫는다"고 한 것은. 六根은 그것을 서로 드러내고 있다. 관음보살은 눈으로 듣고, 보현보살은 心으로 듣는다. 그것이 互顯의 의미이다.〉

Ⓑ 老僧常愛張天覺說, 淸淨海眼經八成就義. 不昧正因, 念念不忘般若. 座

76) 대정47, 887c-889b

主家說六成就. 天覺則不然, 說八成就. 曰, 理無不如之謂是. 事無不是之謂如. 三界獨尊之謂我. 心洞十方之謂聞……多之所宗之謂一. 一之所起之謂時.77)

〈나는 언제나 張商英이 『淸淨海眼經』의 八成就를 설해서, 正因을 밝히고 念念으로 반야를 잃지 않는 것을 즐긴다. 교학의 승들은 보통 六成就를 설한다. 天覺은 그렇지가 않고 팔성취를 설해서 말하기를, "理가 언제나 如如한 것을 '是'라 하고, 事가 언제나 是인 것을 '如'라고 하고, 三界에 홀로 존귀한 것을 '我'라고 하고, 心이 十方을 꿰뚫는 것을 '聞'이라고 하고…… 多가 근원으로 삼는 곳을 '一'이라고 하고, 一이 일어나는 곳을 '時'라고 한다."〉

Ⓐ와 Ⓑ의 공통하는 주제는 장상영이 찬술했다고 하는 『注淸淨海眼經』이다. 장상영은 大慧가 가장 존경했던 거사이고 大慧의 사상형성에도 큰 영향을 준 인물이다. 나아가, 大慧에 원오극근에 참학할 것을 권한 최초의 인물이기도 하다. 『注淸淨海眼經』은 장상영이 『首楞嚴經』의 번역에 불만을 품고, 일부를 삭제한다든지 재편집해서 『淸淨海眼經』으로 개명한 후 그것을 주석한 주석서로, 현존하지 않으므로 상세한 내용은 알 수 없다. 그러나 『大慧語錄』의 기록에서 그 일단을 엿볼 수가 있다.

우선, 『注淸淨海眼經』에서 장상영은 '八成就'를 설했다고 한다. 그것은 Ⓑ의 "座主家說六成就"라고 되어 있듯이 보통 六成就가 일반적이다. 六成就란, 경전의 첫머리에 "如是我聞. 一時佛在……"라고 해서 佛說인 것을 증명하기 위해 '언제, 어디서, 어떤 사람들과 함께' 그 佛說을 들었는가를 증명하는 것이다. 즉 '如是'를 信成就, '我聞'을 聞成就, '一時'를 時成就, '佛'을 主成就, '在室羅筏城' 등의 장소를 處成就, '與比丘大衆' 등을 衆成就라고 한다. 또, '佛'과 '處'를 합해서 하나로 한

77) 卍藏經 제31套, 479b

것이 五成就, '我聞'을 2개로 나눈 것이 七成就이다. 그런데 天台智顗의 『法華文句』 등의 천태계열에서는 六成就를 설하는 사람이 많으므로, Ⓑ의 '座主家'란 천태의 승이라고도 생각된다.

그런데 장상영은 六成就가 아니라 '如是我聞. 一時佛在'의 한 자 한 자를 해석하여 八成就를 설했던 것이다. 역대로 팔성취를 설한 사람은 별로 보이지 않고, 따라서 大慧도 그것을 칭찬하고 있는 것이다. 『大慧語錄』의 기록에 의해 장상영이 해석한 八成就를 들면 다음과 같다.

如:事無不是之謂如
是:理無不如之謂是
我:三界獨尊之謂我
聞:心洞十方之謂聞
一:多之所宗之謂一
時:一之所起之謂時
佛:始覺合本之謂佛

그런데 『大慧語錄』에는 '在'에 대한 해석은 빠져 있는 것을 알 수 있다. 『注清淨海眼經』에 대한 大慧의 언급은 ⒶⒷ가 전부이므로 『大慧語錄』에서 추가정보를 얻을 수는 없다. 그러나 大慧의 『首楞嚴經』 이해에 『注清淨海眼經』이 영향을 주었다는 것은 추측할 수 있다. 그것을 간단히 고찰하면,

1) 장상영이 八成就 중의 '聞'을 '心洞十方之謂聞'라고 해석한 것을 大慧가 칭찬하고 있는 것이다. 이것은 앞의 '2) 大慧의 『首楞嚴經』 이해'에서, 大慧가 『首楞嚴經』 권6의 "初於聞中, 入流亡所"를 들어서 聞

을 강조한 것과 같은 취지이다. 듣는 작용은 감각기관인 귀에 있는 것이 아니라, 聞性(여래장)에 있다. 그러므로 귀로 소리를 듣고 눈으로 사물을 보는 한 그것은 '자신을 잃고 사물을 좇는(迷己逐物)' 중생에 지나지 않는다. 그러나 보현보살은 心으로 듣고, 관음보살은 눈으로 듣는 것이다. 그것이 참으로 '듣는다'고 하는 것이다.

2) 八成就의 '佛'을 장상영이 '始覺合本之謂佛'고 해석한 것이다. 大慧가 돈오점수의 경향을 가지고 있고, 또 그 경증으로서 『首楞嚴經』 권10의 "理則頓悟, 乘悟併銷. 事非頓除, 因次第盡."을 자주 인용하고 있다는 것은 이미 앞에서 말하였다. 그런데 여기서도 大慧는 始覺에서 本覺으로 나아가는 과정으로서 佛을 정의하고 있다. 즉 자신의 不覺을 알아차리고 始覺을 통해서 本覺(깨달음)에 나아가는 것이 수행이다. 그러므로 '깨달음'의 체험이 불가결하게 된다. 반면 Ⓐ에 있듯이, 묵조선사는 無言默然을 시각으로 삼고 威音王那畔을 본각으로 삼고 있다. 威音王那畔이란 本來面目과 같은 뜻이지만, 묵조선사는 "말없이 좌선하고 있는 곳에 자신의 본래면목이 저절로 나타난다"고 주장한다. 그러므로 그들은 깨달음을 추구하지 않는다.

이상으로 大慧와 장상영의 『注淸淨海眼經』과의 관계를 고찰해 보았지만, 『大慧語錄』 가운데에서 『注淸淨海眼經』에 관한 추가정보를 얻을 수는 없다. 그러나 일본의 面山瑞方(1683-1769)의 『建康普說』 중에서 그 추가정보를 얻을 수가 있다.

Ⓒ 宋有孫知縣者(知縣賤官)曾以臆見刪改金剛般若經, 以示杲老. 杲答書謂, 不當以臆見刪改金剛. 敢作如是批判, 招因帶果, 毁謗聖經, 當下無間獄. 詞嚴義博, 累數千言. 然後, 値張無盡刪改楞嚴經, 則接紵讚歎……是故古賢謂, 張丞相(丞相貴官)刪修楞嚴, 改名楞嚴海眼經. 竄易緣起, 移置前後. 芟除重

複, 改定聖位, 刪匿王指河之事, 換盤特誦帚之因. 信意增減, 師心博易, 全經面目抹撥殆盡. 越慧印謂, 爲妙喜所印讚, 公然題目(淸淨海眼經), 標爲新舊二經.
〈宋에 손지현이라는 자가 있어(지현은 천관이다), 일찍이 억견으로 『金剛般若經』을 첨삭하여 大慧에 보였다. 그러자, 大慧가 답서를 보내 말하기를 "억견으로 『金剛經』을 첨삭해서는 안 됩니다. 그렇게 비난해서 因果를 초래하고 聖經을 비난하면 무간지옥에 떨어질 것이 틀림없습니다." 말이 엄하고 뜻은 드넓어서 수천 言이나 되었다. 그러나 후에 장상영이 『楞嚴經』을 첨삭했을 때에는 대단히 칭찬하였다…… 그러므로 古賢이 말하기를, "장 승상(승상은 귀관이다)은 『楞嚴經』을 첨삭해서 『楞嚴海眼經』으로 개명하였다. 또, 緣起를 바꾸고 전후를 이동시켰다. 나아가서는 중복을 제거하고 聖位를 개정하며, '匿王指河之事'를 삭제하고 '盤特誦帚之因'을 삽입하였다." 이와 같이 멋대로 증감시키고, 我見에 집착해서 바꾸어 경전의 면목이 말살되었다. 越僧인 혜인이 말하기를, "大慧의 讚을 받아서 공공연히 『淸淨海眼經』으로 개명하고 新舊의 2經이라 했다."〉

Ⓓ 杲老讚歎語曰, 無盡居士不知幾百生中學般若來, 今生如此却見得徹, 識得根本, 得大受用……隨緣赴感之謂在. 具此八義, 則處處道場, 塵塵法會. 自來不曾有人如此說.
〈大慧가 칭찬해서 말하기를, "무진거사(장상영)는 도대체 몇 백 生 동안 반야를 배웠기에 금생에 이와 같이 깨닫고 근본을 알아서 대수용을 얻는 것인가…… 緣에 따라서 화합하는 것을 '在'라고 한다. 이 八義를 갖추면 處處가 도량이고 塵塵이 법회이다. 본래 이와 같이 설한 사람이 없었다.〉

Ⓔ 輒曰, 房融不見古本, 今依梵本改正. 房筆授竺文, 何曰, 未見古本. 張所據梵夾, 豈是極量(波羅蜜帝)重來. 無稽之言, 良所不取.
〈계속해서 말하기를 "(장상영은) '방융은 古本을 보지 않았지만, 나는 梵本에 의해 그것을 바로잡는다'고 한다. 그러나 방융은 梵文을 筆授했으므로 古本을 보지 않았을 리가 없다. 장상영이 梵本에 의거했다면 極

量(波羅蜜帝)이 두 번이나 梵本을 가져온 것이 된다. 근거가 없는 말은 받아들여서는 안 된다."〉

Ⓕ 無盡亦自言, 焚香佛前, 剖露志願. 苟契聖心, 丐無魔事. 昔者慧嚴思改涅盤, 黑神責數. 三藏志删般若, 惡夢譴罰. 毁謗大乘, 佛有金科. 吾爲此懼, 不知其可(第9「默照普說」. 大正82, 731a－c).
〈장상영도 스스로 말하기를, "佛 앞에서 분향하고 서원을 세운다. 비록 聖心에 계합해도 어찌 魔事가 없겠는가. 옛날에 慧嚴은 『涅槃經』을 개찬하려고 했다가 大黑神에게서 책망받았다. 또, 三藏도 『般若經』을 첨삭하려고 했지만 악몽을 꾸는 벌을 받았다. 大乘을 비난하지만 佛에게는 성스러운 法이 있다. 나는 그 때문에 두려워서 가부를 알지 못하겠다."〉

우선 Ⓒ에서 보면, 瑞方은 『大慧書』 중에서 大慧가 '손지현이 금강경을 개찬한 것을 비난한 사실'을 들어서, 똑같이 경전을 개찬했는데 장상영만을 칭찬한 것은 도리에 맞지 않는다고 주장한다. 여기에는, 大慧가 賤官인 손지현은 비난해도 高官인 장상영에 대해서는 칭찬하고 있다는 조소가 느껴진다. 나아가 고현의 말을 빌려서 장상영이 『首楞嚴經』을 개찬한 내용에 대해서 서술하고 있다. 그것을 정리하면,

1) 『首楞嚴經』의 전후의 순서를 바꾸었다. 2) 중복을 제거하였다. 3) 波斯匿王의 '指河之事'를 삭제하고 '盤特誦帚之因'을 삽입했다. 4) 大慧의 동의를 얻어 『淸淨海眼經』으로 개명하고, 『首楞嚴經』을 '舊經', 『注淸淨海眼經』을 '新經'이라고 했다(越僧인 慧印의 말).

그런데 '古賢'이란 明代의 錢謙益을 가리키고, 인용문은 『楞嚴經疏解蒙鈔』(卍續21冊, 84상)에 나온다. 『淸淨海眼經』이란 經名은 『首楞嚴經』의 별명인 「大佛頂悉怛多般怛羅無上寶印十方如來淸淨海眼」(大正19, 143a)에서 유래하는 것이지만, 이 『注淸淨海眼經』이라는 經名에 대해

서 錢謙益은 "略云, 清淨海眼經. 具云, 大佛頂神呪無上寶印十方如來清淨海眼經"(『楞嚴經疏解蒙鈔』 卷末3, 卍續21冊, 749上)이라고 한다.

Ⓓ를 보면, 그 내용은 Ⓑ의 「孫通判請普說」과 같지만 단지 "隨緣赴感之謂在. 具此八義, 則處處道場, 塵塵法會."가 추가되어 있을 뿐이다. 大正新修大藏經 所收의 『30권어록』과 다른 판본이 일본에 존재했던 것일까? 어쨌든, 장상영이 '如是我聞, 一時佛在'의 '在'를 '隨緣赴感之謂在'라고 해석하고 있는 것을 알 수 있다.

Ⓔ도 또 『楞嚴經疏解蒙鈔』 卷末3에 나오는 내용이지만, 장상영이 "범본을 참고해서 경을 개정했다"고 주장한 것에 대해서, 전겸익은 "極量(波羅蜜帝)이 두 번이나 범본을 가지고 왔을 리는 없으므로 장상영의 주장은 엉터리이다"고 하고 있다. 과연 장상영은 능엄경의 범본을 보고 있었던 것일까?

Ⓕ에 의하면, 장상영이 『首楞嚴經』을 『注清淨海眼經』으로 개명하면서도 佛說인 경전을 개정하는 것을 두려워하고 있어 자신감을 가지지 못했다는 것을 나타내고 있다.

이 외에도 『注清淨海眼經』의 내용에 대해서 일본의 獨庵玄光(1630-1698)의 『護法集』에는 다음과 같은 비판이 보인다.

> Ⓖ 首楞嚴經, Ⓐ 佛告阿難, 是諸比丘, 適來從我, 室羅筏城, 循乞摶食, 歸祇陀林. 我已宿齋下, 諸師之解皆錯也. 宿齋者齋也. 齋者戒也……齋與宿齋, 單複雖異, 義則不異……釋氏沙門, 終身齋而持. 釋氏齋者, 皆奉法時食, 則世稱法時食而曰齋. 而其義則齋戒也. 非食也……而別求異義者惑也. 或解曰, 預齋. 或曰, 經宿至午食. 或曰, 宿止也. 宿齋者結齋也. 其說紛然. 其義愈不可解. 以至通至達之文, 爲至礙至塞之句. 至張無盡清淨海眼經, 刪去我已宿齋之句, 可咲矣. 非獨解佛經者, 不知宿齋而已.[78]

78) 『曹洞宗全書』 「語錄」1. pp660b-661a

〈『首楞嚴經』에 말하기를, 佛이 아난에게 말했다. "그들 비구들은 아까 나를 따라서 실라벌성에서 걸식한 후 기타림에 돌아갔다. 나는 이미 宿齋했다."라고. ('我已宿齋'에 대한) 승들의 해석은 전부 잘못이다. 宿齋라는 것은 齋이다. 齋는 戒이다…… 齋와 宿齋는 글자 수는 다르지만 의미는 같다…… 沙門은 죽을 때까지 정진해서 지키지 않으면 안 된다. 사문의 齋는 法時를 지켜서 먹는 것으로, 세간에서 '法時食'이라고 하는 것이 '齋'이다. 그러나 그 의미는 戒를 지키는 것이지 食과는 관계가 없다…… 그러나 異義를 구하는 자가 알지 못하여 어떤 사람은 '事前에 齋하는 것이다'고 하고, 어떤 사람은 '宿을 지나서 午食에 이르는 것이다'고 하고, 또 어떤 사람은 '그치는 것이다. 宿齋라는 것은 齋를 맺는 것이다' 등으로 해석한다. 여러 가지로 해석해서, 그 의미가 점점 알 수 없게 되어 버렸다. 대단히 간단한 문장을 어렵게 생각하고 있다. 장상영의 『清淨海眼經』에 이르러서는 '我已宿齋'의 구절을 삭제해 버렸는데, 웃을 일이다. 경전을 모를 뿐만 아니라 宿齋의 의미도 알고 있지 못하다.〉

Ⓐ는 『首楞嚴經』 권1(대정19, 107b)의 구절이지만, 종래 '我已宿齋'의 해석에 대해서는 의론이 많았던 듯하다. 玄光은 "宿齋와 齋는 같은 뜻으로 戒의 의미이지 특별히 食에 한정된 것은 아니다"고 주석하고 있지만, '或解曰, 預齋'는 長水子璿의 『楞嚴經義疏注經』의 해석이다(대정39, 833b). 그런데 장상영의 『注清淨海眼經』에 이르러서는 마침내 '我已宿齋'의 구절을 삭제해 버렸던 듯하다.

이상의 『建康普說』과 『護法集』 등에서 보면, 面山瑞方과 獨庵玄光이 『注清淨海眼經』을 읽고 있었을 가능성이 크다고 생각된다. 그것은 雷庵正受(생몰년 미상)의 『楞嚴經合論』에서 "清淨海眼經, 會稽僧慧印已版行. 是滋後人之惑."(『楞嚴經合論』 권10, 卍續18冊, 187하)라고 하고 있는 곳에서 보면, 간행되어 널리 읽혀졌던 것을 알 수 있다. 그러므로 그것이 일본에 전해져서 읽혀졌을 가능성이 크다고 생각된다.

이상으로, 『華嚴經』, 『首楞嚴經』을 예로 들어서 大慧가 兩 經을 어떻게 이해하고 있었던 가를 고찰해 보았다. 외에도, 『30권어록』과 『4권본보설』에는 『華嚴經』 『首楞嚴經』을 인용한 곳은 더 있다고 생각되지만, 본 논문에서는 우선 『30권어록』 중의 『大慧書』 『大慧法語』와 『4권본보설』에 한해서 조사해 보았다. 또, 大慧가 애독한 경전에는 『法華經』, 『維摩經』 등이 있지만 다룰 수가 없었다.

그런데 大慧의 특징의 하나는 『圓覺經』에 대한 인용이 적은 것이다. 廣田和敎의 조사에 의하면, 『圓覺經』에 대한 인용은 15회에 그치고 있다. 주지하는 대로, 『圓覺經』은 『華嚴經』, 『首楞嚴經』 등과 함께 송대에 성행한 경전의 하나이다. 大慧도 종밀의 『圓覺經』 주석서의 내용을 숙지하고 있는 것에서 보면 당연히 『圓覺經』도 읽고 있었을 것이다. 그렇지만 당시의 『圓覺經』의 성행의 정도를 생각하면 『華嚴經』 125회, 『法華經』 71회, 『首楞嚴經』 70회에 비하여 그 인용이 15회에 지나지 않는 것은 대단히 적은 횟수라고 할 수 있을 것이다. 혹시 僞經의 인식이 있었던 것일까? 『寶慶記』에서의 道元의 발언에서 알 수 있듯이, 당시에 이미 『圓覺經』과 『首楞嚴經』에 대해서 僞經의 의식이 있었던 듯하고, 『大慧書』 「答孫知縣」에서 大慧가 『華嚴經』, 『金剛經』 등의 漢譯의 문제에 대해서 숙지하고 있었던 사실에서 보면 『圓覺經』, 『首楞嚴經』에 대해서 僞經의 의식이 전혀 없었던 것은 아니었을 것이다. 그럼에도 불구하고 『首楞嚴經』은 대단히 중시하고 있는 반면 『圓覺經』에 대해서는 별로 언급하고 있지 않다. 이 문제는 지금부터의 과제로 하고 싶다.

제2절 生死觀 및 淨土觀

石井修道는 「大慧禪에 있어서의 선과 염불의 문제」에서 大慧와 淨土사상과의 관계를 논하고 결론적으로 다음과 같이 말하고 있다.

> 大慧禪에 있어서는, 결코 禪과 淨土가 융합된다든지 兼修된다든지는 하고 있지 않고, 對機的으로 염불을 인정하는 경우도 있었다고 생각된다…… 나아가 종교가 가지는 生死의 문제는 크고, 죽음을 계기로 해서 大慧禪이 말해지고 있는 점은 주목하지 않으면 안 된다. 어디까지나 눈앞의 聽法者가 主이고, 死者儀禮에 있어서의 靈을 遷度하는 방향이 생겨나고 있었던 것도 사실로, 『大慧普說』만큼 그 이전의 선종사의 문헌에 비하여 이것이 말해지고 있는 것은 없다. 이것이 선의 대중에의 침투에 크게 작용해 갔던 것은 간과할 수 없다.[79]

石井修道의 논문은 이전에는 다루어지지 않았던 大慧와 淨土사상과의 관계를 논한 것으로, 大慧연구에 있어서 새로운 문제를 제기한 것이라고 할 수 있다. 그런데 前川亨은 「禪宗史의 終焉과 寶卷의 생성」에서 大慧의 看話禪을 '선종사의 종언'으로 규정하고, 元・明代에 간행된 寶卷의 성격을 해명했다. 그중에서 前川은, 大慧 문하의 顏丙(?-1212, 如如居士)을 들어 '그의 사상의 핵심은 염불과 淨土왕생에 있다'고 규정하고, 그러한 변화의 싹은 이미 大慧에 내재하고 있었다고 한다. 그리고 다음과 같이 말한다.

> 生死의 문제를 전면에 내세우는 것은 大慧의 특색이라고 해도 좋다. 그러나 大慧의 경우에는 生死의 切迫(臘月 30日)을 항상 의식하고 그것을

79) 石井修道(1991), pp277-278

> 추구하는 것을 돌파구로 해서 극도의 정신적 긴장하에 일거에 깨달음을 얻으려고 하는 것으로…… (顔丙의 경우는)死의 문제를 깨달음의 계기로 해서 적극적으로 추구하는 자세는 모습을 감추고, 전체를 덮고 있는 것은 死의 공포와 不淨과 자신의 근기의 열악함을 설해 마지않는 철저히 소극적인 자세이다.[80]

이상의 두 사람의 논문에서 보면, 大慧에 있어서는 生死의 문제가 깨달음의 중요한 계기가 되고, 나아가서는 그것이 大慧 이후의 禪과 淨土사상과의 융합에 일정한 역할을 한 것을 예상시킨다. 이하에서는, 두 사람의 문제제기에 기초해서 大慧의 生死觀과 淨土觀의 구체상을 고찰해 보기로 하자.

1. 大慧의 生死觀

시대, 지역을 막론하고 인간은 누구라도 죽음을 극복하려고 하고, 따라서 生死의 문제는 인간에 있어서는 가장 큰 문제이다. 특히 불교에서는 生死의 업의 순환을 끊고, 윤회를 되풀이하지 않는 것이 그 목표이다. 선종도 예외는 아니다. 특히 大慧는 다른 선사보다도 더 '生死에서의 해탈'을 강조하고 있다. 우리는 『30권어록』과 『4권본보설』에서 大慧가 生死에서의 해탈을 강조하는 수많은 문장을 발견할 수 있다. 예를 들면, 『大慧書』 권26 「答王內翰」 제1書에서는 다음과 같이 말하고 있다.

> 不著意, 不忘懷, 善不是善, 惡不是惡. 若如此了達, 生死魔何處摸索……而今已近七十歲, 盡公伎倆, 待要如何. 臘月三十日, 作麼生折合去. 無常殺鬼, 念念不停.[81]

---

80) 前川亨(2003), pp242-243

〈집착하지도 않고 멍하니 있지도 않으면, 善도 善이 아니고 惡도 惡이 아니게 됩니다. 만약 그렇게 깨달으면 生死의 魔가 어디에 끼어들겠습니까.…… (당신은) 이미 곧 70세입니다. 자신의 재능을 다 드러내서 무엇을 구하고 있는 것입니까? 임종의 순간에 어떻게 결판을 내겠습니까? 無常殺鬼는 잠시도 쉬지 않습니다.〉

이와 같이 大慧는 왕내한에게 生死의 魔를 극복할 것을 주문하고 있지만, 生死의 문제는 大慧 자신에 있어서도 절박한 문제이고 출가의 동기이기도 했다. 大慧 자신의 고백을 들어보자.

妙喜自十七歲, 便疑著此事, 恰恰參十七年, 方得休歇. 未得已前, 常自思惟. 我今已幾歲, 不知我未託生來南閻浮提時, 從甚麽處來. 心頭黑似漆, 並不知來處. 旣不知來處, 卽是生大. 我百年後死時, 却向甚麽處去. 心頭依舊黑漫漫地, 不知去處. 旣不知去處, 卽是死大. 謂之, 無常迅速, 生死事大.[82]
〈나는 17세부터 이 일을 의심하여, 17년간 참구해서 겨우 쉴 수가 있었다. 깨닫기 이전에 언제나 '나는 지금 몇 살이지만 태어나기 전에는 어디에서 왔을까?'를 알지 못했다. 그래서 전혀 오는 곳을 알지 못했다. 오는 곳을 알지 못하는 이상 그것이 生大이다. 또, '죽은 후에는 어느 곳으로 가는가'를 생각해도 똑같이 가는 곳을 알지 못했다. 가는 곳을 모른다면 그것이 死大이다. 그것을 '無常은 빠르고 生死일은 크다'라고 하는 것이다.〉

平生自疑, 生不知來處, 死不知去處, 常懷恐怖之心. 從十九歲出家, 便尋知識請益看話頭.[83]
〈평소 태어나도 오는 곳을 알지 못하고 죽어도 가는 곳을 알지 못함을 의심하여, 언제나 공포심을 품었다. 19세에 출가하고 나서 선지식에 청

81) 대정47, 928c
82) 『大慧普說』 권15 「傳經幹請普說」(대정47, 878c)
83) 『四卷本普說』 卷1 「妙圓居士張檢點祖燈請普說」(396a)

익해서 화두를 참구하였다.〉

'無常迅速, 生死事大'는 원래 『六祖檀經』(대정48, 357c)에 나오는 구절이지만, 종래 大慧뿐만이 아니라 많은 선승들이 자주 인용하는 구절이기도 하다. 위의 인용문에서 보면, 大慧는 젊은 시절부터 生死에 대해서 공포심을 품고 그것을 해결하기 위해 출가했다고도 할 수 있을 것이다.

그런데 生死의 문제라고 해도 중요한 것은 死의 문제이다. 문제는 死의 순간에 얼마나 평상심을 유지할 수 있는가이다.[84] 특히 大慧에게 있어서는 임종의 순간에 평상심을 유지할 수 있는가 아닌가는 생전의 수행의 성과를 재는 척도이기도 했다. 大慧는 다음과 같이 말하고 있다.

> 臘月三十日, 作麼生折合去. 不可眼光欲落未落時, 且向閻家老子, 道待我澄神定慮少時, 却去相見得麽. 當此之時, 縱橫無礙之說, 亦使不著, 心如木石, 亦使不著. 須是當人生死心破始得.[85]
> 〈임종의 순간에 어떻게 결판을 내겠습니까? 숨이 끊어지려고 할 때 염라대왕에게 "제가 정신을 안정시키고 나서 뵈어도 되겠습니까?"라고 말할 수는 없습니다. 그때에는 종횡무애의 달변도 도움이 되지 않고, 마음이 목석과 같아도 도움이 되지 않습니다. 반드시 본인의 生死心을 부수지 않으면 안 됩니다.〉

---

84) 하나 재미있는 것은 大慧가 임종의 순간에 대해서 여러 가지의 문학적인 표현을 사용하고 있는 것이다. 그것을 들어보면, ① 啓手足時:『四卷本普說』卷1「向通判請普說」 ② 地水火風分散時:『四卷本普說』卷1「向通判請普說」 ③ 眼光欲落未落時:『大慧書』卷27「答劉寶學」 ④ 至於臨捨識時:『四卷本普說』卷4「湯丞相請普說」 ⑤ 於報緣謝時:『四卷本普說』卷4「湯丞相請普說」 등이다.

85)『大慧書』권27「答劉寶學」(대정47, 925c)

大凡要臨命終時寂靜, 便從平日作用處寂靜始得. 若要臨命終時省力, 須是平生行履處省力始得. 省力處卽是得力處. 得力處省無限力.[86]

〈대저 임종의 순간에 寂靜하고 싶으면, 평소에 작용하는 곳에서 寂靜하지 않으면 안 됩니다. 임종의 때에 힘을 덜고 싶다면 평소의 行履處에서 힘을 덜지 않으면 안 됩니다. 省力處가 바로 得力處입니다. 得力하는 곳에서는 무한한 힘을 덜 수 있습니다.〉

여기서 "心如木石" "我澄神定慮少時, 却去相見得麽"는 묵조선사의 수행방법을 비판한 말이지만, 임종의 순간에는 생전에 얻었던 지식도 전혀 도움이 되지 않고, 묵조선사들처럼 좌선해서 마음을 안정시킬 틈도 없다고 하는 것이다. 이와 같이 大慧에 있어서는, 생전의 수행은 모두 죽음의 순간에 평상심을 유지하기 위한 것이다.

그런데 生死에서의 해탈은 大慧 이외의 많은 승들도 말하고 있는 것이지만, "生不知來處, 死不知去處"의 구절은 大慧 이래 선림에서 공안으로 참구되었을 가능성도 있다고 생각된다. 이 말은 大慧 이전의 선승들의 어록에는 보이지 않지만, 앞의 『大慧書』 권27 「答劉寶學」에 '生死公案'이라는 말이 보이고, 나아가 大慧 이후의 『雪巖祖欽禪師語錄』, 『高峰円妙禪師語錄』 등의 문헌에 "生不知來處, 死不知去處"의 구절이 보인다. 또, 博山元來(1575-1630)의 『博山和尙參禪警語』 「示初心做工夫警語」에는 다음과 같이 말하고 있다.

做工夫, 貴在起疑情. 何謂疑情. 如生不知何來, 不得不疑來處. 死不知何去, 不得不疑去處. 生死關竅不破, 則疑情頓發. 結在眉睫上, 放亦不下, 趁亦不去. 忽朝樸破疑團, 生死二字是甚麽閑家具.[87]

〈참구할 때에는 疑情을 일으키는 것을 귀히 여긴다. 무엇을 疑情이라고

86) 『4권본보설』 권1 「向通判請普說」(414b)
87) 卍續112冊, 947하

하는 것인가? 예를 들면, 태어나도 오는 곳을 알지 못하므로 來處를 의심하지 않을 수 없다. 죽어도 어느 곳으로 가는가를 모르므로 去處를 의심하지 않을 수 없다. 生死의 관문이 부서지지 않으면 疑情이 홀연히 생긴다. 그것을 눈썹 털에 묶어놓고 내려도 안 되고 따라가도 안 된다. 어느 날 문득 疑團을 부수면 生死2字는 무슨 쓸데없는 것인가?〉

여기에서 보면 博山元來는 生死를 하나의 공안으로서 참구하기를 권하고 있다.

나아가, 大慧는 出生死를 구하는 것이 佛法이지만 그것은 유교의 도덕과도 합치하는 것이라고 한다. 『大慧法語』 권19 「示羅知縣」에서 大慧는 다음과 같이 말한다.

士大夫學先王之道, 止是正心術而已. 心術旣正, 則邪非自不相干. 邪非旣不相干, 則日用應緣處, 自然頭頭上明, 物物上顯……要學出生死法, 非夙植德本, 則不能如是信得及, 把得住, 作得主宰. 時時以生死在念, 眞火中蓮華也. 旣以生死事在念, 則心術已正. 心術旣正, 則日用應緣時, 不著用力排遣. 旣不著排遣, 則無邪非. 無邪非, 則正念獨脫88)

〈사대부가 선왕의 도를 배우는 것은 心術을 바르게 하기 위함입니다. 心術이 바르면 사악이 자연히 간섭하지 않게 됩니다. 사악이 간섭하지 않게 되면 평소의 대응하는 곳에서 자연히 모든 것이 명백하게 될 것입니다…… 生死에서 벗어나는 법을 배우고 싶다면 숙세에서 덕의 근본을 심어야 비로소 이와 같이 믿고, 확실히 붙잡아서 주인공이 될 수 있습니다. (당신은) 언제나 生死를 참구하니 불속에 핀 연꽃과 같습니다. 生死를 가지고 참구하는 이상 心術은 이미 바릅니다. 心術이 바르면 평소의 대응할 때에 일부러 제어할 필요는 없습니다. 제어할 필요가 없으면 사악도 없습니다. 사악이 없으면 情念이 초탈합니다.〉

88) 대정47, 898a

大慧는 生死를 참구하는 것이 수행과 학문의 기본임을 강조하고 있지만, 한편 그것은 出生死法인 불교가 '正心術'을 기본으로 하는 유교와 다르지 않음을 주장하는 것이기도 하다.

이상으로 大慧의 生死觀을 고찰해 보았다. 大慧에 있어서 生死에서의 해탈은 출가의 동기이기도 하고, 모든 문제의 근저에 있는 것이었다. 그것은 大慧의 체험에 기초하는 것이고, 나아가 만인에 공통하는 것이기도 하다. 그렇다면 大慧는 자신의 체험에 의해 죽음의 공포를 면하기 위해서는 깨달음이 필요하고, 깨닫기 위해서는 공안을 참구하지 않으면 안 된다는 것을 체득한 것은 아닐까? 다음은 大慧의 生死에의 강조가 그의 淨土사상과 어떻게 관련하는지를 살펴보자.

2. 大慧의 淨土觀

주지하는 대로, 唯心淨土사상은 五代의 永明延壽가 처음으로 제창하여 송대에 확립되었다. 그 唯心淨土사상은 元・明代의 禪淨雙修사상의 기반이 되었다. 송대의 대표적인 唯心淨土사상가로서는 長蘆宗賾・慧林宗本・天衣義懷 등 운문종의 승이 중심이었지만, 그 외에도 임제종의 死心悟新, 조동종의 眞歇淸了 등 종파를 막론하고 淨土사상에의 접근이 보인다. 앞에서 보았듯이, 大慧는 生死의 문제에 관심이 많고 生死에서의 해탈을 주장했지만 그것은 淨土사상과 어떠한 관련이 있는 것일까?

선승들의 唯心淨土사상에 있어서 문제가 되는 것은 西方淨土를 인정하는가 아닌가이다. 일찍이 紫田泰는 「중국에 있어서의 선정쌍수사상의 성립과 전개」 가운데서, "송대의 唯心淨土사상가 중에는 ① 西方淨土부정론자 ② 방편적으로 상근기인을 위해서는 唯心淨土를, 중하근기인을 위해서는 西方淨土往生을 설하는 자 ③ 唯心淨土論의 입장에 서면서 西方淨土도 인정하는 자의 3부류가 있다"고 하였다. 大慧가 唯心淨土의 입장을 취하는 것은 선승으로서 당연한 것이지만, 때로는 西方淨土도 인정하는 듯한 발언도 하고 있다. 그렇다면, 大慧는 위의 세 부류 중 어디에 속하는 것일까?

大慧의 唯心淨土사상은 王日休撰의 「龍舒淨土文」에 붙인 大慧의 跋에 잘 나타나 있다. 짧은 문장이므로 全文을 인용해 보자.

> 龍舒王虛中日休, 博覽群書之餘, 留心佛乘, 以利人爲己任, 眞火中蓮也. 佛言, 自未得度, 先度人者, 菩薩發心. 自覺已圓, 能覺他者, 如來應世. 予嘉其志, 爲題其後. 若見自性之阿彌, 卽了唯心之淨土. 夫能如是, 則虛中爲此文功, 不唐捐矣.[89]
>
> 〈龍舒王虛中日休는 많은 책을 읽었을 뿐만이 아니라, 佛道를 지향해서 타인을 이롭게 하는 것을 임무로 삼으니 참으로 불속에 핀 연꽃이라 하겠다. 佛이 말하기를, "자신이 득도하기 전에 타인을 득도시키는 것은 보살의 발심이고, 자신이 깨달은 후 타인을 깨닫게 하는 것은 여래가 세상에 응한 것이다"라고. 내가 왕일휴의 뜻을 기뻐하여 그 跋을 쓴다. 만약 自性의 彌陀를 볼 수 있으면 唯心淨土를 깨달을 것이다. 이와 같이 되어야 비로소 虛中이 이 글을 쓴 공덕을 헛되이 하지 않을 것이다.〉

이 跋은 1160년, 大慧 72세에 쓴 것이지만 여기서 大慧는 확실히 '唯心淨土, 自性彌陀'를 주장하고 있다. '唯心淨土, 自性彌陀'는 唯心淨土사상을 나타내는 대표적인 구절이지만, 大慧는 唯心淨土를 인정할 뿐 西方淨土에 대해서는 말하고 있지 않다. 이 외에도 大慧가 唯心淨土를 말하는 곳은 더 있다. 대표적인 예를 들어보자.

---

89) 대정47, 283b

徑山今日說此淸淨平等解脫之法, 奉爲持服魏矼, 追薦先考致政宣敎. 伏願, 了唯心之淨土, 見自性之彌陀. 此界他方隨處快樂.[90]

〈내가 오늘 이 청정평등해탈의 법을 설하여, 3년상을 치르고 있는 魏矼를 위해 先考인 致政宣敎를 追薦한다. 원컨대, 唯心淨土를 깨닫고 自性의 彌陀를 뵐 것을. (그렇게 하면) 현세와 내세의 어디서나 안락을 얻을 것이다.〉

却到祖師門下, 世出世間一網打就. 故曰, Ⓐ 自心淸淨自性戒, 自心淸淨自性定, 自心淸淨自性慧. 謂之, 淸淨無染廣大寂滅妙心. 此心能入凡入聖, 入有入無, 入淨入穢, 入天堂入地獄. 能化地獄爲天堂, 能化業識爲佛智. 不是强爲, 法體本來如是.[91]

〈조사문하에 이르러서 世, 出世間을 일망타진했습니다. 따라서 말하기를 "自心의 淸淨이 自性의 戒이고, 自心의 淸淨이 自性의 定이고, 自心의 淸淨이 自性의 慧이다"고. 그것을 "淸淨無染廣大寂滅妙心"이라고 합니다. 그 마음은 범부에도 들어가고 성인에도 들어가고, 有에도 無에도 들어가고, 淨에도 穢에도 들어가고, 천당에도 지옥에도 들어갑니다. 나아가 지옥을 천당으로 바꿀 수도 있고, 業識을 佛智로 바꿀 수도 있습니다. 억지로 그렇게 하는 것이 아니라 法의 體가 본래 그러하기 때문입니다.〉

Ⓐ는 『六祖檀經』 중의 육조혜능의 偈인 "心地無非自性戒 心地無癡自性慧 心地無亂自性定 不增不減自金剛 身去身來本三昧"(大正48, 358c)에서 오고 있지만, 어쨌든 大慧가 唯心淨土사상을 가지고 있었던 것은 충분히 알 수 있다.

또, 大慧가 염불 등의 淨土行을 닦았다는 증거도 발견할 수 없다. 亡者를 위한 追薦供養의 때에 大慧가 염불을 행했을 가능성은 배제할 수 없지만, 『30권어록』과 『4권본보설』에 의하는 한 그 증거는 발견할

90) 『大慧語錄』 卷3 「魏侍郎請陞座」(大正48, 821a)
91) 『四卷本普說』 卷3 「陳氏法空請普說」(453a)

수 없다. 또, 大慧 자신도 참된 반성 없이 습관적으로 염불, 참회하는 것을 다음과 같이 비판하고 있다.

> 有一種人, 早晨看經念佛懺悔, 晚間縱口業罵詈人. 次日依前禮佛懺悔, 卒歲窮年, 以爲日課. 此乃愚之甚也. 殊不知, 梵語懺摩, 此云悔過, 謂之斷相續心. 一斷永不復續, 一斷永不復造. 此吾佛懺悔之意.[92]
> 〈一種의 사람들이 있어 아침부터 경을 읽고 염불・참회하지만, 밤이 되면 口業을 마음대로 하고 타인을 비방한다. 그리고 다음날 또 예불・참회하여 세월을 보내는 것을 일과로 삼는다. 이것은 참으로 어리석은 짓이다. 梵語의 '懺摩'는 중국어로는 '悔過'라고 하고, '相續心을 끊는 것'을 말한다. 한 번 끊으면 영원히 상속하지 않고, 한 번 제거하면 영원히 되풀이하지 않는 것, 그것이 佛이 말한 참회의 의미이다.〉

이상에서 大慧는 기본적으로 唯心淨土의 입장을 견지하고, 염불 등의 淨土行을 닦고 있었던 것은 아님을 알 수 있다.

그러나 한편 大慧는 西方淨土를 인정하는 듯한 발언도 하고 있다. 그 예를 들어보자.

> Ⓐ 即將上來擧揚般若功德, 追薦子和宣教超生淨界. 伏願, 西方九品登上品, 而守生, 淨土三空悟大空, 而見佛.[93]
> 〈앞의 반야를 거양한 공덕으로 子和宣教가 淨土에 태어날 것을 추선합니다. 원컨대는, 西方九品 중의 上品에 태어나, 淨土三空 중의 大空을 깨달아 佛을 친견할 것을.〉

> Ⓑ 此是大丞相鈞旨, 令山野陞座宣揚般若, 奉爲亡女孺人湯氏六七七七之辰, 資薦冥福底意旨. 見說, 孺人天資高妙, 知有佛乘. 蓋夙曾種得般若種智之深.

---

92) 『大慧法語』 卷19 「示淸淨居士」(大正47, 891a－b)
93) 『四卷本普說』 卷4 「孫知縣請普說」(477c)

故能於此段大事因緣, 自信得及. 至於臨捨識時, 了了分明, 合掌結彌陀印而終……豈非生前順義理, 而死能轉業者乎. 如是則定生安養世界, 無可疑者.94)

〈이것이야말로 대승상이 나에게 승좌해서 반야를 거양하고, 亡女孺人湯氏의 42, 49재를 거행해서 명복을 추선하는 뜻입니다. 들으니, 孺人은 천성이 고매하고 佛乘이 있는 것을 알았다고 합니다. 그것은 숙세에서부터 반야의 종자를 심었기 때문입니다. 그러므로 이 大事因緣을 믿을 수가 있었던 것입니다. 임종할 때에 의식이 명확하고, 彌陀의 手印을 맺은 채 돌아가셨습니다.…… 그것이 어찌 '生前에는 義理를 따르고, 죽고 나서는 業을 전환시키는 것'이 아니겠습니까? 그렇다면 安養世界에 태어나는 것은 틀림없습니다.〉

Ⓐ는 孫知縣의 亡子인 孫子和宣教의 추선공양의 때에 행한 보설이고, Ⓑ는 湯思退의 亡女를 위한 추선공양의 때에 행해진 보설이다. 여기서 大慧는 확실히 그들 망자들이 '西方淨土에 태어날 것'을 기원하고 있다. 그렇다면, 이것을 근거로 해서 大慧가 西方淨土를 인정하고 있고, 나아가서 원·명대의 선정쌍수사상의 전개에 적극적인 역할을 했다고 할 수 있을 것인가?

문제는 追善供養의 성격에 있다고 생각된다. 추선공양은 사후 7일마다 행해지는 의식으로, 亡魂은 7일마다 총 7회와 100일째, 1년째, 3년째에 차례로 지옥의 十王에게서 재판을 받고 고통을 받으므로, 그때에는 승려를 초빙하여 추선공양을 행하고, 死者를 苦에서 구하지 않으면 안 된다는 관념에서 유래한다. 추선공양은 六朝時代부터 행해져서, 唐代에는 널리 행해졌다고 생각된다. 그러나 唐代에는 어디까지나 불교신자에 한정되어 있었다. 그렇지만 宋代가 되면 불교식, 도교식의 장례가 점점 확대되어, 사대부 중에서도 그것을 행하는 사람들이 늘어갔다. 그 이유

---

94) 『四卷本普說』 卷4 「湯丞相請普說」(468 b)

의 하나는 격식에 맞는 장례를 위해서는 의식에 정통한 司祭를 필요로 하지만, 송대에는 전통의식이 쇠퇴하고, 또 그때까지 제사를 전문으로 담당해 왔던 巫祝도 점점 감소해 왔기 때문이다. 그러한 巫祝을 대신하여 승려들이 채용되는 것에 의해 장례가 점점 불교화해 갔다고 생각된다. 당시 얼마나 불교식 장례가 사대부들에게 침투해 있었던가를 보자. 浙江省 處州人인 兪文豹의 筆記인 『吹劍錄外集』에는 다음과 같은 이야기가 보인다.

> 臨川黃少卿塋卒, 其子堮, 欲不用僧道. 親族內外, 群起而排之. 遂從半今半古之說, 祭亨用葷食, 追修用緇黃. 蓋孝子順孫, 追慕誠切, 號泣旻天, 無所籲哀. 雖俗禮夷教, 猶屈意焉.[95]
>
> 〈臨川의 黃少卿塋이 죽자 아들인 堮이 僧道의 의식을 행하지 않기로 했다. 그러자, 친족들이 모두 그를 비난하였다. 마침내 고금의 설을 반반씩 따라서 제사 때에는 葷食을 사용하고(유교식으로 하고), 追善 時에는 緇黃을 사용하였다(불교식으로 하였다). 孝子, 順孫이 고인을 사모하는 것이 간절하여, 통곡하는 소리가 하늘에 닿지만 그것을 나타낼 곳이 없다. 비록 俗禮, 夷教이지만 따르지 않을 수 없다.〉

이와 같이, 당시는 佛道式의 장례를 채용하지 않으면 오히려 '不孝'로 비난받는 지경에까지 이르렀다. 佛道式 장례의 유행은 의식의 간편화에 대한 추구에서도 말미암는 것으로, 따라서 거짓승, 거짓도사들에 의한 장례도 행해졌다고 생각된다. 앞의 『四卷本普說』「孫知縣請普說」과 「湯丞相請普說」에서도 알 수 있듯이, 大慧도 사대부를 위해 추선공양을 행하고 있다. 「湯丞相請普說」은 「六七七七之辰」의 표현에서, 사후 42일째와 49일째에 행해진 추선공양인 듯하다. 그 외에도 『30권어

---

95) 『四庫全書』「子部」雜家類, 雜說之屬

록』과 『4권본보설』에는 사대부를 위한 추선공양의 때에 행해진 보설이 많이 실려 있는 것이 大慧의 특징이기도 하다.[96] 또 당시에는 사대부를 위한 장례뿐만이 아니라, 황제의 崩御 후에도 불교식의 법회가 열려서 선승들이 초빙되어 추선공양을 주도하고 설법을 행하였다. 『大慧語錄』 권2에는 「徽宗皇帝大祥上堂」(大正47, 819a)이 실려 있지만, '大祥'이란 황제의 崩御 후 25일째에 행해지는 의식이다.

이와 같이 송대에 선정쌍수사상이 유행한 배경에는 선종이 가지는 唯心淨土라는 사상적 원인뿐만이 아니라, 불교식 장례의 일반화라는 요인도 크게 작용했다고 생각된다. 그러므로 大慧도 이러한 추선공양의 때에 '방편적으로' 西方淨土往生을 기원하는 발언도 했던 듯하다.

또, 大慧는 唯心淨土를 주장하면서도 교육적 방편으로서 인과응보와 천당, 지옥을 설하였다. 그 예를 몇 개 들어보자.

> Ⓐ 然, 未有無罪底凡夫, 未有有罪底聖人. 適來所以略懺悔者, 如佛所說, 業通三世. 又恐此生於聲色利祿中, 寧無異念. 一念旣差別, 卽是罪因.[97]
> 〈그러나 죄가 없는 범부도 없고, 죄가 있는 성인도 없다. 앞서 간략히 참회한 것은 佛이 "業은 三世에 통한다"고 말한 것과 같다. 또 금생의 聲色利祿 중에서 오히려 異念이 없는 것을 두려워한다. 한순간이라도 빗나가면 죄의 원인이 된다.〉

---

96) Levering, M.L.은 그녀의 박사논문인 "CH'an Enlightenment for Laymen: Ta-hui and the New Religious Culture of the Sung"(Harvard University, 1978年) 제5장에서, '大慧는 당시의 다른 선승보다 보설이 대단히 많고, 보설이라는 설법의 형식을 잘 활용한 최초의 선승이다. 大慧의 보설의 대부분은 사대부의 청에 응한 것이고, 그중에서도 추선공양의 때에 행해진 보설이 많다. 大慧가 보설을 활용한 것은 사대부에의 설법 때문이었다"고 주장하고 있다.

97) 『四卷本普說』 卷3 「孟宗丞請普說」(458c)

Ⓑ 人之死去, 所以沈墮者, 皆是爲子不孝父母, 爲臣不忠於君, 爲下不敬其上, 爲上不撫其下……如斯等人沈地獄者可知矣. 所以道, 天堂無則已, 有則君子生. 地獄無則已, 有則小人入. 天堂地獄, 不得道有, 不得道無. 若世界上, 行仁義禮智信溫恭儉讓底人, 謂之小人, 可乎. 只這便是天堂, 何必更別處討……所以道, 三界唯心萬法惟識. 要知善惡報應, 只在當人行履處, 順道理不順道理而已.98)

〈죽어서 지옥에 떨어지는 자는 자식으로서 부모에 효를 다하지 않고, 신하로서 임금에게 충성을 다하지 않고, 아랫사람으로서 윗사람을 공경하지 않고, 윗사람으로서 아랫사람을 돌보지 않기 때문이다…… 이러한 사람들이 지옥에 떨어진다는 것을 알아야 한다. 그래서 말하기를 "천당이 없으면 그만이지만 있으면 군자가 태어난다. 지옥이 없으면 그만이지만 있으면 소인이 들어간다"고. 천당, 지옥은 '있다'고 해도 안 되고 '없다'고 해도 안 된다. 만약 세속에서 仁義禮智信溫恭儉讓을 실천하는 사람을 '소인'이라고 한다면 잘못이다. 이것이 바로 천당이지 어째서 다른 곳에서 구하겠는가?…… 그러므로 '三界唯心万法唯識'이라고 하는 것이다. 선악의 응보를 알고 싶다면 자신의 행위가 도리에 맞는가 맞지 않는가에 달려있을 뿐이다.〉

Ⓐ의 '未有無罪底凡夫'에서 알 수 있듯이 大慧는 사람들에게 '죄에의 자각과 참회'를 요구한다. 그리고 유교의 덕목인 仁義禮智信溫恭儉讓을 실천할 것을 강조한다. 또, Ⓑ에서는 "이념에 있어서는 천당, 지옥이 있는 것이 아니라 천당, 지옥은 마음에 의한다. 그러나 현실에 있어서는 중생은 죄인이고, 따라서 현세에 선행을 행하면 선과를 얻고, 악행을 행하면 악과를 얻는다"고 한다. 이것은 불교의 교리인 참회, 인과응보와 유교의 덕목인 仁義禮智信 등을 융합시킨 儒佛相通의 논리이기도 하다.

이와 같이 大慧가 사대부들에게 인과응보와 참회, 천당, 지옥을 설

98) 『四卷本普說』 卷1 「向通判請普說」(414 c – d)

하는 것은 어디까지나 治世를 위한 勸善懲惡의 의도가 강하다고 생각된다. 그러나 이념적으로는 唯心淨土이고 大慧도 그것을 견지했다고 생각된다. 따라서 앞의 紫田泰의 분류로는 "② 방편적으로 상근기인을 위해서는 唯心淨土를, 중하근기인을 위해서는 西方淨土往生을 설하는 자"에 속한다고 할 수 있을 것이다. 이와 같이 방편으로서 천당, 지옥, 西方淨土를 인정하는 것은 大慧의 다음의 말에서도 알 수 있다.

> 以此而言, 世間有多少不忠不孝不知父母恩者. 是故, 先佛以天堂地獄因果報應之說, 而化導之. 因記得, 有俗士問西堂智藏禪師曰, 天堂地獄爲是有爲是無. 藏曰, 有. 俗士乃笑. 藏云, 莫曾問尊宿來. 曰, 然. 藏曰, 尊宿向你道甚麽. 曰, 某曾問徑山國一禪師, 向我道無. 和尙因何言有. 藏乃問, 你有妻否. 曰, 有妻. 又問, 徑山和尙有妻否. 曰, 無妻. 藏曰, 徑山和尙道無卽得……人生世間, 旣未得到諸佛大解脫境界, 豈可撥無因果, 不能知恩報恩.[99]
> 〈이것을 가지고 말하면, 세간에는 많은 不忠·不孝·不知父母恩의 사람이 있다. 따라서 先佛은 천당지옥, 인과응보의 설로써 그들을 교화했던 것이다. 기억하고 있는데, 어떤 俗士가 서당지장선사에게 물었다. "천당과 지옥은 있습니까, 없습니까?" 지장, "있다." 그러자, 그 속사는 웃었다. 지장, "존숙에 물어 본 적이 있는가?" 속사, "있습니다." 지장, "존숙은 뭐라고 하시던가?" 속사, "제가 전에 경산국일선사에 여쭤보니 '없다'고 하셨습니다. 그런데 화상은 어째서 '있다'고 하십니까?" 그러자 지장이 물었다. "너에게는 아내가 있는가?" 속사, "있습니다." 지장, "경산화상에게는 아내가 있는가?" 속사, "없습니다." 지장, "그렇다면 경산화상이 '없다'고 하는 것은 맞다"…… 사람이 세상에 태어나서 佛의 大解脫境界에 이르지 못했다면, 어째서 因果를 무시하고 은혜에 보답하지 않겠는가?〉

위에서 보면, 徑山國一禪師에 있어서는 천당, 지옥은 '없다'고 해도 좋지만, 俗士에 대해서는 '있다'고 하지 않으면 안 된다. 왜냐하면, 俗

99) 『四卷本普說』 卷2 「妙淨居士趙觀使請普說」(434d)

土는 죄가 많은 범부이기 때문이다. 따라서 범부는 인과의 원리에 따라서 선업을 쌓고 佛道를 닦지 않으면 안 된다. 이와 같이 大慧는 對機的으로 중하근기인을 위해 천당, 지옥, 인과응보의 설을 주장하고 있는 것을 알 수 있다.

大慧는 生死의 문제를 중요시하고, 이것은 확실히 다른 선승들과 구별되는 大慧의 특징이다. 자신의 체험에 유래하는 '生死의 苦에서의 해탈'에의 열망이 大慧에 깨달음의 필요성을 자각시키고, 결과적으로 看話禪이라고 하는 수행체계를 낳았을 것이다. 그러나 大慧가 生死의 문제를 강조했어도 '大慧는 淨土行을 닦았다'라든가 '大慧 이후의 禪淨雙修思想의 전개에 적극적인 역할을 했다'고는 생각되지 않는다. 大慧 자신은 어디까지나 선승으로서 唯心淨土의 입장을 견지했다고 생각된다. 그러나 불교가 이미 세속에서 떠나서 존재할 수 없게 되고, 특히 국가불교의 성격을 강화해 간 송대의 상황에서 방편적으로 치세를 위해 천당 · 지옥 등을 주장했다고 생각된다.

제3장 大慧의 看話禪사상

제1절 大慧看話禪의 특징

看話禪[100] (또는 看話禪)은 唐代에 발생해서 宋代에 유행한 수행방법으로 古則公案을 참구하는 방법이다. 고칙공안이란 선사가 깨달았을 때의 문답이나 기연을 의미하지만, 고칙공안을 모범 내지는 선례로서 참구하는 것에 의해 깨달음을 얻으려고 하는 수행방법이 看話禪이다. 圓悟克勤은 『圓悟心要』 卷下 「示印禪人」에서 看話禪의 성격에 대해서 다음과 같이 말하고 있다.

初機晩學, 乍爾要參, 無捫摸處. 先德垂慈, 令看古人公案. 蓋設法繫住, 其狂思橫計, 令沈識慮, 到專一之地. 驀然發明, 心非外得. 向來公案乃敲門瓦子矣.[101]

〈수행자들이 참구하고 싶어도 단서를 잡을 수 없다. 그러므로 선덕이

100) '公案禪'과 '看話禪'은 同義語로서 사용되는 경우가 많지만, 현재 일본에서는 公案禪이, 중국과 한국에서는 看話禪이 일반적으로 사용되고 있다. '公案'과 '話頭'도 대체로 동의어로서 사용하는 경우가 많고, 또는 '화두는 공안의 一節을 가리킨다'고도 한다. 예를 들면, 『中國禪宗通史』(杜繼文 · 魏道儒 共著, 江蘇古籍出版社, 1993)에서는 "화두는 공안 중의 答話만을 가리킨다"(p437)고 하고, Levering은 박사논문 "CH'an Enlightenment for Laymen: Ta-hui and the New Religious Culture of the Sung"(Harvard University, 1978年) 가운데서 "화두는 공안, 또는 참구의 주제로서 선택되는 공안의 일부를 가리킨다"(pp241-242)고 하고 있다. '看公案'보다 '看話頭'가 일반적인 사실에서 보면, '공안을 들어서 참구의 대상으로 할 때 그것을 화두라고 한다'고도 생각된다.

101) 卍續120册, 769상

자비를 드리워서 고인의 공안을 참구시켰다. 대저 법을 설하는 것은 사량심을 억누르고 識慮를 잠재워서, 專一의 경지에 이르게 하기 위해서이다. 홀연히 깨달으면 마음은 밖에서 얻는 것이 아니다. 예부터 공안은 문을 두드리는 기와이다.〉

원오의 말에 의하면, 공안은 깨달음에 이르기 위한 도구이자 방편이다. 唐代에 발생한 看話禪은 송대가 되자 『景德傳燈錄』에 1700칙의 기연이 수록되고, 고칙공안에 著語를 붙인다든지, 拈古, 頌古의 풍조가 성행하게 되어 『雪竇頌古』나 『碧巖錄』 등의 소위 공안집이 간행되었다. 그러나 看話禪은 아직 선림의 일부분에서 행해지고 있을 뿐 중심적인 수행방법이 되지는 못하였다. 공안참구의 방법을 체계화해서 선림에 유행시킨 것이 바로 大慧宗杲이다. 따라서 일반적으로 大慧를 '看話禪의 확립자'라고 부른다. 이하에서는 大慧看話禪의 특징을 고찰하는 것에 의해 어떠한 의미에서 大慧를 '看話禪의 확립자'라고 하는지를 조사해 보자.

1. 공안참구의 목표－悟

大慧 자신은 37세 때, 원오의 하에서 雲門文偃의 '東山水上行'의 공안과 '有句無句如藤倚樹'의 공안에서 깨달았지만,[102] 제자를 지도하는 데 있어서 看話禪을 사용하는 데는 일정 기간 주저했다. 大慧가 본격적으로 看話禪으로 제자들을 지도하기 시작한 것은 묵조선비판과 같은 시기인 46세부터이다. 『四卷本普說』 卷3 「方敷文請普說」에는 그때의 상황을 다음과 같이 서술하고 있다.

102) 明代, 密雲円悟의 『天童和尚闢妄救略說』에 의하면, "大慧는 大悟가 18회, 小悟는 무수했다"고 말해졌다고 한다(世傳, 妙喜大悟一十八遍, 小悟不記其數.:卍續114册, 300上).

後來住洋嶼庵, 從三月初五至三月二十一, 連打發十三人……山僧從此話頭方行, 每與人說.103)

〈후에 양서암에 기거해서, 3월 5일부터 21일까지 연달아서 13인을 깨닫게 하였다…… 나는 그때부터 화두를 처음으로 행하여 항상 사람들에게 설하였다.〉

즉 大慧는 看話禪으로 제자들을 지도한 결과, 16일의 짧은 기간에 13인의 승을 깨달음에 인도하였던 것이다. 그때부터 大慧는 자신을 가지고 看話禪으로 제자를 지도하기 시작한다.

그런데 看話禪의 시행과 묵조선비판은 동시에 행해지지만, 大慧가 묵조선을 비판하는 이유의 하나는 묵조선사가 '깨달음을 믿지 않고, 깨달음을 추구하지 않기' 때문이었다. 반면, 看話禪은 깨달음에 이르기 위한 가장 뛰어난 수행방법이라고 大慧는 생각하였다. 大慧가 '깨달음은 불가결하다'고 생각한 근거는, 佛祖인 석가 자신이 깨달음의 경험을 하고 있기 때문이다. 『大慧普說』 권18 「孫通判請普說」에서 大慧는 다음과 같이 말한다.

往往邪師輩, 以無言默然爲始覺, 以威音王那畔爲本覺. 固非此理. 旣非此理, 何者是覺. 若全是覺, 豈更有迷. 若謂無迷, 爭奈釋迦老子於明星現時, 忽然便覺, 知得自家本命元辰元來在這裏. 所以言, 因始覺而合本覺. 如禪和家, 忽然摸著鼻孔, 便是這箇道理. 然此事人人分上無不具足.104)

〈종종 삿된 무리들은 침묵하고 있는 것을 始覺으로 간주하고, 威音王那畔爲을 本覺으로 간주한다. (그러나) 원래 그러한 도리는 아니다. 그런 도리가 아니라면 무엇이 覺인 것인가? 만약 모든 것이 覺이라면 어째서 번뇌가 있겠는가? 만약 번뇌가 없다면 석가가 明星이 나타났을 때 홀연

103) 卍藏經 제31套, 443b-c
104) 대정47, 888a

히 깨달아서, 본래의 자신이 원래부터 여기에 있었던 것을 어떻게 알 수 있었겠는가? 그러므로 '시각에 의해 본각에 합한다'고 하는 것이다. 선승들이 홀연히 단서를 잡는 것도 이 도리이다. 그러나 이것을 구족하고 있지 않은 사람은 없다.〉

威音王佛은『法華經』「常不輕菩薩品」에 설하는 過去莊嚴劫 최초의 佛로서, 威音王那畔이란 無量無邊의 먼 곳을 비유한 것이다. 특히 선에서는 일체의 分別對待가 생기기 이전의 소식, 즉 '자신의 본래면목'의 뜻이다. '邪師輩'란 묵조선사를 가리키지만, 그들은 "말없이 좌선하고 있으면 그것이 본각에 다름 아니다"고 주장한다. 따라서 그들은 "원래 중생은 본각에서 조금도 벗어난 적이 없다"고 한다. 그것에 대해서 大慧는 "만약 모든 중생이 원래부터 깨달아 있다면(本覺), 다시 깨달을(始覺) 필요는 없다. 왜냐하면, 미혹함이 없기 때문이다. 그렇다면 석가의 깨달음의 경험은 도대체 무엇이었던가?"고 반론을 제기한 것이다. 이와 같이 大慧는 "깨달음의 필요성은 佛祖인 석가에 기초하고 있다"고 주장한다.

大慧는 깨달음을 추구하지 않는 사람은 누구라도 용서 없이 비판한다. 예외는 있을 수 없다. 그 예를 들어보자.

近年叢林有一種邪禪,……以悟爲落在第二頭, 以悟爲枝葉邊事. 蓋渠初發步時便錯了, 亦不知是錯, 以悟爲建立. 旣自無悟門, 亦不信有悟者. 這般底謂之謗大般若, 斷佛慧命. 千佛出世, 不通懺悔.105)

〈요즈음 총림에 일종의 邪禪이 있어…… 깨달음을 제2義에 떨어진다고 하고, 깨달음을 쓸데없는 것으로 여깁니다. 대저 그들은 처음부터 잘못하고 있어서 그 잘못을 알아채지 못하고 깨달음을 '지어낸 것'으로 여깁

105)『大慧書』卷30「答曹太尉」(大正47, 939a)

니다. 자신에 깨달음이 없기 때문에 깨달은 사람이 있는 것을 믿지 않습니다. 이와 같은 것을 '대반야를 비방하고, 佛의 慧命을 끊는다'고 합니다. 비록 千佛이 세상에 나와도 참회하게 할 수 없을 것입니다.〉

敎人靜坐底故是不說悟門, 說心說性底也不說悟門, 主張顧視底也不說悟門, 擊石火閃電光底也不說悟門, 商量古今公案底也不說悟門. 却一時颺了悟門, 要求速效. 如斯等輩, 眞可憐.[106]

〈수행자들로 하여금 정좌시키는 사람은 당연히 깨달음을 설하지 않고, 心을 설하고 性을 설하는 사람도 깨달음을 설하지 않고, 返照를 주장하는 사람도 깨달음을 설하지 않고, 전광석화와 같은 기용을 주장하는 사람도 깨달음을 설하지 않고, 고금의 공안을 의론하는 사람도 깨달음을 설하지 않는다. 도리어 완전히 깨달음을 등한시하고 속효를 구한다. 이러한 무리들은 참으로 불쌍하다.〉

여기서 '수행자들로 하여금 정좌시키는 사람'이란 묵조선사를 가리키지만, 묵조선뿐만이 아니라 어떠한 종파라도 깨달음을 인정하지 않는 사람은 大慧의 비판의 대상이 된다. 종래, 大慧의 묵조선비판의 상대라고 여겨져 온 宏智正覺과 眞歇淸了의 경우도 같다. 大慧의 모든 저작 중에서 大慧가 묵조선사로서 굉지정각과 진헐청료를 비난한 기록은 없지만(이 점이 과연 굉지정각과 진헐청료가 정말로 大慧의 비판의 상대였던가 의심하게 한다), 한군데씩 두 사람의 이름이 나온다. 그것을 들면

禪和家. 若信決定有妙悟, 便來這裏參. 若信悟是枝葉, 却往別處參. 妙喜不瞞人. 這裏隣峰, 有天童和尙, 是第一等宗師. 自家行脚時, 他已入僧了. 又有出世高弟在這裏. 你但去問他. 若總道悟是枝葉, 我敢道他也是箇瞎漢.[107]

106) 『四卷本普說』 卷2 「方外道友請普說」(429 d)
107) 『四卷本普說』 卷2 「方敷文請普說」(428 d)

〈여러분. 만약 분명히 묘오가 있는 것을 믿는다면 여기에 와서 참구하라. 만약 깨달음은 쓸데없는 것이라고 생각한다면 다른 데에서 참구하라. 나는 사람을 속이지 않는다. 옆 봉우리에는 천동화상(굉지정각)이 주석하고 있는데 그는 뛰어난 종사이다. 내가 행각승이었을 때 그는 이미 주지였다. 또 여기에는 굉지의 제자도 있다. 너희들은 그에게 가서 묻기만 하면 된다. 만약 그가 "깨달음은 쓸데없는 것이다"고 한다면 나는 그에게도 '눈먼 사람'이라고 할 것이다.〉

如定光大師往年在歇長老處, 也不信有悟, 及乎自家到雪峰一夜小參, 忽然疑著, 破夏走來廣因. 猶自主張無迷無悟, 被山僧痛罵, 方始知非.108)
〈예를 들면 정광대사는 예전에 진헐청료하에서 깨달음이 있음을 믿지 않았지만, 내가 설봉에 도착하여 설법하자 문득 의심을 품고 하안거 도중에 (내가 머물고 있던) 광인사에 왔다. 그러나 여전히 "미혹함도 없고 깨달음도 없다"고 주장했는데, 나에게 통박을 맞고 마침내 잘못을 깨달았다.〉

여기서 보면 大慧가 노골적으로 굉지정각과 진헐청료를 비난한 것은 아니지만 그들이 깨달음을 중요시하지 않았던 것은 확실한 듯하다.

한편, 깨달음에 있어서도 당연하지만 '自證自悟'하지 않으면 안 된다. 왜냐하면 깨달음은 밖에서 얻는 것이 아니라 자신에 구족되어 있는 佛性을 알아차리는 것이기 때문이다. 그러나 묵조선사는 "밀실에서 불법을 전수하고 자증자오하려고 하지 않는다"109). 또, 어떤 師家는 노파심절하여 代語, 別語를 내린다. 代語란, 문답 중 제자가 대답하지 못하는 경우나 깨닫지 못하는 경우에 스승이 답을 가르쳐 주는 것을 말한다. 또 別語란, 문답상량에 있어서 타인이 이미 답하고 있음에도 불구하고, 따로 자신의 견식으로 답하는 것을 말한다. 제자가 빨리 깨

108) 『四卷本普說』 卷3 「方敷文請普說」(443a)
109) 「於授受之際, 皆臂香, 以表不妄付授. 乃自惟曰, 禪有傳授, 豈佛祖自證自悟之法.」(『大慧年譜』 20歲條, 縮刷大藏經 騰8, 2a)

닫지 못한다고 해서 스승이 노파심절해서 답을 가르쳐 주면 거꾸로 제자의 깨달음의 장애가 될 뿐이다.

그런데 『30권어록』과 『4권본보설』을 읽어보면 大慧는 원오에게서 사법하고 있음에도 불구하고, 원오와 가풍이 대단히 다른 것이 눈에 띈다. 그중의 하나가 代語의 문제이다. 大慧가 代語를 비판한 예를 들어보자.

> 有時, 室中見禪和子下得語不是, 忍俊不禁, 也爲他代語. 山僧每見他掛牌, 愛去外頭聽. 一日又要爲人代語, 望見山僧, 乃云風漢在外面壁聽, 遂休110)
> 〈(원오가) 어느 날 방안에서 승들의 문답이 바르지 않은 것을 보고 참을 수 없어서 그들을 대신하여 대어를 내렸다. 나는 언제나 師(원오)가 설법을 시작하면 밖에서 듣는 것을 좋아하였다. 어느 날 원오가 또 代語를 내리려고 했지만, 내가 보이자 "미친놈이 밖에서 엿듣고 있다"고 해서 그만두었다.〉

이와 같이, 大慧는 자증자오를 방해하는 사람은 누구라도 비판했다. 大慧가 확립한 看話禪은 깨달음을 얻는 데 있어서는 가장 뛰어난 수행방법이었다. 그 효과를 극대화하기 위해 大慧는 공안참구의 방법을 구체화, 체계화하려고 시도한다. 다음에는, 看話禪이 깨달음을 얻는 데 있어서 왜 유효한가, 공안의 기능에 대해서 고찰해 보자.

2. 공안의 기능

1) 의식의 집중

大慧는 공안을 불에 비유한다. 『大慧法語』 卷21 「示羅知縣」에서 大慧는 다음과 같이 말한다.

---

110) 『四卷本普說』 卷2 「永大師請普說」(440a)

雜念起時, 但擧話頭. 蓋話頭如大火聚, 不容蚊蚋螻蟻所泊.[111]
〈잡념이 일어날 때는 화두를 들기만 하면 된다. 화두는 大火와 같아서, 모기나 개미가 앉을 수가 없다.〉

공안의 가장 기본적인 기능은 잡념을 제거하고 의식을 집중시키는 곳에 있다. 공안은 모든 의식을 제거하고, 無字(無字公案의 경우)에 의식을 집중시킨다. 『大慧書』 卷30 「答榮侍郞」에서 大慧는 다음과 같이 말하고 있다.

且將這思量世間塵勞底心, 回在思量不及處, 試思量看. 那箇是思量不及處. 僧問趙州, 狗子還有佛性也無. 州云, 無. 只這一字, 儘爾有甚麽伎倆, 請安排看, 請計較看. 思量計較安排, 無處可以頓放. 只覺得肚裏悶心頭煩惱時, 正是好底時節. 第八識相次不行矣.[112]
〈우선, 이 세간의 번뇌하는 마음을 사량이 미치지 않는 곳에 돌려서 사량해 보십시오. "어느 곳이 사량이 미치지 않는 곳입니까?" 승이 조주에게 물었다. "개에게는 불성이 있습니까?" 조주가 답했다. "없다." 이 한 자에 대해서, 만약 솜씨가 있다면 가감해 보십시오. 분별해 보십시오. 가감도 분별도 개입할 여지가 없습니다. 단지 고뇌하고 번뇌할 때야말로 좋은 때입니다. 제8식도 연달아서 움직이지 못하게 됩니다.〉

묵조선이건 看話禪이건 의식의 집중은 기본이다. 의식이 집중되지 않으면, 그 이상의 진전은 있을 수 없다. 따라서 공안은 禪病을 제거하는 역할을 한다. 『大慧書』 卷26 「答富樞密」 第3書에서 大慧는 다음과 같이 말한다.

要靜坐時, 但燒一炷香靜坐. 坐時不得令昏沈, 亦不得掉擧. 昏沈掉擧先聖所訶. 靜坐時, 纔覺此兩種病現前, 但只擧狗子無佛性話. 兩種病不著用力排遣,

111) 대정47, 898a
112) 대정47, 939b

當下怗怗地矣. 日久月深, 纔覺省力, 便是得力處也. 亦不著做靜中工夫. 只這便是工夫也.113)

〈정좌하려고 할 때에는 단지 하나의 향을 태우고 정좌하십시오. 정좌할 때에 혼침해서는 안 되고 도거해서도 안 됩니다. 혼침과 도거는 先聖이 경계한 것입니다. 정좌할 때에 이 2종의 병이 나타나는 것을 느끼자마자 狗子無佛性話를 들기만 하면 두 병은 힘을 들여서 제어하지 않아도 바로 물러납니다. 세월이 흐름에 따라서 힘이 들지 않는 것을 느낄 때가 바로 몸에 힘을 붙이는 때입니다. 또 靜中의 공부를 할 필요는 없습니다. 이것이야말로 공부입니다.〉

'昏沈'이란 범어 styāna를 漢譯한 것으로 '心氣가 가라앉아서 정신의 자유를 잃는 것'을 의미한다. 또, '掉擧'란 '마음이 붕 떠서 안정되지 못하는 것'을 말한다. 혼침과 도거를 좌선할 때의 대표적인 병으로 드는 것은 이전부터 있었던 것으로 大慧만에 한정된 것은 아니다. 大慧는 공안을 참구하는 것에 의해 혼침과 도거를 제거할 수 있다고 했던 것이다.

2) 疑의 유발

공안참구에 있어서는 우선 '공안에 대한 疑'를 낳는 것이 요구된다. 大疑가 없으면 大覺도 없다. 이 疑는 공안에 대한 疑이지, 사량심으로서의 의심은 아니다. 그러므로 공안에 대한 疑를 '疑團'이라고도 한다. 大慧는 다음과 같이 말한다.

千疑萬疑, 只是一疑. 話頭上疑破, 則千疑万疑一時破. 話頭不破, 則且就上面與之厮崖. 若棄了話頭, 却去別文字上起疑, 經教上起疑, 古人公案上起疑, 日用塵勞中起疑, 皆是邪魔眷屬.114)

---

113) 大正47, 922b

114) 『大慧書』 卷28 「答呂舍人」(大正47, 930a)

〈천만 가지의 의심은 단지 하나의 의심입니다. 화두에서 의심이 부서지면, 천만 가지의 의심도 일시에 부서집니다. 화두가 부서지지 않으면 우선 그 화두에 대해서 갈등하십시오. 만약 화두를 버리고 거꾸로 문자에서 의심을 일으키고, 경전에서 의심을 일으키고, 고인의 공안에서 의심을 일으키고, 일상의 세속사에서 의심을 일으키면 모두 악마의 무리입니다.〉

一了一切了, 一悟一切悟, 一證一切證. 如斬一結絲, 一斬一時斷. 證無邊法門亦然, 更無次第.115)
〈하나를 알면 일체를 알고, 하나를 깨달으면 일체를 깨닫고, 하나를 증득하면 일체를 증득합니다. 마치 한 다발의 실을 끊을 때에, 한 번 끊으면 다 끊기는 것과 같습니다. 한없는 법문을 증득하는 것도 그러해서 순서가 없습니다.〉

부처가 가르친 모든 법문은 공안을 부수기만 하면 일시에 모든 것이 해결된다. 따라서 하나의 공안에 대해서 의단을 일으켜서 그것을 부수기만 하면 된다. 大慧에는 공안 사이에 우열은 없었다고 생각된다. 어떤 공안이라도 하나의 공안을 부수면 다른 공안을 참구할 필요는 없다116).

그러나 大慧가 특히 애용한 것은 '竹篦子話'와 '無字公案'이었다. 그 외에도, 庭前柏樹子 · 乾屎橛 · 是箇甚麽 등의 공안을 권할 때도 있지만, 특히 애용한 것은 죽비자화와 無字公案이었다. 大慧가 이 두 개의

115) 『大慧書』 卷27 「答劉寶學」(大正47, 925 c)
116) 淸代 錢伊庵이 저술한 『宗範』 「徹參」에는 大慧의 看話禪에 대해서 다음과 같이 말하고 있다.
「眞如院方師參瑯琊, 惟看柏樹子話. 此卽單研一句話頭一則公案, 一悟一切悟樣式也. 傳至大慧杲, 極力主張參看一箇話頭……從此禪流, 無不參一箇話頭爲入門. 話頭不同, 以悟爲則. 但激發得疑情起處, 便是得力話頭. 麻三斤 · 乾屎橛 · 一歸何處 · 無字 · 誰字 · 父母未生前 · 死了燒了向甚麽處相見 · 無夢無想主人公在甚麽處, 皆可參得.」(卍續114冊, 575下)

공안을 애용한 것은 의단을 일으키기 쉬운 공안이었기 때문이라고 생각된다. 竹篦子話란 首山省念(926-993)이 처음으로 사용한 공안인데 그것은 다음과 같다. 1212

> 首山和尙拈竹篦示衆云, 汝等諸人, 若喚作竹篦則觸, 不喚作竹篦則背. 汝諸人且道, 喚作甚麽.117)
> 〈수산화상이 죽비를 들고 시중해서 말했다. "여러분. 이것을 죽비라고 해도 안 되고, 죽비라고 부르지 않아도 안 된다. 그렇다면 말해 보라. 뭐라고 부르는가?"〉

竹篦를 竹篦라고 해도 안 되고 竹篦를 竹篦라고 부르지 않아도 안 된다면, 이율배반이 된다. 수행자는 의단을 일으키지 않을 수 없다. "도대체 왜 '죽비'라고 해도 안 되고 '죽비라고 부르지 않아도 안 된다'고 하는 것일까?" 大慧는 죽비자화를 다음과 같이 사용하고 있다.

> 雲門尋常問學者, 喚作竹篦則觸, 不喚作竹篦則背. 不得下語, 不得無語. 十箇有五雙, 眼眨地.118)
> 〈나는 평소 승들에게 말하기를, "죽비라고 해도 안 되고, 죽비라고 부르지 않아도 안 된다. 말을 해도 안 되고, 말을 하지 않아도 안 된다." 그리하면 승들은 모두 어찌 할 줄을 모른다.〉

大慧는 더 심하다. "죽비라고 해도 안 되고, 죽비라고 하지 않아도 안 된다. 그렇다면 너희들은 무어라고 부르는가?"라는 大慧의 질문에 "대답해도 안 되고, 대답하지 않아도 안 된다"고 한다. 그렇다면 어떻게 하면 좋은가? 의단을 일으키지 않을 수 없다. 이 의단을 가지고 계

---

117) 『無門關』 第43則 「首山竹篦」(大正48, 298b)
118) 『大慧普說』 卷14 「黃德用請普說」(大正47, 869a)

속 참구하면 깨달을 때가 온다.

죽비자화와 마찬가지로 無字公案도 의단을 일으키기 쉽다. 無字公案은 원래 趙州從諗(778-897)에 유래하는 공안으로 다음과 같다.

> 問, 狗子還有佛性也無. 師云, 無.
> 〈어떤 승이 조주에게 물었다. "개에게는 불성이 있습니까?" 조주가 대답했다. "無."〉

『涅槃經』 이래 '모든 중생에게는 불성이 있다(一切衆生悉有佛性)'는 것이 상식이다. 그러나 조주는 '없다'고 답했다. 의단을 일으키지 않을 수 없다. 大慧가 가장 애용한 공안이 無字公案이므로 無字公案에 대해서는 후에 상론한다.

3) 易行道(省力處)

大慧 자신은 37세 때 「有句無句如藤倚樹」의 공안으로 깨달았음에도 불구하고, 46세 때에 16일의 짧은 기간에 13인을 看話禪에 의해 깨달음으로 인도하고 나서 마침내 看話禪으로 제자들을 지도하기 시작한다. 16일 동안에 13인이 깨달았다는 사실에서 알 수 있듯이, 看話禪은 大慧에 있어서는 가장 뛰어난 수행방법이었다. 그것뿐만이 아니라, 看話禪은 僧俗을 묻지 않고, 또 行住坐臥 언제, 어디서나 가능한 방법이었다. 그러므로 看話禪은 사대부불교가 성행했던 南宋의 사회상에 적합한 방법이기도 했다.

또 한편, 大慧는 '묵조선은 일종의 苦行이다'고 판단했다. 고행은 석가가 배척한 것이다. 따라서 大慧도 당연히 고행을 부정한다. 『四卷本普說』 卷2 「黃氏道恩請普說」에서 다음과 같이 말하고 있다.

山僧曾謂之曰, 你眞實要參妙喜禪, 放教自在. 但能持五戒足矣. 旣攝念在般若上, 則世間塵勞之念自輕. 不須勤苦太過……信知, 須修智慧, 不必專於苦行. 苦行但助道之法耳.119)
〈내가 일찍이 그에게 말하기를, "참으로 나의 禪에 참여하고 싶다면 자재하게 하라. 五戒만 지키면 된다. 반야에 뜻을 둔 이상은 세간번뇌는 저절로 가벼워진다. 지나치게 고행해서는 안 된다…… 지혜를 닦는 것이 중요하지 고행할 필요는 없다. 고행은 道를 돕는 법에 지나지 않는다.〉

반면, 看話禪은 易行道이다. 看話禪을 행하는 데는 힘을 들일 필요가 없다. 大慧는 다음과 같이 말한다.

此箇門中, 不容費力. 老漢常爲人說此話. 得力處乃是省力處. 省力處乃是得力處. 若起一念希望心求悟入處, 大似人在自家堂屋裏坐, 卻問他人覓住處無異.120)
〈이 문에는 힘들 들일 필요는 없습니다. 나는 언제나 사람들에게 "힘을 얻는 곳이 바로 힘을 더는 곳이다. 힘을 더는 곳이 힘을 얻는 곳이다" 고 말합니다. 만약 한순간이라도 희망심을 일으켜서 悟入處를 구하면, 마치 자기 방에 앉아서 다른 사람에게 "이 곳은 어디입니까?"하고 묻는 것과 같습니다.〉

이와 같이 看話禪은 결코 어려운 것이 아니다. 단지 全心全靈으로 공안을 참구하면 된다. 그리하면, 10일 정도에 깨달을 수 있다고 한다 (「居士試如此做工夫看. 只十餘日便自見得.」 大正47, 927 c).

---

119) 상게서, 436c
120) 『大慧書』 卷29 「答黃知縣」(大正47, 936 c)

3. 공안참구의 방법

이상으로 看話禪의 목표와 공안의 기능에 대해서 고찰하였다. 그런데 大慧를 看話禪의 확립자로서 특징짓는 것은 그가 공안을 참구하는 방법을 구체화시켰기 때문이기도 하다. 大慧는 그 방법을 다음과 같이 말한다.

> 僧問趙州, 狗子還有佛性也無. 州云, 無. 此一字子, 乃是摧許多惡知惡覺底器仗也. 不得作有無會. 不得作道理會. 不得向意根下思量卜度. 不得向揚眉瞬目處揬根. 不得向語路上作活計. 不得颺在無事甲裏. 不得向擧起處承當. 不得向文字中引證. 但向十二時中, 四威儀內, 時時提撕, 時時擧覺. 狗子還有佛性也無. 云, 無. 不離日用, 試如此做工夫看. 月十日, 便自見得也.121)
> 〈승이 조주에게 물었다. "개에게는 불성이 있습니까?" 조주, "無." 이 한字는 많은 惡知惡覺을 부수는 무기입니다. 有無의 無로서 이해해서는 안 됩니다. 도리를 지어서 이해해서는 안 됩니다. 意根으로 사량한다든지 도모해서는 안 됩니다. 눈썹을 움직인다든지 눈을 깜박거리는 곳에서 그쳐도 안 됩니다. 말 위에서 둘러대서도 안 됩니다. 無事의 껍질에 갇혀 있어도 안 됩니다. (고칙을) 제기하자마자 곧 받아들여서도 안 됩니다. 경전에서 인용한다든지 증명해서도 안 됩니다. 단지 하루 종일 행주좌와할 때에 항상 공부하십시오. "개에게 불성이 있습니까?" "無." 일상에서 떠나지 않고 시험 삼아 이와 같이 공부해 보십시오. 1개월은커녕, 10일 만에 알 수 있을 것입니다.〉

이상의 8개의 공안참구 방법은 '공안을 참구할 때에 범해서는 안 되는 오류'이지만, 한편에서는 大慧가 인식했던 당시의 邪禪이기도 했다. 비록 이 중의 몇 개는 이미 선림에서 말해지고 있었던 것이지만, 그것을 모아

---

121) 『大慧書』 卷26 「答富樞密」 第一書(大正47, 921c)

서 종합적으로 제시한 것은 大慧가 최초이다. 이상의 공안참구의 방법은 大慧 이후에도 이어져서, 예를 들면 無門慧開는 無字公案을 참구할 때 이 방법을 그대로 사용하고 있다[122]. 나아가 博山元來(1575－1630)는 『博山和尙參禪警語』에서 조동종의 승려임에도 불구하고 大慧의 참구방법을 그대로 이어받고 있다. 『博山和尙參禪警語』를 참고로 해서 大慧의 공안 참구의 방법을 하나하나 고찰해 보자.

① 不得作有無會

無字公案을 '개에게는 불성이 있다'라든가 '개에게는 불성이 없다'라고 이해해서는 안 된다. 조주가 말한 '無'는 有無의 無가 아니다. 大慧가 활동했던 南宋의 선림에서는 조주가 살았던 唐代와는 달리, 개의 불성의 유무는 관심의 대상이 아니었다. 문제는 자신의 불성이고 깨달음이었다. 또 大慧에 있어서는 有無에 집착하는 것은 兩邊에 떨어진 것이고, 有無는 四句百非의 하나에 지나지 않았다. 大慧가 有無의 견해를 버릴 것을 주장한 것은 이외에도 더 있다.

> 世間出世間法, 不得言一, 不得言二. 不得言有, 不得言無. 一二有無, 於光明藏中, 亦謂之毒藥, 亦謂之醍醐. 醍醐毒藥本無自性. 作一二有無之見者, 對病醫方耳.[123]
>
> 〈세간법과 출세간법은 같다고 해도 안 되고, 같지 않다고 해도 안 된다. 또, 有라고 해도 안 되고 無라고 해도 안 된다. 一二有無는 佛性에 있어서는 독약이라고도 하고, 醍醐라고도 한다. 醍醐와 독약은 원래 自性이 없다. 一二有無의 견해를 이루는 것은 병에 대한 처방에 지나지 않는다.〉

---

122) "只如僧問趙州, 狗子還有佛性也無. 州云, 無. 且道, 古人意作麽生. 便好向者裏, 起箇疑團, 參箇無字. 不得向擧起處承當. 不得向意根下卜度. 不得作有無之無. 不得作無無之無."(『無門慧開禪師語錄』, 卍續120冊, 518下)

123) 『大慧法語』 卷21 「示鄂守熊祠部」(大正47, 898c)

永嘉云, 亦無人亦無佛. 大千沙界海中漚. 一切聖賢如電拂. 此老若不到這箇田地, 如何說得出來. 此語錯會者甚多. 苟未徹根源, 不免依語生解, 便道一切皆無,…… 故, 先聖苦口丁寧, 令離四句, 絶百非, 直下一刀兩段, 更不念後思前, 坐斷千聖頂. 四句者, 乃有 · 無 · 非有非無 · 亦有亦無, 是也.[124)]
〈영가현각은 "사람도 없고 佛도 없다. 세계는 바다 속의 거품과 같은 것. 일체의 성현은 번개가 번쩍이는 것과 같다"고 말했습니다. 영가가 이러한 경지에 이르지 않았더라면, 어떻게 말할 수 있었겠습니까? 이 말을 오해하고 있는 사람이 많이 있습니다. 만약 근원을 깨닫지 못했다면, 말에 집착하고 이해해서 '일체는 전부 無이다'고 합니다…… 그러므로 先聖은 老婆心切하여 四句와 百非를 떠나 바로 一刀兩斷해서 前後도 생각지 않고 역대 성인의 정수리를 부수었습니다. 四句란 有 · 無 · 非有非無 · 亦有亦無가 그것입니다.〉

② 不得作道理會

『博山和尙參禪警語』에서는 다음과 같이 설명하고 있다.

做工夫, 不得作道理會. 但硬硬參去, 始發得起疑情. 若作道理會, 豈但打不徹自己事, 連疑情亦發不起. 如人云, 器中盛底是何物. 實不是彼所指底物. 彼以非爲是, 便不能發疑. 又不但不起疑, 卽以彼物爲此物, 以此物爲彼物, 如此謬解. 若不開器親見一回, 則終其身而不可辨也.[125)]
〈참구할 때에는 도리를 지어서 이해해서는 안 된다. 단지 끊임없이 참구해야 비로소 疑情이 생길 수 있다. 만약 도리를 지어서 이해하면 이 일을 깨닫지 못할 뿐만 아니라 疑情조차 생길 수 없다. 마치 어떤 사람이 "이 그릇 속에 있는 것은 무엇 무엇이다"고 하지만, 실제로 그 안에 있는 것은 그것이 아니다. 그는 잘못 추측하고서는 그 이상 의심하지 않는다. 의심하지 않을 뿐만이 아니라 다른 물건을 그것이라고 오해하고 있다. 만약 뚜껑을 열어서 직접 보지 않으면 죽을 때까지 알 수 없다.〉

---

124) 『大慧書』 卷27 「答張提刑」(大正47, 928a)
125) 『博山和尙參禪警語』 「示初心做工夫警語」(卍續112冊, 954上)

여기에서 보면 '不得作道理會'란 '공안에 대해서 멋대로 추측해서 그 이상 의심하지 않는 태도'를 가리키고 있다고 생각된다. 疑團이 없으면 깨달음도 있을 수 없다.

③ 不得向意根下思量卜度

『博山和尙參禪警語』에서는 다음과 같이 설명하고 있다.

做工夫, 不得向意根下卜度思惟……思惟卜度四箇字, 障正信, 障正行, 兼障道眼. 學者於彼如生冤家相似, 乃可耳.126)
〈참구에 있어서, 의식으로 사량한다든지 사유해서는 안 된다……思惟卜度의 4문자는 正信과 正行을 방해하고, 또 道眼을 방해한다. 수행자는 그것을 원수처럼 여겨야만 한다.〉

④ 不得向揚眉瞬目處揬根

揚眉瞬目이란 물음에 대해서 말로 답하지 않고 '눈썹을 움직인다든지 눈을 깜박거리는 동작'으로 보이는 것이다. 예를 들면 다음과 같은 것이다.

有問西來意, 答云, 當觀密作用. 云, 如何是密作用. 以目開合示之.127)
〈어떤 승이 달마가 인도에서 온 까닭을 묻자, 師가 대답했다. "비밀스런 작용을 보이지 않으면 안 된다." 승, "무엇이 비밀스런 작용입니까?" 그러자 師는 눈을 깜박여 보였다.〉

이와 같이 '勢'로서 보이는 풍조는 唐宋 이래로 유행했지만, "佛法은 언어문자에 있는 것이 아니라 모든 동작이 佛法의 나타남에 다름

126) 上揭書, 954下
127) 『景德傳燈錄』「嵩嶽慧安國師條」(大正51, 231c)

아니다"고 하는 의미를 나타내고 있다. 이러한 풍조에 대해서 大慧는 다음과 같이 비판하고 있다.

或者謂, 一切語言總不干事. 凡擧覺時, 先大瞠却眼. 如小兒患天弔, 見神見鬼一般. 只於瞠眉努眼處領略.128)
〈어떤 사람은 "모든 언어는 이 일과는 관계가 없다"고 하고, 스승이 공안을 제시하자마자 눈을 부릅뜬다. 그것은 마치 어린애가 天弔를 앓아서 귀신이 보이는 것과 같은 것이다. 단지 눈썹을 치켜뜨고 눈을 부릅뜨는 곳에서 이해한다.〉

⑤ 不得向語路上作活計

고인이 말한 奇言妙句나 공안에 대해서 내린 代語, 別語 중에서 해답을 구해서는 안 된다. 또 당시에 유행하고 있었던 頌古나 評唱의 풍조를 경계한 것이라고도 생각된다. 『大慧書』 卷30 「答張舍人狀元」에서는 이러한 풍조에 대해서 다음과 같이 비판하고 있다.

或以古人入道因緣, 聚頭商量云, 這裏是虛, 那裏是實, 這語玄, 那語妙, 或代, 或別, 爲禪者.129)
〈또는 고인이 도를 깨달은 인연에 대해서 의론하여 "이것은 虛이고 저것은 實이다" "이 말은 玄이고 저 말은 妙이다"고 평가를 내리고, 또 代語・別語를 말해서 그것을 禪으로 삼는 자.〉

⑥ 不得颺在無事甲裏

『博山和尙參禪警語』에서는 다음과 같이 설명하고 있다.

---

128) 『大慧普說』 卷13 「黃德用請普說」(大正47, 867 c －868a)
129) 大正47, 941 b － c

做工夫, 不可作無事會. 但憤然要明此理. 若作無事會, 一生祇是箇無事人, 衣線下一件大事終是不了. 如人覓失物相似. 若覓著始了. 若覓不著, 便置在無事甲裏, 無有覓意. 縱然失物現前, 亦當面錯過. 蓋無覓物意耳.[130)]
〈참구에 있어서 無事의 이해를 해서는 안 된다. 열심히 이 이치를 깨달으려고 하면 된다. 만약 無事라는 이해를 하면, 일생 단지 無事人이 될 뿐이 일을 깨달을 수 없다. 마치 잃어버린 물건을 찾는 사람과 같아야 한다. 찾으려고 하면 얻을 수 있다. 그러나 만약 찾지 않으면 無事에 안주해서 찾으려는 의지가 없다. 나중에 잃어버린 물건을 발견해도 눈치 채지 못한다. 그것은 찾으려는 의지가 없기 때문이다.〉

깨달음은 잃어버린 물건과 같다. 단지, 현재의 無事의 상황에 만족해서 깨달음이 필요 없다고 생각하고 구하지 않으면, 깨달음은 영원히 얻을 수 없다. '不得颺在無事甲裏'는 현실에 만족해서 향상(깨달음, 공안타파)을 지향하지 않는 태도를 가리키고 있다.

⑦ 不得向擧起處承當

『博山和尙參禪警語』에서는 다음과 같이 말하고 있다.

做工夫, 不得向擧起處承當……只須發起疑情打敎徹, 無承當處. 亦無承當者, 如空中樓閣, 七通八達.[131)]
〈참구에 있어서는, 공안을 제기하자마자 '알았다'고 해서는 안 된다…… 반드시 疑團을 내어서 참구해야지 承當處가 있어서는 안 된다. '承當이 없다'고 하는 것은 공중의 누각과 같이 사방에 통한다.〉

여기서 承當이란 "기존의 선입관 · 지식으로 공안을 제기하자마자 '알았다'고 해서 더 이상 의심하지 않는 태도"를 가리키고 있다고 생

130) 上揭書, 954上
131) 上揭書, 954下

각된다.

⑧ 不得向文字中引證

경전 가운데서 증거가 될 만한 구절을 찾아내서 증명해서는 안 된다.

이상으로 8개의 공안참구의 방법에 대해서 고찰해 보았지만, 一見해도 알 수 있듯이 8개의 참구방법은 '∼해서는 안 된다'고 하는 부정의 표현으로 되어 있다. 이와 같이 大慧는 공안참구에 있어서의 오류를 지적할 뿐으로 대안을 제시하고는 있지 않다. 단지 공안에 대해서 최후까지 참구할 것을 권할 뿐이다. 이와 같은 방식은 수행자를 곤란에 빠뜨린다. 따라서 당시에 공안을 참구하는 사람들 중에는 "空에 떨어지는 것은 아닌가?" 하고 걱정하는 사람들이 많았던 듯하다. 그러나 大慧에 있어서는 그와 같이 불안을 느끼고 어찌할 수가 없을 때야말로 好處이고 깨닫기 직전의 모습이었다. 『大慧書』 卷30 「答張舍人狀元」에서 大慧는 다음과 같이 말한다.

> 直得無所用心, 心無所之時, 莫怕落空. 這裏却是好處. 驀然老鼠入牛角, 便見倒斷也.[132]
> 〈마음을 쓸 곳이 없어지고 마음이 갈 장소가 없어졌을 때 "空에 떨어지는 것은 아닌가?" 하고 걱정해서는 안 됩니다. 그곳이 도리어 좋은 곳입니다. 마치 쥐가 소뿔에 들어가면 길이 없는 것을 알아차리는 것과 같습니다.〉

---

132) 大正47, 941 b

제2절 無字公案의 역사

1. 無字公案의 등장

현재 선림에서 사용되고 있는 無字公案('狗子無佛性話'라고도 한다)은 다음과 같다.

> 僧問, 狗子還有佛性也無. 趙州云, 無.

그러나 원래의 無字公案은 이와 같이 간단한 것이 아니었다. 無字公案이 최초로 등장하는 문헌은 『古尊宿語錄』 권13 所收의 「趙州語錄」이다. 「趙州語錄」은 1131년 重刊으로 趙州從諗(778-897)의 死後 230년 후의 것이다. 「趙州語錄」에 나오는 無字公案은 다음과 같다.

> 問, 狗子還有佛性也無. 師云, 無. 學云, 上至諸佛下至螘子, 皆有佛性, 狗子爲什麽無. 師云, 爲伊有業識性在.133)
> 〈(어떤 수행자가 조주에게) 물었다, "개에게는 불성이 있습니까?" 師가 말하기를, "없다." 수행자가 말하기를, "위로는 諸佛에 이르기까지 아래로는 개미에 이르기까지 모두 불성이 있는데, 어째서 개에게는 없는 것입니까?" 師가 말하기를, "개에게는 業識性이 있기 때문이다."〉

「趙州語錄」에 나오는 無字公案은 이와 같이 이론적인 불성에 관한 문답이었다134). 이 외에도 「趙州語錄」에는 "問, 狗子還有佛性也無. 師

---

133) 『趙州語錄』(卍續118冊, 314上)
134) 이 외에도 『趙州語錄』에는 '柏樹子의 佛性의 有無'에 관한 문답도 존재한다. "僧問趙州, 柏樹子還有佛性也無. 州云, 有. 僧云, 幾時成佛. 州云, 待虛空落池. 僧云, 虛空幾時落地. 州云, 待柏樹子成佛."(『古尊宿語錄』 卷

云, 家家門前通長安."(卍續118冊, 324上)의 문답도 존재한다.135)

한편, 無字公案에는 조주가 '無'라고 대답한 문답 이외에도 '有'라고 대답한 문답도 존재하는데 그것이 최초로 등장하는 문헌은 宏智正覺(1091－1157)의 『宏智廣錄』(1132年頃刊)이다. 『宏智廣錄』의 無字公案을 들면 다음과 같다.

> 復擧. 僧問趙州, 狗子還有佛性也無. 州云, 有. 僧云, 爲甚撞入者箇皮袋. 州云, 爲他知而故犯. 又僧問, 狗子還有佛性也無. 州云, 無. 僧云, 一切衆生皆有佛性, 爲甚狗子卻無. 州云, 爲他有業識在.136)
> 〈또 들었다. 어떤 승이 조주에게 물었다, "개에게는 불성이 있습니까?" 조주, "있다." 승, "그렇다면 어째서 개가 되었던 것입니까?" 조주, "알고 있으면서 일부러 개가 되었던 것이다." 또 승이 물었다, "개에게는 불성이 있습니까?" 조주, "없다." 승, "위로는 諸佛에 이르기까지 아래로는 개미에 이르기까지 모두 불성이 있는데, 어째서 개에는 없는 것입니까?" 조주, "개에게는 업식이 있기 때문이다."〉

---

13 『趙州語錄』, 卍續118冊, 321下)

135) 그런데 『黃檗斷際禪師宛陵錄』과 『五家宗旨纂要』에는 다음의 기록이 있다. "若是箇丈夫漢, 看箇公案. 僧問趙州, 狗子還有佛性也無. 州云, 無. 但去二六時中, 看箇無字. 晝參夜參, 行住坐臥, 著衣吃飯處, 阿屎放尿處, 心心相顧, 猛著精彩, 守箇無字. 日久月深打成一片, 忽然心花頓發, 悟佛祖之機, 便不被天下老和尙舌頭瞞."(『宛陵錄』, 大正48, 387 b)
"汾陽十八問……(故問問)一切衆生皆有佛性, 爲甚狗子卻無. 設爲一故而問也."(『五家宗旨纂要』, 卍續114冊, 524下)
『宛陵錄』의 無字公案에 관한 기술은 明藏本에만 있어서 아마도 송대 이후에 부가된 듯이 보인다. 또, 『五家宗旨纂要』(1657年刊)에서는 無字公案이 汾陽善昭(947－1024)의 「汾陽十八問」의 하나로서 들어지지만, 『人天眼目』(1188年刊)에는 같은 부분이 "(故) 問首山, 一切衆生皆有佛性, 爲甚麼不識. 山云, 識."으로 되어 있기 때문에 『五家宗旨纂要』의 기록은 후대에 改撰된 것이라고 생각된다. 결과적으로, 『宛陵錄』과 『五家宗旨纂要』의 기술은 후대의 부가라고 생각된다.

136) 『宏智廣錄』(大正48, 17 b)

이 외에도 眞歇淸了(1088-1151)의 『信心銘拈古』(1158年頃刊)에도 『宏智廣錄』과 같은 내용의 無字公案이 등장하고[137], 萬松行秀(1166-1246)가 『宏智頌古』를 제창한 『從容錄』(1223年頃刊)에도 본칙의 하나로 들어지고 있다. 또, 『續傳燈錄』「南堂元靜禪師條」에는 "祖(五祖法演)便以卽心卽佛・非心非佛・睦州擔板漢・南泉斬猫兒・趙州狗子無佛性有佛性之語, 編辟之. 其所對, 了無凝滯"(大正51, 638a)의 기록이 있으므로 송대 이후에 有字의 문답이 등장한다고 하는 것이 타당하다고 생각된다.[138] 이상에서 보면, 有字의 문답은 조주가 시적하고 나서 200년 이상 지난 굉지의 시대에 처음으로 등장하고, 또 무자공안은 有字의 문답이 더해지면 너무나도 잘 갖추어진 구성이 되므로, 有字의 문답이 조주

137) 「只如僧問趙州, 狗子還有佛性也無. 州云, 有. 僧云, 既有爲什麽撞入這皮袋. 州云, 爲伊知而故犯. 又僧問, 狗子還有佛性也無. 州云, 無. 僧云, 一切衆生皆有佛性, 狗子爲什麽無. 州云, 爲伊有業識在.」(卍續124册, 653下)

138) 「無字のあとさき」와 「狗子無佛性の話を巡って」에서 柳田聖山과 平野宗淨은 韓國의 『禪門拈頌集』(1226年刊)에 기록되어 있는 廣靈希祖(北宋中期)의 上堂을 들어서, "有字의 문답은 修山主의 생존연대인 900년 전후에는 이미 존재했다"고 주장한다. 그러나 필자가 보는 한 그 주장에는 문제가 있다. 『禪門拈頌集』의 해당부분을 보자.

〈本則〉趙州因僧問, 狗子還有佛性也無. 師云, 有. 僧云, 既有爲什麽却撞入者个皮袋. 師云, 爲他知而故犯. 又有僧問, 狗子還有佛性也無. 師云, 無. 僧云, 一切衆生皆有佛性, 狗子爲什麽却無. 師云, 爲伊有業識在.

〈廣希靈祖의 上堂〉廣靈祖上堂擧此話, 至有業識在. 師云, 此箇公案叢林批判甚多. 或云, 狗子討甚佛性, 問者無佛性. 或云, 是冷語對伊. 或乃, 展開兩手. 又有僧問修山主, 狗子還有佛性也無. 主云, 有. 至知而故犯. 大衆問, 既一般, 趙州爲甚答無, 山主爲甚答有.(『韓國佛敎全書』 卷5, pp347中-348上)

柳田聖山과 平野宗淨은 승과 수산주의 문답을 '至知而故犯'까지로 하고 있지만, 필자가 볼 때 이 부분은 慧諶의 삽입이고, 修山主의 문답은 「有僧問修山主, 狗子還有佛性也無. 主云, 有.」가 전부이다. '至'가 소문자로 되어 있는 것 등에서 보면, '至知而故犯'은 앞의 '至有業識在'과 마찬가지로 본칙의 내용을 가리키고 있다고 보는 것이 타당할 것이다. 唐代에는 개의 불성의 有無를 질문받고 '有'라고 답한 예가 이 외에도 있다.

의 眞說인가는 의심된다. 나아가 有字의 문답은 조동종계통에만 보이는 것이다. 그것은 無字公案이 등장하는 공안집과 燈史를 조사해 보면 곧 알 수 있다. 공안집과 등사를 연대순으로 나열하여, 無字의 문답과 有字의 문답이 게재되어 있는가를 조사해 보면 다음과 같다.

公案集 및 燈史	有字의 문답	無字의 문답
『宏智頌古』(1132年頃)	○	○
『東林和尙雲門庵主頌古』(1133)	×	○
『正法眼藏』(1147)	×	○
『聯燈會要』(1183)	×	○
『嘉泰普燈錄』(1204)	×	○
『從容錄』(1223年頃)	○	○
『無門關』(1249年頃)	×	○
『五燈會元』(1252)	×	○

이 조사에서 다음의 사실을 알 수 있다.

① 有字의 문답은 조주가 시적하고 나서 200년 이상 지난 『宏智頌古』에 이르러서 처음으로 나타난다.

② 有字의 문답은 모두가 조동종의 문헌에만 실려 있다.

③ 有字의 문답은 燈史에는 실려 있지 않으므로 정통으로서 인정받지 못하였다.

④ 有字의 문답은 항상 無字의 문답과 세트로 되어 기록되고 단독으로는 쓰이지 않는다. 따라서 후대에 부가되었을 가능성이 있다.

⑤ 無字의 문답은 大慧 이전의 공안집과 등사에는 기록되어 있지 않고, 大慧 이후 집중적으로 나타난다. 한편 無字公案에 대한 拈古와 頌古도 상당수 존재하지만, 그중에서 有字와 無字의 문답을 모두 제창하고 있는 사람은 다음과 같다.

智海本逸(宋代, 雲門宗) · 円通法秀(1027－1090, 雲門宗) · 本覺守一(宋代, 雲門宗) · 翠巖守芝(？－1056, 臨濟宗) · 普融平(宋代, 臨濟宗)

이상의 조사에서 결론적으로 다음을 말할 수 있다.

① 有字의 문답은 북송 이후에 처음으로 나타나고, 주로 조동종 · 운문종에서 사용되었다. 나아가, 『宏智廣錄』, 『從容錄』, 『眞歇淸了語錄』 등의 有字, 無字의 문답이 세트로 되어있는 문헌에는 항상 有字의 문답이 먼저 나온다. 따라서 有字의 문답을 중요시하고 있다고도 생각된다. 즉 임제종 양기파를 중심으로 해서 無字公案의 '無'字가 강조되는 움직임에 대해서 조동종 등에서 有字의 문답을 만들어내었을 가능성이 크다고 생각된다.

② 無字의 문답은 五祖法演 이후에 본격적으로 참구되었지만, 『雪竇頌古』(1026), 『碧巖錄』(1125), 『天聖廣燈錄』(1036), 『建中靖國續燈錄』(1101) 등의 등사에 기록되지 않은 것을 보면, 대혜 이전에는 별로 주목받지 못했다고 생각된다. 이것은 선림에서의 大慧의 영향력을 증명하는 것이기도 하다.

2. 無字公案의 배경

일찍이 平野宗淨은 「狗子無佛性の話を巡って」에서 無字公案을 다음과 같이 해석하고 있다.

無字公案에서 승이 "개에게는 불성이 있습니까?"라고 물은 것은 당시의 승들이 가장 두려워하고 있었던 것이 윤회이고, 따라서 만약 개에게도 불성이 있다면 내생에 윤회해서 개로 태어나도 아직 성불가능성이 있는 것이 된다. 그러나 이에 대해서 조주가 "없다"고 답한 것은 그러한 승의 안이한 태도를 물리친 것이고, 개는 전생의 업에 의해 개로 되었으므로 '불성은 없다'고 했던 것이다. 반면, '있다'고 답했을 때에 "알고 있으면서 일부러 개가 되었던 것이다"고 한 것은, 윤회를 두려워하지 않고 일부러 동물로 다시 태어난 異類中行[139]의 예이다.[140]

平野의 주장은 타당한 것으로, 조주가 '없다'고 했을 때에 승이 의문을 가지는 것은 당연한 것이다.

無字公案의 발생은 隋, 唐代에 행해진 佛性論爭이 그 배경에 있다고 생각된다. 佛性論爭은 원래 『涅槃經』의 해석을 둘러싸고 인도에서 발생한 것이지만, 『涅槃經』이 중국에 전해지는 것에 의해 '闡提成佛'을 주장하는 측과 '一分無性'을 주장하는 측 사이에 논쟁이 펼쳐졌다. 특히, 唐代에 있어서는 靈潤 · 法寶(闡提成佛)와 神泰 · 慧沼(一分無性) 사이에 격한 논쟁이 행해졌다.

선종에 있어서도 불성에의 관심이 증가하여 특히 南陽慧忠(? - 775)의 문답 중에는 불성에 관한 商量이 많다. 예를 들면, 『景德傳燈錄』 卷28 「南陽慧忠國師條」에는 다음과 같은 문답이 있다.

> 僧又問, 阿那箇是佛心. 師曰, 牆壁瓦礫是. 僧曰, 與經大相違也. 涅槃云, 離牆壁無情之物, 故名佛性. 今云, 是佛心, 未審心之與性爲別不別. 師曰, 迷卽別悟卽不別……若執無情無佛性者, 經不應言三界唯心. 宛是汝自違經. 吾不違也. 問, 無情旣有心性, 還解說法否. 師曰, 他熾然常說, 無有間歇.[141]

---

139) 平野는 조주종심의 스승인 南泉普願의 일화 중 「水牯牛」와 「南泉斬猫」의 공안, 또 같은 마조도일의 법사인 百丈懷海의 「百丈野狐」의 공안이 전부 異類中行과 관계있는 공안이라고 한다.

140) 平野宗淨(1983)에서의 取意.

141) 大正51, 438a

〈승이 또 물었다. "佛心이란 무엇입니까?" 師가 대답했다. "벽과 기와가 그것이다." 승이 말했다. "경전과는 다르군요. 열반경에는 '벽과 같은 無情物을 떠나므로 불성이라고 이름한다'고 하고 있는데, 화상은 그것을 佛心이라고 하니 도대체 心과 性은 같은 것입니까, 다른 것입니까?" 師가 말했다. "미혹하면 다르고 깨달으면 같다…… 만약 無情에는 불성이 없다고 집착하면 경전에 '三界唯心'이라고 말할 리가 없다. 네가 경전을 모를 뿐 내가 경전에 어긋난 것이 아니다." 승, "무정에 불성이 있다면 설법할 수도 있습니까?" 師, "항상 설법해서 그친 적이 없다."〉

이것은 소위 '草木成佛'을 주장하는 장면이다. 초목성불은 '衆生(有情)이 아닌 草木・벽・기와 등의 무정에도 불성이 있다'는 설로, 인도에는 없는 중국 고유의 설이다. 초목성불설이 최초로 등장하는 것은 三論宗의 吉藏(549-623)으로 唐代에는 天台, 華嚴, 禪 등이 각자의 입장에서 초목성불설을 전개했다. 특히, 天台6祖 湛然(711-782)은 『金剛錍論』을 저술하여 큰 영향을 주었다고 전해진다. 선종에서는 南陽慧忠이 최초이다.

불성에 대한 관심이 증가하는 데 따라서 때로는 문답이 패턴화되는 경향도 나타났는데 예를 들면 다음과 같은 것이다.

師承命迴嶽. 造于石頭. 問, 如何是佛. 石頭曰, 汝無佛性. 曰, 蠢動含靈又作麽生. 石頭曰, 蠢動含靈卻有佛性. 曰, 慧朗爲什麽卻無. 石頭曰, 爲汝不肯承當. 師於言下信入.142)

〈師는 명령을 받들어 산을 돌아서 석두에 이르렀다. 師가 석두에게 물었다. "佛이란 무엇입니까?" 석두, "너에게는 불성이 없다." 師, "벌레들은 어떻습니까?" 석두, "벌레에게는 불성이 있다." 師, "저에게는 어째서 없는 것입니까?" 석두, "너는 받아들이려고 하지 않기 때문이다." 師는

---

142) 『景德傳燈錄』 卷14 「招提慧朗禪師條」(大正51, 311 b)

곧 깨달았다.〉

問, 如何是佛性. 師曰, 汝無佛性. 曰, 蠢動含靈皆有佛性, 學人爲何卻無. 師曰, 爲汝向外求.143)
〈어떤 승이 물었다. "불성이란 무엇입니까?" 사, "너에게는 불성이 없다." 승, "모든 중생에게 불성이 있다고 하였는데, 어째서 저에게는 없는 것입니까?" 사, "너는 밖에서 구하기 때문이다."〉

여기서는 "佛이란 무엇입니까?"라는 질문에 "자신에게 본래부터 갖추어져 있는 불성을 믿지 않기 때문에 너에게는 불성이 없다"라고 답하고, 본래성불에 대한 信을 강조하고 있다. 즉 卽心卽佛을 믿으면 불성이 있는 것으로 되고, 믿지 않으면 불성이 없는 것과 같다.

한편, 동물도 중생에 속하므로 '一切衆生悉有佛性'의 논리에 의하면 동물에도 당연히 불성이 있다. 唐代에는 동물의 불성에 관한 문답도 상당수 존재하는데, 예를 들면 다음과 같은 것이다.

Ⓐ 崔相公入寺, 見鳥雀於佛頭上放糞. 乃問師曰, 鳥雀還有佛性也無. 師云, 有. 崔云, 爲什麽向佛頭上放糞. 師云, 是. 伊爲什麽不向鷂子頭上放.144)
〈최상공이 절에 들어가자, 새가 불상머리에 똥을 누는 것이 보였다. 그래서 師에게 물었다. "새에게는 불성이 있습니까?" 師, "있다." 최상공, "그렇다면 어째서 불상머리에 똥을 누는 것입니까?" 師, "과연. 어째서 독수리 머리에 똥을 누지 않는 걸까?"〉

Ⓑ 又問, 蚯蚓斷爲兩段, 兩頭俱動. 佛性在阿那頭. 師云, 動與不動是何境界. 云, 言不干典, 非智者所談. 只如和尙言, 動與不動是何境界, 出自何經. 師曰, 灼然. 言不干典, 非智者所談. 大德豈不見. 首楞嚴經云, 當知十方無

143) 『景德傳燈錄』 卷19 「普通山普明禪師條」(大正51, 359 c)
144) 『景德傳燈錄』 卷7 「東寺如會禪師條」(大正51, 255 b－c)

邊不動虛空, 幷其動搖地水火風, 均名六大, 性眞圓融, 皆如來藏, 本無生滅.[145]

〈(어떤 승이) 또 물었다. "지렁이를 둘로 자르면 양쪽 모두 움직입니다. 그렇다면 불성은 어느 쪽에 있습니까?" 사, "動과 不動은 어떠한 경계인가?" 승, "경전에 나오지 않는 말을 知者가 해서는 안 됩니다. 화상이 말씀하신 '動과 不動은 어떠한 경계인가?'라는 것은 어느 경에 나오는 말입니까?" 사, "그렇다. 경전에 나오지 않는 말을 知者가 입에 담아서는 안 된다. 그러나 읽은 적이 없는가?" 『首楞嚴經』에는 이렇게 말하고 있다, "十方의 광대한 不動의 허공과 동요하는 地水火風을 합해서 '六大'라고 하는데, 그 性은 眞이고 원융하다. 모두 여래장의 나타남이니 본래부터 생멸이 없다"라고.〉

Ⓑ의 문답은 『般若經』에 기초해서 질문하는 교학승과 "動與不動是何境界"라고 선적으로 답한 長沙景岑과의 문답으로, 승이 "言不干典, 非智者所談."고 반론한 것은 장사경잠의 선적인 대답에 대한 항의라고도 할 수 있을 것이다. 어쨌든 불성의 문제에 대한 교종과 선종 간의 차이를 볼 수가 있다.

위의 두 개의 문답은 새와 지렁이의 불성에 관한 문답이지만, 역시 동물의 불성에 관한 문답의 대부분은 개의 불성에 관한 것이다. 왜 많은 동물 중에서도 하필이면 개의 불성에 관심이 많은 것일까? 그 이유는, 중국에서 개는 가장 친근한 존재이면서 가장 천한 존재로 여겨졌기 때문일 것이다. 때때로 선문답 속에서 개가 잘 두드려 맞는 것도 그 때문이다.[146]

145) 『景德傳燈錄』 卷10 「長沙景岑禪師條」(大正51, 274c)

146) 예를 들면 다음과 같은 문답이다.

① 因見狗子, 乃打一下云, 你爲什麼咬這露柱. 代但以脚趯. 狗子便去.(『古尊宿語錄』 卷17 「雲門匡眞禪師廣錄」, 卍續118冊, 370下)

② 僧入室次, 狗子在室中. 師叱一聲, 狗子便出去. 師曰, 狗卻會, 你卻不會.

개의 불성의 유무를 묻는 문답은 無字公案 이외에도 상당수 존재하는데, 예를 들면 다음과 같다.

Ⓐ 有僧到大潙. 師指面前狗子云, 明明个, 明明个. 僧便問, 師旣明明个, 爲什摩却頭在裏許. 師云, 有什麽罪過. 有人擧似靈峰. 靈峰云, 潙山是古佛也.147)
〈어떤 승이 위산에 이르렀다. 그러자, 사가 면전의 개를 가리켜서 말했다, "명백하구나, 명백하구나." 승, "명백하다면 어째서 개로 되었단 말입니까?" 사, "무슨 죄가 있겠는가?" 어떤 사람이 이 이야기를 영봉에게 하자 영봉이 말했다, "위산은 古佛이다."〉

Ⓑ 問, 狗子還有佛性否. 師云, 有. 僧云, 和尙還有否. 師云, 我無. 僧云, 一切衆生皆有佛性, 和尙因何獨無. 師云, 我非一切衆生. 僧云, 旣非衆生, 是佛否. 師云, 不是佛. 僧云, 究竟是何物. 師云, 亦不是物. 僧云, 可見可思否. 師云, 思之不及, 議之不得. 故云, 不可思議148)
〈어떤 승이 물었다. "개에게는 불성이 있습니까?" 사, "있다." 승, "화상에게는 있습니까?" 사, "없다." 승, "일체의 중생에는 불성이 있다고 했는데, 어째서 화상에게는 없는 것입니까?" 사, "나는 일체 중생이 아니기 때문이다." 승, "중생이 아니라면 佛이겠네요." 사, "佛도 아니다." 승, "그렇다면 결국 어떠한 물건입니까?" 사, "물건도 아니다." 승, "볼 수도 있고, 생각할 수도 있습니까?" 사, "사유도 미칠 수 없고 의론해도 알 수 없다. 그러므로 불가사의라고 하는 것이다."〉

(『御選語錄』 卷18 「玉泉承皓禪師條」, 卍續119冊, 719下)

③ 王擧. 昔日黃龍心, 與夏公立譚肇論, 論會情與無情共一體. 時有狗子臥香爐下, 龍拈尺擊狗子. 又擊香爐云, 狗子有情則去. 香爐無情自住. 情與無情, 如何成一體. 公立不能對.(『御選語錄』 「黃龍祖心禪師條」, 卍續 119冊, 436上)

147) 『祖堂集』 卷17 「福州西院和尙條」(中文出版社, 316上)

148) 『景德傳燈錄』 卷7 「興善惟寬禪師條」(大正51, 255a)

Ⓒ 問, 狗子有什麽罪過, 作者模樣. 師云, 打鐵錮鎔取口好.149)
〈어떤 승이 물었다. "개는 어떤 죄가 있기에 개로 태어난 것입니까?" 사, "철로 너의 입을 봉해버리는 것이 좋다."〉

Ⓓ 常侍問一僧云, 一切衆生還有佛性也無. 僧曰, 盡有. 常侍指壁間畵狗子云, 者個還有也無. 僧無對. 常侍自代云, 看咬著.150)
〈왕상시가 어떤 승에게 물었다. "중생에게는 모두 불성이 있습니까?" 승, "모두 있습니다." 그러자, 벽에 그려져 있는 개를 가리켜서 말했다. "이것에도 불성이 있습니까?" 승은 대답하지 못했다. 상시가 대신해서 말하기를, "보라. 물고 말았다."〉

여기서는 "개에게 불성이 있습니까?"라는 질문에 조주처럼 "없다"고 답한 것은 없고, 대부분이 "있다"고 답하고 있다. '一切衆生悉有佛性'이기 때문에 당연한 것이다. 그렇지만, Ⓐ-Ⓓ의 문답 중 개의 불성이 주제가 되는 것은 Ⓐ밖에 없고 나머지는 개의 불성에 대해 논하는 것을 무익한 것으로 간주하고, 인간의 불성에 관한 의론으로 되어 버린다. 예를 들면, Ⓑ에서는 興善惟寬이 "我非一切衆生, 不是佛, 不是物"고 답한 것은 스승인 마조도일의 "不是心不是佛不是物"를 이은 것이지만, '佛도 아니고 物도 아니고, 생각할 수도 없고 볼 수도 없는 존재'란 결국 불성에 다름 아니다. Ⓒ에서는 개의 불성에 대해 묻는 질문 그 자체가 잘못으로서 취급된다. 이와 같이 선에 있어서는 결국 개의 불성이 문제가 되는 것이 아니라 인간이 문제가 된다. 心卽佛인 것을 믿으면 그것이 佛이고, 믿지 않으면 중생으로 될 뿐 불성의 유무를 물을 필요는 없다.

이상으로 불성에 관한 문답을 들었지만, 그 특징을 들면 다음과 같다.

---

149) 『雪峰禪師語錄』(卍續119冊, 957上)
150) 『大光明藏』 卷中 「王常侍條」(卍續137冊, 861上)

① 불성을 문제로 하는 것은 雪峰義存 이외에는 전부 마조도일의 문하이다. 그것을 법계로 보이면 다음과 같다.

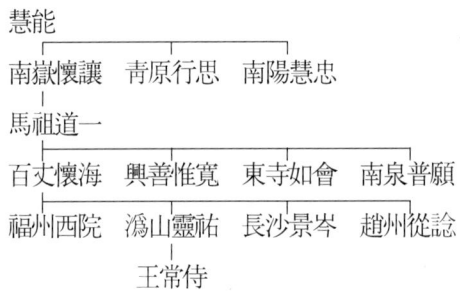

慧能
南嶽懷讓　青原行思　南陽慧忠
馬祖道一
百丈懷海　興善惟寬　東寺如會　南泉普願
福州西院　潙山靈祐　長沙景岑　趙州從諗
王常侍

② 불성의 유무를 문제로 하는 것은 唐, 五代가 대부분이고 송대 이후는 존재하지 않는다. 이것은 무엇을 의미하는가? 唐代에는 천태, 화엄, 삼론종 등의 여러 종파가 세력을 가지고 그들의 영향을 받아서 선에서도 불성에 관한 의론이 활발히 행해졌지만, 송대가 되면 선종의 독무대가 된다. 선종은 本來成佛, 卽心卽佛을 주장하므로 개를 비롯한 일체의 중생이 불성을 가지고 있는 것은 당연하고, 불성의 유무는 문제시되지 않았다. 문제는 인간에 있다. '자신이 본래 성불하고 있는 것, 자신이 佛과 다름이 없는 것'을 깨달으면 그것이 佛이고, 깨닫지 못하면 중생일 뿐이다. 그러므로 송대 이후는 悟의 문제가 중요시된다고 생각된다.[151)]

그런데 唐代의 불성에 관한 문답은 전부 '有', 즉 '일체의 중생에는

151) 『正法眼藏』「佛性」에서 道元은 唐代의 불성에 관한 문답을 들고 있는데, 그곳에는 송대에 불성에 관한 의론이 없는 것을 다음과 같이 말하고 있다. "諸方の粥飯頭, すべて佛性といふ道得を, 一生いはずしてやみぬるもあるなり. あるいはいふ, 聽教のともがら佛性を談ず, 參禪の雲衲はいふべからず. かくのごとくのやからは, 眞箇是畜生なり."(大正82, 97b)

불성이 있다'였다. 그러나 조주는 無字公案에서 '無'라고 대답했다. 그것은 어떤 의미일까? '一切衆生悉有佛性'임에도 불구하고 왜 조주는 "개에게는 불성이 없다"고 했던 것일까? 그렇지만 '無佛性'이라고 대답한 사람이 조주가 처음은 아니다. 百丈懷海는 『百丈懷海禪師廣錄』에서 『涅槃經』의 「一切衆生悉有佛性」에 대해서 다음과 같이 말하고 있다.

> 說衆生有佛性, 亦謗佛法僧. 說衆生無佛性, 亦謗佛法僧. 若言有佛性, 名執著謗. 若言無佛性, 名虛妄謗. 如云, Ⓐ 說佛性有, 則增益謗. 說佛性無, 則損減謗. 說佛性亦有亦無, 則相違謗. 說佛性非有非無, 則戱論謗.152)
> 〈'중생에는 불성이 있다'고 해도 佛・法・僧을 비방하는 것이고, '중생에게는 불성이 없다'고 해도 佛・法・僧을 비방하는 것이다. 불성이 있다고 하는 것을 執著謗이라고 하고, 불성이 없다고 하는 것을 虛妄謗이라고 한다. 예를 들면, "불성이 있다고 하면 增益謗이고 불성이 없다고 하면 損減謗이고, 불성은 있기도 없기도 하다고 하면 相違謗이고, 불성은 있지도 없지도 않다고 하면 戱論謗이다"고 하는 것과 같은 것이다.〉

Ⓐ는 『攝大乘論』의 구절이지만, 백장은 불성에 대해서 有・無・亦有亦無・非有非無의 四句를 끊을 것을 요구하고 있다. 또 백장의 스승인 潙山靈祐는 다음과 같이 말하고 있다.

> 示衆云, 一切衆生無佛性. 鹽官示衆云, 一切衆生有佛性. 後鹽官有二僧, 探師宗旨, 聞師說法, 莫測其涯, 意生輕慢. 一日二僧, 在中庭坐, 見仰山來. 遂勸云, 師兄切須勤學佛法, 不得容易. 仰作圓相托呈, 卻拋向後. 復伸手, 就二僧索. 二僧茫然, 不知所措. 仰乃勸云, 直須勤學佛法, 不得容易, 珍重. 便去. 二僧卻返鹽官, 將行三十里. 一人忽有省, 乃自嘆云, 潙山云. 一切衆生無佛性. 酌然是無. 卻回潙山. 一人行數里, 因渡水忽有省. 亦自嘆云, 潙山

152) 卍續118冊, 168上

道. 一切衆生無佛性. 酌然是有. 他恁麽道了, 亦返潙山.[153)]
〈시중해서 말했다, "일체의 중생에는 불성이 없다." 그러나 염관제안은 시중해서 "일체의 중생에는 불성이 있다"고 했다. 후에 염관문하의 두 승이 위산의 종지를 구해서 설법을 들었지만, 그 뜻을 알지 못하고 업신여겼다. 어느 날 두 승이 뜰에서 좌선하고 있는데 앙산이 오는 것이 보였다. 그러자 앙산에게 말했다, "師兄은 열심히 불법을 공부하지 않으면 안 됩니다. 소홀히 해서는 안 됩니다." 앙산은 圓相을 그려서 뒤로 던지고는 그 승들에게 손을 내밀었다. 두 승은 멍하니 어찌할 줄을 몰랐다. 그러자 앙산은 "불법을 열심히 공부하지 않으면 안 됩니다. 소홀히 해서는 안 됩니다. 그럼, 이만." 하고 말하고는 갔다. 두 승이 염관에게로 돌아가려고 했을 때, 돌연히 한 승이 깨달았다. 그는 감탄해서 "위산은 '일체의 중생에는 불성이 없다'고 했지만 그대로이다"고 말하고는 위산으로 돌아갔다. 또 한 사람의 승은 數 里를 간 후, 냇가를 건너던 순간 깨달았다. 그도 감탄해서 "위산은 '일체의 중생에는 불성이 없다'고 했지만, 아니! 있다"고 하고는 그도 위산으로 돌아갔다.〉

염관문하의 두 승은 '一切衆生悉有佛性'을 믿고, "불성이 있으므로 열심히 불법을 공부하면 성불할 수 있다"고 하는 전통적인 생각을 가지고 있었다. 그러나 위산과 앙산은 "일체의 중생에는 불성이 없다"고 했던 것이다.

중요한 것은 百丈懷海, 潙山靈祐와 趙州從諗과의 관계이다. 그들은 모두 불성에 관한 문답이 많았던 마조계의 승이지만, 그중에서도 百丈懷海・南泉普願・潙山靈祐 등은 「異類中行」을 강조한 선승이다. 平野宗淨의 논문에서 보았듯이, 「百丈野狐」, 「南泉斬猫」 그리고 潙山의 「水牯牛」 등은 모두 '윤회를 두려워하지 않고 일부러 동물로 태어나는' 異類中行을 주장하는 공안이다. 그러므로 윤회에 집착하지 않고

153) 『聯燈會要』「潙山靈祐禪師條」(卍續136册, 542上)

불성의 유무도 중요시하지 않는다. 조주의 無字公案은 그러한 분위기 속에서 태어났던 것이다. 결론적으로 말하면, 조주의 無字公案은 唐代의 마조계를 중심으로 해서 행해진 불성에 관한 논의를 기반으로 해서, 특히 그중에서도 불성의 유무에 국집하지 않는 百丈懷海와 南泉普願 등의 계통에서 생겨났다고 할 수 있다.

3. 無字公案의 변천

앞에서 보았듯이, 원래 無字公案은 불성에 관한 문답이고 조주가 '無'라고 한 것은 '개에게는 불성이 없다'고 하는 의미였다. 그러나 大慧에 이르러서는 '有無를 떠난 無'로써 이해되고, 이와 같이 공안화된 無字公案이 성대히 참구되었다.

그러나 공안화된 無字公案을 최초로 참구시킨 것은 五祖法演이다. 『五祖法演語錄』에는 다음과 같이 기록되어 있다.

> 上堂擧. 僧問趙州, 狗子還有佛性也無. 州云, 無. 僧云, 一切衆生皆有佛性, 狗子爲什麽却無. 州云, 爲伊有業識在. 師云, 大衆爾諸人. 尋常作麽生會. 老僧尋常只擧無字便休. 爾若透得這一箇字, 天下人不奈爾何. 爾諸人作麽生透. 還有透得徹底麽. 有則出來道看. 我也不要爾道有, 也不要爾道無, 也不要爾道不有不無. 爾作麽生道. 珍重.154)
> 〈상당해서 공안을 들었다. "승이 조주에게 물었다. '개에게는 불성이 있습니까?' 조주가 말하기를, '없다.' 승이 말하기를, '모든 중생에는 불성이 있는데, 어째서 개에게는 없는 것입니까?' 조주, '개에게는 업식이 있기 때문이다.'" 師(오조법연)가 말하기를, "여러분. 평소에 어떻게 이해하고 있습니까? 나는 평소에 단지 無字를 들 뿐입니다. 당신들이 만약 이 한

154) 大正47, 665 b - c

字를 깨달으면 누구도 당신을 어떻게 할 수 없을 것입니다. 여러분은 어떻게 깨닫습니까? 깨달은 분이 있습니까? 있다면 나와서 말해 보십시오. 나는 당신들이 '있다'고 하는 것도 용납하지 않고, '없다'고 하는 것도 용납하지 않고, '있지도 않고 없지도 않다'고 하는 것도 용납하지 않습니다. 여러분은 어떻게 말하겠습니까? 수고했습니다."〉

법연은 오로지 無字를 참구할 것을 강조하고, 無字를 '有無를 떠난 無'로서 이해할 것을 주장한다. 그러나 아직 「爲伊有業識在」의 후반부는 살아 있다.[155] 그러나 大慧는 오조법연에 직접 참학하는 것은 없었다.

大慧는 임제종 황룡파의 湛堂文準과 그 스승인 眞淨克文에게서 큰 영향을 받고 있지만, 그런데 진정극문과 담당문준도 無字公案으로 제자들을 지도하고 있었던 것을 알 수 있다. 그 증거는 다음과 같다.

洞山至乾禪師, 潭之瀏陽人. 嘗謁眞淨於歸宗, 令看狗子無佛性話. 一夕危坐聞鐘鳴, 了然悟達.[156]
〈洞山至乾禪師는 潭의 瀏陽人이다. 일찍이 歸宗에서 진정극문에 참학했는데, 극문은 狗子無佛性話를 참구시켰다. 지건은 어느 날 밤 좌선할 때, 종이 울리는 소리를 듣고 갑자기 깨달았다.〉

遍叩諸方, 而未透徹. 參祖, 祖以狗子因何有業識令下語. 凡三十轉, 皆不契. 一日叩曰, 可無方便乎. 祖乃擧眞淨頌示之, 倫悚然. 良久, 忽聞板聲大悟.[157]

---

155) 이 외에도 五祖法演이 無字公案으로 제자들을 지도한 증거는 더 있다.
「五祖師翁住白雲時, 嘗答靈源和尙書云, 今夏諸莊, 顆粒不收, 不以爲憂. 其可憂者, 一堂數百衲子, 一夏無一人透得箇狗子無佛性話. 恐佛法將滅耳.」(『大慧書』 卷30 「答鼓山逮長老」, 大正47, 942 c)
「參諸名宿, 晩至白蓮. 聞, 五祖小參擧, 忠國師古佛淨甁, 趙州狗子無佛性話, 頓徹法源.」(『敎外別傳』 「開福道寧禪師條」, 卍續144冊, 234上)

156) 『嘉泰普燈錄』 「洞山至乾禪師條」(卍續137冊, 124上)

〈(묘륜선사는) 여러 곳에 참학했지만 깨달을 수 없었다. 祖(담당문준)에 참학하자, 문준은 "개에게는 왜 업식이 있는가?"에 대해서 답하게 했다. 묘륜선사는 30번이나 답했지만 인정받지 못하였다. 어느 날, 묘륜선사가 말했다. "방편이 없겠습니까?" 그러자 문준은 진정극문의 頌을 들어보였다. 묘륜은 깜짝 놀랐다. 얼마 후 묘륜은 판자소리를 듣고 깨달았다.〉

진정극문의 頌이란 '言有業識在, 誰云意不深. 海枯終見底, 人死不知心'를 가리킨다. 『宗統編年』에서 보면, 당시에는 '狗子因何有業識'도 공안으로서 참구되었다고 생각된다. 이 외에도 『宗鑑法林』, 『宗門拈古彙集』 등에는 '狗子因何有業識'의 공안에 대한 역대 선승들의 염고가 실려 있다. 이상에서 보면, 大慧의 無字公案 강조와 그 이해방식은 직접적으로는 담당문준에게서, 간접적으로는 오조법연과 진정극문에게서 영향을 받았다고 생각된다.[158] 이와 같이, 無字公案은 법연의 때부터 주목을 받고 大慧에 이르러서 공안으로서 정착하게 되지만, 그 과정에는 여러 가지 이해방식이 있었던 듯하다. 그것을 간단히 들어보자.

① 有字, 無字의 문답의 양쪽을 조주의 眞說로 인정하고, "有라고 해도 좋고 無라고 해도 좋다"고 해석하는 입장 - 『宏智頌古』, 『從容錄』 등.

『宏智頌古』에서 굉지는 無字公案에 대해서 다음과 같이 제창하고 있다.

狗子佛性有, 狗子佛性無, 直釣元求負命魚. 逐氣尋香雲水客, 嘈嘈雜雜作分

---

157) 『宗統編年』(卍續147册, 380下-381上)

158) 大慧는 '宗杲雖參圓悟和尙打失鼻孔, 元初與我安鼻孔者, 卻得湛堂和尙.'(大正47, 875b)고 해서, 담당문준에게서 영향을 받은 것을 스스로 고백하고 있다.

疏. 平展演大鋪舒, 莫怪儂家不愼初. 指點瑕疵還奪璧, 秦王不識藺相如.[159]
〈"개에게는 불성이 있다" "개에게는 불성이 없다"(고 하는 조주의 말은) 똑바로 뻗은 낚싯바늘로 물고기의 목숨을 구하는 것과 같은 것. 말을 좇는 승은 이리저리 해석하지만, (狗子佛性有는) 감추지 않고 보인 것. (狗子佛性無는) 크게 가게를 연 것. 내가 처음을 신중하지 않았다고 비난하지 말라. (조주는 藺相如가) 玉의 흠을 구실로 해서 옥을 되찾았듯이 (자유자재하였지만), 秦王은 藺相如를 알지 못한다.〉

굉지는 "조주가 有라고도 하고 無라고도 해서 與奪自在한 것은 마치 린상여가 옥을 되찾은 수단과 같다"고 해서 칭찬하고 있다. 또 『宏智頌古』를 제창한 『從容錄』에서 萬松行秀는 本則評唱에서 다음과 같이 말하고 있다.

若道有道無, 且是一期應機, 拶著說出. 各有道理. 所以道, 明眼漢沒窠臼.[160]
〈有라고도 하고 無라고도 한 것은 근기에 응해서 친절히 말한 것이다. 각각 도리가 있다. 그러므로 '明眼宗師는 상투적인 수단을 쓰지 않는다'고 하는 것이다.〉

만송행수도 굉지와 같이 有字, 無字의 양쪽 모두를 긍정하고 있다. 그런데 앞에서도 보았듯이 無字公案에서 有字, 無字의 문답을 세트로 드는 굉지, 진헐, 만송은 모두 조동종의 승이고, 나아가 세트로 들 때는 반드시 有字의 문답을 앞에 들고 있다. 그것은 그들이 有字의 문답을 정통적인 것이라고 생각했다고 추측할 수 있을 것이다. '개에게는 불성이 있다'고 하는 것이 「一切衆生悉有佛性說」에 기초한 唐代 이래

159) 大正48, 20a
160) 大正48, 238 c

의 전통적인 사고방식이다. 따라서 굳이 추측해 본다면, 임제종 양기파를 중심으로 해서 행해진 無字의 문답에 대해서 唐代 이래의 전통적인 사고방식을 가지고 있었던 조동종계통에서 북송대에 有字의 문답을 만들어 낸 것은 아닐까?

② 無字公案의 후반부를 잘라 내는 경향에 반대하는 입장－眞歇淸了, 眞淨克文 등.

오조법연에 이르러서 이미 無字公案의 후반부가 잘라 내지고 '無'字만을 참구하는 경향이 나타났지만, 그것에 반대하는 경향도 있었다. 예를 들면, 眞歇淸了는 『信心銘拈古』에서 『信心銘』의 '有卽是無 無卽是有'를 제창해서 다음과 같이 말한다.

> 只如僧問趙州, 狗子還有佛性也無. 州云, 有. 僧云, 旣有爲什麽撞入這皮袋. 州云, 爲伊知而故犯. 又僧問, 狗子還有佛性也無. 州云, 無. 僧云, 一切衆生皆有佛性, 狗子爲什麽無. 州云, 爲伊有業識在. 而今兄弟皆道, 後面是蓋覆語, 緊要只在有無處. 苦哉. 滅胡種族, 有什麽交涉.161)
> 〈예를 들면 어떤 승이 조주에게 물었다. "개에게는 불성이 있습니까?" 조주, "있다." 승, "있다면 어째서 개로 태어났던 것입니까?" 조주, "알고 있으면서 일부러 개가 되었던 것입니다." 또, 승이 물었다. "개에게는 불성이 있습니까?" 조주, "없다." 승 "모든 중생에 불성이 있는데 어째서 개에게는 없는 것입니까?" 조주, "업식이 있기 때문이다." 요즘의 선승들은 모두 "후반은 감추는 말이고, 중요한 것은 有無의 부분이다"고 한다. 아! 석가의 법을 없애는 부류들이니 진실과는 전혀 관계가 없다.〉

진헐은 당시의 선승들이 無字公案의 후반을 무시하고 전반의 유무만을 중요시하고 있는 것을 비난하고 있다. 여기에서 보면, 無字公案

161) 卍續124冊, 653下

의 후반부를 잘라 내는 경향이 이미 상당히 있었다고 보인다. 그러한 경향에 대한 비판은 진정극문의 頌에서도 보인다.

> 眞淨文頌, 言有業識在, 誰云意不深. 海枯終見底, 人死不知心.[162]
> 〈진정극문이 읊기를 "'업식이 있기 때문이다'고 하는 것을 누가 '그 뜻은 깊지 않다'고 말했던가. 바다가 마르면 밑바닥이 보이지만, 사람은 죽어도 그 마음을 알 수 없다"고.〉

"海枯終見底, 人死不知心"는 杜荀鶴의 詩의 한 구절이지만, 극문은 조주가 "업식이 있기 때문이다"고 한 것을 "깊은 의미가 있다"고 칭찬하고 있다.

③ 無字公案을 有無로서 이해하는 입장

無字公案의 有無를 '있다', '없다'의 뜻으로서 이해하면 조주는 모순을 범한 것이 된다. 따라서 보통의 승들은 조주를 의심한다. 예를 들면 다음과 같이 묻는 것이다.

> 上堂. 僧問, 有問趙州, 狗子還有佛性也無. 州云, 無. 此意如何. 師大笑一聲. 問, 和尙一笑, 某甲莫曉. 師云, 笑你漆桶不快. 問, 又問, 一切衆生皆有佛性, 爲甚狗子無佛性. 州云, 爲伊有業識在. 還端的不. 師云, 有甚不端的. 問, 又有問, 狗子還有佛性也無. 州云, 有. 趙州年七百甲子, 爲甚有兩箇舌頭. 師云, 老人家偏是如此. 問, 又問, 因甚入這皮袋. 州云, 知而故犯. 請和尙明示. 師云, 我暗了多少.[163]
> 〈상당했다. 승이 물었다. "어떤 승이 조주에게 '개에게는 불성이 있습니까?'라고 묻자 조주는 '없다'라고 대답했습니다만, 그 뜻은 무엇입니까?"

162) 『禪門拈頌集』(『韓國佛教全書』 卷5, 347下)
163) 『橫川行珙禪師語錄』(卍續123冊, 359上-下)

그러자 사는 큰소리로 웃었다. 승, "화상이 웃는 의미를 알지 못하겠습니다." 사, "너의 어리석음을 비웃었던 것이다." 승, "그 승은 또 '모든 중생에 불성이 있는데 어째서 개에게는 없는 것입니까?'라고 조주에게 묻자, 조주는 '개에게는 업식이 있기 때문이다'고 답했습니다만, 타당한 것입니까?" 사, "어째서 타당하지 않겠는가?" 승, "또 어떤 승이 조주에게 '개에게는 불성이 있습니까?'라고 묻자, 이번에는 '있다'라고 답했습니다. 조주는 선지식인데 어째서 두말을 하는 것입니까?" 사, "늙은이는 원래 그렇다." 승, "그 승이 '그렇다면 왜 개로 태어난 것입니까?'고 묻자, 조주는 '알고 있으면서 일부러 범했던 것이다'고 답했습니다. 부디 그 뜻을 가르쳐 주십시오" 사, "나도 전혀 모르겠다."〉

④ 無字公案을 유무의 무로서 이해해서는 안 된다고 주장하는 입장 -瞎堂慧遠(1103-1176), 大慧宗杲 등.

유무로서 無字公案을 이해하는 승에 대해서, 五祖法演에서부터 '유무를 떠나서 이해해야 한다'고 하는 견해가 있었던 것은 앞에서 본 대로이다. 그 대표적인 사람이 大慧이지만, 같은 임제종 양기파에 속하는 할당혜원도 다음과 같이 말하고 있다.

今時禪和子, 纔聞人擧, 一箇箇肚皮裹, 有箇柏樹子, 如何得了當去. 且如狗子無佛性話, 遮僧等閑立箇問端, 如向餓虎口裹横身. 趙州只答箇無字, 如虛空釘箇鐵橛子相似. 至今天下衲僧, 無摸索處. 要會麼. 只消道箇無. 會便會, 不會便休. 切莫作道理. 有不是有, 無不是無. 只如未問未答以前, 道箇甚麼.164)

〈최근의 승들은 남들이 공안을 제기하는 것을 들으면 곧 머릿속에 집어넣어서 외우니 어떻게 알 수 있겠는가? 예를 들면 狗子無佛性話는 승이 쓸데없이 질문한 것이니, 마치 굶주린 호랑이 입속에 드러누운 것과 같다. 조주도 단지 '無'라고 답했지만, 마치 허공에 못질한 것과 같다. 그 때

164) 『瞎堂慧遠禪師廣錄』(卍續120冊, 956上-下)

문에 오늘날의 승들이 어찌할 바를 몰라 하고 있다. 알겠는가? 단지 '無' 라고 말하면 된다. 알았다면 그것으로 좋고, 몰랐다면 그만두어라. 도리를 지어서는 안 된다. 有는 有가 아니요, 無는 無가 아니다. 승이 묻고 조주가 답하기 이전의 소식은 뭐라고 하는가?〉

할당혜원은 無字公案은 유무의 무가 아니라고 주장하고, 핵심은 문답하기 이전의 자신의 본래면목을 깨닫는 곳에 있다고 강조하고 있다. 이와 같이 無字公案을 유무를 떠난 무로서 이해하는 방식은 大慧에 이르러서 강화되고 大慧 이후에는 선림의 일반적인 이해방식으로서 정착된다. 다음은 大慧의 無字公案 이해에 대해서 고찰해 보자.

4. 大慧의 無字公案 이해

大慧를 '看話禪의 확립자'로 이름하는 것은 ① 공안참구의 방법을 구체화시킨 곳에도 있지만, ② 無字公案의 해석방법을 확립한 곳에도 있다. 즉 오조법연에서 시작하는 "僧問, 狗子還有佛性也無. 州云, 無." 라는 해석은 大慧에 이르러서 확립되었다.

大慧가 無字公案을 애용한 것은 사실이다. 그렇다면 大慧는 왜 無字公案을 중요시했을까? 無字公案은 어떤 장점이 있는 것일까? 우선은 앞에서도 말했듯이, 無字公案이 疑團을 일으키기 쉬운 곳에 이유가 있다고 생각된다. 大慧가 無字公案을 본격적으로 권한 것은 50세 전후부터이다. 『大慧語錄』 중에서 50세 이전의 大慧의 無字公案에 대한 언급을 들면 다음과 같다.

Ⓐ 師因遺火燒簾. 次日告香, 擧狗子無佛性話. 乃云, 欲識佛性義, 當觀時節因緣. 雲門大師道, 若是得底人, 道火何曾燒著口. 因作頌曰, 趙州狗子無佛

性, 道火何曾口被燒. 昨夜驀然簾上發, 南海波斯鼻孔焦.[165]〈大慧41歲〉
〈어느 날 불이 나서 簾이 타버렸다. 다음날 (師는) 청에 의해 보설을 행했다. 狗子無佛性話를 들어서 말하기를, “불성의 의미를 알고 싶다면 시기가 익었는지 어떤지를 간파하지 않으면 안 된다.” 운문대사가 말하기를, “깨달은 사람이라면 어떤 흔적도 남기지 않는다.” 頌을 읊기를, “조주의 개에는 불성이 없는데 어째서 흔적이 있겠는가? 어젯밤에 갑자기 簾에서 일어나서 남해의 페르시아인(達磨인가?)의 코가 타버렸다.”〉

Ⓑ 擧. 僧問趙州, 狗子還有佛性也無. 州云, 無. 僧云, 從上諸佛下及螻蟻, 皆有佛性, 狗子爲什麽卻無. 州云, 爲伊有業識在……雲門(大慧)頌, 有問狗佛性, 趙州答曰無. 言下滅胡族, 猶爲不丈夫.[166]〈大慧45歲〉
〈들었다. 승이 묻기를, “개에게는 불성이 있습니까?” 조주, “없다.” 승, “모든 중생에 불성이 있는데 어째서 개에게는 없는 것입니까?” 조주, “업식이 있기 때문이다”…… 大慧가 頌을 지었다, “어떤 승이 개의 불성을 묻자 조주는 ‘없다’고 대답했다. 言下에 釋迦族을 멸해도 아직 丈夫는 아니다.”〉

Ⓒ 但只如此做工夫. 看經教幷古人語錄種種差別言句, 亦只如此做工夫. 如須彌山 · 放下著 · 狗子無佛性 · 竹篦子話 · 一口吸盡西江水話 · 庭前柏樹子話, 亦只如此做工夫.[167]〈大慧 46歲〉
〈단지 이와 같이 참구하십시오. 경전이나 고인의 어록의 여러 가지 구절을 읽을 때에도 단지 이와 같이 참구하십시오. 須彌山 · 放下著 · 狗子無佛性 · 竹篦子話 · 一口吸盡西江水話 · 庭前柏樹子話와 같은 공안도 단지 이와 같이 참구하십시오.〉

Ⓓ 上堂. 僧問, 教中道, 是眞精進, 是名眞法供養如來. 狗子旣無佛性, 喚甚麽作眞法. 師云, 只這無佛性, 便是眞法. 進云, 據學人見處, 又且不然. 師

---

165) 『大慧年譜』 41歲條(縮刷大藏經　騰8, 6 b)
166) 『東林和尙雲門庵主頌古』(卍續118册, 803下)
167) 『大慧書』 卷25 「答曾侍郎」 第5書(大正47, 919a)

云, 爾試杜撰看. 僧禮拜. 云, 只這禮拜, 便是杜撰. 乃云, 是眞精進, 是名眞法供養如來. 狗子旣無佛性, 喚甚麼作眞法. 山僧道, 只這無佛性, 便是眞法. 諸人還信得及麼. 若信得及, 靈山一會雖然未散. 若信不及, 直待當來問彌勒.[168]〈大慧49歲〉

〈상당했다. 승이 물었다, "경전에는 '이것이 참된 精進이고, 이것을 眞法供養如來라고 이름한다'고 하고 있습니다. 개에 불성이 없는 이상 무엇을 眞法이라고 이름합니까?" 사, "그 불성이 없는 것이야말로 진법이다." 승, "저의 견해는 그렇지 않습니다." 사, "한번 말해보라." 그러자 승이 예배했다. 사, "그 예배야말로 엉터리이다." 사가 또 말하기를, "이것이 참된 정진이고, 이것을 진법공양여래라고 이름한다. 개에 불성이 없는 이상, 무엇을 진법이라고 이름합니까?"라는 너의 물음에 나는 "그 불성이 없는 것이야말로 진법이다"고 답했다. 여러분들은 믿을 수 있겠는가? 믿을 수 있다면 석가의 영산회상의 법회가 아직 끝나지 않은 것이다. (그러나) 믿을 수 없다면, 장래 미륵보살이 化生할 때 물어보라.〉

여기에서 보면, ⓒ에 이르러서 無字公案을 참구할 것을 권하고 있지만 無字公案만을 특별히 중시하고 있는 것은 아니다. ⓓ의 "是眞精進, 是名眞法供養如來"는 『法華經』 卷6 「藥王菩薩本事品」(大正9, 53 b)의 구절이지만, 승은 "모든 중생에는 불성이 있다고 하는데, 개에 불성이 없다면 그것은 眞法이 아니다"고 묻고 있다. 여기에 대해서 大慧는 "그 불성이 없다는 것이야말로 眞法이다"고 해서 無字公案을 강조하고 있는 것을 알 수 있다. 이후 50세를 전후로 해서는 無字公案을 특별히 중시하고, 특히 『大慧法語』와 『大慧書』에는 無字公案에의 강조가 무수히 많다.

大慧의 無字公案 해석에 있어서 중요한 것은, 그가 원래의 조주의 無字公案 중에서 후반의 "僧云, 上從諸佛下及螻蟻, 皆有佛性, 狗子爲什

---

168) 『大慧語錄』 卷4 「住徑山能仁禪院語錄」(大正47, 827 c)

麽却無. 州云, 爲伊有業識在."를 제거한 것이다. 大慧의 저작 중에서 후반이 인용되는 것은 『正法眼藏』 한 곳뿐이고, 다른 곳에서는 전부 "僧問趙州, 狗子還有佛性也無. 州云, 無."로 끝나고 있다. 즉 오로지 無字만이 중요시된다. 또 『大慧語錄』에는 한군데도 有字의 문답은 인용되고 있지 않다. 수많이 無字公案을 인용하면서도 왜 大慧는 有字의 문답을 인용하지 않았을까? 大慧도 有字의 문답이 선림에 회자되고 있는 것은 알고 있었을 것이다. 그럼에도 불구하고 한군데도 有字의 문답을 인용하지 않은 것은 大慧가 有字의 문답을 조주의 眞說로서 인정하지 않았기 때문은 아닐까?

다음은 大慧의 無字公案에의 언급을 몇 개 들어보자.

Ⓐ 但將妄想顚倒底心, 思量分別底心, 好生惡死底心, 知見解會底心, 欣靜厭鬧底心, 一時按下, 只就按下處, 看箇話頭. 僧問趙州, 狗子還有佛性也無. 州云, 無. 此一字子, 乃是摧許多惡知惡覺底器仗也.[169]

〈단지 망상전도하는 마음, 사량분별하는 마음, 生을 좋아하고 死를 싫어하는 마음, 知見解會의 마음, 조용한 것을 좋아하고 시끄러운 것을 싫어하는 마음을 한 번에 눌러버리고, 눌러버린 곳에서 화두를 참구하십시오. 승이 조주에게 물었다. "개에게는 불성이 있습니까?" 조주, "없다." 이 한 字는 많은 惡知惡覺을 부수는 무기입니다.〉

Ⓑ 妄念起時, 不必用力排遣. 只擧僧問趙州, 狗子還有佛性也無. 州云, 無. 擧來擧去, 和這擧話底亦不見有, 只這知不見有底亦不見有, 然後此語亦無所受. 驀地於無所受處, 不覺失聲大笑.[170]

〈망념이 일어날 때에는 무리하게 억누를 필요는 없습니다. 단지 "승이 조주에게 물었다. '개에게는 불성이 있습니까?' 조주, '없다.'"고 했던 것을 참구하십시오. 그것을 참구해 마지않으면 공안을 참구하는 사람도

169) 『大慧書』 卷26 「答富樞密」 第一書(大正47, 921c)
170) 『大慧法語』 卷21 「示妙淨居士」(大正47, 901a)

> 없어지고, 없어지는 것을 아는 사람도 또 없어져서, 나중에는 이 말을 받아들일 곳도 없어집니다. 받아들일 곳이 없어질 바로 그때 자기도 모르게 큰 소리로 웃을 것입니다.〉

Ⓐ는 "일상의 번뇌할 때에 無字公案을 들기만 하면 그 번뇌는 곧 없어진다"고 하고 無字公案이 의식을 집중시키고 번뇌를 제거하는 효력이 있는 것을 말하고 있다. Ⓑ에서는 "無字公案을 계속 참구하면 공안을 든다는 의식도 없어지고 공안을 드는 자신의 존재조차도 없어지는 경지에 이르러 모든 분별심이 없어지고 全 意識이 無字에 집중할 때 깨달을 수가 있다"고 하고 있다.

이와 같이 大慧의 無字公案 이해는 단순, 명확하다. 그것은 '無'의 한 字를 계속 참구하는 것이다. 이러한 단순, 명확함에 의해 大慧의 看話禪은 대중화, 일반화되어 중국뿐만이 아니라 동아시아 전역에 전파되어 간다. 그러나 그 단순, 명확함은 선의 형식화를 초래하여 결국에는 前川亨의 표현대로[171], 선의 종언을 알리는 서막이 되었던 것이다. 다음은 大慧 이후의 선림의 無字公案 이해에 대해서 고찰해 보기로 하자.

5. 大慧 이후

大慧 시적 후, 조동종은 쇠퇴한 반면 임제종세력은 대단히 강대하게 되어갔다. 임제종 내에서 大慧가 미친 영향은 절대적인 것이었다. 大慧가 확립한 看話禪은 마침내 선림의 중심적인 수행방법이 되어, 임제종뿐만이 아니라 조동종 등의 종파에, 나아가서는 儒家, 道家에도

---

171) 前川亨(2003)

영향을 미치게 된다. 大慧 이후에 나타난 看話禪, 특히 無字公案의 동향에 대해서 그 특징적인 것을 들면 다음과 같다.

① 임제종 양기파를 중심으로 해서 看話禪이 확대되었다.

大慧 시적 후, 看話禪 확장의 중심이 된 것은 역시 임제종 양기파였다. 그 대표적인 선승을 들면 우선 無門慧開가 있다. 특히 그는 『無門關』을 편찬하고, 그중에서 無字公案을 제1칙에 드는 것에 의해 無字公案의 위치를 不動의 것으로 했다. 『無門慧開禪師語錄』 중에서 無字公案에 관한 언급을 들어보자.

> 只如僧問趙州, 狗子還有佛性也無. 州云, 無. 諸方拈者甚多, 提撕者不少. 這一箇無子, 單提獨弄. 參這一箇無字, 成佛底如雨點. 信不及者, 虛度時光.172)
> 〈예를 들면 어떤 승이 조주에게 물었다, "개에게는 불성이 있습니까?" 조주, "없다." 이 공안을 제창하는 사람들이 대단히 많고, 이 공안으로 제자들을 지도하는 승들도 적지 않다. 오로지 이 하나의 無字만을 제창하라. 이 하나의 無字를 참구해서 성불하는 사람이 비가 내리는 것처럼 많다. 이것을 믿을 수 없는 사람은 쓸데없이 세월을 보내는 것이다.〉

> 復擧. 歷代宗師, 頌狗子佛性話. 師云, 老拙亦有一偈, 擧似諸人. 不取說道理. 若也信得及, 擧得熟, 於生死岸頭, 得大自在.
> 無無無無無　無無無無無
> 無無無無無　無無無無無.173)
> 〈또 들었다. "역대의 종사들은 狗子無佛性話에 頌을 붙였다." 사가 말했다, "나에게도 偈가 있어서 너희들에게 든다. 그렇지만 도리를 지어서는 안 된다. 만약 그것을 믿고 익을 때까지 참구하면, 生死에 있어서 대자재를 얻을 것이다. 無無無無無　無無無無無 無無無無無　無無無無無."〉

172) 卍續120冊, 515下
173) 卍續120冊, 520下-521上

혜개는 당시 無字公案으로 제자들을 지도하는 승들이 많음을 이야기하고, 오로지 '無' 한 字만을 참구할 것을 강조하고 있다. 無 한 字에 대한 강조는 그의 偈에서 극치를 보이고 있다고 할 수 있다.

南宋末과 元代에 있어서는 임제종 중에서도 특히 雪巖祖欽(?-1287)과 天目明本(1263-1323)이 눈에 띄는 존재이다. 두 사람의 어록 중에서 無字公案에 대한 언급을 하나씩 들어보자.[174)]

> 如今不獲已, 向第二義中, 略借古人蹊徑, 更與你作箇方便. 僧問趙州, 狗子還有佛性也無. 趙州道, 無. 只遮一箇無字, 便是你父母未生前, 本來面目. 便是爲你截斷生死夢幻根株底刀子. 便是爲你照破古今千差萬別底鏡子.[175)]
> 〈지금 할 수 없이 고인의 길을 빌려서 너를 위해 방편을 든다. 승이 조주에게 물었다, "개에게는 불성이 있습니까?" 조주, "없다." 이 하나의 無字야말로 네가 부모에게서 태어나기 전의 본래면목이고, 너의 生死번뇌의 뿌리를 자르는 칼이고, 너를 위해 고금의 차별세계를 비추어주는 거울이다.〉
>
> 「示宗已禪人」

---

174) 大慧 시적 후 無字公案과 함께 중시된 공안은 '萬法歸一'의 공안이다. 예를 들면 笑隱大訢(1284-1344)는 임제종 양기파이면서 萬法歸一과 無字公案을 대표적인 공안으로 들어서 비판하고 있다.
"每見, 近時宗師, 教人提箇話頭, 萬法歸一, 一歸何處. 又教人看, 僧問趙州, 狗子還有佛性也無. 州云, 無. 使其朝參暮參, 疑來疑去, 謂之大疑, 必有大悟. 雖是一期善巧方便, 其奈愈添障礙. 以故, 愚癡之輩, 一丁不識, 竊吾形服, 經教不知, 戒律不守. 問著百無所能. 但道, 我請益善知識, 擧箇話頭, 口裏誦心裏想. 如三家村裏, 學堂教小兒子念上大人相似.」(『笑隱大訢禪師語錄" 卍續121冊, 222上) 또 明代의 雲棲袾宏(1535-1615)도 다음과 같이 말하고 있다.
"國初尊宿, 言公案有二等. 如狗子佛性, 萬法歸一之類, 是一等. 又有最後極則誵訛, 謂之腦後一槌, 極爲難透."(『御選語錄』 卷13, 卍續119冊, 488上)
175) 『雪巖祖欽禪師語錄』(卍續122冊, 525中)

趙州因甚道箇無字. 此八箇字是八字關. 字字要著精彩看. 你若依稀彷彿半困半醒. 似有似無. 恁麽參去, 驢年也不會發明.176)

〈'趙州因甚道箇無字' 이 여덟 자는 여덟 자의 관문이다. 한 자 한 자 정신을 집중해서 참구해야 한다. 네가 만약 자는 듯 깨어 있는 듯, 있는 듯 없는 듯이 멍하니 참구한다면 영원히 깨달을 날은 없을 것이다.〉

이상의 無門慧開 · 雪巖祖欽 · 天目明本의 어록에서 알 수 있듯이 그들은 오로지 無字를 참구할 것을 주장한다. 그것은 大慧의 영향에 다름 아니다.

한편, 無字公案은 임제종승뿐만이 아니라 조동종의 승도 참구하고 있었던 것을 알 수 있다. 예를 들면 임제종에 악감정을 지니고 있었던 天童如淨(1162－1227)도 無字公案을 참구하고 있었다.

上堂. 心念分飛, 如何措手. 趙州狗子佛性無, 只箇無字鐵掃帚. 掃處紛飛多, 紛飛多處掃. 轉掃轉多, 掃不得處拚命掃. 晝夜竪起脊梁, 勇猛切莫放倒. 忽然掃破太虛空, 萬別千差盡豁通.177)

〈상당했다. "마음이 어지러울 때 어떻게 대처하는가? '趙州狗子佛性無', 이 無字야말로 빗자루이다. 쓸면 쓸수록 먼지가 많이 날린다. 많이 날리는 곳에서 쓴다. 쓸면 쓸수록 많이 날리지만, 다 쓸 수 없는 곳에서 목숨을 버리고 쓴다. 주야로 등뼈를 곧추세우고 용맹하게 수행해야지 결코 누워서는 안 된다. 그리하면 돌연히 太虛空을 부수어서, 천차만별의 事象이 훤하게 통한다."〉

천동여정은 狗子無佛性話를 참구시키면서도 "晝夜竪起脊梁, 勇猛切莫放倒"의 표현에서는 역시 좌선을 중시하는 조동종의 선풍을 느낄 수 있다. 이와 같이 똑같이 看話禪을 참구하면서도 그 방법에 있어서

176) 『天目明本禪師雜錄』(卍續122冊, 763中)
177) 『如淨和尙語錄』 卷下(大正48, 127b)

는 임제종과 조동종 간에는 차이가 있었던 듯하다. 설암조흠은 조동종의 看話禪참구의 방법을 비판해서 다음과 같이 말하고 있다.

> 洞下尊宿, 要教人看狗子無佛性話. 只於雜識雜念起時, 向鼻尖上, 輕輕擧一箇無字. 纔見念息, 又卻一時放下著. 只麼默默而坐, 待他純熟, 久久自契. 洞下門戶, 工夫綿密困人. 動是十年二十年, 不得到手. 所以難於嗣續.[178]
> 〈조동종의 師家들은 狗子無佛性話를 참구하게 할 때, 단지 잡념이 일어날 때에 코끝에 無字를 들게 한다. 그리고 잡념이 그치면 곧 내리라고 한다. 이와 같이 묵묵히 앉아서 충분히 익어서 순화해 가서, 오랜 세월이 지나면 저절로 깨닫는 것이다. 조동종에서는 수행이 복잡해서 골치아플 정도이다. 그래서 십년이 지나도 깨닫지 못한다. 때문에 後嗣가 없는 것이다.〉

조흠은 "조동종에서는 無字公案을 단지 잡념을 없애기 위해 참구하고, 잡념이 없어지면 더 이상 참구하지 않으므로 깨달음에 이르지 못한다"고 한다.

이상에서 알 수 있듯이, 天童如淨이 문하를 지도한 13세기 초, 중반에는 조동종도 無字公案을 비롯한 공안을 참구하고 있었고, 五祖法演→大慧宗杲로 이어진 看話禪은 세력을 확대해 갔던 것이다. 그러나 똑같이 看話禪을 참구하면서도 깨달음을 중시하는 임제종과 좌선을 중시하는 조동종 사이에는 선풍의 차가 자연히 드러난다고 할 수 있을 것이다.

② 念佛公案의 발생

주지하는 대로 송대에는 長蘆宗賾・大通善本・姑蘇守訥 등을 중심으로 해서 禪淨雙修思想이 형성되었다. 당시 이미 선림의 주류는 看

178) 『雪巖祖欽禪師語錄』 卷2(卍續122冊, 512下)

話禪이었으므로 승들 중에는 염불공안을 참구하는 사람들도 나타났다. 염불공안은 12세기 후반에 나타났다고 말해지는데, 최초로 보이는 것이 眞歇淸了(1088－1151)이다.

> 若理一心亦非他法. 但將阿彌陀佛四字做箇話頭, 二六時中直下提撕. 不以有心念, 不以無心念, 不以亦有亦無心念, 不以非有非無心念. 前後際斷一念不生, 不涉階梯徑超佛地.[179]
> 〈一心을 다스리는 데는 다른 방법이 없다. 阿彌陀佛의 4字를 화두로 삼아서 언제나 참구하면 된다. 有心으로 念해도 안 되고, 無心으로 念해도 안 되고, 亦有亦無心으로 念해도 안 되고, 非有非無心으로 念해도 안 된다. (그와 같이 해서) 前後際가 끊기고 一念도 나지 않게 되면, 단계를 밟지 않고 바로 佛智마저도 초월한다.〉

진헐은 아미타불을 공안으로 해서 참구할 것을 권하고 있지만[180] "不以有心念, 不以無心念, 不以亦有亦無心念, 不以非有非無心念"는 無字公案을 참구할 때 "有 · 無 · 亦有亦無 · 非有非無로서 이해해서는 안 된다"고 한 말이 연상된다. 紫田 泰의 「중국에 있어서의 선정쌍수사상의 성립과 전개」에서는 "禪行과 淨土行을 동등한 위치에 두는 참된 의

179) 大正47, 296 b

180) 『淨土或問』에는 이 외에도 진헐이 "由持名號心不亂故. 如龍得水, 似虎靠山."고 하고 있는 점에서 보면, 진헐이 稱名念佛을 행했을 가능성도 있다. 진헐이 淨土사상에 관심이 있었던 것은 다음의 기록에서도 알 수 있다.
"彌陀不離衆生心, 是三無別. 極樂遍在一切處, 擧一全收……彌陀淨土卽千珠之一, 十萬佛國一佛國土. 各千珠之一. 聖人善巧方便示人, 專念阿彌陀佛, 乃千珠直指一珠, 見一佛卽見十方佛."(『眞歇淸了語錄』附錄 所收「淨土宗要」, 卍續124冊, 637上)
"但念阿彌陀佛, 求生西方極樂."(同附錄 所收「戒殺文」, 卍續124冊, 637上)진헐청료의 淨土사상에 관해서는 光地英學(1976)을 참조 바람.

미의 선정쌍수사상은 13세기 후반의 中峯明本(1263－1323)・天如惟則(1286－1354)・智徹禪師(1310－?) 등에 이르러서 처음으로 전개된다"[181]고 한다. 그리고 "염불공안은 선정쌍수의 하나의 형태이다"고 한다.

그렇다면 염불공안의 예로서 智徹禪師를 들어보자.

> 念佛一聲, 或三五七聲, 默默返問. 這一聲佛, 從何處起. 又問, 這念佛的是誰. 有疑只管疑去. 若問處不親, 疑情不切, 再擧箇畢竟這念佛的是誰. 於前一問, 少問少疑, 只向念佛是誰, 諦審諦問.[182]
>
> 〈염불할 때 묵묵히 반문해 보라. "이 一聲의 佛은 어디에서 일어났는가?" "이 염불하는 것은 누구인가?" 하고. 의심이 있으면 오로지 의심하라. 만약 問處가 익숙하지 않고 疑情이 끊어지지 않으면, 재삼 "이 염불하는 것은 누구인가?"를 참구하라. 앞의 물음에서 조금밖에 의문이 나지 않았다면 오로지 "염불하는 것은 누구인가?"를 잘 관찰하여 반문하라.〉

결국 염불공안은 "這一聲佛, 從何處起" "這念佛的是誰" 등을 공안으로 하는 것으로, 禪이 主이고 念佛이 從이라고 할 수 있을 것이다. 따라서 참된 의미에서의 선정쌍수는 아니라고 할 수 있다. 송대 이후 얼마나 많은 선승들이 염불공안을 참구했는가? 또 염불공안을 참구한 사람이라도 염불과 공안을 동등한 위치에 놓고 참구했는가 등에 관해서는 검토가 필요할 것이다.

③ 道家의 看話禪수용

주지하는 대로, 大慧가 활동한 시기는 新儒學이 형성되던 시기이기

181) 柴田　泰(1999), p548에서의 取意
182) 『禪關策進』「淨土玄門」(大正48, 1102 b)

도 해서 신유학과 불교는 서로 큰 영향을 주었다. 또, 사대부 중에서는 불교에 관심이 있는 사람도 많아서 사대부와 선승과의 관계가 깊었던 것도 송대 선종의 특징이다. 사대부 중에서는 불교의 奧義를 깨달은 사람도 있었는데, 張商英과 張九成과 같은 이들이 그것이다. 불교에 흥미가 있었던 사대부가 看話禪을 참구하는 것도 드물지는 않았다. 그러나 看話禪이 유교의 수행론 자체에 영향을 주고 그 일부분으로서 받아들여진 흔적은 보이지 않는다. 반면, 도가에서는 看話禪을 받아들여서 도사 가운데는 看話禪을 도교의 수행법으로 하는 사람들도 나타났다.

우선 당시 유행했던 看話禪을 모방하여 공안에 拈古, 頌古를 붙인 공안집을 간행한다든지, 언어표현에 있어서 看話禪을 연상시키는 표현을 사용하는 등 형식상, 표현상에서 看話禪을 모방하는 도사들은 상당수 존재했다. 그러한 경향은 大慧와 동시대에 이미 나타나는데, 예를 들면 도사인 白玉蟾(1194？-1229)는 「狗子佛性頌」을 남기고 있다. 또, 苗善時(生存年代不詳)는 『玄教大公案』이라는 공안집을 남기고 있는데, 그중의 「升堂明古」는 선어록의 上堂과 拈古, 頌古를 모방한 것이다. 또, 牧常晁는 『玄宗直指萬法同歸』를 저술했는데, 그 권5에는 「禪宗公案三十則」이 있어 無字公案 · 庭前栢樹子 · 萬法歸一 등의 공안에 頌을 붙이고, 또 「玄宗二十四首」에서는 도교 경전에서 24개의 중요한 구절을 뽑아서 頌古를 붙이고 있다. 이와 같이 형식과 표현상에서 看話禪을 모방하는 도사는 상당수 존재했지만, 看話禪을 수행의 방법으로서 적극적으로 도입한 사람은 소수였던 듯하다.

看話禪을 도입하여 看話禪으로 제자들을 지도한 대표적인 도사로서는 李道純을 들 수 있다. 그의 생존연대는 불명확하지만, 13세기의 사람으로서 全眞教徒였다. 그는 노자의 『道德經』을 주석해서 『道德會元』을 저술했지만 『道德經』 첫머리의 '道'를 주석해서 다음과 같이 말하고 있다.

> 可道又不是, 不可道又不是. 如何卽是. 若向這裏, 下得一轉語, 參學事畢. 其或未然, 須索向二六時中, 興居服食處, 回頭轉腦處校勘. 這令巍巍地活撥撥地, 不與諸緣作對底是箇甚麽. 校勘來校勘去, 校勘到校勘不得處, 忽然摸著鼻孔, 通身汗下, 方知道這箇元是自家有的. 自歷劫以來, 不曾變易. 所謂道也者, 不可須離也.[183)]
>
> 〈말할 수 있어도 안 되고 말할 수 없어도 안 된다. 그렇다면 어떻게 하면 좋은가? 만약 여기서 一轉語를 내릴 수가 있으면 참학을 그쳐도 좋다. 내릴 수 없다면 하루 중 식사하고 밥 먹을 때나 되돌아볼 때에도 생각하지 않으면 안 된다. "이 드높이 치솟아 활발하며 어떠한 外的인 것과도 대응하지 않는 것은 무엇인가?" 하고. 이렇게 생각하고 저렇게 생각하여, 더 이상 생각할 수 없는 곳까지 생각하면 홀연히 자신의 본래면목을 알아서 온몸에 땀이 흐를 것이다. 그때에야 비로소 알 수 있다. 이것은 본래부터 자기에게 갖추어져 있었던 것으로 먼 옛날부터 조금도 변하지 않았다는 것을. 이른바 '道'라고 하는 것은 잠시라도 떠날 수가 없는 것이다.〉

여기서 '這箇'란 禪의 '此事'와 같은 것으로 道에 다름 아니지만, 그 도를 깨닫기 위해서 그는 "생각하고 생각하여 더 이상 생각할 수 없는 곳까지 생각하면 홀연히 자신의 본래면목을 깨달을 것이다"고 하고 있다. 이것은 看話禪의 방법에 다름 아니다. 또 "말할 수 있어도 안 되고, 말할 수 없어도 안 된다"고 하는 것은 大慧가 "雲門尋常問學者, 喚作竹篦則觸, 不喚作竹篦則背. 不得下語, 不得無語."(大正47, 869a)라고 한 것과 같다.

그런데 도가에는 고유의 수행법인 '內丹'이 있다. 그렇다면 李道純

---

183) 道藏, 洞神部, 玉訣類47-8, 『道德會元』 卷上.

에 있어서 內丹과 公案의 관계는 어떠했는가? 이도순은 도에 이르는 단계를 鍊精化氣→鍊氣化神→鍊神還虛(道)의 3단계로 나누어 설명하고 있다. 상근기인은 단계를 밟지 않고 바로 虛(道)에 이르지만, 보통 사람은 이 3단계에 따라서 서서히 도에 이른다고 한다. 그런데 이도순은 공안을 중하근기인이 닦아야 할 수행법으로 여기고 있었던 듯하다. 『道德心要』 第71章에는 다음과 같이 있다.

> 知不知上, 不知知病. 此病作麽治. 嘿庵曰, 寸心不昧. 其諸子皆不的當. 師曰, 吾將鎭之, 以無名之朴. 又曰, 不然則渾淪呑箇熱鐵丸. 又曰, 下士須是喫服藥過, 瀉去惡知識矣.[184]
>
> 〈'알고서도 알지 못한다고 하는 것은 上이고, 알지 못하면서 안다고 하는 것은 病이다.' 이 병은 어떻게 해야 고칠 수 있는가? 흑암이 대답했다, "잠시라도 昧하지 않는 것입니다." 제자들의 대답은 모두 옳지 않았다. 그러자 사가 말했다, "나는 無名의 朴을 가지고 그것을 다스리려고 한다." 또 말했다, "그렇지 않으면, 또 뜨거운 철구슬을 통째로 삼켜야 한다." 또 말했다, "하근기의 사람은 약을 마셔서 惡智識을 제거하지 않으면 안 된다."〉

여기서 "뜨거운 철구슬을 마신다" "악지식을 제거한다" 등은 看話禪의 상투 표현에 다름 아니다. 예를 들면 『無門關』 第1則 「趙州無字」의 評唱에서 無門慧開는 다음과 같이 말하고 있다.

> 參箇無字, 晝夜提撕. 莫作虛無會. 莫作有無會. 如呑了箇熱鐵丸相似, 吐又吐不出. 蕩盡從前惡知惡覺, 久久純熟, 自然內外打成一片.[185]
>
> 〈無字를 참구하여 항상 드십시오. 虛無로서 이해해서도 안 되고, 有無로서 이해해서도 안 됩니다. 마치 뜨거운 철구슬을 마시는 것과 같아서

184) 道藏, 太玄部14, 87-10,『淸庵瑩蟾子語錄』 卷2
185) 大正48, 293a

토해낼 수도 없습니다. 지금까지의 악지악각을 전부 제거하면 곧 상쾌해져서 저절로 도에 합치할 것입니다.〉

이도순은 "중하근기인은 약을 마셔서 악지악각을 제거해야 한다"고 하지만, 그 약은 熱鐵丸에 다름 아니다. 따라서 이도순에 의하면, 看話禪은 중하근기인이 닦아야 할 수행법이라고 할 수 있다.

Ⅱ.

한국의 看話禪 전개

제1장 신라-고려중기의 한국선

제1절 신라-고려중기의 선종

1. 신라 중기까지의 선종: 『三國遺事』에 의하면, 불교가 한국에 최초로 전래된 것은 372년으로 前秦의 僧인 順道가 고구려에 불경을 가지고 왔다고 한다. 이래 韓中 間에는 많은 승들이 왕래하였고 불교전적도 전래되었다. 기록에 의하면, 최초로 중국에 유학한 승려는 고구려의 '高麗道人'으로 314-366년에 東晋에 유학하여 般若學, 禪學 등을 竺潛에게서 배웠다고 한다.[186] 그 후 유학승은 끊이지 않았는데 종파로서는 三論宗・天台宗・律宗・唯識宗 등을 폭넓게 공부하고 있었다. 유학승 중에서는 중국에서 활약한 사람들도 많았는데, 대표적인 사람으로서는 삼론종의 僧朗(494-497年 留學), 율종의 慈藏(638-643 在唐), 유식종의 圓測(628年 入唐, 未歸國), 화엄종의 義湘(662-671 在唐) 등이 있고, 나아가 神昉(645年頃 入唐, 未歸國), 智仁(647年頃 入唐, 未歸國) 등은 玄奘의 제자로서 불경번역 사업에 참가하기도 하였다. 특히, 唐代에는 해상무역의 발달에 의해 당에 상주하는 사람들이 늘어났는데, 일반인이 거주하는 곳을 '新羅坊', 승려가 거주하는 사원을 '新羅院'이라고 했다. 그들은 신라와 당의 불교교류의 매개자였다.

선종에서도 이전부터 중국에 건너가서 생애를 보낸 사람이나 귀국한 자 등 활약한 선승이 많았던 것을 알 수 있다. 이하에는 그중의 2인을 들어서 약술한다.

---

186) 『高僧傳』 卷4, 「竺潛法深傳」(大正50, 348a)

① 法朗(生死年不詳)

최치원이 찬술한 「智證大師[187]碑文」에는 다음과 같이 기록되어 있다.

> 法胤唐四祖爲五世父, 東漸于海. 遡游數之, 雙峰子法朗, 孫愼行, 曾孫遵範, 玄孫慧隱, 來孫大師也. 朗大師從大醫之大證. 按杜中書正倫纂銘敍云, 遠方奇士, 異域高人, 無憚險途, 來至珎所. 則掬寶歸止, 非師而誰. 第知者不言, 復藏于密.[188]
>
> 〈법계에 있어서는 4조(도신)의 5대손이고, 바다를 넘어서 東으로 법을 전하였다. 그 법계를 살피면, 도신은 법랑에게 전하고 신행, 준범, 혜은에게 차례로 전해져 지증대사에 이르렀다. 법랑은 도신을 따라서 대오한 것이다. 杜正倫이 찬술한 (도신의) 銘에 "먼 이역의 뛰어난 자가 험한 길을 두려워하지 않고 寶藏(도신)에 찾아왔다"고 기록되어 있다. 寶(도신의 법)를 가지고 돌아온 것은 師임에 틀림없다. 단지 '아는 자는 말하지 않고', 또 '비밀스러운 곳에 감추었다'고 한다.〉

법랑의 생존연대는 불명확하지만 新羅善德女王(632-646在位) 때에 입당하여 四祖道信에게서 사법하고 귀국했다고 한다. 그러나 '第知者不言, 復藏于密'이라고 있듯이 당시의 신라불교에 환영받지 못하였던 듯하다. 도신의 실존이 의심되는 만큼 법랑의 전기의 진위는 알 수 없다.

② 淨衆無相(680-762)

최치원의 「智證大師碑文」에는 다음과 같이 기록되어 있다.

> 西化則靜衆無相, 常山慧覺. 禪譜益州金, 鎭州金者是.[189]
>
> 〈중국에서 사망한 사람으로는 靜衆無相과 常山慧覺이 있다. 禪譜에 보

---

187) 九山禪門의 하나인 曦陽山門의 개조인 智證大師 道憲을 말한다.
188) 『朝鮮金石總覽』上, pp90-91(朝鮮總督部刊, 大正8年)
189) 『朝鮮金石總覽』上, p90

이는 益州金과 鎭州金이 그들이다.〉

『禪譜』는 불명확하지만 아마도 書名일 것이다. 常山慧覺에 대해서도 알 수 없다. 『선보』에 나오는 익주김은 靜衆無相(一名, 金和尙)으로, 그는 신라 성덕왕의 제3왕자로서 728년에 입당하여 唐玄宗의 후한 대접을 받고, 나중에는 成都에 들어가 五祖弘忍의 손제자인 處寂의 선풍을 잇고 靜衆寺의 주지가 되었다. 그는 無憶・無念・莫忘의 三句說과 念佛禪 및 頭陀行으로서 유명하였다. 문하에는 保唐無住가 있고 馬祖道一도 한때 그에게 사사하였다.

이상으로 신라 중기까지의 선종전래의 상황을 약술하였다. 여기에서 보면, 중국 선종성립의 초기 단계부터 신라승이 입당하여 중국에서 활약하고 있는 것을 알 수 있다. 그러나 귀국 승들은 선종의 종파를 형성하지는 못하였다. 그 이유로서는 당시의 신라 불교계는 화엄종이나 율종 등의 교학불교가 중심으로 김씨 왕실과 귀족세력의 귀의를 받고 있었기 때문이다. 따라서 최치원의 「智證大師碑文」에 "단지 아는 자는 말하지 않고, 또 비밀스러운 곳에 감추었다"고 있듯이 은둔한 사람들도 있었던 듯하다.

2. 九山禪門의 형성

한국에 있어서 선종종파가 성립된 것은 대략 9세기 초-10세기 초, 즉 신라 말에서 고려 초에 성립된 「九山禪門」이 최초이다. 중국에서는 그때 이미 五家가 성립되고 있었다. 그 영향을 받아서 신라에서도 중국에 유학하여 중국의 선사에게서 사법하고 귀국한 뒤 九山禪門의 개조가 된 사람이 많았다.

최치원의 「智證大師碑文」에는 귀국 승에 대해서 다음과 같이 말하고 있다.

> 東歸則前所敍北山義南岳陟而降, 太安徹國師 · 慧目育 · 智力聞 · 雙溪照 · 新興彦 · 涌巖體 · 珍無休 · 雙峰雲 · 孤山日 · 兩朝國師聖住染190)
> 〈해동으로 돌아온 사람으로는 앞에서 서술한 北山義와 南岳陟 이외에도 太安徹國師 · 慧目育 · 智力聞 · 雙溪照 · 新興彦 · 涌巖體 · 珍無休 · 雙峰雲 · 孤山日 · 聖住染이 있었다.〉

이 가운데 귀국해서 한국 선종의 최초의 종파인 구산선문의 개조가 된 사람이 7인 포함되어 있다. 九山禪門은 9세기 초-10세기 중기에 걸쳐서 차례로 성립되지만, 11세기 초에는 「達磨九山門」이나 「九山禪侶」 등의 말이 등장하고, 고려 후기에 작성된 『禪門祖師禮懺文』에는 다음과 같이 九山禪門의 내용이 명시된다.

① 迦智山祖師 道義國師
② 闍崛山祖師 梵日國師
③ 師子山祖師 哲鑑國師
④ 聖住山祖師 無染國師
⑤ 鳳林山祖師 玄昱國師
⑥ 曦陽山祖師 道憲國師
⑦ 桐裏山祖師 慧徹國師
⑧ 實相山祖師 洪陟國師
⑨ 須彌山祖師 利儼國師
⑩ 中興祖 普照智訥國師

---

190) 『朝鮮金石總覽』上, p90

다음은 이들 九山禪門의 개조들의 입당 이력과 사상을 간단히 서술해 보자.

① 迦智山門 道義(生死年不詳)

『祖堂集』 卷17 「雪岳陳田寺元寂禪師條」에 의하면, 도의는 784년에 입당하여 江西洪州開元寺의 西堂智藏에게서 心印을 얻고, 百丈懷海를 뵙고 821년에 귀국했다. 그의 사상에 대해서는 『禪門寶藏錄』에 다음과 같이 기록되어 있다.

> 智遠又問, 然則敎理行信解修證, 於何定當, 何等佛果得成就乎. 義答曰, 無念無修理性信解修解修證耳. 祖宗示法, 佛衆生不可得, 道性直現耳. 故五敎以外, 別傳祖師心印法耳. 所以現佛形像者, 爲對難解祖師正理之機, 借現方便身耳. 縱多年傳讀佛經, 以此欲證心印法, 終劫難得耳.[191]
>
> 〈지원이 또 물었다, "그렇다면 敎理行의 신해수증은 어떠한 定에 해당하고, 어떠한 불과를 성취할 수 있는 것입니까?" 도의가 대답했다, "無念, 無修의 이성이 신해수증이다. 祖宗이 보이신 법은 佛도 중생도 얻을 수가 없고, 道性을 바로 드러낼 따름이다. 그러므로 五敎 이외에 따로 조사의 심인법을 전했다. 따라서 佛의 모습으로 나타난 것은 조사의 正理를 알지 못하는 사람들을 위해 方便身을 빌려서 나타났을 따름이다. 비록 오랫동안 佛經을 읽는다 해도, 그것으로 심인법을 증득하려고 한다면 종겁토록 얻을 수 없을 것이다.〉

② 實相山門 洪陟(生死年不詳)

입당해서 西堂智藏에게서 사법하고 826－836년에 귀국했다. 흥덕왕과 선강태자 등 왕실의 귀의를 받았다.

191) 『禪門寶藏錄』 卷中(『韓國佛敎全書』 卷6, pp.478下－479上)

③ 桐裏山門 慧徹(785－861)

신라에서 화엄을 수학한 후 814년에 입당하여 西堂智藏에게서 사법하였다. 839년에 귀국하여 문성왕의 귀의를 받았다.

④ 鳳林山門 玄昱(787－868)

824년에 입당하여 章敬懷暉에게 사법하고 837년에 귀국했다. 문하에는 500인의 제자들이 있었는데 손제자인 瓚幽(869－958)는 892년에 입당하여 投子大同의 법을 이었다.

⑤ 師子山門 道允(哲鑑國師, 798－868)

825년에 입당하여 南泉普願에게서 사법하고 847년에 귀국했다. 1000명가량의 제자가 있었는데, 그중 慶猷(871－921)는 입당하여 雲居道膺의 법을 이었다.

⑥ 闍崛山門 梵日(810－889)

입당해서 鹽官齊安에게서 사법하고 藥山惟嚴을 만나 847년에 귀국했다. 문하에는 500인의 제자가 있었는데, 그중 行寂(832－916)은 입당해서 石霜慶諸의 법을 이어받았다. 梵日의 사상 중에서 특징적인 것은 '眞歸祖師說'이다. 그것은 석가가 성도한 후에 진귀조사에게서 법을 전수받았다는 조금 황당한 설이다. 진귀조사설이 문헌에 처음으로 보이는 것은 1294년에 간행된 『禪門寶藏錄』이다. 그곳에는 다음과 같이 기록되어 있다.

溟州崛山梵日國師, 答羅代眞聖大王宣問禪敎兩義云, 我本師釋迦……後踰城, 往雪山中, 因星悟道. 旣知是法未臻極, 遊行數十月, 尋訪祖師眞歸大師, 始傳得玄極之旨, 是乃敎外別傳也.[192]

〈溟州崛山의 梵日國師는 신라의 진성대왕이 선교양의를 묻는 것에 답해서 말하였다. "스승이신 석가모니는…… 후에 성을 뛰어넘어 설산에 가서 별을 보고 대오하였다. 그러나 그 법이 구극에 이르지 못한 것을 알고 수십 개월을 유행하여 진귀조사를 방문하고, 마침내 현극의 종지를 전수받았는데 그것이 바로 교외별전이다."〉

진귀조사설은 선의 교에 대한 우위를 주장하려고 해서 석가모니 이전에서 선의 근거를 구한 것으로, 한국에만 있는 설이다. 『禪門寶藏錄』에서는 진귀조사설의 근거로서 『海東七代錄』, 『達磨密錄』을 들고 있지만 둘 다 정체를 알 수 없다. 또 진귀조사설에 관해서는 『禪門寶藏錄』을 검토할 때에 상론할 예정이다.

⑦ 聖住山門 無染(800-888)

821년에 입당하여 마곡보철에게서 사법하고 845년에 귀국했다. 문하에는 2000인의 제자가 있어서 九山禪門 중에서 가장 번성하였다. 그 중에서 大通(816-883)은 입당해서 潙仰宗의 仰山慧寂의 법을 전수받았고, 麗嚴(862-930)은 曹洞宗의 雲居道膺에게서 사법하였다.

무렴의 사상 중에서 특징적인 것은 '有舌無舌土說'이다. 『禪門寶藏錄』에는 다음과 같이 기록되어 있다.

問, 有舌無舌, 其義云何. 答, 仰山云, 有舌土者卽是佛土. 是故應機門. 無舌土者卽是禪. 是故正傳門. 問, 如何是應機門. 答, 知識揚眉動目而示法, 此皆

192) 『禪門寶藏錄』 卷上(『韓國佛敎全書』 卷6, p474上)

爲應機門. 故有舌, 況語言也. 問, 如何是無舌土. 答, 禪根人是. 此中無師無弟也. 問, 若然者, 何故古人云師資相傳耶. 答, 章敬云, 喩如虛空以無相爲相, 以無爲爲用. 禪傳者亦然, 以無傳爲傳. 故傳而不傳也. 問, 無舌土中, 不見能化所化者, 與敎門如來證心中, 亦不見能化所化, 云何別耶. 答, 敎門之至極, 如來證心, 名曰海印定. 三種世間跡也. 今祖代法者, 等閑道人心裏, 永不生淨穢兩草. 故不荒三種世間草亦無出入跡. 所以不同也. 淨則眞如解脫等法, 穢則生死煩惱等法也. 所以古人云, 行者心源如深水, 淨穢兩草永不生.193)

〈묻기를, "有舌無舌이란 어떤 뜻입니까?" 답하기를, "앙산은 말하고 있다, '有舌土란 佛土이고, 그러므로 應機門이다. 無舌土란 禪이고, 그러므로 正傳門이다'라고." 또 묻기를, "응기문이란 어떤 것입니까?" 답, "선지식이 눈썹을 치켜뜬다든지 눈동자를 굴려서 법을 보이는 것은 모두 응기문이다. 그 때문에 有舌이다. 언어에 대해서는 말할 것까지도 없다." 묻기를, "무설토란 어떤 것입니까?" 답, "禪根人이 그것이다. 여기에는 스승도 제자도 없다." 묻기를, "그렇다면 왜 고인은 師資相傳이라고 했던 것입니까?" 답, "장경회혼은 '허공은 無相을 相으로 삼고, 無爲를 用으로 삼는다'고 했는데 禪에 있어서의 傳도 그와 같아서 無傳을 傳으로 삼는 것이다. 그 때문에 傳하고서도 傳할 수 없는 것이다." 묻기를, "무설토 중에 能化와 所化가 보이지 않는 것과 敎門의 如來證心 중에 능화와 소화가 보이지 않는 것은 어떻게 다릅니까?" 답, "교문의 극치는 여래 중심이고 그것을 海印定이라고 이름하는데, 그것은 三種世間의 흔적이다. 한편, 禪法에 있어서는 無事의 도인의 心中에 영원히 淨穢의 관념이 나지 않는다. 그러므로 삼종세간의 풀을 더럽히지 않고 출입의 흔적도 없는 것이다. 이것이 다른 점이다. 淨이란 진여해탈 등의 법이고, 穢란 生死煩惱 등의 법이다. 그 때문에 고인은 수행자의 心源은 깊은 물속과 같아서, 淨穢의 번뇌가 영원히 나지 않는다"고 했던 것이다.〉

여기서 인용된 앙산의 말인 "有舌土者卽是佛土. 是故應機門. 無舌土者卽是禪. 是故正傳門"의 구절은 현존하는 『仰山語錄』에는 보이지 않

---

193) 『禪門寶藏錄』 卷上(『韓國佛敎全書』 卷6, p473中-下)

는다. 그러나 『祖堂集』 卷17 「故兩朝國師(無染)條」에는 앙산의 말로서 "兩口一無舌, 卽是吾宗旨"를 가지고 무설토의 전거로 삼고 있다. 이것은 『仰山語錄』에 의하면 앙산의 임종게로서 "一二二三子, 平目復仰視. 兩口一無舌, 卽是吾宗旨."(大正47, 588a)의 한 구절이다. 즉 '말로 표현할 수 없는 세계, 그것이 나의 종지이다'라는 의미이다. 무렴에 의하면, 有舌土란 언어문자의 세계이고 無舌土는 언어문자가 끊어진 세계이다. 유설토의 세계의 극치는 화엄이고, 선은 화엄보다 뛰어나다고 주장한다. 나아가, 揚眉動目조차도 有舌土, 應機門에 넣는 것을 알 수 있다.

⑧ 曦陽山門　道憲(824－882)

최치원의 「智證大師碑文」에 "法胤唐四祖爲五世父, 東漸于海. 遡游數之, 雙峰子法朗, 孫愼行, 曾孫遵範, 玄孫慧隱, 來孫大師也."고 있듯이 도신의 법손이다. 구산선문 중에서 유일하게 입당하지 않고 산문을 열었다.

⑨ 須彌山門　利嚴(866－932)

896년에 입당해서 조동종의 운거도응에게서 사법하고 911년에 귀국했다.

이들 이외에도 雪峯義存의 법을 이은 大無爲・齊雲靈照・福淸現訥이 있고, 위앙종에서는 앙산혜적의 법을 이은 順之(생몰년 불상, 858년 입당)가 있다. 九山禪門이 전부 성립한 것은 10세기 중엽(고려 초기)이다. 이 九山禪門이 '曹溪宗'으로 불리게 되는 것은 12세기 초부터이다.

이상으로 九山禪門의 개조 9인의 입당 이력과 사상을 고찰해 보았지만, 그 특징은 다음과 같다.

① 曦陽山祖師 道憲國師 이외는 모두 입당해서 중국 승에게서 사법하고 있고, 9인 중에서 須彌山祖師 利儼國師만이 조동종의 법을 전수받고 나머지 8인은 모두 洪州宗의 승에게 사법하고 있다. 당시의 중국 선종계에서는 홍주종이 중심세력이었던 것을 생각하면 당연한 현상이라고 할 수 있을 것이다. 이들 8인 이외에도 많은 사람들이 입당하였지만, 특히 마조도일의 법사인 西堂智藏의 문하는 대부분이 신라 승이고, 조동종에서는 石霜慶諸의 법사에 신라 승이 많은 것이 특징이다.

② 9인의 대부분이 선을 배우기 전에 화엄을 수학하고 있고, 귀국하고 나서는 화엄종과 대결의 자세를 보인 사람들이 많다. 이것은 당시의 신라에 화엄세력이 컸다는 사실을 증명하는 것이기도 하다.

③ 9인 중에는 몰락한 왕실의 자제나 지방 귀족출신이 많고, 九山禪門을 지원한 세력도 지방호족이나 방계의 김씨왕실이 중심이었다. 신라 중기까지는 김씨왕실의 귀의를 받은 화엄종, 율종 등의 교학불교가 교계의 중심이었지만 신라 후기가 되면 정치적으로는 김씨의 방계나 박씨가 정권을 장악하는 등 왕위를 둘러싸고 정쟁이 격렬했다. 특히 신라 말기가 되면 후삼국으로 분열되는 것에 의해 신라왕실의 힘이 약화된 반면, 지방호족의 힘이 강대하게 되었다. 이러한 정국 속에서 지방의 산문을 중심으로 형성된 선종은 그 세력을 확대해 갔던 것이다.

④ 중국선종의 흐름에 민감히 반응하고 있다. 신라 후기(8세기 말-9세기 초)에 南嶽懷讓계의 선법이 성행해서, 특히 西堂智藏에 참구하는 승이 많았다. 반면, 신라 말에서 고려 초(9세기 말-10세기 초)에는 靑原行思계의 선법이 유행하여, 특히 石霜慶諸와 雲居道膺의 법

사가 많았다. 그런데 이러한 사실은 중국선종의 흐름에 민감히 반응한 것이라고 할 수 있다. 왜냐하면 중국선종에서도 남악회양계가 먼저 성행하고, 그 후에 청원행사계가 성대해지기 때문이다. 나아가 西堂智藏·石霜慶諸·雲居道膺은 모두 江南의 江西省에 주석하고 있었다. 西堂智藏은 鍾陵의 龔公山에, 石霜慶諸는 石霜山에, 雲居道膺은 雲居山에 주석하고 있었던 것이다. 당시의 중국선종은 강남에서 가장 성대하였지만, 그 시대의 조류를 재빨리 받아들였던 것이다.

이상으로 九山禪門의 개조에 대해서 간단히 서술했지만, 고려 초까지의 고려불교는 禪敎竝存의 시대로서 선종보다 교종의 세력이 컸다고 생각된다. 특히, 曹溪宗·華嚴宗·瑜伽宗을 '三大業'이라고 불러서 國師·王師도 모두 이 삼 종파에서 배출되었다.

3. 중국선종과의 교류

1) 중국승과의 교류

신라 말, 고려 초(9세기 말-10세기 초)에는 青原行思계의 조동종승에게서 사법하고 돌아온 고려승이 많았다는 것은 앞에서 서술하였다. 그런데 10세기 중반에 들어가서는 법안종의 승에게서 사법하고 돌아오는 승들이 늘어났다. 대표적인 승으로서는 法眼文益의 제자에 慧炬와 靈鑑이 있고, 영명연수의 문하에는 智宗 등 36인의 고려승이 있었다고 전해진다. 혜거는 943년 이후 입당했는데, 『景德傳燈錄』 卷25 「高麗道峰山慧炬國師條」에 그 기록이 남겨져 있다. 智宗(930-1018)은 959년에 중국에 들어가 영명연수에게서 사법하고 970년에 귀국했다. 그는 고려 광종(949-975 재위)에 존숭되고 현종도 그를 왕사에 임명하였다.

그런데 『景德傳燈錄』 「延壽本傳」에는

> 行道餘力念法華經一萬三千部, 著宗鏡錄一百卷, 詩偈賦詠凡千萬言. 播于海外, 高麗國王覽師言教, 遣使齎書敍弟子之禮, 奉金線織成袈裟紫水精數珠金澡罐等. 彼國僧三十六人親承印記, 前後歸本國各化一方.[194)]
> 〈도를 행하는 여가에 『법화경』 1만 3천 부를 외우고, 『宗鏡錄』 100권을 저술하고, 나아가서 詩偈賦詠은 천만 언에 미쳤다. 그것들은 해외에도 전해져서, 고려국왕이 師의 언교를 읽고 편지를 써서 사자를 파견하여 제자의 예를 갖추고, 금선가사와 자수정 몇 개와 金澡罐 등을 바쳤다. 또, 고려승 36인이 영명연수의 인기를 받고 귀국하여 각기 一方을 교화하였다.〉

라고 기록되어 있다. '고려국왕'이란 光宗(950-975 在位)이라고 생각되지만, 고려국왕이 읽었다는 '師의 言教'란 『宗鏡錄』일 가능성도 있다. 『宗鏡錄』은 法相 · 華嚴 · 天台 등을 선에 융합시킨 문헌으로서 961년에 편찬되었다. 椎名宏雄 씨의 조사에 의하면[195)], 『宗鏡錄』은 고려에서 1회 간행되었는데 그것은 1246-8년 南海分司大藏都監의 간행이다. 그러나 1213년에 『宗鏡撮要』가 간행되고 있는 사실에서 보면 『宗鏡錄』은 그 이전에 간행되었을 가능성이 크다고 생각된다. 이와 같이 10세기 중엽에 고려에서 법안종이 유행한 것은 高麗光宗-顯宗(949-1031 在位) 사이의 고승들이 모두 법안종의 승들인 사실에서도 알 수 있다.

한편 당시 중국에서는 五代十國의 시대가 끝나고 907년에 거란이 건국되고, 947년에는 '遼'로 국호를 개칭하였다. 나아가 960년에는 북송이 건국된다. 북송 초기의 고려는 북송과 우호관계를 맺고, 불교교류도 활발하게 행해졌다. 그러나 요의 계속되는 고려침략으로 1022년에 요와 국교를 맺고, 북송과는 단교하기에 이른다. 이후 1071년에 송

---

194) 大正51, 422a
195) 『宋元版禪籍の研究』, pp71-73

과 국교를 재개하기까지 승들은 송에 유학할 수가 없었다.

1071년에 송과 국교가 재개되자 재빨리 송에 유학한 승 중에는 慧照國師曇眞(生死年不詳)이 있다. 그는 九山禪門 중의 사굴산문에 속하는 승으로서, 1076년에 도송하여 臨濟宗의 淨因道臻(1014－1093)의 법을 이었다. 그뿐만이 아니라, 그는 遼本大藏經 3부와 송불교계의 儀軌, 排鉢 등을 전하여 叢林會의 法式을 정하였다. 혜조국사의 문인으로서 유명한 사람은 居士 李資玄(1061－1125)과 僧坦然(1069－1158)이 있다.

우선 이자현은 『雪峯語錄』을 통해서 깨달음을 열었는데 그 사실이 「眞樂公重修淸平山文殊院記」에 기록되어 있다.

> 深究佛理, 而偏愛禪寂自稱. 嘗讀雪峯語錄云, 盡乾坤是箇眼, 汝向甚處蹲坐. 於此言下, 豁然自悟. 從此以後, 於佛祖言敎, 更無疑滯.[196]
>
> 〈불법을 탐구하여 오로지 선적을 사랑함을 자칭하였다. 일찍이 설봉어록을 읽었는데 "천하대지가 하나의 눈이거늘 너는 어디에 웅크리고 앉아 있는가?" 하는 대목에 이르러, 언하에 대오하였다. 그때부터는 불조의 가르침에 막히는 것이 없었다.〉

"盡乾坤是箇眼, 汝向甚處蹲坐."의 구절은 『雪峯義存禪師語錄』[197]에 나오는 말로 『雪峯義存禪師語錄』에는 1032년의 王隨의 序나 1080년의 孫覺의 序가 있는 것에서 보면, 이자현이 일찍부터 『雪峯語錄』을 입수하여 읽고 있었다고 생각된다.

坦然(1069－1158)은 사굴산문의 승으로서 1139－1145년 사이에 북송의 임제종 승인 育王介諶(1080－1148)과 간접적인 교류를 하고 있다. 「斷俗寺大鑑國師(坦然)塔碑」에는 다음과 같이 기록되어 있다.

---

196) 『朝鮮金石總覽』上, p.326
197) 卍續119冊, 956上

嘗寫所作四威儀頌, 併上堂語句, 附上船, 寄大宋四明阿育王山廣利寺. 師介諶印可, 乃復書極力嘆美, 僅四百余言, 文繁不載. 又有道膺膺壽行密戒環慈仰, 時大禪伯也. 乃致書通好, 約爲道友.[198)]
〈일찍이 지은 사위의송과 상당어구를 배편으로 송나라의 四明阿育王山廣利寺에 보냈다. 개심은 그를 인가하고 답서를 보내어 극구 칭송하였지만, 4백여 언이나 되므로 그것을 여기에 실을 수는 없다. 또, 道膺·膺壽·行密·戒環·慈仰 등이 있었는데 모두 당시의 대선지식이다. 그들과도 편지를 보내 교류하여 도우가 되었다.〉

육왕개심은 임제의현의 8대손에 해당하는 임제종황룡파의 승이므로 「斷俗寺大鑑國師塔碑」에는 탄연을 임제의현의 9대손이라고 하고 있다. 『續傳燈錄』 권33 「育王介諶禪師法嗣條」에도 육왕개심과 탄연의 교류가 기록되어 있는데 그곳에는 "海商方景仁이 개심의 설법을 기록하여 귀국하자, 탄연이 그것을 읽고 대오하였다. 그 후, 사위의송과 語要를 방경인에게 부탁해서 개심에게 보이자 개심이 찬탄하여 사법하게 했다"[199)]고 기록되어 있다.

여기에서 보면, 당시의 한중 간의 불교교류에는 해상을 통한 교류가 성했던 것을 알 수 있다. 당시는 북방의 요 때문에 육로통행이 불가능했으므로 해상을 통해서 도송하는 수밖에 없었지만, 특히 상인을 통한 불교교류가 활발하였다. 예를 들면 義天은 해상을 통해서 晉水淨源과 편지나 佛書를 교환했지만, 때로는 중국의 해상이 무역의 일환으로서 대규모로 경판의 주조를 알선해서 고려에 수출하기도 하였다. 말하자면 이것은 불교문화재의 국외유출로 蘇軾은 「乞禁商旅過外國狀」을 써서 불서유출의 금지를 호소하기도 하였다.

---
198) 『朝鮮金石總覽』上, p564
199) 大正51, 699b-c

다음으로는 九山禪門 중의 가지산문의 學一(1052-1144)을 들지 않으면 안 된다. 그에 대해서는 慧洪의 『禪林僧寶傳』과 관련해서 다음과 같은 기록이 남겨져 있다.

> 是月主盟禪席, 時學者盛談二種自己. 師曰, 自己一而已, 安有二哉. 從今已往, 宣禁止之. □□□□□□致疑於其間者衆, 及慧洪僧寶傳至, 判古師三失, 以分自己爲一失. 學者見此, 然後斷惑.[200]
>
> 〈인종 1년(1123) 7월에 승과를 주관했는데, 당시의 수행자들이 많이 2종의 자기를 주장하고 있었다. 그러자 師가 말하기를, "자기는 하나밖에 없는데 어째서 둘이 있겠는가? 지금부터는 그것을 금한다." □□□□□ 師의 말에 의문을 품는 사람이 많았는데, 후에 혜홍의 『禪林僧寶伝』이 전해지자 거기에는 古師의 三失을 나누어 자기를 나누는 것을 一失로 했다. 수행자들이 그것을 보고 나서는 의문을 버렸다.〉

이 기록은 1120년대의 고려에 慧洪의 『禪林僧寶傳』이 전해져 있었던 것을 말하고 있다. 『禪林僧寶傳』이 찬술된 것이 宋, 宣和 5年(1123)이므로 상당히 빠른 시기에 고려에 전해졌다고 생각된다. 여기서 "古師의 三失을 나누어, 자기를 나누는 것을 一失로 했다."라는 것은 『禪林僧寶傳』 권20 「薦福承古禪師條」에서 천복승고가 三玄門을 해석한 것에 대해서 혜홍이 "古說法有三失……其三, 分兩種自己, 不知聖人立言之難."(卍續137冊, 493上)이라고 한 것을 가리키고 있다.

이와 같이 남송시대가 되면, 송과의 교류는 간접적인 서한교류나 불전의 전래밖에 없고, 직접 도송할 수는 없었다. 그것은 중국의 북방에서 金이 건국하여(1115년), 요와 북송을 1125년과 1127년에 차례로 멸망시키고 마침내는 고려에 침입하였으므로, 고려는 금에 조공할 수밖에 없었기 때문이다. 송과의 공식적인 관계도 1136년에 남송에 사신을 보낸

200) 「雲門寺圓應國師(學一)碑」(『朝鮮金石總覽』上, p350)

것을 끝으로 끊어지게 된다. 이와 같이 고려는 차례로 요, 금의 종주국이 되어 송과의 공식적인 관계가 끊어지는 것에 의해 고려승이 중국승에게서 사법하는 것도 없어지게 되고, 14세기 중엽의 고려 말에 太古普愚(1301-1382)·白雲景閑(1297-1373)이 石屋淸珙(1272-1352)에, 懶翁慧勤(1320-1376)이 平山處林(1279-1361)에 入元傳心해서 임제종을 전하기까지 기다리지 않으면 안 되었다.

2) 대장경의 전래와 禪籍의 유입과 간행

당대 이후 활발하게 된 한중 간의 불교교류는 당연히 불교전적의 유통을 수반하여 유학승 중에서는 대장경을 가지고 귀국한 사람도 있었다. 중국에서 신라, 고려에 전해진 대장경을 표로 나타내면 다음과 같다(표는 『中朝佛敎文化交流史』(黃有福·陳景富 共著, 中國社會科學出版社, 1993)을 참고해서 작성했다).

〈표1〉 대장경전래연표

傳來者	國籍	傳來年	藏經名	出典	備考
慈藏	新羅	643		『三國遺事』 卷4	抄寫本
洪慶	新羅	928		『高麗史』 卷11	抄寫本
如可	高麗	989	蜀本大藏經	『宋史』 卷487	
韓彦恭	高麗	991	蜀本大藏經	『高麗史』 卷3	
韓祚	高麗	1022	蜀本大藏經or 婺州開元寺 大藏經	『高麗史』 卷4	
遼使	遼	1062	遼本大藏經	『高麗史』 卷8	
遼使	遼	1072	遼本大藏經	『遼史』「道宗紀」	
遼使	遼	1099	遼本大藏經	『高麗史』 卷11	
慧照國師	高麗	1122	遼本大藏經3部	『三國遺事』 卷3	
元使	元	1327		『朝鮮金石總覽』上 「文殊寺藏經碑」	

한편, 고려에서도 蜀本大藏經을 참고로 해서 1029년에 초조고려대장경을 완성했다. 나아가 1086년에는 의천이 경문 1000권을 가지고 귀국하여, 일본 · 요에서 얻은 전적 총 5048권으로 『新編諸宗教藏總錄』을 편찬하고 또 속장경을 간행하였다. 그런데 고려는 사경기술이 뛰어나서 원은 종종 사경승과 佛經紙를 요구하였기 때문에 1305년에는 사경 승 100인을 원에 파견한 적도 있었다.

한편, 선적에 관해서는 이미 『宗鏡錄』, 『雪峯語錄』, 『禪林僧寶傳』 등이 고려에 유입되어 읽혀지고 있었던 것을 서술했지만, 1022년에 이미 蜀本大藏經(혹은 婺州開元寺大藏經)이 전해졌으므로 이때 『景德傳燈錄』을 필두로 하는 선적도 유입되었다고 생각된다. 왜냐하면, 『寶林傳』, 『景德傳燈錄』은 촉본대장경의 속장으로서 각각 998년과 1011년에 입장되기 때문이다. 실제로 고려의 「龍門寺重修記」에는 1179년에 『景德傳燈錄』 등을 강의했다는 기록이 있다.

> 己亥年創寺工畢, 會九山門學徒五百人, 設五十日談禪法會, 請斷俗寺孝惇, 教習傳燈錄楞嚴經仁岳集雪竇拈頌[201]
> 〈기해년(1179)에 창사의 공정이 끝나자 九山禪門의 문도 500인을 모아서 50일간의 담선법회를 열고, 단속사의 효순으로 하여금 『傳燈錄』, 『楞嚴經』, 『仁岳集』, 『雪竇拈頌』 등을 강의하도록 청하였다.〉

椎名宏雄氏는 『宋元版禪籍の研究』[202] 중에서, 고려에서 간행된 중국선적을 상세히 조사하고 있는데, 그것을 간략히 표로 나타내면 다음과 같다(이하는 椎名 선생의 연구에 전적으로 의존하고 있음을 미리 밝혀둔다).

---

201) 『朝鮮金石總覽』上, p410
202) pp50-86

〈표2〉고려판중국선적간행연표

禪籍名	編著者	刊行年	改版者	回 數
『永嘉眞覺大師證道歌(淨居註)』	唐, 永嘉玄覺 撰	1089 1299	普濟寺	2회
『六祖壇經』	慧能 撰	1207 1214 1256 1300 1316 1341 1357-60 1370	曹溪山修禪社 天寶山檜巖寺 南原歸正寺	8회
『宗鏡撮要』	北宋, 永明延壽 撰	1213	曹溪山修禪社	1회
『正法眼藏』	宋, 大慧宗杲 撰	1213	曹溪山修禪社	1회
『祖堂集』	五代, 靜・筠 共編	1245	南海分司大藏都監	1회
『宗鏡錄』	北宋, 永明延壽 撰	1246-8	南海分司大藏都監	1회
『宗門摭英集』	北宋, 性簡編	1254	南海分司大藏都監	1회
『禪苑清規』	北宋, 長蘆宗頤 撰	1254	南海分司大藏都監	1회
『碧巖集』	圓悟克勤 撰	1317		1회
『人天寶鑑』	南宋, 四明曇秀編	1290	伽倻山海印寺	1회
『佛祖三經(注)』	南宋, 大洪守遂 撰	1341 1361 1384	小伯山正覺寺 全州圓巖寺	3회
『人天眼目』	南宋, 晦巖智昭編	1357 1395 미상	京師大聖壽慶寺 天寶山檜巖寺	3회
『高峰和尙禪要』	元, 高峰原妙 撰	1358 1399	吳郡集雲精舍 智異山德奇寺	2회
『景德傳燈錄』	北宋, 永安道原撰	1372	光明寺, 開天寺, 堀山寺, 伏巖寺 共同開版	1회
『禪林寶訓』	南宋, 淨善 重集	1378	忠州青龍寺	1회
『護法論』	北宋, 張商英 撰	1379	忠州青龍寺	1회
『禪宗永嘉集』	唐, 永嘉玄覺 撰	1381	忠州青龍寺	1회

禪籍名	編著者	刊行年	改版者	回 數
『金剛經川老註』	南宋, 冶父道川頌 및 著語	1387		1회
『大慧普覺禪師書』	宋, 大慧宗杲 撰	1387	高達山佛峙寺	1회
『註心賦』	北宋, 永明延壽 撰	1397		1회
『円覺道場禮懺禪觀等事』	唐, 圭峰宗密 撰	미상		1회
『悟性論』·『晦堂錄』		미상		1회
『慈覺禪師語錄』	北宋, 長蘆宗頤 撰	미상		1회
『大藏一覽集』	南宋, 陳實 編	미상	南海分司大藏都監	1회
『大方廣円覺略疏注經』	唐, 圭峰宗密 撰	미상		1회
『達磨三論』		미상		1회

이하, 그 특징을 정리하면 다음과 같다.

① 고려에서 간행된 24종류의 선적 중에서 반에 해당하는 선적, 즉 『金剛經川老註』, 『高峰和尙禪要』, 『慈覺禪師語錄』, 『宗門摭英集』, 『宗鏡撮要』, 『禪宗永嘉集』, 『禪林寶訓』, 『祖堂集』, 『註心賦』, 『人天寶鑑』, 『佛祖三經(注)』, 『永嘉眞覺大師證道歌(淨居註)』의 12개가 現存 最古의 텍스트이다. 나아가 『慈覺禪師語錄』, 『宗門摭英集』, 『祖堂集』, 『永嘉眞覺大師證道歌(淨居註)』의 4개는 다른 판본이 없는 세계 유일의 판본이다.

② 간행 시기는 대부분이 13세기 이후이지만, 13세기는 적고 14세기 이후 급증하는 경향에 있다. 그 이유로서는 九山禪門의 재편과 조계종의 흥성, 고려 말에 있어서의 대장경의 再彫, 이조 초기에 있어서의 태조의 숭불 등의 역사적 배경 때문이라고 생각된다.

③ 개판자는 南海分司大藏都監이 5종 있지만 그 외에는 寺版이고, 민간의 판본은 없다. 남해분사대장도감은 高麗大藏經再彫를 위해 설치된 국가기관으로서, 『祖堂集』 등이 고려대장경의 補版으로서 남해분사대장도감에서 간행된 것은 주지의 사실이다.[203] 또 조선시대도 포함

해서 한국에서는 민간의 개판은 드무므로위의 開版者不明의 선적도 寺版이라고 보아도 좋을 것이다.

④ 개판된 텍스트류는 覆宋版, 覆元版을 포함해서 重刊書가 많다.

⑤ 전적의 종류로는 대개 綱要書나 교리적인 것이 많고, 개인어록류는 드물다. 이것은 한국선의 특색인 禪教一致적인 경향을 반영하는 것이다. 또 『六祖檀經』이 단연 많이 간행된 것은 『六祖檀經』이 고려선종의 근본 교의서였기 때문일 것이다. 주지하는 대로 '曹溪宗'이라는 명칭은 '曹溪慧能'에서 유래하는 것으로, 조계종의 종조인 普照智訥이 『六祖檀經』을 읽고 깨달아 스스로 『六祖檀經』에 跋을 써서 간행한 적도 있다.

3) 看話禪의 유입과 大慧사상의 수용

한편, 중국에서는 북송 이후 고인의 公案을 참구한다든지 또 그것에 評唱을 가한다든지, 頌古, 拈古하는 풍조가 유행했다. 예를 들면, 汾陽善昭는 『傳燈錄』에서 100칙을 가려내고 그것에 頌과 拈을 가한 '三百則'을 만들고, 조동종의 宏智正覺도 「頌古百則」과 「拈古百則」을 남기고 있다. 나아가 雪竇重顯은 『傳燈錄』에서 100칙을 추출하여 『雪竇頌古』와 『雪竇拈古』를 지었는데 그것에 圜悟克勤이 評唱과 著語를

203) 그러나 大屋德城 「朝鮮海印寺經板攷」(大屋德城著作選集9, 『佛教古板經の研究』, 國書刊行會, 1988)과 藤田亮策 「海印寺雜板攷」(『朝鮮學報』, 140), 中島志郎 「高麗中期禪宗史 ― 崔氏武臣政權下の教宗と禪宗の動向を中心に ―」(『花園大學報國際禪學研究所研究報告』 7集, 2000)에서는 補版 자체의 존재를 부정하고 있다. 中島志郎는 상게논문에서 "판형도 포함에서 분사대장도감의 제작공방으로서의 기능을 빌렸을 뿐으로, 분사대장도감의 刊記가 있다고 해서 대장경 보유판으로 단정하는 것은 주저된다"고 하고 있다.

붙인 것이 『碧巖錄』이다. 또 고인의 공안을 참구하는 것은 수행의 방법으로서 이용되어, 스승은 제자의 근기에 맞는 공안을 참구시켰다. 이것이 소위 看話禪으로 看話禪이 본격적으로 선림에 행해진 것은 大慧宗杲 이후이다.

그렇다면 과연 간화선이 고려에 전해진 시기와 과정은 어떠했던가? 우선, 『雪竇頌古』(11世紀 中盤 編纂), 『碧巖錄』(12世紀 初 編纂) 등의 공안집이 고려에 유통한 사정을 조사해 보면, 「龍門寺重修記」에 다음의 기록이 있다.

> 己亥年創寺工畢, 會九山門學徒五百人, 設五十日談禪法會, 請斷俗寺孝惇, 教習傳燈錄楞嚴經仁岳集雪竇拈頌.[204)]
> 〈기해년(1179)에 창사의 공정이 끝나자 九山禪門의 문도 500인을 모아서 50일간의 담선법회를 열고, 단속사의 효순으로 하여금 『傳燈錄』, 『楞嚴經』, 『仁岳集』, 『雪竇拈頌』 등을 강의하도록 청하였다.〉

『雪竇拈頌』이란 『雪竇頌古』와 『雪竇拈古』의 병칭일 것이지만 12세기 중반에 이미 『雪竇拈頌』이 고려에서 강의되고 있었던 것을 알 수 있다.

그런데 앞의 〈표 2. 고려판중국선적간행연표〉에 의하면 『碧巖錄』은 고려시대에는 1317년에 1회밖에 간행되지 않았다. 그러나 실제로는 더 이른 시기에 간행되었다고 생각된다. 왜냐하면 『大慧普覺禪師語錄』(1170-1171年 入藏)의 경우, 1198년에 이미 普照智訥이 입수해서 읽고 있고 또 고려시대에 수회 간행되었지만, 1387년 개판의 1회밖에 기록이 남아 있지 않기 때문이다. 그러므로 당연한 말이지만 〈고려판중국선적간행연표〉의 개판상황이 전부라고는 할 수 없다. 물론, 일본의 임제종이 『碧巖錄』의 영향을 많이 받은 것에 비해 한국선종은 大慧宗杲의 영향

---

204) 『朝鮮金石總覽』上, p410

이 크다. 조선시대에 들어와서도 『碧巖錄』의 간행횟수는 많지 않다. 그 이유에 대해서는 여러 견해가 있지만, 같은 성격의 공안집인 『禪門拈頌集』이 眞覺國師慧諶에 의해 1226년에 간행되었으므로 『碧巖錄』을 공부할 필요가 없었을지도 모른다. 『禪門拈頌集』에 미친 『碧巖錄』의 영향에 대해서는 금후 연구의 필요가 있다고 생각된다.

한편, 『大慧普覺禪師語錄』은 중국에서 1170-1171년에 福州開元寺大藏經에 정식으로 입장된다. 이것은 개인의 어록으로서는 최초의 入藏이다. 그러나 이전부터 『大慧書』와 『正法眼藏』(1147年 編纂) 등은 단행본으로서 간행되고 있었다. 고려에 있어서 『大慧語錄』에 관한 최초의 기록은 普照智訥(1158-1210)의 「佛日普照國師碑銘」이다.

> 師嘗言, 予自普門已來, 十余年矣. 雖得意勤修, 無虛廢時, 情見未忘, 有物碍膺, 如讐同所. 至居智異, 得大慧普覺禪師語錄. 云, 禪不在靜處, 亦不在鬧處, 不在日用應緣處, 不在思量分別處. 然第一不得捨却, 靜處鬧處日用應緣處思量分別處. 忽然眼開, 方知皆是屋裡事. 予於此契會, 自然物不碍膺, 讐不同所, 當下安樂耳. 由是慧解增高, 衆所宗仰.205)
>
> 〈사가 일찍이 말하기를, "나는 보문에서 와서 벌써 10여 년이다. (그동안) 뜻대로 참구하여 그만두지 않았지만, 情見이 없어지지 않고 장애가 있어 마치 원수와 함께 있는 듯하였다. (그러나) 지리산에 들어가서 『大慧普覺禪師語錄』을 얻었다. 거기에는 다음과 같이 적혀 있었다. '선은 靜處에도 없고, 鬧處에도 없고, 日用應緣處에도 없고, 思量分別處에도 없다. 그러나 정처 · 동처 · 일용응연처 · 사량분별처를 버려서는 안 된다. 홀연히 눈이 열려야 비로소 모든 것이 자기 집안의 일이었음을 알 것이다.' 나는 여기서 계합하여 자연히 장애하는 것이 없어져서 원수와 함께 있는 것이 아니라 그 자리에서 안락을 얻었다. 그것으로 혜해가 점점 높아져서 사람들에게서 존경받게 되었다."라고.〉

205) 『普照全書』, p420

인용된 『大慧語錄』의 구절은 30권본 『大慧語錄』 卷19의 『大慧法語』 「示妙證居士」[206]의 일부이다. 智訥이 『大慧語錄』을 읽은 것은 1198년(41세)으로 아마도 입장된 30권본 『大慧語錄』을 읽었다고 생각된다. 智訥은 깨달음의 경험이 세 번 있었다고 말해지는데, 첫 번째는 『六祖檀經』, 두 번째는 李通玄의 『新華嚴經論』을 읽고 나서이고, 최후의 세 번째가 『大慧語錄』을 읽은 후이다. 이후, 智訥은 언제나 『大慧語錄』을 애독했다고 생각된다. 『大慧語錄』은 普照智訥과 그 제자인 眞覺國師慧諶을 필두로 하는 조계산수선사계에서 특히 중시했지만, 전통적인 九山禪門에서도 널리 읽혔다고 생각된다. 고려시대의 문신인 李奎報(1168-1241)이 저술한 『東國李相國集』 卷25 「昌福寺談禪牓」에는 다음과 같이 기록되어 있다.

> 故禪法中微, 幾至如線. 我晋康公扶而起之, 力築潰堤, 手廻狂瀾, 有以維持. 然後源流益漲, 祖道大行於世矣……其集如雲, 禪席之盛, 古今所無是會也. 弁公主盟, 眞公副焉. 說六祖壇經徑山語錄, 每夜談空, 率以爲常.[207]
> 〈그러므로 선법이 쇠퇴하여 마치 실과 같았다. 우리 진강공이 그것을 도와서 힘써 제방을 쌓고, 무너져가는 선을 부흥시켜 보존하였다. 그때부터 (선법의) 원류가 점점 흥하여 조도가 세상에 크게 행해졌다…… 구름과 같이 모여서 선석이 이번처럼 성대했던 적이 없었다. 弁公이 主盟, 眞公이 副가 되었다. 『六祖壇經』, 『徑山語錄』을 설하여 매일 밤 空에 대해서 이야기하였다.〉

이 내용에 의하면 崔忠獻이 선에 귀의하여 그 진력에 의해 선이 부흥하고, 선석이 성대했던 것이 고금에 예가 없었다고 한다. 여기서 말하는 "弁公이 主盟, 眞公이 副가 되었다"의 두 사람이 누군지는 알 수

---

206) 大正47, 893c
207) 『東國李相國集』 卷下, pp6-7(朝鮮古書刊行會本, 大正2年)

없지만, 1211-1215년간에 『六祖壇經』, 『徑山語錄』(『大慧語錄』. 경산은 大慧가 거주한 山名)을 읽었다고 한다. 나아가 〈표 2. 고려판중국선적 간행연표〉에도 있듯이, 『正法眼藏』도 1213년에 조계산수선사에서 개판되고 있다. 이와 같이 『大慧語錄』, 『正法眼藏』 등은 大慧死後 곧 고려에 전해져서 읽혀졌던 것을 알 수 있다. 그 이유로서는 『大慧語錄』이 大慧死後 곧 입장되어, 그 대장경이 고려에 전해졌기 때문이라고 생각된다.

그러나 大慧의 저작 중에서 고려에 가장 큰 영향을 준 것은 『大慧書』(한국에서는 보통 『書狀』이라고 불린다)이다. 현존하는 『大慧書』의 최초의 고려 간본은 1387년 高達山佛峙寺 간본이다. 유학자인 李穡이 쓴 跋文에 의하면

> 我國普照國師, 嘗以壇經爲師, 書狀爲友. 侍者夢中, 每見三人會語. 是以來, 學者崇信之至今.
> 〈우리나라의 보조국사는 일찍이 『六祖檀經』을 스승으로 삼고, 『書狀』을 벗으로 삼았다. 시자가 꿈속에서 3인이 만나서 이야기하는 것을 보았다. 그 이후, 학자들이 숭신하여 오늘날에 이르렀다.〉

라고 기록되어 있어 智訥이 얼마나 『大慧書』를 애독했는가를 말하고 있다. 이후 『大慧書』는 조선시대에 26회 이상 개판되었고, 현재도 조계종의 강원의 교재로서 중요시되고 있다.

특히 관심을 끄는 것은 고려에서 개판된 판본의 대부분이 「乾道二年(1166)徑山妙喜庵」이라는 간기를 가진 송판의 복각판이라는 사실이다. 이 판본은 『大慧語錄』이 입장되기 이전의 것으로 아마도 단행본으로서 간행되었다고 생각된다. 이것이 現存 最古의 간본이다. 그 간기는 다음과 같다.

弟子聞人諒莫浹・戴質・楊楷・超宗道人普覺・
超然道人淨覺, 各施財刊版
乾道二年歲次丙戌八月
勅賜徑山妙喜庵刊行

4. 고려 중기의 불교계의 동향

고려는 光宗代(950-975 在位)에 과거제도를 도입하여 문무양반관료에 의한 정치체제를 갖추었지만, 관료정치가 정착함에 따라서 문신의 힘이 증대하여 文尊武卑의 풍조가 생겼다. 이 문신의 압도적인 우위하에서 언제나 냉대를 받아온 것이요, 몽고 등의 위협하에서 국경의 방위를 맡았던 무신들이었다. 무신들의 불만은 마침내 1170년 將軍 鄭仲夫(1106-1179) 등의 반란으로 나타났다. 정중부는 또 1179년에 경대승에 살해되는 등, 무신란을 계기로 문신의 반격, 무신들끼리의 항쟁, 나아가 각지에는 민란이 발생하고 북방에서의 위협도 맞물려서 내우외환의 양상을 보였다. 이 항쟁에 종지부를 찍은 것이 1196년에 반대파를 물리치고 정권을 장악한 將軍 崔忠獻(1149-1219)이었다. 그는 1198년에는 明宗을 폐위시키고 神宗을 옹립하고, 정적을 차례로 제거하고 농민의 반란을 제압하여 권력기반을 다졌다. 여기서 소위 崔忠獻・崔怡・崔沆・崔竩의 4대에 걸친 최씨무신정권이 확립되었다.

한편, 불교는 고려시대 전체를 통해서 국교의 지위를 차지한다. 통일신라 이래의 華嚴敎學을 필두로 신라 말에 전래된 禪宗, 義天에 의한 天台宗의 성립 등 고려는 한국불교사에 있어서 가장 성대한 시대였다. 또, 고려시대에는 왕후귀족의 자제가 출가하는 경우(예를 들면 의천)도 많았기 때문에 승려는 권력과 결탁하고 정치동향에 민감히 반응하였다. 따라서 무신정권의 확립과 북방민족의 침략이라고 하는 시대상황에서 영향을 받지 않을 수 없었다.

불교계에서는 기존의 왕후귀족, 문신관료들과 긴밀한 관계를 유지해 온 세력은 왕도를 거점으로 한 敎宗이었다. 실제로 교종을 중심으로 한 승려들이 문신귀족과 결탁하여 몇 번이나 무신정권에 반란을 일으킨 적도 있었다. 이것에 반하여 선종세력은 崔忠獻과 그의 자식인 崔怡에 의해 부흥하게 된다. 특히 최충헌의 好禪은 선적의 간행을 촉진하기도 하였다. 일본의 無着道忠의 『六祖壇經生召帚』에는 다음과 같은 기록이 있다.

> 又題云, 高麗國晋康府乳母特爲晋康公及妃主王氏, 福壽無彊, 厄會頓除云云. 募工雕板印施, 無窮良緣者. 貞祐二年(1214)甲戌二月日誌.
> 〈또 題해서 말하기를, "高麗國晋康府의 乳母는 일부러 진강공(최충헌)과 부인 왕씨의 장수와 재액이 없어지기를 빈다, 운운." 공인을 모집하여 판각에 새겨서 간행하여 좋은 인연을 무궁히 하였다.〉

즉 최충헌을 위해 1214년에 『六祖檀經』이 간행된 것을 말하고 있다.

그런데 최충헌이 정권을 장악한 시대는 普照智訥(1158-1210)의 생존연대와 비슷하다. 그러나 최충헌의 시대에는 智訥을 중심으로 하는 修禪社系列이 아직 두각을 나타내기 전이었다. 최충헌과 가까이 지내고 중요시된 것은 志謙(1145-1229)를 중심으로 한 九山禪門이었다.

靜覺國師志謙은 11세에 得度하여 1193年 三重大師, 1196年 禪師, 1204年 大禪師에 임명되고, 1213년에는 왕사에 임명되는 등 출세의 가도를 달린 인물이다.[208] 특히, 최충헌은 자식인 怡를 지겸에게 출가시

208) 고려시대의 法階는 다음과 같다.
大德→大師→重大師→三重大師→禪師→大禪師(禪宗)
↘首座→僧統(敎宗)

키고 있는데 이 怡가 최충헌의 뒤를 이어 집권하는 崔怡이다. 이와 같이 지겸이 당대 선종의 주요인물로서 출세가도를 달리는 것과 대조적으로, 智訥은 최씨정권과는 가깝지 못하였고 왕도에 올라간 적도 없었다. 또, 수선사 2세인 慧諶도 1214년에 선사에 임명되는 정도에 지나지 않았다.

그러나 崔怡가 집권(1219-1249)하자 상황은 변하였다. 고려역사상 가장 큰 격동은 智訥과 최충헌의 사망 후에 시작하는데 그것은 1231년 이후 30년 동안 여섯 번에 걸친 몽고의 침략이 그것이다. 1232년 고려조정은 할 수 없이 강화도로 천도하였고, 그 와중에 初雕大藏經이 소실되는 비극을 맞기도 하였다. 이러한 외적의 침략에서 나라를 지키기 위해 崔怡는 사회통합을 추진하지 않으면 안 되었다. 그를 위해 행해진 것이 선종의 부흥이었다. 『東國李相國集』 卷25 「龍潭寺叢林會牓」에는 다음과 같이 기록되어 있다.

> 夫祖駕西來, 心法之行乎中國尙矣. 然猶未及於三韓. 曁新羅王子道義國師, 航海入唐, 求法於地藏和尙, 得而東還, 遂入定陳田寺, 密傳心印. 然後禪轍始輾于東土矣. 及我太祖肇基王業, 篤崇禪法. 於是刱五百禪宇於中外, 以處衲子. 間歲設談禪大會於京師, 所以鎭北兵也.[209]
> 〈조사(達磨)가 서래하여 心法이 중국에 전해진 것은 옛날이다. 그러나 아직 삼한에는 전해져 있지 않다. 신라왕자 도의국사가 입당하여 서당 지장에게서 사법하고 돌아온 후, 진전사에서 입정하여 心印을 몰래 전하였다. 그때부터 선법이 삼한에 퍼지기 시작했다. 우리 태조임금이 고려를 건국하자 선법을 대단히 숭상하였다. 그래서 전국에 500개의 선찰을 지어서 衲子를 거주하게 하였다. 그리고 때때로 도읍에 담선대회를 여니 그 덕택으로 북병을 진압할 수 있었다.〉

---

209) 『東國李相國集』 卷下, p11

여기서는 고려선이 신라 말에 도의국사에 의해 전래된 것을 말하고, 나아가 고려 건국의 때에 태조가 선법을 숭상하여 오백 개의 禪刹을 개창한 것을 강조하고 있다. 이 태조에 의한 '五百禪宇開創說'은 이후의 무신정권에 있어서 죽 강조되는 이야기로, 그것은 외적의 침략 시에 국가의 원류를 찾는 것에 의해 정신적 지주를 발견하려는 민족주의의 발로이기도 하다. 또 여기서 "담선대회를 여니 그 덕택으로 북병을 진압할 수 있었다"고 하는 기록에서 선종의 부흥이 외적의 침략을 막기 위한 방책으로서 정책적으로 행해진 것을 알 수 있다. 護國攘夷는 선종뿐만이 아니라 당시의 불교계 전체에 주어진 과제이기도 했다.

崔怡는 강화도천도(1232년)를 계기로 불교계의 재편에 착수하였다. 이때 崔怡에 의해 존숭되는 인물이 수선사 2세인 眞覺國師慧諶(1178-1234)이다. 崔怡는 자식인 萬宗, 萬全을 慧諶 밑으로 출가시키고 있는데, 만종은 慧諶의 뒤를 이어 斷俗寺의 주지가 된다. 또 만전은 崔怡의 사망 후에 집권하게 되는 崔沆(1209-1257)이다.

한편, 慧諶은 1226년에 宋代看話禪의 公案과 評語를 집대성한 『禪門拈頌集』을 편찬했지만 강화도천도(1232)의 혼란 중에 없어지고 말았다. 慧諶은 1234년에 시적하지만, 『禪門拈頌集』은 수선사 3세 夢如에 의해 1248년에 재간된다. 그런데 이 『禪門拈頌集』의 재간 시에도 최씨 일족의 적극적인 지원이 있었다. 增補 『禪門拈頌集』의 跋에는 다음과 같이 기록되어 있다.

> 禪師萬宗般若中來, 乘夙願力, 輸賄于海藏, 分司募工彫鏤, 以壽其傳. 囑予爲誌. 姑書始末云. 高麗高宗三十年癸卯仲秋 逸庵居士 鄭晏 跋.[210]
>
> 〈선사만종이 반야 가운데서 숙세의 원력에 의해 남해분사대장도감에 자금

---

210) 『韓國佛敎全書』 卷5, p923上

을 기부하여, 공인을 모아서 판목에 새겼다. 나에게 발을 써줄 것을 청하므로 잠시 시말을 쓴다……〉

단속사 주지인 만종은 崔怡의 자식으로 慧諶 밑으로 출가한 사실은 앞에서 서술했지만, '逸庵居士 鄭晏'은 崔怡의 처남이다. 그는 남해 지방의 유력한 호족으로 남해분사대장도감의 중심인물로서 대장경의 간행에 기여한 적도 있었다. 이와 같이, 『禪門拈頌集』의 재간에는 최씨 일족의 지원이 불가결했던 것이다.

이상과 같이 수선사 2세인 慧諶 이후 수선사계열은 고려불교의 중심이 되었는데, 그것은 강화도천도 이후의 1245년에 崔怡가 강화도에 禪源寺를 세우고, 수선사 4세 混元(1191－1271), 5세 天英(1215－1286)을 계속해서 주지에 임명하는 것에서 알 수 있다. 선원사는 對蒙抗爭 기간에 있어서 호국불교의 거점이고, 崔怡의 願刹이기도 하였다. 나아가, 1251년에 재조간행된 고려대장경이 보관된 장소이기도 하다. 이와 같이 기존의 九山禪門이 아니라 신흥세력인 수선사계열을 중시한 것은 대몽항쟁을 위해서는 사회를 통합할 필요가 있었기 때문이다.

한편 불교사상의 측면에서 보면 九山禪門은 마조도일을 중심으로 하는 唐代의 無事禪이 그 중심이었다. 반면, 수선사 초조인 智訥은 기존의 선사상을 엄하게 비판하고 宗密, 李通玄의 영향을 받아서 禪敎一致를 주장하였으며, 만년에 이르러서는 大慧의 看話禪을 받아들이는 등 송대 선종의 새로운 흐름을 적극적으로 받아들였다. 이러한 경향은 大慧가 당대의 무사선을 비판하면서 看話禪을 완성하는 것과 일맥상통하는 면이 있다.

그런데 花園大學의 中島志郎 교수는 고려 중기의 불교세력을 敎宗·九山禪門·修禪社 계열로 3분하고, "그들은 서로 경쟁하는 양상을 보였다"고 주장한다.[211] 즉 "고려선종이 자신의 원류를 신라 말의 중국선종의 도입에서 찾는 반면, 華嚴僧覺訓에 의해 편찬된 『海東高僧傳』(1215)은 고려불교의 원류를 고구려에서 구하고, 또 그 내용 중에서 선종에 대해서 전혀 언급하지 않는 것은 선종에 대한 경쟁의식의 발로이다. 나아가 高麗大藏經本藏에 『景德傳燈錄』과 같은 선적이 하나도 들어가 있지 않은 것도 그 때문이다"고 주장한다. 나아가, 中島 교수는 九山禪門과 수선사계열은 구별해야 한다고 한다. 왜냐하면 수선사계열은 기존의 九山禪門에 대한 비판 위에 성립하고, 看話禪은 그 대안으로서 도입되었기 때문이라고 한다. 그 근거로서 同年代에 간행되는 『祖堂集』(1245년 간행, 九山禪門계열의 선적. 九山禪門의 초조의 機緣語句를 많이 싣고 있다)과 『禪門拈頌集』(1244年 增補, 再刊. 修禪社系列)이 서로의 존재에 대해서 전혀 언급하지 않는 것을 든다. 그러나 九山禪門과 수선사계열을 2분해야 한다는 선생의 주장은 현재의 한국불교계에서는 별로 받아들여지고 있지 않은 듯하다. 이하에서는 九山禪門과 曹溪宗, 修禪社 3者의 관계를 간단히 고찰하는 것으로 한다.

① 九山禪門과 조계종

앞에서 신라 말-고려 초기의 한국선에 관해서는 '九山禪門'의 개념으로 설명하였다. 그것은 九山禪門의 開祖의 대부분이 입당하여 사법하고 있으므로, 한중 간의 불교교류의 측면에서도 유효한 개념이기 때문이다. 그러나 한국의 불교학계에서 신라 말-고려 초기의 선을 九山禪門으로 설명하기 시작한 것은 실은 근대에 들어와서이다. 九山禪門說은 1930년대에 金映遂에 의해 주장되었는데, 그 근거가 된 것은 저

---

211) 「高麗中期禪宗史 — 崔氏武臣政權下の教宗と禪宗の動向を中心に —」, 第1章3節 '『海東高僧傳』と教宗' 参조.

자미상의 『禪門祖師禮懺儀文』(이하 『禪門禮懺文』으로 약칭한다)이다. 『禪門禮懺文』은 서명에서도 알 수 있듯이, 선종의 조사에 해당하는 인물을 예배하는 의식을 수록한 문헌이다. 여기서는 迦葉에서 慧能까지의 33인의 조사를 수록한 후, 한국의 조사 10인을 수록하고 있다. 이 10인이 바로 九山禪門의 개조 9인과 普照智訥이다.

그러나 한편 九山禪門은 신라 말-고려 초기의 선림의 상황을 대변하는 개념이 될 수 없다고 주장하는 사람들도 있다. 九山禪門說에 의문을 제시하는 측의 주장은 대개 다음과 같다.

A. 우선, 九山禪門說의 근거가 되는 『禪門禮懺文』는 빨라도 고려 후기에 간행되었다고 생각되기 때문이다. 『禪門禮懺文』의 현존하는 최초의 간본은 1660년 조선시대 간본으로, 저자미상으로 되어 있다. 그러나 1. 수선사 6세인 沖止가 쓴 『祖師禮懺儀文兼發願文』과 명칭이 닮아 있고, 2. 중흥조로서 智訥을 현창하고 있는 점에서 보면 智訥 이후의 수선사계열의 인물이라고 추정되는 점에서 충지의 작이라는 설이 유력하다. 그러나 충지(1226-1293)의 작이라고 해도 고려 후기의 것으로, 그 이전에 九山禪門을 구체적으로 지적하고 있는 자료는 전혀 없다. 물론 그 이전에 「達磨九山門」(1109年), 「九山門學徒」(1179年), 「九山禪者」(1241年) 등 구산이라는 용어는 사용되고 있기 때문에, 구산이라는 개념 자체는 일찍부터 존재했던 듯하다.

B. "九山禪門이 신라 말-고려 초기의 한국선림의 상황을 대변하는 개념은 아니다"고 하는 것이다. 예를 들면, 順之(생몰년 미상)는 859년에 입당하여 仰山慧寂에게서 사법하고, 귀국 후에 고려왕의 귀의를 받아 세력이 성대했음에도 불구하고 九山禪門에는 들어가 있지 않다. 그런데 『祖堂集』에는 九山禪門의 개조 7인의 傳記와 機緣語句가 수록되어 있는데, 그 내용은 비문에 근거한 짧은 문장에 지나지 않는다.

반면, 九山禪門의 개조도 아닌 順之에 대해서는 권20의 대부분을 차지할 정도로 상세히 기록하고 있다. 이러한 사실은 九山禪門 이외에도 순지를 중심으로 한 중국위앙종의 선풍을 잇는 집단이 고려 초에 존재했을 가능성이 있고, 그 세력은 『祖堂集』의 고려증보에 관계하고 있을 가능성이 있다고도 생각된다. 나아가, 고려 초의 光宗(949-975 在位) 시에 성행했던 법안종세력도 九山禪門에 들어가 있지 않은 것으로 보면, 九山禪門이 신라 말-고려 초기의 선림의 상황을 대변하는 개념인가 어떤가는 역시 의문이 남는다.212)

한편, 선종은 고려 초에 있어서 華嚴業, 瑜伽業과 함께 '三大業'으로 불릴 정도로 성대하였다. 그러나 1097년에 義天(1055-1101)이 천태종을 개창함에 의해 대타격을 받았다. 의천은 문종의 4번째 왕자로 1085년에 도송하여 화엄종의 晋水淨源, 雲門宗의 佛印了元 등과 교류한 후 천태산에 들어가서 智者大師의 浮屠에 예배하고 천태종을 고려에 전할 것을 서약하였다. 13개월간 송에 체재한 후 귀국한 의천은 왕자라는 신분도 있어 고려조정의 적극적인 지원하에 천태종을 개창한다. 그런데 이때 기존의 선종교단의 60~70%가 천태종에 흡수되어 버렸다. 따라서 기존의 九山禪門은 대타격을 받고 종세가 크게 약화되었다고 생각된다. 그 후, 九山禪門의 대부분이 法系가 단절되고 이름만 남은 상태가 되었다고 생각된다. 그 근거로서는, 九山禪門의 법계는 남겨진 비문 등을 통해서 10세기 중, 말기까지는 추적할 수 있지만 11세기 이후는 확인이 불가능하기 때문이다. 이것은 11세기 이후에 九山禪門은 사실상 해체되고, 천태종·조계종의 兩宗으로 통합되기 때문이라고 생각된다. 실제로 '曹

---

212) 한편, 西口 氏는 「『禪門寶藏錄』の研究」第2章〈本文研究〉p770에서 "九는 實數가 아니다. 九州, 九域이 중국 전토를 가리키듯이, 九山은 고려 초기에 융성한 선문의 모두를 포함한다. 九를 實數로 생각하게 된 것은 근대에 들어서이다"고 주장하고 있다.

溪'라는 용어가 종파의 개념으로서 사용되는 것은 12세기 초부터이다. 그 이전에도 '曹溪'의 용어는 六祖慧能을 가리키는 말로서 사용되었지만, 12세기 초 이후 「曹溪業」(宗派), 「曹溪宗」, 「曹溪選」(曹溪宗의 考試) 등의 용어가 사용되기 시작한다. 따라서 고려 중기 이후에 九山禪門은 사실상 해체되고, 비록 九山禪門이라는 용어가 사용되어도 그것은 '禪宗一般'을 의미하는 데 지나지 않았다고 생각된다. 대신에, 五教兩宗(五教: 戒律宗・法性宗・法相宗・涅槃宗・円融宗. 兩宗: 天台宗・曹溪宗)이라는 용어가 고려 중기 이후에 일반적으로 사용되게 된다.

② 九山禪門과 修禪社

앞에서 보았듯이, 고려 중기에 이르러서 九山禪門의 세력은 약화 또는 해체되는 단계에 이르렀다. 看話禪의 도입은 주로 수선사계열이 주도하는데, 그렇다면 中島志郎 교수의 주장대로 수선사계열은 九山禪門과 다른 종파인 것일까? 智訥이 기존의 九山禪門을 비판하면서 수선사를 개창한 것은 확실하다. 그러나 수선사계열이 九山禪門 중의 사굴산문에 속한다는 것이 한국학계의 중론이다.

우선, 수선사의 법계를 나타내면 다음과 같다.

1世 普照智訥(1158－1210)
2世 眞覺慧諶(1178－1234)
3世 淸眞夢如(? －1252)
4世 眞明混元(1191－1271)
5世 円悟天英(1215－1286)
6世 円鑑沖止(1226－1293)
・

·
·

그런데 2世 眞覺慧諶은 「九山祖師都贊」을 쓰고 있는데 그것은 다음과 같다.

爲法忘身越大洋 九燈從此曜諸方 兒孫自是不回顧 未必神光已覆藏[213)]
〈법을 위해 몸을 돌보지 않고 대양을 건너, 구등이 그때부터 제방에 빛난다. 그 후, 후손들이 돌아보지 않았지만 신광은 여전히 빛나고 있다.〉

여기서 말하는 九山祖師는 중국에서 선종을 전한 九山禪門의 개조를 가리키고 있다고 생각된다. 나아가 수선사 4세 混元의 碑인 「慈雲寺眞明國師普光塔碑」에는 다음과 같이 기록되어 있다.

年甫十三, 投舅氏品日雲孫禪師宗軒披剃受具. 聰慧絶人, 學通內外, 遂爲崛山藂席之首.[214)]
〈13세의 때, 숙부이자 품일의 9대손인 종헌선사 밑에서 삭발하고 구족계를 받았다. 지혜가 대단히 뛰어나고 학문은 내전과 외전에 통해서, 마침내 사굴산총림의 수좌가 되었다.〉

'品日'이란 사굴산문의 개조인 梵日을 말하고, 따라서 混元은 사굴산문의 인맥이라고 해도 좋을 것이다. 특히 '遂爲崛山藂席之首'에서 보면 九山禪門과 수선사를 분리하는 것은 타당하지 않다고 생각된다.

또, 수선사 5세 天英의 碑인 「佛臺寺慈眞圓悟國師靜照塔碑」에는

辛亥柱國崔公沆建普濟寺別院, 招集九山禪侶, 請師主盟.[215)]

---

213) 『無衣子詩集』 卷下(『韓國佛教全書』 卷6, p61下)
214) 『朝鮮金石總覽』上, p593
215) 『朝鮮金石總覽』上, p595

〈신해년(1251)주국인 최항이 보제사별원을 세우고 구산선려를 모아서 師로 하여금 주관하도록 청하였다.〉

라고 기록되어 있다. 최항은 최씨무인정권의 3대 집권자이다. 수선사 5세 천영을 九山禪侶의 主盟으로 한 것을 보면, 九山禪門과 수선사는 별개의 조직은 아니었던 듯하다(여기서 '九山禪侶'라는 것은 '아홉개 산문의 승'이라는 의미가 아니라 '선종의 승'으로서 이해해야 할 것이다). 이상의 여러 기록을 종합해 보면, 中島 氏의 주장은 별로 설득력이 없는 듯하다. 그러나 가설로서는 대단히 흥미로운 것이다. 어쨌든 지금 현재로서는 자료 부족으로 정확한 판단을 내릴 수가 없다.

제2절 九山禪門의 禪사상(『禪門寶藏錄』을 중심으로 해서)

〈현재까지의 연구 상황〉

『禪門寶藏錄』은 1293년에 찬술된 문헌으로서 修禪社의 看話禪 도입 이전의 九山禪門의 선사상을 알 수 있는 거의 유일한 선적임에도 불구하고 한국에서의 연구는 드물고 역주도 존재하지 않는다. 연구논문으로서는 「『禪門寶藏錄』の眞歸祖師說について」(韓基斗, 坪井俊博士頌壽記念『佛敎文化論攷』, 1984), 「『禪門寶藏錄』의 基礎思想硏究」(韓基斗, 『佛教學報』29, 1992)가 전부이다. 반면, 西口芳男 씨는 『花園大學國際禪學硏究所硏究報告』 第7册(2000年) 가운데서 『禪門寶藏錄』에 대해서 상세한 역주와 주석을 붙이고 있다. 본 절은 선생의 연구에서 크게 힌트를 얻은 것이다.

고려에서 看話禪을 도입, 발전시켰다고 생각되는 수선사계열의 선사상을 조사하기 전에, 전통적인 高麗禪인 九山禪門의 선사상을 먼저 고찰하는 것으로 하자. 그를 위해서 1293년에 편찬된 『禪門寶藏錄』을 분석하는 것으로 한다. 『禪門寶藏錄』이 편찬된 것은 智訥이 『大慧語錄』을 읽은 1198년보다 100년 후이고, 慧諶의 示寂 후 60년에 해당하므로 시기로서는 수선사의 看話禪 도입 이전의 문헌은 아니다. 그러나 慧諶 이전의 九山禪門의 사상을 알 수 있는 선적은 현존하지 않고, 또 『禪門寶藏錄』이 수선사계열의 禪敎一致思想과 다른 敎外別傳을 주장한다는 점에서 고려전통선의 사상을 대변하고 있다고 생각되기 때문이다. 우선, 『禪門寶藏錄』의 편자 · 간본 · 내용의 구성 등에 대해서 간단하게 소개하자.

1. 『禪門寶藏錄』에 대해서

『禪門寶藏錄』은 1293년에 편찬된 것으로 序에 의하면, 편자는 「眞靜大禪師天頙」으로 되어 있다. 그런데 진정대선사천책이 누구인가에 대해서는 ① 白蓮社 第四世인 眞靜國師天頙(1206－?, 天台宗僧)설 ② 寶鑑國師混丘(1251－1322, 曹溪宗迦智山門의 僧)설이 있지만 어느 것도 확정적인 것은 아니다. 현존하는 最古의 간본은 嘉靖 10年(1531) 智異山鐵窟開刊本이다. 그 외에도 5개의 간본이 존재하는데 그것은 다음과 같다.

① 萬曆 39年(1611), 智異山能仁庵刊本 ② 日本寶永 7年(1701) 刊本 ③ 隆熙 二年(1908) 梵魚寺開刊本(『禪門撮要』 所收) ④ 『大日本續藏經』 第二編, 第十八套, 第五册(通卷第113册)本 ⑤ 鏡虛惺牛編 『新刊懸

吐禪門撮要』 所收本(1968)

②의 일본보영 7년 본은 가정 10년 본을 저본으로 한 목활자본이고, 속장경본은 보영 7년 본을 저본으로 한 것이다. 현재 『韓國佛敎全書』 권6에 실려 있는 것은 가정 10년 본을 저본으로 해서 ①③④를 대교한 것이다. 본 연구는 『한국불교전서』본을 저본으로 해서 행한다. 『禪門寶藏錄』의 내용은 중국과 한국의 선적 중에서 89칙의 機緣, 語句를 뽑아서 실은 것으로, 卷上이 「禪敎對辨門」(25칙), 卷中이 「諸講歸伏門」(25칙), 卷下가 「君臣崇信門」(39칙)으로 구성되어 있다. 「諸講歸伏門」은 敎宗의 座主나 法師가 선사와의 논전에서 항복하여 선에 입문하는 것을 주 내용으로 한다. 특히 淸凉澄觀 등의 화엄승이 선승에 귀복하는 내용이 많아서, 화엄을 교학의 정점으로 해서 그것에 대항하는 의식을 드러내고 있다. 「君臣崇信門」은 인도, 중국, 한국의 숭불의 왕과 거사들의 이야기이다. 사상에 있어서 중요한 것은 권상의 「禪敎對辨門」이다.

『禪門寶藏錄』의 특징 중의 하나는 89칙의 인용문의 출전을 기록하고 있는 점인데, 그 출전 중에서는 현존하지 않는 것이나 지금까지 이름조차 알려지지 않았던 전적이 많이 포함되어 있다. 그중, 중국의 전적으로 생각되는 것은 『本生經』, 『般若多羅海底宗影示玄記』, 『達磨密錄』, 『付法藏傳』, 『弁宗記』, 『祖門刊正錄』, 『順德禪師錄』, 『眞淨文和尙頌』, 『寂音尊者錄』, 『延壽禪師錄』, 『禪林集』, 『魏明帝所問諸經篇』의 12전적이고, 한국의 전적으로 생각되는 것은 『海東七代錄』, 『玄覺禪師敎外竪禪章』, 『鑑昭禪師引古辨今錄』, 『海東無染國師無舌土論』, 『無染國師行狀』의 5전적이다. 『禪門寶藏錄』에서 출전으로 들어지고 있는 전적 가운데에는 『傳燈錄』(29회), 『嘉泰普燈錄』(17회)이 가장 많고, 나머지는 모두 2, 3회에 지나지 않는다. 이 중 흥미를 끄는 것은 제18칙의 출전인 「圭峰禪源諸詮集序及本錄」으로서 宗密의 『禪源諸詮集都序』와 그 본록인 『禪源諸詮

集』에 관한 것이다. 이 기록이 사실이라면 진정대선사천책이 『禪源諸詮集』의 본록을 보고 있는 것이 된다. 이것을 최초로 지적한 것은 黑田亮의 「『禪門寶藏錄』 引用書目」(『朝鮮舊書考』, 岩波書店, 1940年)이다. 그러나 西口 씨의 연구에 의하면, '『禪門寶藏錄』 제18칙에서 출전이 『都序』로 되어 있는 부분은 실제로 일치하지만, 본록에서의 인용으로 되어 있는 부분은 사실은 『円覺經略疏抄』 권4, 권5와 일치하다'고 한다. 이외에도 출전으로서 들어지고 있는 전적을 실제로 대조해 보면, 존재조차 하지 않거나 존재해도 별로 일치하지 않는 경우도 상당히 많다. 특히 『傳燈錄』(29회)을 출전으로 들고 있는 곳을 대조해 보면, 그중의 3칙은 『傳燈錄』에 존재하지 않고, 6칙은 『傳燈錄』에 존재하지만 일치하지 않고 도리어 『禪門拈頌集』과 일치하는 경우가 많다.

2. 『禪門寶藏錄』에 나타나 있는 선사상

1) 철저한 教外別傳

『禪門寶藏錄』에 나타나 있는 선사상을 한 마디로 말하면 '철저한 教外別傳'이다. 이것은 禪教一致나 禪主教從을 주장하는 수선사계열과는 확실히 구별되는 것이다. 교외별전을 주장하는 칙으로서는 1・9・21 칙이 대표적인 것이다.

우선, 제1칙은 다음과 같다.

盧舍那佛菩提樹下初成正覺, 以心傳心不立文字. 令諸大衆頓證頓悟, 唯迦葉上座入秘密難思之地. 文殊普賢等八萬菩薩衆海, 未識迦葉入處. 本生經.[216]
〈노사나불이 菩提樹 밑에서 처음으로 깨달음을 열어 마음으로 마음에

---

216) 『韓國佛教全書』 卷6, p470上

전하고 문자를 세우지 않았다. 중생들로 하여금 홀연히 깨닫게 하니 가섭상좌만이 비밀스런 경지에 들어갈 수 있었다. 문수보살, 보현보살 등의 8만의 보살들은 가섭의 입처를 알지 못했다.〉

盧舍那佛은 三身佛 중의 法身佛이다. 그런데 노사나불이 깨달음을 열었다는 이야기는 선적에도 나오지만, "以心傳心·不立文字를 주장했다"고 하는 것은 필자가 아는 한 보이지 않는다. 여기서 노사나불에서 가섭상좌에로의 전심은 世尊에서 마하가섭에의 拈華微笑의 이야기에서 나왔다고 추정된다. 또, 迦葉上座는 과거 제6불인 迦葉佛을 가리킬 것이다. 즉 본생경에서 노사나불이 가섭불에게 마음을 전했다고 하는 것은 세존의 교설 이전에 이미 선이 존재했다는 것을 주장하는 것이다. 나아가, "교종을 대표하는 文殊와 普賢菩薩이 가섭의 입처를 알지 못했다"고 하는 것은 단적으로 교에 대한 선의 우월을 보이는 것이다.

『禪門寶藏錄』에서의 철저한 교외별전은 인도에서 전해진 禪那나 『楞伽經』조차 부정한다. 제9칙에서는 다음과 같이 말한다.

敎也者, 自有言至於無言者也. 心也者, 自無言至於無言者也. 自無言而至於無言, 則人莫得而名焉. 故强名曰禪. 世人不知其由, 或謂學而可知, 思而可得, 習而可成. 謂之禪那, 此云靜慮. 靜慮者, 澄神端坐, 息緣束心, 助成觀慧之一法耳. 何故世尊於垂滅之時, 而密傳於迦葉, 以至三十三世, 累累而不絶乎. 是故達磨所傳者, 非借敎習禪者也. 乃直指人心見性成佛之道也. 祖門刊正錄217)

〈敎라는 것은 有言에서 無言에 이르는 것이다. 心이란 無言에서 無言에 이르는 것이다. 무언에서 무언에 이르므로 이름할 수가 없다. 그러므로 억지로 '선'이라고 이름하는 것이다. 사람들은 그 이유를 알지 못하고 "배워서 알고, 생각으로 얻을 수 있고, 연습해서 이룰 수 있다"고 한다.

217) 『韓國佛敎全書』 卷6, p471上

그것은 산스크리트어로는 '禪那'라고 하고, 중국어로는 '靜慮'라고 한다. 정려란 정신을 맑게 해서 단좌하여, 외연을 끊고 마음을 집중시켜서 觀慧를 돕는 하나의 법에 지나지 않는다. 어찌해서 석가가 열반에 들어갈 때에 비밀리에 가섭에게 전해서 33세까지 끊어지지 않게 하겠는가? 그러므로 達磨가 전한 것은 교를 빌려서 선을 닦는 것이 아니다. 그것은 直指人心, 見性成佛의 도이다.〉

여기서 인도 고유의 禪那는 '觀慧를 돕는 하나의 법에 지나지 않는다'고 한다. 觀慧란 원래 '止觀의 수행에 의해 얻어지는 慧'이지만, 止(定)보다 觀(慧)를 중시하는 혜능 이후의 중국선의 경향을 나타내고 있다고 할 수 있을 것이다. 이와 같이 관혜를 돕는 법에 지나지 않는 선나를 석가가 일부러 비밀리에 가섭에게 전할 필요는 없을 것이다. 나아가, '선나는 배워서 알 수가 있고, 사고에 의해 얻을 수가 있고, 교에 의해 닦을 수 있는 것이므로 달마가 전한 正宗이라고는 할 수 없다'고 한다.

이러한 극단적인 교에의 부정은 인도 전래의 선계의 경전인『坐禪三昧經』,『達摩多羅禪經』등을 선의 所依經典으로 하는 것을 부정할 뿐만 아니라, 달마가 혜가에게 전했다고 하는『楞伽經』조차도 부정하는 것이다. 제21칙에는 다음과 같이 기록되어 있다.

或問, 禪經是小乘之經, 不當預祖門之道. 楞伽是性宗之法, 兼有說云, 是達摩帶來, 要證據心地法門, 此乃臨終分付. 可乎. 答, 此亦不可也. 此經是單喩經……但與大惠等諸菩薩, 談佛性義, 意欲激發二乘之人, 令其捨小慕大耳. 備機不足, 故止可在方等部中. 又安可證據祖門耶. 鑑昭禪師引古辨今錄[218]

〈어떤 사람이 묻기를, "선경은 소승의 경전인데 祖師門의 도에 넣어서

218) 上揭書, p473上

는 안 됩니다. 그러나 『楞伽經』은 성종의 법일 뿐만 아니라 '『楞伽經』은 달마가 전하고, 心地法門을 증명하기 위해 임종 시에 분부한 것이다' 고 하는 주장도 있습니다. 타당합니까?" 대답하기를, "타당하지 않다. 그 경은 단지 비유를 사용한 경전이다…… 단지 大慧 등의 보살을 위해 불성의 뜻을 설하고, 二乘人으로 하여금 소승을 버리고 대승으로 향하도록 했을 뿐이다. 근기에 맞는 여러 방편이 부족하므로 방등부의 경전에 지나지 않는다. 어찌해서 祖師門을 증명할 수 있겠는가?"〉

여기서는 달마가 전한 『楞伽經』은 二乘人으로 하여금 小乘을 버리고 大乘으로 향하도록 하기 위해 방편으로 설했을 따름이므로 선종의 소의경전은 될 수 없다고 주장한다. 달마가 혜가에 4권 『楞伽經』을 전했다는 것은 『續高僧傳』 권16 「慧可傳」에 최초로 보이는 것으로서 그 이후 『楞伽經』은 선의 소의경전으로서 중시되었다. 그러나 달마가 4권 『楞伽經』을 慧可에게 전해준 것은 傳法의 때이고, 『禪門寶藏錄』처럼 임종 시라고 기록되어 있는 문헌은 현재 보이지 않는다.219)

나아가 『楞伽經』은 方等部의 경전에 지나지 않는다고 하고 있다. 방등부란, 천태교판에 있어서 석가의 설법을 설해진 시간에 의해 華嚴時・鹿苑時・方等時・般若時・法華涅槃時의 五時로 분류한 것이다. 방등시에 속하는 경전은 『維摩經』, 『思益經』, 『金光明經』 등이 있

219) 중국에서도 예를 들면 荷澤神會(684-758)는 『楞伽經』보다 『金剛經』을 중시하는 등 『楞伽經』을 부정하는 선사들도 나타났다. 예를 들면, 앙산은 『祖堂集』 卷18에서 다음과 같이 말하고 있다.
"道存問曰, 達摩和尙既不將楞伽經來, 馬大師語本及諸方老宿, 數引楞伽經, 復有何意. 仰山云, 從上相承說, 達摩和尙說法時, 恐此土衆生不信玄旨, 數數引楞伽經來. 緣經上有相似處, 宗通說通誘童蒙……不聞, 達摩在西天時, 問般若多羅云, 我今得法, 當往何土而可行化. 般若多羅云, 汝今得法, 且莫遠去. 待吾滅度後六十一年, 當往震旦. 只得一九, 如今便去, 襄於日下. 亦不聞分付將楞伽經來此土."(禪學叢書4, pp350下-351上)

는데 聲聞二乘으로 하여금 恥小慕大의 심정을 일으키게 하는 것이 설법의 목적이라고 한다. 『禪門寶藏錄』에서는 이와 같이 『楞伽經』이 禪의 所依經傳이 될 수 없다고 할 뿐만 아니라 『般若經』, 『楞嚴經』, 『法華經』, 『華嚴經』 등의 어떤 경전도 禪의 所依經傳이 될 수 없다고 해서 철저하게 경전을 부정하고 있다.

『禪門寶藏錄』에 있어서의 교외별전에 대한 주장은 극단적으로 '眞歸祖師說'의 창작에까지 이른다. 진귀조사설에 관한 則으로서는 4 · 24 · 52 칙이 있는데 우선 제4칙에는 다음과 같이 기록되어 있다.

> 唐土第二祖惠可大師問達磨, 今付正法卽不問, 釋祖傳何人得何處. 慈悲曲說, 後來成規. 達磨曰, 我卽五天竺諸祖傳說有篇, 而今爲汝說示. 頌曰, 眞歸祖師在雪山, 叢木房中待釋迦. 傳持祖印壬午歲, 心得同時祖宗旨. 達磨密錄220)
>
> 〈중국의 제2조혜가가 달마에게 물었다. "지금 저에게 전해진 정법에 대해서는 묻지 않습니다만, 세존은 누구에게서 어떤 법을 전해 받은 것입니까? 상세히 설해 주시면 후대의 모범이 될 것입니다." 달마가 대답하기를, "나에게는 인도의 조사가 전한 한 권의 책이 있는데 지금 너에게 설해주겠다." (그 후)읊어서 말하기를, "진귀조사가 설산의 총림방중에서 세존을 기다리네. 임오세에 조사의 인을 전하니, 네가 심득한 것이 동시에 조사의 종지이네."〉

여기서 세존에게 祖師의 心印을 전한 사람으로서 등장하는 것이 '眞歸祖師'이다. 진귀조사설은 한국에만 있는 설로, 문헌상에 처음으로 보이는 것이 『禪門寶藏錄』이다. 진귀조사설은 교에 대한 선의 우위를 주장하기 위해 창작된 설이지만, 진귀조사설의 근거로서 생각되는 것

220) 上揭書, p470中

은 801년에 성립된 『寶林傳』1의 다음의 기록이라고 한다.

太子年登十九, 欲求出家, 而自念言, 當復何遇. 卽於四門游觀, 見四等事, 心有悲喜, 而作思惟, 此老病死, 終可厭離. 唯迦葉波羅提佛末教弟子是眞歸處.[221)]

〈태자는 19세가 되어 출가하려고 해서 생각하기를, '도대체 어떻게 하면 좋은가?' 四門을 遊觀해서 老人・病人・死人・沙門을 만나서 마음에 희비가 있었다. 그래서 생각하기를, '이 생로병사는 반드시 뛰어넘어야만 한다. 迦葉波羅提佛의 末教의 弟子야말로 참으로 돌아갈 곳이다.'〉

여기서 '唯迦葉波羅提佛末教弟子是眞歸處'의 '眞歸處'가 진귀조사로 발전했을 가능성이 있다고 西口 씨는 말한다. 이 『寶林傳』의 기록 이외에 진귀조사에 관한 다른 전거는 발견되고 있지 않다.

다음은 제24칙과 제52칙을 들어보자.

溟州崛山梵日國師答羅代眞聖大王宣問禪教兩義云, 我本師釋迦, 出胎說法, 各行七步云, 唯我獨尊. 後踰城往雪山中, 因星悟道. 旣知是法未臻極, 遊行數十月, 尋訪祖師眞歸大師, 始傳得玄極之旨. 是乃教外別傳也. 海東七代錄[222)] 〈第24則〉

〈명주 사굴산의 범일국사는 신라 진성대왕이 선과 교의 뜻을 묻는 것에 답해서 말해기를, "우리 본사석가는 태어나서 법을 설하고 7보를 걸어서 말하기를 '내 홀로 존귀하다.' 그 후 성을 넘어 설산으로 가서 별에 의해 깨달음을 열었다. 그러나 그 법은 구극이 아님을 알고, 십수 개월을 유행한 끝에 진귀조사를 방문하여 처음으로 玄極의 宗指를 전해 받았다. 그것이 教外別傳이다"라고.〉

魏明帝問天竺三藏迦攣羅陀曰……藏曰, 本師釋迦王宮誕生, 長而十九, 觀之

221) 上揭書, p474上
222) 上揭書, p479中－下

藏中, 寄十二部經, 未契祖師之宗. 遠至雪山, 遊行十二年紀, 求尋祖院, 傳得心印之法. 於後雪山成道, 普光殿說及於七處八會, 不及心印之法. 魏明帝所問諸經篇223) 〈第52則〉
〈위의 명제가 天竺三藏인 迦攣羅陀에게 물었다…… 삼장이 답하기를, "본사석가는 왕궁에서 태어나 19세 이전에 12부 경을 읽고 의지했지만, 조사의 종지에는 계합할 수 없었다. 그래서 멀리 설산에 가서 12년을 유행하여 조원을 구하고 心印法을 전수받았다. 그 후, 설산에서 깨달음을 열었는데 보광전과 七處八會에서의 설법도 심인법에는 미치지 못하였다"라고.〉

52칙에서는 眞歸祖師의 이름은 보이지 않지만 "遠至雪山, 遊行十二年紀, 求尋祖院, 傳得心印之法."의 부분은 眞歸祖師를 염두에 두고 있다고 생각된다. 24칙과 52칙의 차이는 24칙에서는 "석가가 설산에서 깨달음을 연 후에 그것이 구극이 아님을 알고, 나중에 진귀조사에게서 조사의 심인을 전수받았다"고 되어 있는 반면, 52칙에서는 "석가가 설산에 遊行해서 조사의 心印을 전수받은 후, 설산에서 깨달음을 열고 華嚴의 교리를 설했지만 心印法에는 미치지 못했다"고 되어 있는 곳이다.

그렇다면 眞歸祖師說을 최초로 제창한 사람은 누구일까? 24칙에서는 九山禪門 중의 사굴산문의 개조인 梵日(810-889)이 최초로 제창했다고 한다. 그러나 西口 씨는 "그것은 사실이 아니라 범일에 가탁된 것이다"고 한다. 그 근거로서 씨는 "24칙의 '석가는 별에 의해 깨달음을 열었다(因星悟道)'설과 4칙의 '석가의 成道歲는 壬午歲이다'는 설이 생긴 것은 송대 이후이기 때문이다"고 주장한다. 필자가 추측하건대 우선 眞歸祖師說을 처음으로 제창한 것은 중국인이 아니라 고려인인 것은 틀림없다고 생각된다. 그렇다면 중국에 유학해서 선법을 배우고,

223) 『韓國佛敎全書』 卷6, pp471下-472上

그것을 고려에 전한 고려승은 아닐까? 그 승이 귀국해서 당시에 고려에서 가장 세력이 컸던 화엄보다 선이 우월하다는 것을 증명하기 위해 진귀조사설을 창작한 것은 아닐까?

이상으로 『禪門寶藏錄』의 사상은 철저한 교외별전인 것을 이야기했지만, 그렇다면 그 선은 어떠한 것일까? 결과를 먼저 말한다면 그것은 '달마가 전한 如來禪'에 다름 아니다. 예를 들면 18칙에서는 종밀의 『禪源諸全集都序』를 인용하여, 달마가 전한 것은 最上乘禪, 如來淸淨禪이라고 주장한다. 그것은 다음과 같다.

> 眞性卽不垢不淨, 凡聖無差, 禪則有淺有深, 階降差殊. 謂帶異計, 忻上厭下而修者, 是外道禪. 正信因果, 亦以忻厭而修者, 是凡夫禪. 悟我空偏眞之理而修者, 是小乘禪. 悟我法二空所現眞理而修者, 是大乘禪. 若頓悟自心本來淸淨, 元無煩惱, 無漏智性, 本自具足, 此心卽佛畢竟無異, 依此而修者, 是最上乘禪, 亦名如來淸淨禪. 達磨門下展轉相傳者, 是此禪也. 圭峰禪源諸詮集序及本錄224)
>
> 〈眞性은 더럽지도 깨끗하지도 않고 범부와 성인이 다름이 없지만, 禪에는 深淺이 있고 단계가 있다. 말하자면, 異計를 가지고 上天에 태어날 것을 원하고 下界에 태어나는 것을 싫어해서 수행하는 자는 외도선이다. 인과의 이치를 믿지만 역시 좋고 싫음을 가지고 수행하는 자는 범부선이다. 我空의 한 쪽만의 진리를 깨달아 수행하는 자는 小乘禪이다. 我法二空의 진리를 모두 깨달아 수행하는 자는 大乘禪이다. 만약 자심이 원래 청정하고 번뇌가 없으며 본디부터 무루지성이 갖추어져 있어서 이 마음이 佛과 다름이 없음을 돈오해서, 그것에 의해 수행하는 것은 최상승선이고 또 여래청정선이라고 이름한다. 달마문하에서 대대로 전해지는 것은 이 선이다.〉

---

224) 『韓國佛敎全書』 卷6, pp471下-472上

如來(淸淨)禪은 『楞伽經』 권2에서는 四種禪 중의 최상으로서 언급되고 있고(大正16, 492a), 荷澤神會에 의해 달마가 전한 선으로서 전해져 왔다. 또, 종밀은 신회의 사상을 이어서, 外道禪 · 凡夫禪 · 小乘禪 · 大乘禪 · 如來淸淨禪의 5단계를 세우고 그중 여래청정선을 최고의 단계로 하였다.

그렇다면, 여기서 如來淸淨禪과 祖師禪의 관계는 어떠할까? 조사선에 대해서는 『祖堂集』 권19 「香嚴章」 가운데서, 향엄의 偈에 대해서 仰山이 "사형은 여래선이 있음을 알 뿐, 조사선이 있음은 알지 못한다(師兄在知有如來禪, 且不知有祖師禪.)"[225]라고 해서 조사선이 여래선보다 높은 경지인 것을 주장하고 있다. 『初期禪宗史書の硏究』 pp213-218에 의하면, "조사선이 본격적으로 주장되는 것은 晩唐 以後이고, 그것은 六祖慧能에 선의 원류를 구하는 것이다"고 하고 있다. 즉 달마도 조사로 불리기는 하지만 조사선은 육조혜능에 원류를 두는 것이다. 그렇다면 『禪門寶藏錄』의 입장은 명확히 된다. 『禪門寶藏錄』은 달마의 顯彰, 즉 如來禪을 주장하는 문헌이지 혜능을 원류로 하는 조사선을 현창하는 문헌은 아니다. 『禪門寶藏錄』 제53칙 梁武帝와 達磨의 문답, 59칙 宋仁宗 황제의 修心頌, 63칙 楊衒之와 달마의 문답 등에서 보이듯이 달마는 여러 곳에서 등장하고 중요시된다. 이러한 『禪門寶藏錄』의 입장은 修禪社의 普照智訥의 입장과는 다른 것이다. 智訥은 평소 『六祖壇經』을 중요시했지만, 그가 최초로 깨달음을 연 계기가 된 것이 『六祖檀經』이었다. 이후 그는 '嘗以壇經爲師'고 해서 『六祖檀經』을 간행할 때에 손수 跋을 쓰기도 하였다. 그뿐만이 아니라 智訥을 개조로 하는 조계종은 그 종명자체가 조계혜능에서 오고 있고, 따라서 수선사계열은 조사선을 현창하고 있다고 해도 좋을 것이다.

---

225) 禪學叢書4, p355上

2) 『玄覺禪師敎外竪禪章』에 대해서

이상에서 『禪門寶藏錄』 卷上 「禪敎對辯門」을 통해서 『禪門寶藏錄』의 선사상을 고찰해 보았다. 그런데 이상의 諸 則이 인용된 출전은 모두 인도, 중국의 문헌이 아니면 不詳의 전적이다. 따라서 한국 고유의 선사상이라고는 할 수 없다. 고려선문의 종지가 잘 나타나 있는 것은 『玄覺禪師敎外竪禪章』에서 인용된 제20칙이다.

玄覺禪師는 지금까지 한국불교연구자들에게 별로 알려지지 않았던 인물로, 본격적인 연구논문으로서는 Henrik H. Sørensen(Denmark Copenhagen대학)의 「Concerning the Korean Sōn Master Hyōngak and Yōngok Temple in Mt.Chiri」[226]의 하나밖에 없다. 또 현각선사에 관한 자료로서는 「鷰谷寺玄覺禪師塔碑」와 「海東湖南智理山大華嚴寺事蹟」 所收의 「智理山鷰谷寺事蹟」의 짧은 기록밖에 없다. 이하에서는 『禪門寶藏錄』과 「鷰谷寺玄覺禪事塔碑」, 「智理山鷰谷寺事蹟」에 기초해서 玄覺禪師의 정체와 그의 사상을 고찰해 보자.

우선 「鷰谷寺玄覺禪事塔碑」는 殘片으로 해독 불가능하므로, 현각선사에 대해서는 아무런 정보를 주지 않는다. 그러나 탑비가 세워진 연대가 978년이므로, 현각선사는 신라 말~고려 초(9세기 중엽~10세기 중엽)의 인물이라고 추정된다. 그러나 「智理山鷰谷寺事蹟」에서 玄覺禪師에 대한 추가정보를 얻을 수가 있다.

> Ⓐ 羅末麗初, 玄覺禪師重建佛宇, 談禪弄教, 宗風大振. 禪師弘禪弘教, 提撕人天之一端. 如禪敎問答智異山十六大師. 祭文云, 伏以眞鑑國師求道西華, 來化新羅. 玄覺國師弘禪弘教, 兼理陰陽.[227]

---

226) Henrik H. Sørensen(2003)

227) 『佛教學報』 6輯(동국대학교불교문화연구소, 1969.5) p207上

〈신라 말, 고려 초에 玄覺禪師는 절을 중건하고 선과 교를 설하여 종풍을 크게 떨쳤다. 선사는 선과 교를 넓히고 人天의 일단을 제시했다. 지리산의 16대사와 선교에 대해서 문답한 것이 그것이다. (현각선사의) 祭文에는 '삼가 생각건대, 진감국사혜소는 도를 중국에 구하여 신라인을 교화하였다. 현각국사는 선과 교를 넓히고 음양의 이치도 설했다.'〉

Ⓑ 高麗元宗大王時, 宗庵眞靜大禪師重新堂宇, 闡揚禪風. 師忠烈王時, 爲內願堂大禪師. 晩年著禪門寶藏錄, 爲禪學者之指針.[228]
〈고려원종 재위 시(1259－1274)에 宗庵眞靜大禪師는 절을 수리하고 선풍을 드날렸다. 師는 충렬왕 때 내원당대선사가 되었다. 만년에 『禪門寶藏錄』을 저술하여 선학자의 지침이 되었다.〉

Ⓐ에서 '玄覺國師'로 불리는 것에서 보면, 玄覺禪師는 당시에 명망이 높았던 인물이었던 것이 틀림없다. 또 眞鑑國師란 慧昭(774－850)를 가리키는데, 그는 31세에 입당하여 馬祖道一의 제자인 滄洲神鑑에게서 사법한 후 귀국하여 智異山玉泉寺에 거주한 인물이다. Ⓐ에는 慧昭와 玄覺禪師의 관계가 명확히 서술되어 있지는 않지만, 모두 지리산에서 법을 떨쳤다는 점에서 보면 현각선사가 혜소의 후손일 가능성도 있다고 생각된다. Ⓑ에서는 고려의 元宗 재위 시에 『禪門寶藏錄』을 찬술한 진정대선사가 연곡사의 주지였던 것을 알 수 있다. 따라서 위의 기록을 종합해 보면, 眞鑑國師慧昭(774－850)→玄覺禪師(9세기 중반－10세기 중반)→眞淨大禪師天頙(13세기 중반)으로 이어지는 문파가 지리산연곡사를 중심으로 존재했던 것은 아닐까? 만약 진정대선사가 현각선사의 후손이라면 『禪門寶藏錄』에 『玄覺禪師教外豎禪章』이 인용된 것은 자연스러운 것이다.

다음은, 『玄覺禪師教外豎禪章』을 통해서 현각선사의 사상을 고찰해

228) 上揭雜誌, p207上

보자. 우선, 『玄覺禪師敎外竪禪章』도 『禪門寶藏錄』 전체의 취지와 똑같이 교학의 정점인 화엄보다 선이 뛰어나다는 것을 주장한다.

> 問, 若約海印, 自是證體離因離果, 與禪門正宗心印, 如何和會. 答, 相似而不相似. 何謂也. 所言海印者, 從因果處, 歸亡因果處. 有因始跡, 有果終跡. 若論當時, 雖無因果, 而推本則有因有果. 若約禪所以, 則本無法界之因, 更無亡因. 本無法界之果, 更無亡果. 豈可亡因果之後, 歸無因果處哉.[229)]
> 〈(어떤 사람이) 물었다. "만약 華嚴의 입장에서 말한다면, 원래 깨달음의 주체는 因果에서 떠나 있으므로 禪門의 心印과 어떻게 구별할 수 있습니까?" 현각선사가 답해서 말했다. "비슷한 듯하지만 사실은 전혀 다르다. 그것은 왜인가? 海印이라는 것은 因果處에서 인과를 없앤 곳으로 돌아가는 것이다. (그러므로) 因이라는 始跡도 있고, 果라는 終跡도 있다. 만약 깨달음의 순간을 논하면 인과는 없지만, 근본을 추구하면 인도 있고 과도 있는 것이다. (한편) 선의 입장에서 보면, 원래 법계의 인이 없으므로 인을 없애는 것도 없고, 법계의 과가 없으므로 과를 없애는 것도 없다. 어째서 인과를 없앤 후에 인과가 없는 곳으로 돌아가겠는가?"〉

즉 화엄은 '因果處'에서 '인과가 없는 곳'에 이르므로 결국 '因果處'라는 因이 있고 '인과가 없는 곳'이라는 果가 있는 것이다. 따라서 결국 인과의 영역에서 벗어날 수가 없다. 실천의 영역에서 말하면, 수행의 인에 의해 깨달음의 과에 이르는 단계가 있는 것이다. 반면 선에서는 원래 '인과처'도 '인과가 없는 곳'도 없으므로, 證得되어야 할 깨달음도 없고 沒蹤跡이다. 그러므로 선에서는 단계가 없는 것이다.[230)]

---

229) 上揭書, p472中

230) 20칙뿐만이 아니라 『禪門寶藏錄』 자체가 교학의 정점을 화엄에 두고, 화엄승과 화엄교학을 항복시키는 곳에 많은 지면을 할애하고 있다. 예를 들면, 48칙도 선종의 一喝이 화엄의 五教보다 뛰어나다는 것을 주장

또, 頓敎에 대해서는 다음과 같이 기록되어 있다.

問, 頓敎中一切法, 離心緣相, 離能念所念. 一一法法, 純純無雜, 唯如如功德, 故無能入者, 抑亦淸淨解脫. 何故與禪門不同. 答,……若論所證眞如, 離言離相, 泯絶無寄故. 若不洞明前解, 無以攝成此行, 行卽忘機行也. 然則有所證眞如, 有能證智體, 有所不生妄念, 有所生正念. 雖寂滅無次第階級, 而有從信至佛地, 佛地卽信位. 若論禪門, 本無一念, 不生何念. 念旣本無, 信位何立. 信位不立, 佛地何有. 相念不見, 離是何相. 名字本無, 離何名字. 故不同頓敎……如華嚴疏云, 圓頓之上, 別有一宗, 此亡詮會旨之宗. 或問, 亡何詮會何旨. 答, 亡五敎之詮, 會五敎之旨. 禪宗是也. 玄覺禪師敎外竪禪章231)

〈(어떤 사람이) 물었다, "돈교 중의 一切法은 心緣相을 떠나고, 能念과 所念에서도 떠나 있다. 모든 법이 순일 무잡하고 원래 공덕이 갖추어져 있으므로, 새롭게 능입하는 것도 없고 청정해탈이다. 어째서 선문과 다르겠는가?" 현각선사가 답하기를, "……만약 증득되는 진여를 논하면, 그것은 언상을 떠나고 텅 비어서 어떤 것도 다가갈 수 없기 때문이다. 만약 이러한 견해를 알지 못하면, 이 행은 완성할 수 없고 행이란 작용을 잊는 것이다. (돈교는) 그렇다면, 깨달음의 대상인 진여도 깨달음의 주체인 지혜도 있고, 나서는 안 되는 忘念도 나야 할 正念도 있는 것이 된다. 涅槃에 순서와 단계가 없음에도 불구하고 信位에서 佛地에 이르는 단계가 있고, 불지가 즉 신위이다. (그러나) 선문을 논하면, 원래 一念도 없으므로 나서는 안 되는 망념도 없다. 원래 망념이 없는 이상 세워야 할 신위도 없다. 세워야 할 신위가 없는 이상 불지도 없다. 相念이 보이지 않으므로 떠나야 할 相도 없다. 원래 名字가 없으므로 떠나야 할 명자도 없다. 그러므로 돈교와 다른 것이다…… 예를 들면 『華嚴疏』에는 "원돈의 위에 하나의 宗旨가 있는데, 그것은 亡詮會旨의 宗이다" 고 한다. 어떤 사람이 묻기를, "어떤 詮을 없애고, 어떤 宗旨를 깨닫는

한 것이다.

231) 上揭書, pp472中-473上

것입니까?" 답해서 말하기를, "五教의 詮을 없애고, 五教의 宗旨를 깨닫는다"고 하고 있는데, 선종이 그것이다.〉

즉 頓教도 역시 깨달음의 대상이 있고 信位에서 佛地에 이르는 수행의 단계가 있는 것은 면할 수 없다. 반면, 禪은 원래 一念도 없으므로 信位도 佛地도 없고, 깨달아야 할 대상도 없다. 信位란 화엄에서 말하는 菩薩 52位 중의 최초인 十信을 의미하지만, "佛地가 즉 信位이다"고 하는 것은 '初發心卽成正覺'을 의미한다고 생각된다. 돈교는 이와 같이 漸教와는 달리 頓悟하는 가르침이기는 하지만, 역시 初發心이 있고 깨달아야 할 正覺이 있는 것은 면할 수 없다. 그런데 「如華嚴疏云~」의 『華嚴疏』란 보통 澄觀의 『大方廣佛華嚴經疏』를 가리키지만, 『大方廣佛華嚴經疏』에는 해당 부분이 존재하지 않는다. 원래 華嚴圓頓教를 顯彰한 『華嚴疏』에서 '圓頓教의 위에 따로 一宗이 있다'고 주장할 리가 없는 것이다.[232]

이와 같이, 『玄覺禪師教外竪禪章』은 華嚴과 頓教에 대한 선의 우월성을 주장하는 것이다. 그렇다면 앞의 Ⓐ의 "지리산 16대사와 선교에 대해서 문답했다"는 기록에서 지리산 16대사란 화엄승일 가능성이 크다. 또 『玄覺禪師教外竪禪章』도 그 내용에서 보아, 질문자의 승은 화엄승에 틀림없다. 나아가 「智異山鷰谷寺事蹟」에는 『玄覺禪師法語』의 존재를 말해서 그 일부를 들고 있는데 그 내용이 『玄覺禪師教外竪禪章』과 일치하고 있다. 이상의 점을 종합해 보면 『玄覺禪師法語』의 일부가 '지리산 16대사와의 선교문답'이고, 나아가 그 선교문답의 일부가

---

232) Henrik H. Sørensen의 상게논문에서는, 一宗을 「the doctrine of Oneness」로 해석하고, '이때 Oneness란 一乘을 가리킨다'고 해석한다. 나아가, 비록 같은 문구는 아니지만 「如華嚴疏云~」 이하와 같은 취지의 내용이 『大方廣佛華嚴經疏』에 존재한다고 주장하고 있다.

『玄覺禪師敎外竪禪章』은 아닐까? 그렇다면, 진정대선사는 연곡사의 주지였을 때 『玄覺禪師法語』를 읽고, 『玄覺禪師敎外竪禪章』을 『禪門寶藏錄』에 인용한 것이 된다.

이상에서 玄覺禪師와 『禪門寶藏錄』의 찬자인 진정대선사는 법계상의 師資에 해당하고, 『玄覺禪師敎外竪禪章』에서는 화엄에 대한 선의 우월을 주장하고 있는 것을 논증했다. 그렇다면, 『玄覺禪師敎外竪禪章』이 주장하는 선은 어떠한 것일까? 그것은 "若論所證眞如, 離言離相, 泯絶無寄故."에도 있듯이, 泯絶無寄를 주장하는 牛頭宗이나 石頭希遷(700-791)계통의 선이었다고 생각된다. 石頭希遷이 泯絶無寄를 주장한 것은 宗密의 '선의 3종' 중의 泯絶無寄宗에 대한 설명에서도 알 수 있다. 宗密은 『禪源諸全集都序』 가운데서 다음과 같이 말하고 있다.

> 二, 泯絶無寄宗者說, 凡聖等法皆如夢幻, 都無所有. 本來空寂, 非今始無. 卽此達磨之智, 亦不可得, 平等法界, 無佛無衆生, 法界亦是假名. 心旣不有, 誰言法界. 無修不修, 無佛不佛……石頭牛頭下至徑山, 皆示此理.[233]
> 〈두 번째의 민절무기종이란, 범성 등의 법이 모두 환몽과 같아서 전혀 존재하지 않는다. (이것은) 원래부터 공적이어서 지금 처음으로 무로 된 것은 아니다. 이 달마의 지를 획득하는 것은 불가능하며, 법계와 평등하고 불도 중생도 없고 법계도 또 가명이다. 心이 없는 이상 누가 법계를 말하겠는가? 修도 不修도 없고, 佛도 不佛도 없다…… 石頭와 牛頭 이하, 徑山法欽에 이르기까지 모두 이 도리를 보였다.〉

나아가, 석두계통의 선이 沒蹤跡의 선을 주장한 것은 『祖堂集』 卷8 「雲居道膺章」에 다음과 같이 기록되어 있다.

---

233) 大正48, 402c

師示衆云, 如人將一百貫錢, 買得獵狗, 只解尋得有蹤跡底. 忽遇靈羊掛角, 莫道蹤跡, 氣也不識. 僧便問, 靈羊掛角時如何. 師云, 六六三十六. 又云, 會麼. 對云, 不會. 師云, 不見道無蹤跡.[234]

〈사가 시중해서 말하기를, "만약 어떤 사람이 백 관의 돈으로 사냥개를 산다면 (그 사냥개는) 단지 흔적을 좇을 뿐이다. 만약 뿔을 나뭇가지에 걸고 있는 영양을 만난다면, 흔적은커녕 기척조차 알 수 없을 것이다." 어떤 승이 물었다, "영양이 뿔을 걸 때에는 어떠합니까?" 사가 답했다, "6×6은 36이다." (사가 또) 물었다, "알겠는가?" "모르겠습니다." (그러자) 사가 말했다, "전해지지 않는가? '도에는 종적이 없다'고."〉

西口 씨는 「『禪門寶藏錄』の硏究」 제2장 〈本文硏究〉 중에서, 당 말-송 초의 시기에 入唐傳心한 고려승의 그룹을 4그룹, 4시기로 나누고 있다. 첫 번째는 9세기 중엽에 馬祖계통의 선을 이어서 九山禪門의 초조가 되는 그룹이고, 두 번째는 같은 시기에 潙仰宗의 仰山慧寂의 법을 잇는 그룹으로 順之가 그 대표적인 인물이다. 세 번째는 9세기 말-10세기 초에 青原, 石頭계통의 曹洞宗을 잇는 그룹이며, 네 번째는 10세기 중반의 法眼宗을 잇는 그룹이다. 그런데 西口 씨는 "고려 초기의 九山禪門의 실체는 세 번째의 조동종을 잇는 그룹이 중심이고, 그들을 잇는 것이 『禪門寶藏錄』이다"고 주장하고 있다. 그렇다면 필자의 결론은 西口 씨의 주장과 합치하는 것이다.

그런데 『禪門寶藏錄』에는 看話禪에 대한 기록은 없을까? 우선, 『禪門寶藏錄』이 편찬된 1293년은 大慧가 시적한 뒤 130년 이후이고, 無字公案이 공안의 대표로서 인정되는 『無門關』이 간행(1229)된 후이다. 당시의 중국에서는 이미 대혜파의 物初大觀(13세기 중반)·大川普濟(1179-1253)·偃溪廣聞(1189-1263) 등이 활약하던 시대이고, 看話

234) 禪學叢書4, p152下

禪은 이미 중국에서 유행하고 있었다. 한편, 고려에서는 看話禪을 중시하기 시작하는 修禪社 2세 慧諶(1178-1234)을 지나, 10世 萬恒(1249-1319)가 원의 蒙山德異와 교류하고, 蒙山德異가 고려선에 큰 영향을 준 시기이기도 하다. 그러므로 看話禪은 고려에서도 중요시되어 수행의 방법으로서 널리 받아들여졌던 시기이기도 하다.

그러나 『禪門寶藏錄』에 있어서 看話禪은 결코 큰 비중을 차지하고 있다고는 할 수 없다. 우선, 제14칙과 76칙에 庭前栢樹子話가 등장하지만 어디까지나 선이 최상승선인 것을 주장하기 위한 보조적 기능을 하고 있을 뿐이다.[235] 나아가 소위 공안집에서의 인용은 제44칙 한군데밖에 없고, 그것도 『碧巖錄』 4칙 「本則評唱」에서의 인용에 지나지 않는다. 따라서 비록 『禪門寶藏錄』이 사상의 직접적인 서술이 아니라 경전과 어록에서의 인용이기는 하지만, 『禪門寶藏錄』이 看話禪을 중요시하고 있지 않은 것은 확실하다 하겠다.

이상에서 『禪門寶藏錄』에 나타난 九山禪門의 사상을 고찰했다. 그러나 아직 의문점은 남아 있다. 그것은 〈제2절 1. 『禪門寶藏錄』에 대해서〉에서 보았듯이, 『景德傳燈錄』에서의 인용 29회 중의 9회가 『景德傳燈錄』에 존재하지 않던가, 별로 일치하지 않는 대신에 『禪門拈頌集』과 잘 일치한다는 사실이다. 이것은 무엇을 의미하는 것일까? 『禪門拈頌集』은 1226년에 이미 개판되어 있었지만, 『禪門寶藏錄』 편찬 시에 『禪

---

235) 14칙과 76칙의 해당부분은 다음과 같다.
"教有明文云, 非聲聞乘, 非緣覺乘, 非菩薩乘, 亦非佛乘. 是先祖相承底最上乘禪. 問曰, 宜以何等語, 形容此法門. 答曰, 僧問趙州祖師西來意旨, 云庭前柏樹子. 此一句, 龍宮海藏, 所未有底. 寂音尊者錄"(『韓國佛教全書』 卷6 p472中)
"侍郎張九成一日如廁, 以柏樹子話究之. 聞蛙鳴, 釋然契入. 有偈曰,……普燈錄"(上揭書, p482中)

門拈頌集』을 참고로 했던가? 그렇다면, 왜 그것을 『景德傳燈錄』이라고 썼을까? 中島志郞 씨의 주장대로 당시 九山禪門 · 修禪社 · 敎宗세력이 경쟁관계에 있었기 때문에 수선사계열의 문헌인 『禪門拈頌集』을 九山禪門의 문헌인 『禪門寶藏錄』은 의도적으로 기록하지 않았던 것일까? 지금부터의 연구과제로 하고 싶다.

제2장 普照智訥과 眞覺慧諶의 선사상

제1절 普照智訥의 선사상

〈현재까지의 연구현황〉

普照智訥은 한국조계종의 宗祖라고도 불리며, 일본의 道元과 같은 존재이다. 또, 元曉와 함께 세계에 가장 많이 알려진 한국의 승려이기도 하다. 따라서 한국에는 많은 연구성과가 존재하고, 『韓國佛敎關係論著綜合目錄』(李哲敎 · 李東圭編. 高麗大藏經研究所, 2002)에 의하면, 단행본이 30권 이상, 석사 · 박사학위논문이 28편, 단편논문이 350편에 이른다. 특히, 普照思想研究院이 설립되어 기관지인 『普照思想』을 통해서 매년 연구성과가 나오고 있다. 또 『普照國師智訥關係論著綜合目錄』(李哲敎編, 『牧牛子智訥研究』, 2001) 등 연구물의 목록도 존재한다. 이와 같이 智訥에 대한 연구가 성대한 이유는 ① 智訥이 조계종의 종조인 것 ② 고려시대 승려 중에서 비교적 많은 자료가 현존하고 있기 때문이다. 그러나 필자가 모든 한국의 연구성과를 조사한 것은 아니지만 한국의 연구논문에는 옥석이 혼존하고, 고려시대의 선에 대한 연구가 智訥에 편중되는 경향조차 있다고 생각된다.

智訥이 大慧의 看話禪을 받아들인 것은 大慧 死後 35년 정도 후의 일이고, 한국看話禪의 초기단계에 해당된다. 智訥의 看話禪사상은 중국의 선사상, 특히 大慧의 看話禪을 빼고서는 말할 수 없다. 그러나 기존의 한국의 연구성과가 당시의 중국선사상, 특히 大慧의 看話禪사상에 대한 정확한 이해에 기초하고 있다고는 할 수 없다. 따라서 본

논문에 있어서의 연구는 기존의 한국의 연구성과와는 달리 중국선사상과의 관계에 유의하면서 특히 大慧의 看話禪사상의 영향을 검토한다. 智訥은 비교적 많은 자료를 남기고 있지만 대부분이 화엄관련저술이고, 看話禪에 관한 자료로서는 『法集別行錄節要並入私記』와 『看話決議論』밖에 없다. 따라서 본 연구도 『法集別行錄節要並入私記』와 『看話決議論』을 대상으로 행한다.

普照智訥(1158-1210)의 호는 牧牛子로서 8세에 출가하여 雲孫宗暉禪師(闍崛山門)에게 참구하였다. 그러나 宗暉禪師뿐만 아니라 많은 스승에게 나아가서 공부했다고 한다. 25세에 승과에 급제했지만 출세를 단념하고 定慧結社를 조직하였다. 28세에 대장경을 열람했을 때, 李通玄의 『新華嚴經論』에 영향받아서 그것을 연구하였고, 41세에 『大慧語錄』을 읽고 대오하였다. 이후에 曹溪山修禪社에서 頓悟漸修와 看話禪을 선양하였다. 저술로는 『勸修定慧結社文』(1190), 『修心訣』(1198), 『誡初心學人文』(1205), 『華嚴論節要』(1207), 『法集別行錄節要並入私記』(1209), 『看話決疑論』(死後인 1215년에 제자인 慧諶이 간행) 등이 있고, 연대불명의 저작으로서는 『眞心直說』, 『圓頓成佛論』 등이 있다. 智訥은 28세에 『新華嚴經論』에 접하기 이전에는 전통적인 고려선인 九山禪門의 사상을 습득했다고 생각된다. 『新華嚴經論』의 강요를 모은 『華嚴論節要』의 서문에,

> 常以禪門卽心卽佛冥心, 以謂非遇此門, 徒勞多劫, 莫臻聖域矣. 然, 終疑華嚴教中悟入之門果如何耳.236)

〈언제나 선문의 卽心卽佛을 생각하여, "이 門을 만나지 못했다면 헛되

236) 『韓國佛教全書』 卷4, 767下

이 多劫을 노력해도 성역에 이르지 못했을 것이다"라고 생각했다. 그러나 결국 華嚴敎中의 悟入의 문은 어떤 것인지 알고 싶었다.〉

라고 自序하고 있다. 卽心卽佛은 마조계통의 말로서 이것을 가지고 智訥도 참구하고 있었다고 생각된다. 그러나 그는 마조계가 주장하는 頓悟頓修를 비판하고 李通玄과 宗密의 영향을 받아 頓悟漸修를 주장하는데, 그의 頓悟漸修의 주장은 한편으로는 당시의 고려선에 대한 비판에서 출발하는 것이었다. 『勸修定慧結社文』에는 당시의 선림을 다음과 같이 비판하고 있다.

近來禪門汎學輩多有此病, 皆云旣自心本淨, 不屬有無, 何假勞形, 妄加行用. 是以效無碍自在之行, 放捨眞修. 非唯身口不端, 亦乃心行汚曲, 都不覺知. 或有執於聖敎法相方便之說, 自生退屈, 勞修漸行, 違背性宗, 不信有如來爲末世衆生, 開秘密之訣……雖有解脫, 終不信受, 但加疑謗而已.[237)]
〈근래의 선문의 수행자들은 대부분이 이 병에 걸려서 모두 "自心은 본래 淸淨하고 有無에 속하지 않는데, 어째서 수행해서 行用을 가하는가?"라고 말한다. 그래서 무애자재의 행을 모방하여 眞修를 버린다. 그러므로 身口가 갖추어지지 않을 뿐만 아니라, 마음도 비뚤어져 있는 것을 전혀 알지 못한다. 혹은, 聖敎法相의 方便說에 집착하여 스스로 퇴굴심을 낳고 漸行을 닦아서 性宗에 위배하고, 여래가 말세의 중생들을 위해 비밀의 가르침을 주신 것을 믿지 않는다.…… 비록 해탈이 있어도 끝내 믿지 않고 의심을 더할 따름이다.〉

여기서 '自心이 본래 淸淨한 것을 믿어서 眞修를 버리는 사람들'이란 無事禪을 참구하는 사람들을 가리키고 있다고도 생각된다. 혹은 小乘과 같이 '多劫 동안 수행해야 비로소 깨달을 수 있다'고 오해하여

237) 上揭書, 700中

자신감을 상실하고, 如來가 徑截門을 연 것을 믿지 않는 사람들도 있다. 그들은 깨달음이 있음을 믿지 않는 사람들이기도 하다. 그중에서도 특히 智訥의 비판의 대상이 된 것은 '敎外別傳'을 주장하는 사람들이었다. 『法集別行錄節要並入私記』(以下,『入私記』로 약칭)에서는 다음과 같이 그들을 비판하고 있다.

> 予觀今時修心人, 不依文字指歸, 直以密意相傳處爲道, 則溟涬然徒勞坐睡, 或於觀行, 失心錯亂. 故, 須依如實言敎, 決擇悟修之本末, 以鏡自心, 卽於時中觀照, 不枉用功爾.238)
>
> 〈요즈음의 수행자들을 보니, 文字의 指歸에 의하지 않고 바로 密意로 전하는 바를 도로 삼고, 멍하니 坐禪에 열중하고 혹은 觀行에 있어서 마음을 잃고 착란한다. 그러므로 如實言敎로 悟修의 본말을 결택하는 것에 의해 자심을 비추면, 일상의 관조할 때에 쓸데없이 힘을 들일 필요는 없다.〉

즉 당시의 敎外別傳을 주장하는 수행자는 전혀 문자를 무시하고 頓悟만에 힘을 쏟는다. 그러나 "우선 如實言敎에 의해 悟修의 본말을 결택하지 않으면 안 된다"고 智訥은 주장하고 있는 것이다. 여기서 제시되는 것이 頓悟漸修說이다. 한편 돈오점수는 定(漸修)慧(頓悟)雙修를 의미하고 있고, 이러한 智訥의 인식이 定慧結社운동의 계기가 된다. 다음은 『入私記』를 중심으로 해서 智訥의 돈오점수사상을 검토해 보자.

1. 頓悟漸修思想－『入私記』를 중심으로 해서

젊었을 때 마조선으로 수행하고 있었던 智訥을 구해준 것은 李通玄

---

238) 上揭書, 741上

의 『新華嚴經論』이었다. 『新華嚴經論』에서 李通玄이 주장하는 것이 頓悟漸修思想이다. 智訥도 자신의 돈오점수사상의 교증을 『新華嚴經論』에서 구한다. 『看話決議論』에는 다음과 같이 있다.

> 須經見聞解行生, 然後證入矣. 當於證入, 亦如禪門無念相應. 故, 論云, 先以聞解信入, 後以無思契同.[239)]
>
> 〈견문해해가 생긴 후에 證入하지 않으면 안 된다. 證入할 때에는 선문의 무념과 상응한다. 그러므로 論에는 "우선 聞解로서 信入하고 후에 無思로서 契合한다"고 한다.〉

여기서 "先以聞解信入, 後以無思契同."는 『新華嚴經論』의 구절이지만(大正36, 733b, 735b, 834b), 『新華嚴經論』이 智訥의 돈오점수사상의 기초가 된다.

그러나 원래 돈오점수를 강하게 주장한 것은 澄觀이 『普賢行願品疏』 卷2, 五「修證淺深」 등에 있어서 悟修頓漸분류의 원형을 제시하고, 종밀이 『圓覺經大疏』 卷上二 「修證階差」를 비롯하여 『禪源諸詮集都序』, 『裴休拾遺問』 등에서 그것을 계승하였다. 智訥의 『入私記』는 종밀의 『裴休拾遺問』에 대한 주석이지만(『法集別行錄』이 『裴休拾遺問』이다), 『入私記』에서도 智訥은 징관의 『普賢行願品疏』와 종밀의 『禪源諸詮集都序』 등을 인용하면서 사상을 전개하고 있다.

智訥의 頓悟漸修思想을 요약하면, 수행의 과정을 解悟→漸修→頓悟로서 파악하는 것이다. 그런데 『入私記』와 『華嚴論節要』에는 다음과 같이 있다.

> 又見禪學者, 但知過量機不踐階梯, 徑登佛地之義, 不信此錄中有悟解後, 初

---

239) 上揭書, 736中

入十信位之文.240)…… 又云, 從凡入十信難者, 總自認是凡夫, 不肯認自心是不動之佛故.241)
〈또 선수행자들을 보니, 단지 上根機가 단계를 밟지 않고 바로 佛地에 오르는 것만을 알고, 『裴休拾遺問』에 "悟解의 후에 비로소 十信位에 들어간다"고 하는 말이 있는 것을 믿지 않는다…… 또 말하기를, "범부에서 十信位에 들어가기가 어려운 것은 스스로 범부라고 생각하여 자신이 不動之佛임을 인정하려고 하지 않기 때문이다."〉

智訥은 "解悟한 후 비로소 十信位에 들어갈 수 있다"고 해서 해오한 후에 비로소 참된 수행이 가능하다고 한다. 이때 解悟란 "自心이 不動之佛임을 깨닫는 것"에 다름 아니다. "從凡入十信難者, 總自認是凡夫, 不肯認自心是不動之佛故."는 원래 『新華嚴經論』에 나오는 말이지만, 이와 같이 智訥은 『裴休拾遺問』과 『新華嚴經論』을 통해서 해오의 개념을 정립하고 있다. 그에게 있어서는 해오가 없는 수행은 참된 수행이 아니었다.

그런데 자심이 부동지불인 것을 해오하기 위해서는 우선 荷澤宗의 가르침에 따르지 않으면 안 된다. 『入私記』에서는 다음과 같이 말하고 있다.

是故, 而今末法修心之人, 先以荷澤所示言教, 決擇自心性相體用, 不墮空寂, 不滯隨緣, 開發眞正之解. 然後, 歷覽洪州牛頭二宗之旨, 若合符節, 豈可妄生取捨之心耶.242)
〈그러므로 오늘날의 말법시대의 수행자들은 우선 하택이 보인 가르침에 의해 自心의 性相과 體用을 결택하고, 空寂에 떨어지지도 않고 隨緣에 그치는 것도 없이 진정한 이해를 열지 않으면 안 된다. 그 후, 홍주와 우두 2종의 종지를 공부하면 부절이 합한 듯할 것이니 어찌 망령되이

240) 上揭書, 746中-下
241) 上揭書, 768上
242) 上揭書, 743中

취사심을 낳을 것인가?〉

여기서 '空寂에 떨어진다'라는 것은 牛頭宗을 비판한 말이고, '隨緣에 그친다'는 것은 洪州宗을 비판한 말이지만, 智訥은 '우선 하택종의 가르침에 의해 해오한 후에 점수할 것'을 주장하고 있는 것이다. 그렇다면 解悟한 후는 어떻게 漸修하면 좋은가? 종밀은 『禪源諸詮集都序』 중에서 점수의 단계를 10단계(十重)로 나누고 있고(大正48, 409b), 『円覺經大疏鈔』 卷7上에서는

> 須以頓悟之力, 習氣漸息. 聖力漸通, 登地證悟. 八地已去, 無相無功, 念念不間, 方名出夢.[243)]
> 〈돈오의 힘으로 習氣를 점점 제거하지 않으면 안 된다. 성력이 점점 통하여 팔지에 올라 證悟한다. 팔지 이상이 되면 相도 없고 功도 없고, 염념이 끊어지지 않아서 비로소 '꿈을 벗어난다'고 이름한다.〉

라고 말하고 있는 바에서 보면, 宗密에 있어서의 漸修란 十信位(解悟)에서 八地(證悟)에 이르는 과정이라고 할 수 있을 것이다. 한편, 智訥에 있어서의 漸修의 내용은 '牧牛行'으로 정의된다. 『修心訣』에는 다음과 같이 기록되어 있다.

> 又杲禪師云, 往往利根之輩不費多力, 打發此事, 便生容易之心, 更不修治. 日久月深, 依前流浪,未免輪廻. 則豈可以一期所悟, 便撥置後修耶. 故, 悟後長須照察, 妄念忽起, 都不隨之, 損之又損, 以至無爲, 方始究竟. 天下善知識悟後牧牛行是也.[244)]
> 〈또 大慧가 말하기를, "종종 상근기인은 간단히 '이 일'을 알아서 용이심을 내고는 수행하지 않는다. 그래서 세월이 지나도 여전히 生死에 유랑

243) 卍續14冊, 697下
244) 『韓國佛敎全書』 卷4, 711中

하여 윤회를 벗어나지 못하니, 어째서 조그마한 깨달음으로 후수를 그만둘 수 있겠는가?"라고. 그러므로 깨달은 후는 오랫동안 반조해서 망념이 일어나도 따르지 않고, (망념을) 제거하여 무위에 이르러야 비로소 구경이라고 할 수 있을 것이다. 천하의 선지식들의 悟後의 牧牛行이 그것이다.〉

'牧牛'라는 것은 佛性을 기르는 것을 목동이 소를 키우는 것에 비유한 것으로, 十牛圖에 의해 유행한 개념이기도 하다.245) 智訥은 그것을 '妄念을 제거하고 無爲에 이르는 과정'이라고 표현하고 있다.

그런데 『入私記』가 『裴休拾遺問』의 주석인 것에서도 알 수 있듯이, 宗密과 같이 智訥도 洪州宗을 비판하고 荷澤宗을 선양하는 것이 기본적인 입장이다. 그러나 종밀이 철저하게 홍주종을 비판하고 荷澤神會를 선양한 것에 비하여(『裴休拾遺問』은 洪州宗·北宗·牛頭宗을 모두 비판하고 있지만 주안점은 홍주종 비판에 있다), 智訥의 홍주종과 하택신회에 대한 평가는 조금 다르다. 우선, 智訥은 『入私記』의 冒頭에서 하택신회에 대해서 다음과 같이 평가하고 있다.

牧牛子曰, 荷澤神會是知解宗師, 雖未爲曹溪嫡子, 然悟解高明, 決擇了然.246)

〈목우자가 말하기를, "荷澤神會는 知解宗師이고 비록 六祖慧能의 적자는 아니지만, 悟解가 고명하고 결택이 확실하다."〉

---

245) 한국에는 중국 전래의 普明, 廓庵의 것과는 다른 古風의 十牛圖가 존재하는데, 『祖堂集』 卷20 「順之章」에서 順之는 牛·人·佛을 가지고 一圓相을 설명하고 있다. 이것을 근거로 해서 柳田聖山 氏는 "한국 전래의 십우도는 위앙종계통의 것이다"고 추측하고 있다.(「『禪門寶藏錄』の研究」解題, 註① 참조)

246) 上揭書, 741上

智訥은 하택신회가 훌륭한 수행자라고 인정하면서도 기본적으로는 지해종사라고 평가하고 있다. 이와 같이 신회를 지해종사로 낮게 평가하는 것은 『六祖檀經』에도 존재하는데 그것은 다음과 같다.

師告衆曰, 吾有一物, 無頭無尾, 無名無字, 無背無面. 諸人還識否. 神會出曰, 是諸佛之本源, 神會之佛性. 師曰, 向汝道, 無名無字, 汝便喚作本源佛性. 汝向去有把茆蓋頭, 也只成箇知解宗徒[247]

〈사가 대중에게 말했다, "나에게는 一物이 있는데, 그것은 머리도 꼬리도 없고 이름도 없고 표리도 없다. 여러분은 그 一物을 아는가?" 신회가 나와서 말하기를, "그것은 諸佛의 본원이고 저의 佛性입니다." 그러자 사가 말했다, "아까 '이름이 없다'고 했는데도 너는 그것을 본원불성이라고 부르고 있다. 너는 장차 출세한다 해도 단지 지해종도에 지나지 않을 것이다.〉

이 부분은 『入私記』의 후반에 그대로 인용되고 있고 나아가 智訥의 제자인 慧諶의 『禪門拈頌集』에서도 들어지고 있지만, 돈황본 『六祖檀經』에는 실려 있지 않고 宗寶本 · 德異本 등에 실려 있는 사실에서 보면 『六祖檀經』의 후대개편설을 뒷받침하는 증거이기도 하다.

또 智訥은 홍주종에 대한 평가에 있어서도 종밀의 주장에 반박하고 있다. 우선, 『裴休拾遺問』에서의 홍주종에 대한 종밀의 평가는 다음과 같다.

洪州常云, 貪嗔慈善皆是佛性, 有何別者. 如人但觀濕性始終無異, 不知濟舟覆舟功過懸殊. 故, 彼宗於頓悟門, 雖近而未的, 於漸修門, 有誤而全乖.[248]

〈홍주종에서는 언제나 말하기를, "貪 · 嗔 · 慈 · 善의 모든 것이 불성

247) 大正48, 359b－c

248) 卍續110冊, 875上－下

이어서 불성이 아닌 것이 없다"라고. 이것은 마치 (물의) 습한 성질이 변함없는 것을 알 뿐, 배를 띄운다든지 가라앉게 하는 공과의 차이를 알지 못하는 것과 같다. 그러므로 홍주종은 돈오문에 있어서는 가깝지만 정확하지 않고, 점수문에 있어서는 완전히 틀렸다.〉

이것은 종밀이 홍주종의 作用卽性說을 비판한 것이지만, 이 부분에 대해서 智訥은 다음과 같이 의문을 제시한다.

然, 觀其敍洪州牛頭二宗之意, 能深能廣, 窮極秘隱, 使修心人, 豁然自見於語言動用中, 何其妙密旨趣如斯. 未詳, 密師之意, 於二宗旨, 毁耶讚耶. 然, 但破後學如言之執, 使其圓悟如來知見, 而於二宗無毁讚心.[249]

〈그러나 서술된 홍주종과 우두종의 종지를 보면 심오하고 광대하며 비의가 감추어져 있어 수행자로 하여금 언어동용 가운데서 홀연히 깨닫게 하니, 이러한 묘밀한 종지가 어디에 있겠는가? 도대체 종밀은 2종을 비난하고 있는 것인가? 칭찬하고 있는 것인가? 단지, 후학들이 말에 집착하는 것을 걱정하여 여래지견을 깨닫게 하였을 뿐, 2종에 대해서 훼찬심이 있었던 것은 아니다.〉

여기에서 보면, 智訥은 종밀의 홍주종 비판이 애매하다고 의심하여 "종밀은 단지 수행자들이 홍주종과 우두종의 말에 집착하지 않도록 했을 뿐으로 2종을 비판할 의도는 없었다"고 한다. 나아가 智訥은 『禪源諸詮集都序』(以下, 『都序』로 약칭)에서 종밀이 '禪의 3宗'(息妄修心宗・泯絶無寄宗・直顯心性宗)을 제시하고, 그중에서 直顯心性宗에 홍주종과 하택종을 배당시킨 것에 대해서 『都序』를 인용하여 다음과 같이 설명한다.

249) 上揭書, 743上

Ⓐ 第三直顯心性宗洪州荷澤說, 一切法若有若空, 皆唯眞性, 於中指示心性有二類 一云, 卽今能語言動作貪嗔慈忍等, 卽汝佛性. 但, 隨時隨處, 息業養神, 聖胎增長, 現發自然神妙, 此卽是爲眞悟眞修眞證也. 二云, 諸法如夢, 諸聖同說. 故, 妄念本寂, 塵境本空. 空寂之心, 靈知不昧, 是汝眞性. 然, 此兩家皆會相歸性. 故同一宗……以是當知, 密師非不知馬祖說法, 直顯心性, 於二利行門, 深有善巧. 而云雖近而未的者, 蓋恐學者認能語言, 滯在隨緣之用, 而未的悟寂知耳.[250]

〈제3의 直顯心性宗(홍주종, 하택종)은 "一切法은 有이건 空이건 전부 眞性이다"고 하지만, 이때의 심성에는 2종이 있다. 첫 번째(홍주종)는 "지금 말한다든지 동작한다든지 하는 것과 貪・嗔・慈・忍의 모든 것이 당신의 본성에 다름 아니다. 언제, 어디서나 업을 그치고 신을 장양하고 성태를 증장시키며 본래의 신묘를 발하면, 그것이 바로 眞悟・眞修・眞證이다"라고 한다. 두 번째(하택종)는 "'제법은 꿈과 같다'고 하는 것은 모든 성인이 말씀하신 바이다. 그러므로 妄念과 煩惱는 원래 공이다. 空寂의 心, 不昧의 靈知가 다름 아닌 너의 진성이다"라고 한다. 그런데 이 2종은 모두 相을 會通하여 性에 돌아간다. 그러므로 종을 같이 한다…… 그러므로 종밀이 마조의 설법은 바로 진성을 드러내고, 二利行門에 있어서 훌륭한 점이 있다는 것을 몰랐던 것은 아니다. 그렇지만 '雖近而未的'고 한 것은 수행자들이 말에 집착하여 隨緣의 用에 그치고 영지를 깨닫지 못할까 걱정했기 때문이다.〉

Ⓐ는 『都序』에서의 인용이지만 『都序』에서 종밀은 제3直顯心性宗에 하택종과 홍주종을 배당시키고 "兩宗은 相을 회통하여 性에 돌아가므로 동일한 宗이다"고 한다. 그러나 『裴休拾遺問』에서는 하택종을 선양하기 위해 홍주종을 주 대상으로 해서 비판을 전개하고 있다. 결국, 智訥은 『都序』에서 종밀이 하택종과 홍주종을 동일종으로 취급하는 것을 지지하고, 『裴休拾遺問』에서 종밀이 홍주종을 "於頓悟門, 雖近而

250) 上揭書, 743上-中

末的."라고 비판한 것은 수행자들이 홍주종의 作用卽性說(隨緣之用)에 안주하는 것을 걱정했기 때문이며, 종밀도 마조의 설법의 훌륭함을 몰랐던 것은 아니라고 하는 것이다. 이와 같이 智訥은 하택신회에 대해서는 훌륭한 종사라고 인정하면서도 기본적으로는 知解宗師라는 평가를 내리고 있고, 홍주종에 대해서는 『都序』의 견해를 지지하여 긍정적으로 평가하는 입장을 취하고 있다. 이것도 고려선에 있어서 마조선의 영향이 컸다는 사실을 증명하는 것이다.

이상으로 智訥의 頓悟漸修思想을 검토해 보았지만, 頓悟漸修란 결국 定과 慧를 함께 닦는 것이다. 그러나 智訥은 정과 혜에도 구속되지 않는 徑截得入門이 있다고 했는데 그것은 大慧의 看話禪에 다름 아니다. 다음은 智訥의 看話禪사상을 大慧와의 관계에 주목하면서 검토해 보자.

2. 看話禪사상 -『看話決議論』을 중심으로 해서

智訥이 『大慧語錄』을 읽고 세 번째의 깨달음을 얻은 것은 41세 때이고, 그 이후 大慧를 중시해 마지않았다는 것은 앞의 제1장 3.3) 〈看話禪의 유입과 大慧사상의 수용〉항에서 간단히 서술하였다. 智訥은 저작의 여러 곳에서 『大慧語錄』을 인용하고 있고, 특히 『大慧書』에서의 인용이 많다. 智訥의 저작 중에서도 『入私記』의 후반과 『看話決議論』에서 집중적으로 看話禪사상이 전개되고 있지만, 『入私記』의 저술이 1209년(52세)이고 『看話決議論』이 智訥의 死後인 1215년 간행인 사실에서 보면, 양 문헌은 시기적으로 연속하는 것이고 내용적으로도 『看話決議論』은 『入私記』 후반의 연장으로 볼 수가 있을 것이다. 이하에서 『入私記』와 『看話決議論』을 중심으로 해서 智訥의 看話禪사상을 검토해 보자.

『入私記』 중에서 智訥이 頓悟漸修思想을 주장한 것은 전통적인 고려선인 教外別傳을 비판하고 "우선 如實言教에 의해 悟修의 본말을 결택하지 않으면 안 된다"고 주장한 것이다. 그러나 『入私記』의 후반에서 智訥은 더욱 다음과 같이 주장한다.

> 然, 上來所擧法門, 並是爲依言生解悟入者, 委弁法有隨緣不變二義, 人有頓悟漸修兩門……然, 若一向依言生解, 不知轉身之路, 雖終日觀察, 轉爲知解所縛, 未有休歇時. 故, 更爲今時衲僧門下, 離言得入, 頓亡知解之者, 雖非密師所尙, 略引祖師善知識, 以徑截方便, 提接學者, 所有言句, 係於此後. 令參禪峻流, 知有出身一條活路耳.251)
>
> 〈그러나 위에서 든 법문은 모두 말에 의해 이해하고 오입하는 사람들을 위해 法에는 隨緣과 不變의 2의가 있고, 사람에는 頓悟와 漸修의 양문이 있는 것을 밝힌 것이다…… 그러나 만약 오로지 말에 의해 이해할 뿐 轉身의 길을 모른다면, 비록 종일토록 관찰해도 도리어 지해에 속박되어 마칠 때가 없다. 그러므로 요즈음의 수행자 중에 말을 떠나 득입해서 知解를 없애는 사람들을 위해 종밀이 숭상한 바는 아니지만 祖師禪知識이 경절의 방편으로 수행자들을 제접한 언구를 인용하여 다음에 든다. 그것은 선의 상근기인으로 하여금 出身의 활로가 있다는 것을 알게 하기 위해서이다.〉

위에서 "法有隨緣不變二義, 有頓悟漸修兩門."는 『大乘起信論』의 구절로서, 智訥의 돈오점수사상도 멀리는 『大乘起信論』에 기초하는 것이다. 그러나 돈오점수도 언교에 의해 해오에 그쳐서는 안 되는 것이다. 왜냐하면 해오는 결국 말에 의해 이해한 것에 지나지 않기 때문이다. 만약 해오에 그친다면, 지해의 속박에서 벗어날 수 없다. 그러므로 智訥은 看話徑截門을 주장한 것이다. 위의 인용문을 필두로 해서 智訥은 看話徑

251) 上揭書, 764上

截門의 모범으로서 慧能・藥山惟儼・法眞一和尙・大慧宗杲의 문답을 들고 있지만 대부분이 『大慧語錄』에서의 인용이다. 그러나 『入私記』에서의 看話禪에 관한 서술은 최후의 일부분에 그치고, 간화선에 대한 본격적인 사상전개는 『看話決議論』에 나타난다.

『看話決議論』은 智訥의 死後인 1215년에 제자인 慧諶에 의해 간행된 비교적 짧은 문장으로서, 어떤 승이 頓教・圓教와 禪(특히 看話禪)과의 異同을 묻는 것에 대해서 智訥이 답하는 형식으로 되어 있다. 우선 질문자는 "화엄원교도 법계무애를 주장하는 이상 취사가 없는데, 어째서 看話禪에서는 十種病을 제거하고 공안을 참구시키는가?"(732하)고 질문한다. 이것은 "華嚴圓教에서는 理事無礙, 事事無礙를 주장하고 원융자재해서 취사가 없는데, 看話禪에서 十種病을 버리고 공안을 참구시키는 것은 圓教보다도 열등한 것이 아닌가?" 하는 의도의 질문이다. 十種病이란 『大慧語錄』에서 大慧가 공안을 참구할 때의 주의점을 제시한 것으로, 그것은 다음과 같다.

> 僧問趙州, 狗子還有佛性也無. 州云, 無. 此一字子, 乃是摧許多惡知惡覺底器仗也. 不得作有無會. 不得作道理會. 不得向意根下思量卜度. 不得向揚眉瞬目處挆根. 不得向語路上作活計. 不得颺在無事甲裏. 不得向擧起處承當. 不得向文字中引證.252)
>
> 〈승이 조주에게 묻기를, "개에게는 불성이 있습니까?" 조주가 답하기를, "없다." 이 한 字는 많은 악지악각을 부수는 무기입니다. 유무의 무로서 이해해서는 안 됩니다. 도리를 지어서 이해해서는 안 됩니다. 의근으로 사량한다든지 추측해서는 안 됩니다. 눈썹을 움직인다든지 눈을 깜박거리는 곳에 안주해서도 안 됩니다. 말로 이리저리 변통해서도 안 됩니다. 무사의 껍질에 숨어 있어서도 안 됩니다. (고칙을) 제기하자마자 받아

---

252) 『大慧語錄』 卷26 「答富樞密」 第1書(大正47, 921 c)

들여서도 안 됩니다. 경전 속에서 인용한다든지 증명해서도 안 됩니다.〉

여기서 大慧는 無字公案을 참구할 때의 주의점을 8개로 나누어 제시하고 있지만, 그것은 無字公案뿐만이 아니라 모든 공안에 해당되는 주의점으로서, 大慧가 『大慧語錄』의 여러 곳에서 강조하고 있는 것이다. 그러나 이것은 大慧가 처음으로 주장한 것은 아니며 당시에 지적되고 있었던 공안참구의 주의점을 집대성한 것이다. 이 8개에 智訥이 '不得作眞無之無會'와 '不得將迷待悟'를 더하여 '십종병'이라고 이름한 것이다. 질문자는 "취사해야 할 법은 없는데 왜 看話禪에서는 십종병을 버리는 것인가?" 하고 묻고 있지만, 이에 대해 智訥은 다음과 같이 답하고 있다.

故徑山大慧禪師亦云, 平昔知見多, 以求證悟之心, 在前作障. 故自己正知見, 不能現前. 然, 此障亦非外來, 亦非別事, 豈有揀耶. 所言十種病, 以求證悟之心爲本. 旣云此障亦非外來, 從何處來耶. 亦非別事, 是何事耶. 此全明性起之德. 故, 敎中亦云, 一切障碍卽究竟覺, 得念失念無非解脫, 等是也.[253]
〈그러므로 경산대혜선사도 "평소에 지견이 많은 것은 證悟를 구하는 마음이 앞에서 장애하기 때문이다. 그래서 자기의 正知見이 현전할 수 없다. 그러나 그 장애는 밖에서 온 것도 아니며 다른 것도 아니다"라고 말하고 있듯이, 어째서 버려야 할 것이 있겠는가? 십종병은 증오를 구하는 마음이 원인이다. "그 장애는 밖에서 온 것이 아니다"고 한 이상, 어디에서 왔겠는가? '다른 것도 아니다'라면 과연 무엇인가? 이것은 완전히 性起의 덕을 밝힌 것이다. 그러므로 경전에서 말하는 "일체의 장애가 바로 究竟覺이고, 得念과 失念이 해탈이 아닌 것이 없다" 등이 이것이다.〉

여기서 智訥이 든 大慧의 말은 『大慧語錄』 卷29 「答李寶文」(大正47, 935 b－c)에 나오는 구절인데, 大慧가 "此障亦非外來, 亦非別事"라고

253) 上揭書, 732下

한 것은 화엄의 성기의 덕을 밝힌 것에 다름 아니다고 智訥은 말하고 있다. 그리고 그 화엄원교의 교증으로서 『円覺經』의 "一切障碍即究竟覺, 得念失念無非解脫」"(大正17, 917b)을 들고 있다. 이와 같이 看話禪은 화엄원교를 포괄하고 있고, 大慧도 그것을 인정하고 있다고 智訥은 말하는 것이다. 그러나 나아가 智訥은 다음과 같이도 말하고 있다.

> 然, 此義理雖最圓妙, 總是識情聞解思想邊量. 故, 於禪門話頭參詳, 徑截悟入之門, 一一全揀佛法知解之病也……禪門中, 此等圓頓信解, 如實言教, 如河沙數, 謂之死句. 以令人生解碍故.254)
>
> 〈그러나 이 도리는 가장 원묘하지만 완전히 識情·聞解·思想에 의한 판단이다. 그러므로 선문의 공안을 참구해서 바로 오입하는 문에 있어서 하나하나 불법지해의 병을 제거하는 것이다…… 선문 중에는 이러한 圓頓信解, 如實言教는 셀 수 없을 정도로 많아서 그것을 '死句'라고 한다. 왜냐하면, 사람으로 하여금 解碍를 낳게 하기 때문이다.〉

智訥에 의하면, 화엄원교는 결국 지해의 병을 면할 수 없고 그 지해의 병이 바로 십종병이다. 또 화엄원교의 가르침은 禪門의 입장에서 보면 死句에 지나지 않는 것이다. 일찍이 大慧도 "夫參學者, 須參活句, 莫參死句. 活句下薦得, 永劫不忘. 死句下薦得, 自救不了."(大正47, 870b)라고 강조하고 있지만, 智訥에 있어서 화엄원교는 死句에 지나지 않았다. 수행자는 活句를 참구하지 않으면 안 된다. 智訥은 대표적인 활구로서 無字公案을 들고 있다.

> 然, 話頭無字如一團火, 近之則燎却面門. 故, 無佛法知解措着之處. 所以云, 此無字破惡知惡解底器仗也.255)

254) 上揭書, 732下-733上
255) 上揭書, 733下

〈그러나 無字公案은 불과 같아서 다가가면 얼굴이 타버린다. 그러므로 불법지해가 붙을 곳이 없다. 그래서 (大慧는) "이 무자는 악지악해를 부수는 무기이다"고 했던 것이다.〉

위의 말도 대부분이 『大慧語錄』에 나오는 구절이지만, 無字公案이야말로 지해를 부수는 무기라고 한다. 이와 같이 智訥에 있어서, 깨달음의 최대의 장애는 지해의 병(십종병)이었다. 지해의 병을 깨달음의 최대의 장애로 하는 것은 大慧도 마찬가지여서, 예를 들면 大慧는 다음과 같이 말하고 있다.

只這求悟入底, 便是障道知解了也. 更別有甚麽知解爲公作障. 畢竟喚甚麽作知解. 知解從何而至.被障者復是阿誰. 只此一句顚倒有三. 自言爲知解所障, 是一. 自言未悟甘作迷人, 是一. 更在迷中將心待悟, 是一. 只這三顚倒, 便是生死根本.256)

〈이 오입을 구하는 것이야말로 도를 장애하는 지해입니다. 달리 어떤 지해가 있어서 당신을 방해하겠습니까? 도대체 무엇을 '지해'라고 부릅니까? 지해는 어디에서 오는 것입니까? 방해받는 것은 또 누구입니까? 그러나 이 一句에는 세 가지의 전도가 있습니다. '지해에 방해받는다'고 자인하는 것이 하나. '나는 깨닫지 못했다'고 자인해서 어리석은 사람에 안주하는 것이 하나. 미혹 속에서 마음으로 깨달음을 기다리는 것이 하나입니다. 이 세 개의 전도야말로 生死의 근본입니다.〉

이와 같이, "지해의 병이야말로 깨달음의 장애이고, 그러나 그 장애도 밖에서 온 것이 아니라 자기 속에 있다"고 인식하는 점에 있어서 智訥과 大慧는 의견을 같이하고 있다.

그런데 질문자는 또 다음과 같이 묻는다.

---

256) 『大慧語錄』 卷26 「答富樞密」 第1書(大正47, 921a)

問, 然則如般若經所謂, 無智亦無得. 又, 頓教所謂, 一念不生卽名爲佛, 等離言絶慮是耶.257)
〈묻기를, "그렇다면 『般若經』의 소위 '智도 없고 얻어야 할 것도 없다'나, 돈교의 소위 '一念도 생하지 않는 것을 佛이라고 이름한다' 등의 離言絶慮가 그것입니까?"〉

智訥이 "원교에는 언구에 의한 해애가 남아 있다"고 비판하고 있으므로 이번에는 "그렇다면 離言絶慮를 주장하는 돈교는 어떻습니까?"라고 물어온 것이다. 그것에 대해서 智訥은 다음과 같이 대답하고 있다.

答, 離言絶慮, 五教有之. 以教教皆有一絶言, 並令忘詮會旨故. 小乘證人空眞如, 大乘菩薩證法空眞如, 當於證門, 皆離言絶慮. 若言慮未忘, 何名證也. 頓教但說, 理性離言絶相, 別爲一類離念之機. 故, 一念不生卽名爲佛者, 但是證理成佛, 可名爲素法身也……華嚴論云, 先以聞解信入,後以無思契同. 旣以無思證入, 亦是離言絶慮也……禪宗過量之機, 話頭參詳, 善知微者, 不生十種知解之病. 故, 亦可謂離言絶慮.258)
〈답하기를, "離言絶慮는 五教에는 모두 그것이 있다. 왜냐하면, 오교에는 전부 하나의 絶言이 있어서 문자를 잊고 깨닫게 하기 때문이다. 小乘教는 人空眞如를 깨닫고 大乘教는 法空眞如를 깨닫지만, 깨달을 때에는 모두 이언절려이다. 만약 언려를 잊을 수 없다면, 어떻게 깨달았다고 할 수 있겠는가? 돈교는 단지 '理의 性은 이언절상이다'고 하고, 달리 한 부류의 離念의 근기를 지닌 사람들을 위해 그것을 설한다. 그러므로 '일념도 나지 않는 자를 佛이라고 이름한다'라는 것은 證理成佛에 지나지 않고 素法身이라고 해야 한다……『新華嚴經論』에는 '우선 聞解로서 信入하고, 후에 無思로서 契合한다'라고 하지만, 무사로서 證入하는 이상 그것도 離言絶慮이다…… 선종의 상근기인이 공안을 참구하여 그 요의를 아는 사람은 十種知解의 病이 생기지 않는다. 그러므로 이것도 離言絶

257) 上揭書, 733中
258) 上揭書, 733中－下

慮라고 할 수 있다.”〉

여기서 智訥이 드는 오교란 法藏의 오교판을 가리키고 있는 듯하다. 나아가 ‘一念不生卽名爲佛’도 法藏의 『探玄記』 卷1(大正35, 115c)의 구절이지만, 智訥은 그 오교가 모두 証門에 있어서는 離言絶慮라고 한다. 여기서도 문제가 되는 것은 결국 돈교와 원교이지만, 우선 돈교는 ‘理가 離言絶相이다’라고 설할 뿐이므로 証理成佛에 지나지 않는다고 한다. ‘証理成佛’은 익숙하지 않은 용어인데 ‘理로서의 성불에 그치고 事行의 성불에는 이르지 못한’ 정도의 의미일까? 그렇다면 결국 ‘頓悟漸修의 解悟에 지나지 않는다’고 하는 의미로 취해도 좋을 것이다. 돈교의 증리성불에 대해서 智訥은 더 상세히 설명하고 있다.

> 且, 頓教中所引言教, 爲一類離念之機, 說眞如理性離言絶慮之義. Ⓐ 如論云, 心眞如者, 卽是一法界大總相法門體. 所謂, 心性不生不滅, 一切諸法唯依妄念, 而有差別. 若離心念, 則無一切境界之相. 是故, 一切法從本已來, 離言說相, 離名字相, 離心緣相, 畢竟平等, 無有變異, 不可破壞. 唯是一心, 故名眞如……是故, 聞此教者, 隨順平等無相之理, 作無能說可說, 能念可念之解. 然後, 離此解此念, 得入眞如門. 故但名證理成佛.259)
>
> 〈우선 돈교 중에서 인용하는 언교는 한 부류의 念을 떠난 根器人을 위해 “眞如理性은 離言絶慮이다”는 것을 설한다. 예를 들면 論에 “心眞如는 一法界, 大總相, 法門의 體이다. 소위 心性은 不生不滅이고, 一切法은 단지 妄念에 의해 차별이 있다. 만약 심념을 떠난다면 일체의 경계상이 없다. 그러므로 일체법은 원래부터 言說相・名字相・心緣相을 떠나 있고 평등하며 변하지 않고 파괴시킬 수도 없다. 오로지 一念이기 때문에 眞如라고 이름하는 것이다”…… 그러므로 이 가르침을 듣는 사람은 평등무상의 이치에 따라서 說하는 주체도 대상도 없고, 念하는 주체도 대상도

259) 上揭書, 734上-中

없다는 것을 알고, 그 후에 그러한 解나 念을 떠나서 眞如門에 들어간다. 그러므로 證理成佛이라고 이름할 따름이다.〉

우선 Ⓐ는 『大乘起信論』에서 「顯示正義」의 2門 중, 心眞如門의 離言眞如를 설하는 부분이다. 頓敎는 이러한 『大乘起信論』 등의 가르침에 의해 우선 "理는 無相이고, 說하는 주체도 대상도 없고, 念하는 주체도 대상도 없다"고 이해한 후에 비로소 眞如門에 들어갈 수 있으므로, 그것을 '證理成佛'이라고 한다. 결국, 頓敎도 智訥에 있어서는 解悟에 지나지 않는 것이다.

이상에서 五敎判 중의 頓敎, 圓敎와 禪 특히 看話禪이 어떻게 다른가에 대한 智訥의 주장을 검토했다. 결론적으로 말하면, 看話禪은 돈교와 원교가 가지고 있는 '知解의 病'이 없는 곳에 그 우월성이 있다.

그런데 智訥은 大慧의 看話禪은 돈교, 원교보다 뛰어날 뿐만 아니라 선문 중에서도 가장 뛰어난 수행법이라고 하고, 선문의 교판으로서 '三玄門'을 주장한다.

> 禪門亦有爲密付難堪, 借敎悟宗之者, 說眞性緣起事事無碍之法. 如三玄門, 初機得入體中玄, 所明云, 無邊刹境自他不隔於毫端, 十世古今始終不離於當念. 又云, 一句明明, 該万像, 等是也.260)……禪宗或有, 以三界唯心万法唯識事事圓融爲觀門. 此是初玄門中, 法眼和尙, 韶國師所立. 同於圓敎, 但設法廣略有異耳.261)
>
> 〈禪門에는 또 密傳을 감당할 수 없어서 교에 의해 종을 깨닫는 사람들을 위해 眞性緣起, 事事無碍의 법을 설한다. 예를 들면 三玄門 중에서 초심자는 體中玄에 들어가는데, 경전에서 "일구가 분명하여 만상을 포괄한다"고 하는 것이 그것이다…… 선종에는 또 三界唯心・万法唯識

260) 上揭書, 733上
261) 上揭書, 736下

・事事圓融으로 관문을 삼는 사람들이 있다. 이것은 初玄門 중에서 法眼文益, 天台德韶가 세운 것이다. 원교와 같지만, 설법의 廣略이 다를 뿐이다.〉

智訥은 삼현문의 최초를 '體中玄'이라고 하고, 체중현은 근기가 낮은 사람들로 하여금 교에 의해 종을 깨닫게 하는 가르침이라고 하고, 그 예로서 『新華嚴經論』의 "無邊刹境自他不隔於毫端, 十世古今始終不離於當念"(大正36, 721a)를 인용하고 있다. 『新華嚴經論』은 화엄원교의 문헌이지만, 한편 체중현은 원교와는 달리 선문에서는 法眼文益・天台德韶가 그것에 속한다고 한다.

'三玄門'이란 원래 『臨濟錄』「上堂」에서 臨濟義玄이 "一句語須具三玄門, 一玄門須具三要. 有權有用."(大正47, 497a)라고 한 것에서 유래하는 것이지만, 종래 그 내용이 반드시 명확하지는 않았다. 그런데 『人天眼目』 卷2 「臨濟門庭」章에서 編者인 晦巖智昭는 "至古塔主始裂, 爲體中玄・句中玄・玄中玄."(大正48, 311c)라고 주석하고 있다. 즉 삼현문은 古塔主에 이르러서 처음으로 體中玄・句中玄・玄中玄으로 정해졌다고 하지만, 고탑주란 薦福承古(?－1045)를 가리킨다. 그런데 『禪林僧寶傳』 卷12 「薦福古禪師」條에는 삼현문에 대한 承古의 상세한 해설과 또 승고의 해설에 대한 覺範慧洪(1071－1128)이 평석이 있다. 그중, 三玄門에 대한 승고의 해설을 조금 소개하면 다음과 같다.

汾州偈曰, 三玄三要事難分. 古注曰, 此句總頌三玄也. 下三句別列三玄也. 得意忘言道易親. 古注曰, 此玄或作意中玄也. 一句明明該萬象. 古注曰, 此體中玄. 重陽九日菊花新. 古注曰, 此句中玄也.[262]

〈분주가 게를 읊었다, "三玄三要는 알기 어렵고(승고가 주하기를 '이 구는 삼현

262) 卍續137册, 490上－下

을 모두 제창한 것이다. 밑의 삼구는 삼현을 하나하나 열거한 것이다'), 뜻을 얻고 말을 잊으면 도는 친하기 쉽다(승고가 주하기를, '이 현은 의〈현〉중현이다'). 일구가 분명하고 만상을 포괄하며(승고가 주하기를, '이것은 체중현이다'), 重陽의 九日에 국화가 다시 핀다(승고가 주하기를, '이것은 구중현이다')〉

분주란 汾陽善昭(947－1024)를 가리키지만, 선소의 偈에 승고가 주석을 붙인 것이다. 그런데 제3구 '一句明明該萬象'은 위의 智訥의 인용문에서 智訥이 체중현의 예로서 들고 있던 것이다. 이것은 智訥이 『禪林僧寶傳』의 승고의 해석에서 영향을 받고 있는 것을 말하고 있는 것으로서, 『看話決議論』(734中)에서 智訥이 "然, 立此三玄門, 古禪師之意"라고 할 때의 '古禪師'는 薦福承古에 다름 아니다. 이 외에도 삼현문을 주장하고 있는 『円頓成佛論』과 『看話決議論』의 여러 곳에서 『禪林僧寶傳』 卷12 「薦福古禪師」조의 구절이 인용되고 있는 사실에서 보면, 智訥이 薦福承古의 영향을 받고 있는 것은 확실하다. 앞의 제1장 1절, 3.1) 〈중국승과의 교류〉항에서 『禪林僧寶傳』(1123年)이 찬술되자 곧 고려에 전해졌다는 것을 서술했지만, 智訥도 『禪林僧寶傳』을 읽고 있었던 것이 확실하다.

그런데 여기서 주목되는 것은 薦福承古의 三玄門 해석에 대한 覺範慧洪의 평가이다.

贊曰, 古說法有三失. 其一, 判三玄三要, 爲玄沙所立三句. 其二, 罪巴陵三語, 不識活句. 其三, 分兩種自己, 不知聖人立言之難……古謂, 非是臨濟門風, 則必有據. 而言有據, 何不明書, 以絶學者之疑. 不然, 則是臆說.[263]

〈평해서 말하기를, "承古의 설법에는 三失이 있다. 첫 번째는 三玄三要를 나누어, 현사가 세운 삼구로 삼은 것이다. 두 번째는 巴陵의 三語를 비난한 것은 활구를 모르는 것이다. 세 번째는 자기를 두 개로 나눈 것

263) 上揭書, 493上－下

은 성인의 立言의 어려움을 모르는 것이다…… 승고가 "(삼현문은) 임제의 가풍이 아니다"고 말한 것에는 반드시 근거가 있을 것이다. 그러나 근거가 있다고 하면서 어째서 그것을 밝혀서 수행자의 의문을 불식하지 않는가? 그렇게 하지 않으면 억설이다.〉

승고가 삼현문에 대해서 "今人卻言, 三玄是臨濟門風, 誤矣."(卍續137冊, 490上)이라고 한 것은 사실이다. 이와 같이 각범혜홍은 천복승고를 비판하는 입장을 취하지만, 한편 智訥은 천복승고의 영향을 받고 있지만 조금 미묘한 입장을 취하고 있는 듯하다. 그것은『円頓成佛論』의 삼현문을 서술한 곳에서 "此中三玄, 未非臨濟本意, 且順古師之意明之."(728下)라고 주석하고 있는 곳에서 알 수 있다.

또 智訥은 句中玄에 대해서 다음과 같이 말한다.

然, 此人長有佛法知見在心, 不得脫洒. 或有依本分事, 祇對洒落知見, 入句中玄, 破初玄門佛法知見. 此玄有徑截門庭前栢樹子麻三斤等話頭.264)
〈그러나 이 사람은 오랫동안 불법지견이 마음에 있어서 상쾌하지 못하다. (그러므로) 本分事에 의해 지견에 대응하여 句中玄에 들어가 體中玄의 불법지견을 없앤다. 이 현에는 경절문의 庭前栢樹子・麻三斤 등의 공안이 있다.〉

여기서「本分事祇對」도『禪林僧寶傳』에서 승고가 구중현을 해석한 구절에서 오고 있지만, 智訥은 "체중현은 아직 불법지견이 남아 있으므로 구중현을 세우지 않으면 안 된다"고 한다. 구중현에는 庭前栢樹子・麻三斤 등의 공안이 속한다. 그러나 이 구중현의 공안은 大慧의 看話禪에는 미치지 못한다. 왜냐하면, '공안으로 병을 제거한다'라는 의식이 남아 있기 때문이다(以本分事祇對話頭, 爲破病之語故. 734中).

264) 上揭書, 734中

그러므로 제3현인 玄中玄을 세우지 않을 수 없다. 智訥은 玄中玄에 대해서 다음과 같이 말한다.

> 然, 未亡洒落知見言句, 猶於生死界, 不得自在. 故, 立第三玄中玄, 良久默然棒喝作用等, 破前洒落知見.265)
> 〈(구중현은) 그러나 知見言句가 남아 있어서 아직 生死界에서 자재함을 얻을 수가 없다. 그러므로 제3현중현의 良久・默然・棒・喝 등의 작용을 세워서 앞의 지견을 없앤다.〉

看話禪을 수행하는 사람들에게 '병을 제거한다'라는 관념이 있는 이상 佛法知見을 완전히 없애는 것은 불가능하다. 그러므로 良久・默然・棒・喝 등의 無言의 作用을 내용으로 하는 玄中玄을 세워야만 한다.

한편, 『禪林僧寶傳』에서 승고는 현중현을 세우는 이유를 다음과 같이 설명하고 있다.

> 然, 但脫得知見見解, 猶在於生死, 不得自在. 何以故. 爲未悟道故. 於他分上, 所有言句, 謂之不答話. 今世以此爲極則, 天下大行, 祖風歇滅. 爲有言句在. 若要不涉言句, 須明玄中玄.266)
> 〈(구중현은) 그러나 知見見解에서 벗어났을 뿐으로 아직 生死에 있어서 자재하지는 못하다. 그것은 무엇 때문인가? 아직 오도하고 있지 않기 때문이다. 句中玄의 모든 言句는 '不答話'라고 한다. 요즈음은 이것을 극칙으로 삼아 천하에 유행하여 조사의 가풍이 절멸하였다. 그것은 언구가 있기 때문임에 틀림없다. 만약 언구에 간섭하고 싶지 않다면 현중현을 밝혀야만 한다.〉

265) 上揭書, 734中－下
266) 上揭書, 491下

승고는 조주의 庭前栢樹子, 洞山의 麻三斤 등의 공안을 '不答話'(동문서답을 하는 것)라고 하여, 당시의 선림에 그것이 유행하여 조사의 가풍이 절멸했다고 한다. 또 그러한 구중현의 잘못은 언구가 남아 있는 점이며, 그 원인은 悟道하고 있지 않기 때문이라고 한다. 智訥도 『入私記』의 구중현에 대한 설명에서 "若只以截鐵言句, 學脫洒知見爲懷, 未有眞正悟處, 則行解必然不等, 猶於生死界, 不得自在."(766上)라고 하고 있으므로 승고와 견해를 같이하고 있다고 할 수 있을 것이다. 오도의 필요성은 大慧가 특히 강조한 것이다. 여기서 우리들은 大慧와 承古, 智訥의 공통점을 발견할 수 있다.

그런데 智訥에 있어서 大慧의 看話禪은 삼현문을 초월하는 것으로서 이해된다. 『看話決議論』에서 智訥은 다음과 같이 말한다.

> 然, 今所宗徑山大慧和尙, 是曹溪直下正脈相傳, 第十七代本分宗師, 所立徑截門語句, 參詳得入, 逈異於此. 何者. 宗師所示, 庭前栢樹子·麻三斤·狗子無佛性等話頭, 都無端的所示之法, 但給沒滋味無摸索底話頭. 然後, 隨而誡之曰, 情識未破, 則心火熠熠地. 正當恁麽時, 但只以所疑底話頭提撕. 如僧問趙州, 狗子還有佛性也無. 州云, 無. 只管提撕擧覺, 左來也不是, 右來也不是. 不得作有無會, 不得作眞無之無卜度, 不得作道理會, 不得向意根下思量卜度, 不得向揚眉瞬目處探根, 不得向語路上作活計, 不得颺在無事甲裏, 不得向擧起處承當, 不得文字中引證, 不得將迷待悟. 直須無所用心, 心無所之. 時, 莫怕落空. 這裏却是好處, 驀然老鼠入牛角, 便見倒斷也. 如是下注脚, 給話頭. 故, 學者於十二時中四威儀內, 但提撕擧覺而已. 其於心性道理, 都無離名絶相之解, 亦無緣起無碍之解.[267]
>
> 〈그러나 지금 존승되는 경산대혜화상은 육조혜능 직전의 제17대본분종사이고, 그가 세운 경절문어구를 참구해서 깨닫는 방법은 전혀 보여야 할 법도 없고, 단지 맛도 없고 모색할 수도 없는 공안을 제시할 뿐이다.

267) 上揭書, 734下-735上

> 그 뒤에 바로 경계해서 말하기를, "情識이 부서지지 않으면 煩惱가 심하다. 그때, 오로지 의심하는 바의 공안을 참구하라. 예를 들면 승이 조주에게 물었다, '개에게는 불성이 있습니까?' 조주, '없다.' 오로지 제시하고 참구할 뿐 사량해서는 안 된다. 유무의 무로서 이해해서는 안 된다. 眞無의 무로서 이해해서도 안 된다. 도리를 지어서 이해해서도 안 된다. 意根으로 思量한다든지 도모해서도 안 된다. 눈썹을 움직인다든지 눈을 깜박거리는 곳에 머물러서도 안 된다. 언어 위에서 정체해서도 안 된다. 무사의 껍질에 안주해서도 안 된다. (고칙을) 제기하자마자 바로 받아들여서도 안 된다. 경전 속에서 인용한다든지 증명해서도 안 된다. 미혹함으로 깨달음을 기다려서도 안 된다. 마음을 쓸 곳이 없어져서 마음이 갈 곳을 없애야만 한다. 그때, 空에 떨어질까 두려워해서도 안 된다. 이때가 도리어 호기로, 쥐가 소뿔에 들어가서 길이 막힌 것을 아는 것과 같은 것이다." 이와 같이 주석해서 공안을 제기한다. 그러므로 수행자들은 하루 중 언제나 참구할 뿐이다. 心性道理에서 전혀 離名絶相의 이해도 없고, 緣起無碍의 이해도 없다.〉

여기서 智訥은 大慧가 제시한 공안으로서 庭前栢樹子・麻三斤・狗子無佛性話를 들고 있다. 그런데 앞의 삼현문의 설명에서는 庭前栢樹子・麻三斤은 구중현에 속한다고 했었다. 그렇다면, 大慧가 제시하는 庭前栢樹子・麻三斤과 구중현에 속하는 庭前栢樹子・麻三斤은 어떻게 다른 것인가? 그것은 "공안을 참구하는 방법에 차이가 있다"고 智訥은 말하고 있다. 구중현의 공안에는 아직 '공안으로 병을 제거한다'라는 의식이 남아 있었다. 그러나 智訥도 大慧의 공안참구의 방법인 십종병을 들고 있지만, 그것은 어떤 有爲도 없이 완전히 지해를 없애서 공안에 의식을 집중시키는 방법이다. 여기에 大慧看話禪의 훌륭함이 있다고 智訥은 말하고 있는 것이다. 또 "其於心性道理, 都無離名絶相之解, 亦無離名絶相之解"고 했는데 離名絶相은 頓敎의 가르침이고, 離名絶相는 圓敎의 가르침이다. 이와 같이, 大慧의 看話禪은 돈교,

원교도 초월하고 나아가 선문의 三玄門보다도 뛰어난 것이다.

이상에서 智訥의 頓悟漸修사상과 看話禪사상을 검토했다. 결과적으로 智訥의 돈오점수사상은 李通玄과 종밀의 영향을, 看話禪사상은 大慧宗杲와 薦福承古의 영향을 받고 있는 것을 알았다. 그러나 남겨진 문제가 없는 것은 아니다.

즉 智訥에 있어서 과연 頓悟漸修사상과 看話禪사상의 관계는 어떠한 것일까? 『入私記』에서 智訥은 "頓悟漸修는 '依言生解悟入者'를 위해, 看話禪은 '離言得入, 頓亡知解之者'를 위해 설한다"고 해서 구별하고 있지만, 이것은 중・하근기인을 위해서는 돈오점수사상을, 상근기인을 위해서는 간화선을 참구시키고 있다고 할 수 있을 것이다. 中島志郎 씨는 "智訥에 있어서 大慧의 看話禪 참구는 漸修의 내용이고, 公案을 참구해서 깨닫는 것(噴地一發)은 頓悟에 해당된다"[268]고 하고 있지만, 공안을 참구해서 깨닫는 것이 돈오인 것은 이해할 수 있지만, 공안참구가 과연 점수의 내용일까?

한편, 大慧에도 돈오점수의 경향이 있다. 예를 들면 大慧는 종종 『首楞嚴經』 卷10의 "理則頓悟乘悟併銷, 事非頓除因次第盡"(大正19, 155a)를 인용하여 중시하고 있고(大正47, 920a), 나아가 『大慧語錄』 卷18 「孫通判請普說」에는 "又云, 始覺合本之謂佛. 言以如今始覺合於本覺."(大正47, 888a)라고 해서 看話禪의 구조를 '始覺에서 本覺으로 나아가는 과정'으로서 이해하는 곳에서도 알 수 있다. 그러나 大慧에 있어서 공안참구가 점수의 내용이라고는 할 수 없다. 이 문제는 智訥과 大慧가 종밀을 어떻게 평가하고 있는가의 문제와도 관련하고, 나아가서는 중국과 한국에 있어서의 종밀의 영향과도 관련하는 문제이다.

---

268) 中島志郎(1994)

제2절 眞覺慧諶의 선사상

〈현재까지의 연구현황〉

수선사 2세이고 智訥의 제자인 慧諶은 화엄교학을 기반으로 한 智訥과는 달리 완전한 선승이었으므로 남겨진 저술도 적다. 따라서 慧諶에 대한 연구는 智訥에 비하면 대단히 적다. 비교적 말년에 看話禪을 받아들인 智訥과는 달리 慧諶은 오로지 看話禪만을 강조하고 특히 『狗子無佛性話揀病論』을 저술하는 등 無字公案을 주장했다. 慧諶의 저술 중에서 가장 관심을 끄는 것은 공안집인 『禪門拈頌集』(1226년)이다. 그러나 『禪門拈頌集』에 관해서도 단편 논문은 몇 개 있지만, 너무나도 방대한 때문일까 아직 뛰어난 연구성과는 나오고 있지 않다. 『碧巖錄』(1125年頃 成立)은 일본과는 달리 한국에서는 별로 읽혀지지 않았지만, 『碧巖錄』과 『禪門拈頌集』의 관계 등이 주목된다. 나아가, 慧諶은 『無衣子詩集』에서 많은 시를 남기고 있어서 불교문학의 측면에서도 주목된다. 본 논문에 있어서의 慧諶의 看話禪연구는 『眞覺國師語錄』과 『狗子無佛性話揀病論』을 대상으로 하며 『禪門拈頌集』은 참고로 하는데 그쳤다.

1. 慧諶의 선사상

智訥이 李通玄의 華嚴思想과 宗密의 頓悟漸修思想의 영향을 강하게 받고, 따라서 智訥은 교학의 그림자를 불식할 수가 없었다. 그러나 慧諶에는 智訥과 같은 교학적 번잡함이 전혀 없다. 우선 慧諶의 선교관을 살펴보면, 慧諶은 智訥처럼 명확히 禪敎雙修를 주장하는 것은 아니지만, 교학을 부정하지는 않았던 듯하다. 그것은 智訥의 『看話決議論』

에 붙인 慧諶의 跋(1215)에서 알 수 있다.

> 噫, 近古已來, 佛法衰廢之甚, 或宗禪而斥教, 或崇教而毁禪, 殊不知禪是佛心, 教是佛語, 教爲禪網, 禪是教網. 遂乃禪教兩家, 永作怨讎之見, 法義二學, 返爲矛盾之宗, 終不入無諍門, 履一實道.269)
>
> 〈아아, 근래에 들어서 불법의 쇠퇴가 심하여 어떤 사람은 선을 숭상하고 교를 배척하며, 어떤 사람은 교를 중시하고 선을 비방하여 "禪은 佛心이고 教는 佛語이며, 教는 禪網이 되고 禪은 教網이 된다"는 것을 전혀 모른다. 마침내 선교의 양가는 영원히 원수가 되고, 法義의 二學은 도리어 모순의 宗이 되어 결국 無諍의 문에 들어가 眞道를 실천할 수가 없다.〉

당시의 고려불교계에 실제로 교종세력과 선종세력 간에 다툼이 있었던가는 알 수 없지만, 慧諶은 교종을 부정하지는 않고 『眞覺國師語錄』에서도 여러 대승경전을 인용하여 논지를 전개하고 있는데, 자주 인용되는 경전은 『華嚴經』, 『圓覺經』, 『首楞嚴經』이다. 이 세 경은 당시의 중국뿐만이 아니라 고려에서도 많이 읽혀진 경전으로, 慧諶도 예외는 아니었다.

한편 智訥에 있어서 해오란 '자심이 부동지불인 것을 알아차리는 것'이었지만, 慧諶도 다름이 없다. 『眞覺國師語錄』「示善安道人」에서는 다음과 같이 말하고 있다.

> 宗鏡云, 上至妙覺極聖之位, 中至大權菩薩修行之門, 下至底下凡夫生死之地, 皆同一心, 無有高下. 迷之自墮, 悟之卽昇. 迷悟似殊, 眞心靡易……依上古教, 深信上聖下凡, 同一眞心, 同一正位, 然後, 看个話頭. 如南泉和尙云, 不是心不是佛不是物.270)

---

269) 『韓國佛教全書』 卷4, 737中

〈『宗鏡錄』에 말하기를, "위로는 妙覺極聖의 위에 이르기까지, 중간으로는 大權菩薩修行의 문에 이르기까지, 아래로는 底下凡夫生死의 땅에 이르기까지 모두가 동일심으로 고하가 없다. 미혹하면 하위에 떨어지고, 깨달으면 상위로 올라간다. 미오는 다르지만 진심은 변함없다"…… 위의 고인의 가르침에 의해 성인에서 범부에 이르기까지 모두 같은 진심을 가지고 같은 正位에 있다는 것을 깊이 믿고, 그 후에 공안을 참구하십시오. 예를 들면, 南泉和尙이 "마음도 아니고 佛도 아니고 物도 아니다"고 말한 것을.〉

智訥과 달리 慧諶은 비록 解悟나 頓悟漸修라는 말을 사용하지는 않지만, 공안을 참구하기 전 단계로서 우선 '凡聖이 동일한 진성을 가지고 있다는 것'을 믿지 않으면 안 된다고 한다. 이것은 결국 '信'을 강조한 것이다. 그런데 大慧에 있어서의 공안참구의 두 계기는 '信'과 '疑'이다. '신'에 관해서는 慧諶도 『眞覺國師語錄』의 여러 곳에서 『華嚴經』 「賢首品」의 "信爲道元功德母. 長養一切諸善法" "信能增長智功德, 信能必到如來地"를 교증으로서 강조하고 있지만, 그것은 大慧도 같다. 이것은 大慧와 慧諶이 둘 다 『華嚴經』이나 『大乘起信論』 등의 영향을 받고 있는 것을 말하는 것이다. 한편, '의'에 대해서 大慧는 다음과 같이 말하고 있다.

千疑万疑, 只是一疑. 話頭上疑破, 則千疑万疑一時破. 話頭不破, 則且就上面與之厮崖. 若棄了話頭, 却去別文字上起疑, 經教上起疑, 古人公案上起疑, 日用塵勞中起疑, 皆是邪魔眷屬.[271)]

〈천만 가지의 의심은 단지 하나의 의심입니다. 화두에서 의심이 부서지면, 천만 가지의 의심도 일시에 부서집니다. 화두가 부서지지 않으면 우

270) 上揭書 卷6, 35上-中
271) 『大慧書』 卷28, 「答呂舍人」(大正47, 930a)

선 그 화두에 나아가서 갈등하십시오. 만약 화두를 버리고 거꾸로 문자에서 의심을 일으키고, 경전에서 의심을 일으키고, 고인의 공안에서 의심을 일으키고, 일상의 세속에서 의심을 일으키면 모두 악마의 무리들입니다.〉

여기서 大慧는 오로지 公案에 대해서 의단을 일으켜서 그것을 타파할 것을 주장하고 있지만, 慧諶은 의에 대해서는 별로 말하고 있지 않다. 또 智訥은 定(漸修), 慧(頓悟), 雙修를 주장했지만, 慧諶은 定慧에 대해서 다음과 같이 말한다.

修行之要, 不出止觀定慧. 照諸法空曰觀, 息諸分別曰止. 止者悟妄而止, 不在用心抑絶. 觀者見妄而悟, 不在用心考察. 對境不動是定, 非力制之. 見性不迷是慧, 非力求之. 雖然自檢工夫, 得力不得力消息知時, 乃可耳. 此外有看話一門, 最爲徑截, 止觀定慧, 自然在其中. 其法具如大慧書答中見之.272)

〈修行의 요체는 止・觀・定・慧를 떠나지 않는다. 諸法의 공을 비추는 것을 '觀'이라고 하고, 諸 分別을 그치는 것을 '止'라고 한다. 지는 망을 깨달아 그치는 것이지 무리하게 제어하는 것은 아니다. 관은 망을 알고 깨닫는 것이지 억지로 고찰하는 것은 아니다. 경계에 대해서 동요하지 않는 것이 '定'이지, 힘을 들여서 제어하는 것은 아니다. 見性해서 미혹하지 않는 것이 '慧'이지 노력해서 구하는 것은 아니다. 스스로 공부를 점검해서 힘을 얻었는가 얻지 않았는가를 알 때에 비로소 된다. 이외에 看話一門이 있는데 가장 경절하며 止・觀・定・慧도 그 안에 있다. 그 법은 『大慧書』 중에 보이는 것과 같다.〉

여기서 慧諶이 제시하는 止・觀・定・慧의 정의는 『摩訶止觀』 등의 정의와 다름없지만, 止・觀・定・慧의 모든 것은 억지로 제어

272) 上揭書, 40上

한다든지 구해서 가능한 것은 아니라는 것을 강조하고 있다. 나아가 수행의 요체는 止・觀・定・慧이지만, 그 외에 徑截門으로서 看話禪이 있다고 한다. 그리고 看話禪에 관해서는 『大慧書』에 상세히 씌어 있다는 것을 부기하고 있다. 이와 같이 스승인 智訥과 같이 慧諶도 모든 경전이나 수행법의 상위에 看話禪을 두고, 그 근거를 大慧에 구하고 있다. 慧諶도 여러 곳에서 30권 『大慧語錄』을 인용하고 있고, 공안 참구의 방법에 있어서도 大慧와 별 다름이 없는 듯하다. 또 無字公案이 다른 공안보다 뛰어나다는 의식도 없고, 竹篦子・是箇甚麽 등의 다양한 공안을 참구할 것을 권하고 있다. 특히 자주 강조되는 공안은 法燈泰欽(?-974)의 「啞字公案」이다. 그것은 다음과 같다.

> 僧問法燈, 百尺竿頭, 如可進步. 燈云, 啞.[273]
> 〈어떤 승이 법등선사에게 물었다, "백척간두에서는 어떻게 나아가야 합니까?" 법등선사가 답했다, "어어."〉

慧諶은 제자와의 문답에서도 啞字를 사용해서 답하는 경우가 많다.

그런데 大慧가 看話禪을 강하게 주장한 것은 默照禪에 대한 비판이라는 動因이 있었기 때문이다. 따라서 『大慧語錄』에는 많은 默照禪비판이 보인다. 그러나 智訥과 慧諶은 그렇지 않다. 물론 "흑산하 귀굴에 앉아서 눈을 감고 좌선에 열중해서는 안 된다" 등의 표현은 등장하지만, 智訥과 慧諶 모두 '默照'라는 말은 한 번도 사용하고 있지 않다. 그 이유는 무엇일까? 필자는 그 이유로서 "고려에서는 馬祖道一系의 無事禪의 전통이 강하고, 그것이 고려 중기까지 남아 있었다"는 것을 들고 싶다. 물론 唐代禪의 주류였던 無事禪과 大慧가 비판했던 默

---

273) 上揭書, 24上

照禪이 동일한 것인가 아닌가는 논의를 기다리지 않으면 안 되지만, 성격상 큰 차이는 없다고 생각된다. 고려선, 특히 九山禪門의 개조 9인 중의 8인이 洪州宗의 승에게서 사법하고 있는 것은 앞의 제1장. 1절. 2 〈九山禪門의 형성〉에서 서술했지만, 慧諶에 있어서도 '無心, 無事'는 수처에서 강조되고 있다. 예를 들면 다음과 같다.

> 若要廣談義路, 不無萬論千經. 若圖直造眞源, 曷若無心無事……是知直下無心, 最爲省要. 內若無心, 外卽無事. 無事之事, 是名大事, 無心之心, 是名眞心.274)
>
> 〈만약 널리 義路를 이야기하고 싶다면 萬論千經이 없는 것은 아니다. (그러나) 바로 진원에 닿고 싶다면 無心, 無事보다 나은 것은 없다…… 이것으로 바로 무심으로 되는 것이 가장 중요하다는 것을 알 것이다. 안으로는 무심이고 밖으로는 무사가 아니면 안 된다. 무사의 사를 '大事'라고 이름하고, 무심의 심을 '眞心'이라고 이름한다.〉

『眞覺國師語錄』에는 『馬祖語錄』에서의 인용은 별로 없고 『龐居士語錄』에서의 인용이 많지만, 『龐居士語錄』에서 주장되는 것이 무심, 무사에 다름 아니다. 이와 같이 大慧가 無事禪에 대한 비판에서 看話禪을 주장한 것에 대해서, 智訥과 慧諶은 看話禪을 주장하면서도 동시에 無心, 無事를 강조하고 있다.

慧諶은 啞字나 竹篦子 · 是箇甚麽 등의 다양한 공안을 참구시키고 있지만, 無字公案에 대해서는 『狗子無佛性話揀病論』을 써서 강조하고 있고, 나아가 『禪門拈頌集』에도 狗子無佛性話를 들어 狗子無佛性話에 관한 선승들의 上堂이나 拈古 · 頌古 등을 수록하고 있다. 특히, 『狗子無佛性話揀病論』은 狗子無佛性話를 참구할 때의 십종병을 상세히

---

274) 上揭書, 23下-24上

논한 것이다.

우선 慧諶이 말하는 십종병은 智訥의 십종병과 같고, 그것은 바로 大慧가 제시한 '공안참구의 주의점'이다. 그런데 이 십종병은 특히 狗子無佛性話를 참구할 때의 주의점에 다름 아니다. 왜냐하면 '不得作有無會'와 '不得作眞無會'는 狗子無佛性話만에 적용되기 때문이다(다른 8개는 다른 공안에도 적용할 수 있는 것이다). 『狗子無佛性話揀病論』은 版數가 한 장에 불과한 짧은 문헌으로서, 십종병의 하나하나에 대해서 예를 들어 설명하고 있다. 우선, 狗子無佛性話에 대해서 慧諶은 다음과 같이 정의한다.

> 這僧雖非本意, 且擧狗子分上. 更問云, 一切衆生皆有佛性, 爲甚麼狗子却無. 趙州亦擧狗子答云, 爲他有業識在. 言似隨他, 意不在此.[275)]
> 〈이 승은 비록 본의는 아니지만, 우선 개를 예로 들었던 것이다. 나아가서 묻기를, "'모든 중생에는 불성이 있다'고 했는데, 어째서 개에게는 없는 것입니까?" 조주도 개를 들어서 답했다, "개에게는 業識이 있기 때문이다." 말은 개를 예로 들고 있지만, 뜻은 거기에 있지 않다.〉

질문자인 승은 개를 예로서 들고 있지만 결국은 개를 포함한 有情의 성불가능성을 묻고 있는 것이고, 나아가서는 "나에게는 불성이 있습니까?" "나는 과연 성불할 수 있습니까?"를 묻는 것에 다름 아니다. 慧諶도 정확히 그것을 말하고 있는 것은 아니지만 "질문자인 승은 개를 예로 들어서 자신의 성불가능성을 묻고 있다"고 해석하고 있는 듯하다.

다음에, 慧諶이 들고 있는 십종병의 구체적 예를 全載하면 다음과 같다.

---

275) 上揭書, 69下

1) 不得作有無之無

① 如經云, 有情無佛性, 無情有佛性.(經名은 알 수 없지만 『百丈懷海禪師廣錄』 〈『古尊宿語錄』, 卍續118冊, 171上〉에 보인다.)

② 黃檗云, 始踏佛階梯, 無情有佛性. 未踏佛階梯, 有情無佛性.

③ 慧朗禪師問石頭, 如何是佛性. 頭云, 汝無佛性. 云, 蠢動含靈又作麼生. 曰, 蠢動含靈却有佛性. 云, 某甲爲甚麽却無. 云, 爲汝不肯承當.(『景德傳燈錄』 「慧朗禪師條」, 大正51, 311 b)

慧諶은 "狗子無佛性話를 有無로서 이해하고 있는 사람은 위의 경전이나 어록의 말을 근거로 하고 있다"고 한다. 이하의 9개도 같은 서술방식이다.

2) 不得作眞無之無卜度

① 如金剛三昧經云, 若離無取有, 捨有從空而非眞無. 今雖離有而不在空, 如是乃得諸法眞無.(실제의 출전은 『金剛三昧經論』이다. 大正34, 967 b)

3) 不得作道理會

4) 不得向意根下思量卜度

5) 不得揚眉瞬目處採根

① 古德云, 瞬目揚眉處, 明明佛祖機.

② 有問西來意, 答云, 當觀密作用. 云, 如何是密作用. 以目開合示之.(『景德傳燈錄』 「嵩嶽慧安國師條」, 大正51, 231 c)

6) 不得向語路上作活計

① 円悟云, 不疑言句是爲大病.(『續傳燈錄』 「大慧宗杲禪師條」, 大正51, 649 c)

7) 不得颺在無事甲裏

① 德山云, 無心於事, 無事於心, 虛而靈, 空而妙.(『景德傳燈錄』 「德

山宣鑑禪師條』, 大正51, 317 c)

8) 不得向擧起處承當

① 佛眼云, 擬思量何劫悟. 不思量終鹵. 欲思不思踏破時, 萬里無雲常現露.(『佛眼禪師語錄』, 〈『古尊宿語錄』, 卍續118册, 513下〉)

9) 不得向文字中引證

10) 不得將迷待悟

나아가 慧諶은 "요즈음 사람들이 가장 걸리기 쉬운 병은 5)-10)이고, 십종병을 간략히 하면 有心·無心·語言·寂默의 4개에서 벗어나지 않고, 그것을 더 간략히 하면 思議·不思議의 두 개에서 벗어나지 않는다"[276]고 주장한다.

제3절 중국선의 영향

고려선 연구에 있어서 가장 큰 문제는 자료의 부족이고, 그것은 智訥과 慧諶의 看話禪사상을 논할 때도 변하지 않는다. 智訥의 경우 『華嚴論節要』 등 화엄관계의 저술은 상당수 남아 있지만, 看話禪에 관해서는 『入私記』의 후반과 『看話決義論』밖에 존재하지 않는다. 慧諶의 경우에도 그의 看話禪사상을 알 수 있는 자료는 『眞覺國師語錄』과 단편의 『狗子無佛性話揀病論』밖에 없다(『禪門拈頌集』도 있지만 연구의 대상에서 제외한다). 한국의 선불교에는 왜 이다지도 자료가 남아 있지 않는가? 그 원인에는 여러 가지가 있을 것이다. 우선 기본적으로는 소의 경전이나 어록이 대부분 중국 찬술의 문헌이었으므로, 다시 찬술

276) 上揭書, 70下

할 필요성을 느끼지 않았기 때문일 것이다. 그 외에도 되풀이되는 외국의 침략에 의한 典籍의 燒失과 해외 유출 등도 그 원인의 하나일 것이다. 비록 적은 자료이지만 중국선의 영향을 중심으로 해서 智訥과 慧諶의 看話禪사상의 특징을 서술하는 것으로 한다.

1. 大慧宗杲의 영향

智訥과 慧諶에 있어서의 大慧의 영향은 절대적인 것이다. 그것은 智訥이 41세(1198)에 30권 『大慧語錄』을 읽고 세 번째의 깨달음을 얻은 인연에도 의한 것이지만, 한편 그것은 동아시아에 있어서의 大慧의 영향력을 말하는 것이기도 하다. 大慧가 示寂한 것이 1163년이지만, 겨우 3, 40년 후에 智訥과 慧諶에 그렇게 큰 영향을 미친 원인은 무엇일까? 그것은 ① 당시의 동아시아의 정세 ② 『大慧語錄』의 入藏과 관계가 있다고 생각된다. 우선, 당시의 중국의 정세를 보면 金의 침략을 받아(靖康의 變, 1127) 북송은 개봉을 버리고 항주의 임안부로 도읍을 옮기고 남송이 시작된다. 따라서 불교의 중심도 자연히 항주로 옮겨졌는데, 大慧가 가장 정력적으로 활동한 것도 경산을 중심으로 한 항주 지역이었다. 한편, 고려는 요와 금의 침략에 의해 송과 단교하지 않을 수 없는 시기가 있기도 했지만 대체적으로 우호적인 관계를 지속하여 한중 간의 불교교류도 성대하게 행해졌다. 특히, 남송이 임안부로 천도하고 나서는 항주 지역에 많은 고려승이 유학하는 등 항주불교의 영향을 받지 않을 수 없었다. 그러므로 당시에 항주 지역에서 가장 큰 세력이 있었던 大慧의 영향을 받는 것은 자연스러운 것이었다.

다음으로, 고려선이 大慧의 영향을 받은 큰 이유는 『大慧語錄』의 입장과 관련된다. 주지하듯이 30권 『大慧語錄』은 1170, 71년에 福州의

開元寺版과 東禪寺版에 續入藏되는데 그것은 개인의 어록으로서는 최초였다. 이것은 당시의 大慧의 영향력을 나타내는 것이기도 하다. 당시의 한중 간의 성대했던 불교교류를 생각하면 이들 대장경은 바로 고려에 유입되어 읽혀졌을 것이다. 따라서 고려불교계에서도 중국에서의 大慧看話禪의 유행을 알고 있었을 것이다. 물론, 송대에 발전하기 시작한 인쇄술의 발전 등의 불교외적인 요인도 크게 작용했을 것이다. 다음에는, 智訥과 慧諶의 看話禪의 특징을 검토해 보자.

1) 無字公案에 주목

大慧는 無字公案을 참구할 것을 권하는 횟수가 많지만, 無字公案이 다른 공안보다 뛰어나다는 의식은 없고, 是箇甚麽・庭前栢樹子 등의 공안도 권하고 있다. 나아가, 이 중의 하나의 공안을 타파하면 '마치 한 다발의 실을 끊을 때에 한 번 끊으면 일시에 모두가 끊겨버리듯이' 모든 의문이 풀린다고 한다. 이와 같이, 大慧에 있어서는 無字公案만이 강조된 것은 아니다. 중국에 있어서 無字公案이 공안의 왕으로서의 지위를 차지하는 데는 『無門關』(1229)을 기다리지 않으면 안 되었다. 그러나 智訥이 『看話決議論』(1215)에서 無字公案을 강조하고, 나아가 慧諶도 『狗子無佛性話揀病論』(1215) 안에서 無字公案을 강조하고 있는 것을 보면 無字公案의 유행에 있어서는 중국보다 먼저라고 할 수 있다. 또, 智訥과 慧諶의 看話禪의 특징으로서는 大慧의 '公案參究의 주의점'을 '十種病'이라고 이름하고 강조한 것이다. 왜 智訥과 慧諶이 십종병을 그렇게 강조했던가? 그것은 智訥과 慧諶이 수행에 있어서의 최대의 장애를 '知解의 病'으로 규정하고, 大慧의 십종병이 지해의 병을 낫게 하는 가장 효과적인 방법이라고 생각했기 때문일 것이다. 나아가, 지해의 병을 치료하는 가장 효과적인 공안이 바로 無字公案이라고 생각했음에 틀림없다.

한편, 智訥은 大慧의 영향을 받으면서 동시에 三玄門에 대해서는 『禪林僧寶傳』의 薦福承古의 영향을 받고 있다는 것은 이미 서술하였다. 또, 그 薦福承古의 삼현문체계를 『禪林僧寶傳』의 저자인 覺範慧洪은 "薦福承古의 三玄門 해석에는 三失이 있다"고 비판하고 있었다. 그런데 하나 재미있는 것은 覺範慧洪의 『禪林僧寶傳』에 대해서 大慧가 비판하고 있는 사실이다. 大慧의 『四卷本普說』 卷4 「行者祖慶請普說」에는 다음과 같이 있다.

> 山僧每笑, 洪覺範有時愛胡亂穿鑿. 如瑯琊覺和尚與擧道者相見, 覺問, 近離甚處. 擧云, 浙江. 又問, 船來陸來. 曰, 船來. 又問, 船在甚麽處. 曰, 岸下. 又問, 不涉程途一句作麽生道. 擧以坐具摵云, 杜撰長老如麻似粟. 拂袖出去. 覺範可殺欺誣亡沒, 僧寶傳具言, Ⓐ 瑯琊嘗以此擧似慈明. 明笑曰, 擧見處纔能自了. 而汝負墮. 何以爲人. 於是爲作牧童歌. 此豈古人意果如是乎……覺範公亦然, 以瑯琊擧公相見爲勝負, 豈不招謗法之誤乎.277)
>
> 〈나는 언제나 각범혜홍이 멋대로 떠들고 천착하는 것을 웃는다. 예를 들면, 낭야혜각화상과 거도자가 상견했을 때 낭야가 물었다. "어디에서 왔는가?" "절강에서 왔습니다." "수로로 왔는가? 아니면 육로로 왔는가?" "배로 왔습니다." "배는 어디에 있는가?" "언덕 밑에 있습니다." "노정과 상관없는 一句는 어떻게 말하는가?" 그러자, 거도자가 좌구를 잡아서 "두찬 장로가 마나 밤처럼 많구나."라고 하면서 나가 버렸다. 각범은 대단히 선사를 무시해서 이 공안을 『禪林僧寶傳』에서 다음과 같이 말하고 있다. "낭야화상이 일찍이 이 공안을 자명초원선사에게 드니 자명선사가 웃으면서 말하기를, '거도자의 견처는 훌륭하다. 그러나 너는 그것밖에 안되니 어찌 수행자들을 지도하겠는가?' 그래서 목동가를 지었다." 고인의 뜻이 어째 이러하겠는가?……각범도 똑같아서 낭야와 거도자가 상견하는 공안을 '승부'로서 이해하고 있으니 불법을 비방하는

277) 卍藏經 第31套, pp474 d -475a

잘못을 초래함에 틀림이 없다.〉

Ⓐ는 『禪林僧寶傳』「慈明禪師條」(卍續137册, 525上)에서의 인용이지만, 大慧는 "亡沒(慈明禪師)이 瑯琊和尙과 擧道者의 문답에서 거도자가 이겼다고 판정하였다"고 해석하는 覺範慧洪을 비판해서, 그 공안을 승부로서 이해해서는 안 된다고 주장한다. 이와 같이 大慧는 『禪林僧寶傳』의 각범혜홍을 비판한다. 제1장 1절. 3.1) 〈중국승과의 교류〉항에서 고려의 가지산문의 승인 學一(1052-1144)이 『禪林僧寶傳』(1123년 찬술)을 읽고 있었던 것을 서술했지만, 『禪林僧寶傳』이 고려에서 읽혀진 증거는 이외에도 발견된다. 大慧와의 관계에 있어서 『禪林僧寶傳』이 고려선에 미친 영향도 주목된다.

2) 無事禪의 전통이 강하다.

大慧의 看話禪제창은 唐代禪인 無事禪을 비판하고 그 대안으로서 주장된 측면이 강하다. 그것에 비하여 智訥과 慧諶은 大慧의 看話禪을 받아들이면서도, 고려에서 전통적으로 우세하였던 무사선의 성격을 그대로 지니고 있다고 생각된다. 예를 들면, 智訥은 『入私記』에서 기본적으로는 종밀의 頓悟漸修사상을 받아들이면서도 『裵休拾遺門』에 있어서의 종밀의 홍주종 비판에는 의문을 품는 등 애매한 점이 있고, 荷澤神會에 대해서도 '훌륭한 종사'라고 인정하면서도 근본에 있어서는 '知解宗師'라는 馬祖禪계통의 神會認識을 드러내고 있다. 또, 慧諶도 많은 곳에서 無心, 無事를 강조하는 등 마조선의 영향을 느낄 수 있다. 그 결과, 智訥도 慧諶도 無事禪에서 看話禪으로 변화하는 과정이 확실하지 않다. 예를 들면 智訥은 『入私記』의 90% 이상을 頓悟漸修의 주장에 할당한 후, 충분한 설명 없이 '그래도 역시 看話禪이 최고이다'

라는 식으로 看話禪을 주장하기 시작하고, 慧諶도 『眞覺國師語錄』에서 無事禪과 看話禪을 동시에 강조하고 있는 듯하다. 물론 편집에 의문점이 있고 양쪽 모두 짧은 문장이므로 설명이 충분하지 않은 원인도 있다고 생각되지만, 無事禪에 대한 비판 위에 성립하는 大慧의 看話禪과는 달리 그러한 과정을 거치지 않은 고려선의 특징이라고도 생각된다. 어쨌든 智訥과 慧諶의 시대는 막 看話禪이 유입된 때였으므로 고려에 看話禪이 정착하기 위해서는 다음 세대를 기다리지 않으면 안 되었다.

2. 圭峰宗密(780-841)의 영향

일찍이 鎌田茂雄는 「朝鮮及び日本佛教に及ぼした宗密の影響」(『駒澤大學佛教學部論集』 7號, 1976) 가운데서, "宗密이 일본불교에 미친 영향은 별로 크지 않지만, 조선불교를 생각할 때에는 특히 고려 이후의 조선불교를 생각할 때에는 宗密의 영향을 도외시하고는 생각할 수 없을 것이다"(p36)고 강조하고 있다. 宗密이 한국불교에 미친 영향은 1. 불교사상의 측면, 2. 불교의례의 측면으로 양분할 수 있다.

우선 불교사상의 측면에서는 화엄사상에 미친 영향과 선사상에 미친 영향으로 양분할 수 있다. 원래 한국에 있어서의 화엄사상은 智儼의 제자인 義湘(625-702)에서 시작한다. 따라서 신라화엄에 있어서는 知儼과 法藏의 영향이 크고, 澄觀이나 宗密의 영향은 없다. 그러나 고려의 均如(923-973)에 이르면 宗密의 영향이 보인다.[278]

한편, 고려선에 미친 종밀의 영향을 생각할 때에는 역시 『都序』와 『裵休拾遺門』의 영향을 생각하지 않으면 안 된다. 우선, 『都序』는 조선시

278) 均如의 『釋華嚴敎分記円通鈔』 卷7, 『釋華嚴旨歸章円通鈔』 卷下 등에 종밀의 『普賢行願品疏鈔』의 인용이 보인다.

대에 가장 많이 간행된 선적으로서 黑田亮는 『朝鮮舊書考』 중에서 간기가 있는 판본만으로 10개를 확인하고 있다.[279] 『都序』가 이와 같이 많이 개판된 것은 한국조계종의 승려교육기관인 강원의 기초과목이었던 四集科(『都序』, 『法集別行錄節要竝入私記』, 『高峰和尙禪要』, 『大慧書』)에 넣어졌기 때문일 것이다. 그중에서 특이한 것이 萬曆 4年(1576)개판의 조선본(복송판)으로 송판 후기가 있고, 내용도 명장본과 크게 다르다.[280] 또, 『都序』의 주석서에 관해서는 중국에는 하나도 없는 반면, 한국에는 6종류의 주석서가 있었다고 한다. 그것을 간단히 소개하면 다음과 같다.[281]

① 『禪源集圖中決疑』 1卷(失) - 覺性(1575 - 1660) 著
② 『禪源諸詮集都序科文』 1冊(失) - 淨源(1627 - 1709) 著
③ 『禪源諸詮集都序科評』 1卷(存) - 秋鵬(1651 - 1706) 著
④ 『禪源集都序著柄』 1冊(存) - 定慧(1685 - 1741) 著
⑤ 『禪源集都序科記』 1冊(存) - 定慧(1685 - 1741) 著
⑥ 『都序科目幷入私記』 1卷(存) - 有一(1720 - 1799) 著

이 중 ⑥ 『都序科目幷入私記』는 鎌田茂雄의 『宗密教學の思想史的研究』(東京大學出版會, 1975)에 부록으로서 실려 있다.

다음에 『裵休拾遺門』은 원래 중국과 한국에는 현존하지 않고, 일본

---

279) 조선시대에 많이 간행된 선적은 『都序』, 『高峰和尙禪要』, 『大慧書』의 순이다(『朝鮮舊書考』 「朝鮮佛書に就いての總合的考察」, 岩波書店, 昭和15年)

280) 「『禪源諸詮集都序』に就いて」(『朝鮮舊書考』), 『禪源諸詮集都序』(『禪の語錄』 9, 筑摩書房)「解說」 참조.

281) 『韓國佛教撰述文獻總錄』(東國大學校佛教文化研究所篇, 1976)

日蓮宗의 大本山인 妙顯寺에 보존되어 있던 것이 발견되어 『續藏經』에 편입된 것이다. 그런데 속장경본에는 佚文이 있는데 그것을 보충해 준 것이 智訥의 『法集別行錄節要竝入私記』이다. 『入私記』의 정체에 대해서는 두 개의 견해가 있는 듯하다. 하나는 『裵休拾遺門』의 주석서설(宇井伯壽・鎌田茂雄의 주장)이다. 그들은 "『法集別行錄』이 바로 『裵休拾遺門』이다"고 주장한다. 또 하나는 "宗密에 『法集別行錄』이라는 문헌이 존재하고, 『入私記』는 그것에 대한 주석서이다"고 하는 설(李鐘益의 주장)이다. 현재로서는 鎌田茂雄 등의 주장이 우세한 듯하다.

한편, 智訥의 『入私記』(별칭, 法集別行錄節要)도 조선시대에 四集科의 하나에 넣어져서 중요시되었으므로 몇 개의 주석서가 한국에 존재한다. 그것을 들면 다음과 같다

① 『法集別行錄節要科文』 1冊(存) - 淨源(1627-1709) 著
② 『法集別行錄節要私記』 1卷(失) - 秋鵬(1651-1706) 著
③ 『別行錄私記畵足』 1卷(存) - 定慧(1685-1741) 著
④ 『法集別行錄節要科目幷入私記』 1卷(存) - 有一(1720-1799) 著

이 중 ③ 『別行錄私記畵足』은 『宗密敎學の思想史的硏究』에 부록으로서 실려 있다. 이상에서 보면, 『都序』의 주석자와 『入私記』의 주석자는 동일 인물이 대부분으로 양 본을 합본한 것도 있었던 듯하다. 또, 앞의 〈표 2. 고려판중국선적간행년표〉에서 보듯이 고려시대(고려말로 추정)에는 『大方廣円覺略疏注經』이 간행되었다. 『大方廣円覺略疏注經』이란 宗密의 『圓覺經略疏』를 가리킨다. 智訥과 慧諶 이전에 종밀이 한국선에 미친 영향에 대해서는 자료 부족 때문에 알 수가 없다. 그러나 『祖堂集』 卷6에는 「草堂和尙條」가 들어 있다. 이 『祖堂集』의

宗密에 관한 기록은 宗密에 관한 다른 자료와는 성격이 다른데, 그것은 ① 다른 자료가 크건 작건 裵休撰의 「圭峰禪師碑銘」(855)의 영향을 받고 있는 반면, 『祖堂集』의 편자는 「圭峰禪師碑銘」을 보고 있지 않은 것. 따라서 "師諱宗密, 未覩行錄, 不敍終始."라고 할 뿐 宗密의 전기에 대해서는 거의 기록하고 있지 않다. ② 『景德傳燈錄』 이외에는 실려 있지 않은 「史山人十問草堂和尙」의 문장이 실려 있는 것. ③ 완전히 선종의 입장에서 본 宗密傳인 것 등이다.

한편, 智訥의 頓悟漸修說은 宗密의 주장에 기초하고 있으므로 智訥에 있어서의 宗密의 영향은 막대하다고 할 수 있다. 그러나 종래의 고려선에는 馬祖禪의 영향이 컸듯이, 智訥도 『裵休拾遺門』에서 宗密이 洪州宗을 비판한 것에는 의문을 제기하고 있다는 것은 앞에 서술한 대로이다. 또, 慧諶에 있어서의 宗密의 영향은 그다지 크지는 않은 듯해서 『眞覺國師語錄』에서는 『都序』와 『圓覺經略疏』의 문장이 몇 군데 인용되고 있음에 지나지 않는다. 하나 흥미를 끄는 것은 『圓覺經』의 偈를 宗密이 주석한 것에 대해 慧諶이 해석한 부분이다. 우선 『圓覺經』의 해당 부분을 들면 다음과 같다.

爾時世尊, 欲重宣此義, 而說偈言.		〈그때, 세존은 그 의미를 한 번 더 설하려고 해서 게를 읊어서 말했다.
淸淨慧當知	円滿菩提性	"淸淨한 慧로서 '원만한 菩提性은 취할 수도 증득할 수도 없어
無取亦無證	無菩薩衆生	보살과 중생이 다르지 않다는 것'을 알아야만 한다.
覺與未覺時	漸次有差別	그러나 覺과 未覺에 의해 점점 차별이 생겨
衆生爲解碍	菩薩未離覺	중생은 知解에 장애받지만, 보살은 覺을 떠난 적이 없다.
入地永寂滅	不住一切相	十地에 들어가 영원히 寂滅하고, 一切相에 주

하지 않고
大覺悉円滿 名爲遍隨順 大覺이 원만해져서, '遍隨順'이라고 이름한다.
末世諸衆生 心不生虛妄 말세의 중생들도 마음에 虛妄을 낳지 않는다.
佛說如是人 現世卽菩薩 부처는 그러한 사람을 '현세의 보살'이라고 한다.
供養恒沙佛 功德已円滿 恒河沙와 같은 佛에 공양하고, 공덕이 이미 갖추어져서
雖有多方便 皆名隨順智[282] 비록 많은 방편이 있지만, 모두 '隨順智'라고 이름한다."

이 게에 대해서 종밀은『圓覺經略疏』에서 다음과 같이 주석하고 있다.

〈爾時世尊, 欲重宣此義, 而說偈言.
Ⓐ 淸淨慧當知 圓滿菩提性
無取亦無證 無菩薩衆生
上圓覺無證, 下對機說證. (주) 위로는 圓覺을 證得할 필요가 없다는 것을 드러내고, 밑으로는 根器에 의해 證得의 필요성을 설한 것이다.
覺與未覺時 漸次有差別
上總標大意, 下證位階差. (주) 위는 大意를 드러내고, 아래는 証位의 단계를 설명한 것이다.
Ⓑ 衆生爲解碍(信位) 菩薩未離覺(賢位)
入地永寂滅 不住一切相(聖位)
大覺悉圓滿 名爲遍隨順(果位)
末世諸衆生 心不生虛妄
忘心頓證 (주) 마음을 잊고 홀연히 證得한다.
Ⓒ 佛說如是人 現世卽菩薩
供養恒沙佛 功德已圓滿

---

282) 大正17, 917 b

印成佛智　　　　　(주) 佛智를 갖춘 것을 인가한다.
雖有多方便　皆名隨順智[283)]

여기서 宗密은 『圓覺經』의 偈를 頓悟漸修의 과정으로서 이해하고 있는 것을 알 수 있다. 즉 우선 Ⓐ의 "원만한 菩提性(圓覺)은 취할 수도 證得할 수도 없어서, 보살과 중생이 다르지 않다"를 解悟의 내용으로 한다. 이와 같이 圓覺을 가지고 있는 점에 있어서는 보살과 중생이 다르지 않지만, 그러나 현실에는 悟와 未悟의 차이가 있으므로 미오의 중생은 解悟에 의해 漸修하지 않으면 안 된다. Ⓑ에서, 중생들이 知解에 장애받아 깨달을 수 없는 것을 十信位에 배당하고, 비록 聖位에는 들어갈 수 없어도 항상 圓覺을 떠나지 않으므로 賢位에 배당한다. 그리고 十地의 단계를 聖位에 배당하고 大覺(원각)을 얻는 상태를 果位에 배당시키고 있다. 즉 대각을 얻는 것은 돈오점수에 있어서는 돈오에 해당하고, 이것을 宗密은 '忘心頓證'이라고 주석하고 있는 듯하다.

그런데 慧諶은 『眞覺國師語錄』「示空藏道者」에서 宗密의 '忘心頓證'에 대해서 다음과 같이 말하고 있다.

> 又偈曰, 末世諸衆生, 心不生虛妄, 佛說如是人, 現世卽菩薩. 圭峰禪師喚作忘心頓證. 然言有意味. 雖曰忘心, 却令生解, 絡索不亡. 故未徑截. 不若知是般事, 轉頭廻來, 看个話頭. 如僧問趙州狗子還有佛性也無. 州云, 無.[284)]
> 〈또, (『圓覺經』의) 게에는 이렇게 말하고 있다, "말세의 중생들이 마음에 허망함을 낳지 않으면, 불은 그러한 사람을 '현세의 보살'이라고 부른다". 圭峰宗密禪師는 (그것을) '忘心頓証'이라고 했지만, 말에는 의미가 있다. 비록 '망심'이라고 해도, 거꾸로 지해를 낳게 해서 갈등이 없어지지 않는다. 그러므로 경절이 아니다. '此事'를 알고 머리를 돌려서 공안

283) 大正39, 556c－557a
284) 『韓國佛敎全書』 卷6, 31下

을 참구하는 쪽이 좋다. 예를 들면 어떤 승이 조주에게 물었다, "개에게 도 불성이 있습니까?" 조주가 대답했다, "없다."와 같이.〉

慧諶은 돈오점수의 돈오를 宗密이 '忘心頓証'이라고 표현한 것에 대해서 "그것은 知解를 낳게 하므로 徑截이 아니다"고 부정하고, 無字公案을 참구하는 것보다 못하다고 한다. 즉 慧諶에 있어서의 看話禪이란 頓悟漸修의 돈오보다도 뛰어난 최상의 수행방법이었다.

다음에 불교의례의 측면에서 宗密이 한국불교에 미친 영향을 말하면, 일찍이 종밀은 『円覺經道場修證儀』라는 의례에 관한 저술을 남기고 있다. 이것은 宗密이 기존의 불교의례의 집대성을 도모해서 저술한 것으로 全18권의 방대한 양이다. 그런데 앞의 〈표 2. 고려판중국선적간행년표〉에서 고려시대에 『円覺道場禮懺禪觀等事』가 간행된 것을 알 수 있다. 이 『円覺道場禮懺禪觀等事』는 『円覺經道場修證儀』 권15, 16의 권명으로서, 이 양권1책이 零本으로서 한국에 현존하고 있다. 이와 같이, 종밀의 『円覺經道場修證儀』가 고려에서 간행되고 있는 것을 보면 종밀이 제정한 불교의례가 고려에서 행해졌을 가능성도 있다고 생각된다.

3. 永明延壽의 영향

永明延壽(904-975)는 法眼文益(885-958)・天台德韶(891-972)를 잇는 法眼宗의 제3조로서, 오월국 출신이다. 오대십국의 기간 중, 중국 북부에서는 제국이 흥망을 되풀이하여 난세의 양상을 보였지만, 오월국을 비롯한 동남부에서는 장기간 평화가 지속되었다. 특히 오월국은 수도인 항주를 중심으로 해서 번성하여 불교도 크게 행해졌다. 나아가, 武肅王錢鏐에서 忠懿王錢弘俶까지의 5主 등 왕실일족이 모두 불교를 숭상하여 造寺造塔에 힘썼다. 이와 같이, 항주를 중심으로 한 오월국이 중국불교의 중심이 되자 많은 고려승이 항주로 유학하였다.

우선 法眼文益의 제자로서는 道峰慧炬(生沒年不詳)과 靈鑑이 있는데, 이 중 慧炬는 『景德傳燈錄』 卷25 「高麗道峰山慧炬國師條」에 의하면 法眼文益의 초기의 사법제자 14인 중의 한 사람으로서 들어지고, 고려에 돌아와서 국왕의 존숭을 받아서 국사가 되었다고 한다.[285] 靈鑑에 대해서는 상세한 것을 알 수 없다. 다음으로는 靈照(870-947)이 있다. 그는 雪峯義存에 참구하여 사법하였고, 婺州의 齊雲山 등에서 주석하였다. 그 후, 947년에 忠獻王錢氏가 龍華寺를 세워서 靈照를 주지에 임명하였다. 『祖堂集』 卷11 「齊雲和尙條」에는 「龍華寺開堂上堂」이 실려 있다.

다음으로 天台德韶와 관련해서는, 天台德韶는 忠懿王錢弘俶에게 '사신을 고려에 보내어 천태의 경전이나 전적을 구해올 것'을 권하였다. 그래서 고려는 961년 諦觀(?-970)을 중국에 파견하여 天台宗의 경론을 오월국에 보내었다. 그때의 기록이 『佛祖統記』 卷8에 수록되어 있다.

> 案二師口義云, 吳越王遣使, 以五十種寶, 往高麗求教文. 其國令諦觀來奉諸部, 而智論疏・仁王疏・華嚴骨目・五百門等不復至. 據此則知, 海外兩國皆曾遣使, 若論教文復還中國之寶, 則必以高麗諦觀來奉教卷爲正.[286]
> 〈二師의 말을 보면, 오월왕이 사자를 보내어 많은 재보를 가지고 고려에 가서 경전을 구하게 하였다. 고려는 체관을 보내어 전적을 바쳤는데 『智論疏』・『仁王疏』・『華嚴骨目』・『五百門』 등은 가지고 오지 않았다. 이것에 의하면, 양국(일본과 고려) 모두 사신을 중국에 보냈지만, 경전이 다시 중국에 돌아온 것을 말하면 고려의 체관이 경전을 바친 것이 맞다.〉

---

285) 大正51, 414b
286) 大正49, 91a. 割注

이것에 의하면, 오월왕이 일본과 고려에 天台의 전적을 구했지만 실제로 일본에서 얻은 전적은 적고, 고려의 諦觀에 의해 많은 전적이 장래되었던 것을 알 수 있다. 諦觀은 義寂에 참구하여 970년에 중국에서 示寂하였다.

다음에 法眼宗 제3조인 永明延壽와 고려의 관계에 대해서는 『景德傳燈錄』 「延壽本傳」에는 다음과 같은 기록이 있다.

> 行道餘力念法華經一萬三千部, 著宗鏡錄一百卷, 詩偈賦詠凡千萬言. 播于海外, 高麗國王覽師言教, 遣使齎書敍弟子之禮, 奉金線織成袈裟紫水精數珠金澡罐等. 彼國僧三十六人親承印記, 前後歸本國各化一方.[287)]
>
> 〈도를 행하는 여가에 『法華經』 1만 3000부를 외우고, 『宗鏡錄』 100권을 저술하고, 나아가 詩 · 偈 · 賦 · 詠은 천만 언이나 되었다. 그것들은 해외에도 전해져서 고려국왕이 師의 언교를 읽고 서한을 써서 사신을 파견하여 제자의 예를 취하고, 금선가사와 자수정 몇 개와 金澡罐 등을 바쳤다. 또, 고려승 36인이 永明延壽의 印記를 받아서 귀국하여 각각 一方을 교화하였다.〉

여기서 문제가 되는 것은 ① '高麗國王覽師言敎'의 고려국왕이 과연 누구인가, ② '彼國僧三十六人親承印記'의 진위이다. 우선, ①에서 고려국왕은 光宗(950-975 재위)일 가능성이 크다. 그 이유로서는 A. 위의 『景德傳燈錄』의 기록에 의하면 『宗鏡錄』이 이미 간행되었다고 하였는데, 『宗鏡錄』이 간행(961년경)되었을 때의 고려왕은 광종이고, B. 『釋氏資鑑』 卷9에는 "開寶元年(968年), 高麗國上書, 聞永明寺延壽禪師名, 遣僧問道, 敍弟子禮."[288)]라고 기록되어 있는데, 968년에 재위한 고려왕은 광종이었기 때문이다. 광종은 원래 독실한 불교신자로 재위기

---

287) 大正51, 422a

288) 卍續132冊, 169下-170上

간 중에 많은 절을 세우고 고려에서 처음으로 僧選을 실시한 왕이다. 또, 諦觀이 天台典籍을 중국에 가져온 것도 광종의 명에 의한 것이었다. 따라서 『景德傳燈錄』의 고려국왕은 광종이라고 해야 할 것이다

다음에, ② '과연 延壽에 고려승의 제자가 36인이나 존재했던가?'의 문제이다. 36인설은 『景德傳燈錄』에 처음으로 보이는 주장으로서, 그보다 빠른 『宋高僧傳』(988)에는 보이지 않는다. 그러나 『景德傳燈錄』 이후는 『禪林僧寶傳』(卍續137冊, 481上), 『五燈會元』(卍續138冊, 367中), 『佛祖統記』(大正49, 457a) 등에 이어진다. 그런데 현재 한국의 자료에서 延壽의 제자로서 확인되는 것은 円空智宗(930－1018)이 光宗 10年－12年(959－961) 사이에 延壽에게 사사한 것[289]과 寂然英俊(952－1014)이 968년에 延壽에게 사사한 것[290]의 두 사람에 지나지 않는다. 그러나 두 사람 모두 고려에 귀국하여 국사가 된 것에서 보면, 고려왕에게 존숭되었던 것은 확실하다. 비록 한국의 자료에서는 36인의 존재를 확인할 수는 없었지만, 고려국왕이 손수 승려를 파견하여 문답한 사실에서 보면 가능성은 충분히 있다고 생각된다.

이와 같이 고려와 오월국 사이에 성대히 교류가 행해진 것에서 보면, 『宗鏡錄』도 간행 후 바로 고려에 전해졌다고 생각된다. 『宗鏡錄』은 1107년에 福州東禪寺版大藏經에 入藏되는 영광을 얻는다. 따라서 입장된 『宗鏡錄』도 대장경과 함께 고려에 전해졌다고 생각된다. 한편, 고려에서도 『宗鏡錄』은 1246－1248년에 고려대장경의 보판으로서 南海分司大藏都監에서 간행된다[291]. 이 외에도 제1장의 〈표 2. 고려판중국선적간행년표〉에서 알 수 있듯이, 1213년에는 『宗鏡撮要』가, 1397년

289) 「居頓寺円空國師勝妙塔碑」(『朝鮮金石總覽』 卷上, p255)
290) 『韓國金石全文』中世上 pp456－460
291) 大正 48에 수록되어 있는 『宗鏡錄』은 이 고려판을 원본으로 한 것이다.

에는 『註心賦』가 간행되고 있다. 현재 동국대학교에 소장되어 있는 嘉靖 10年(1531) 曹溪山隱寂菴刊本의 『宗鏡撮要』를 보면, 崇慶 2年(1213) 曹溪山修禪寺刊本의 重刊本인 것을 알 수 있다. 그리고 그 刊者는 眞覺慧諶이라고 되어 있다. 또 권말에는 紹興 2년(1132)의 廬山介諶의 後序가 실려 있는데, 그 일부를 인용하면 다음과 같다.

> 永明壽禪師宗鏡錄盛行于世, 學者以文字浩博, 理致淵漫, 望涯而返多□. 東嘉曇賁上人百掇一二, 名曰撮要.
> 〈영명연수선사의 『宗鏡錄』이 세상에 성행하고 있지만, 양이 방대하고 이치도 광대하여 학자들이 도리어 이해하기 어렵다(?). (그래서) 東嘉曇賁上人이 백 권 중에서 한두 권을 뽑아서 '撮要'라고 이름하였다.〉

이 후서에 의하면 『宗鏡撮要』의 편자는 廬山介諶의 제자인 心聞曇賁(生沒年不詳)인 것을 알 수 있다. 曇賁은 臨濟宗黃龍派의 승으로, 永嘉(浙江省)人이며 『心聞和尙語要』 1권을 남기고 있고, 『嘉泰普燈錄』 권17 · 『五燈會元』 권18 · 『續傳燈錄』 卷3에 그 전기가 전해진다.

1) 智訥에 미친 延壽의 영향

이상과 같이, 『宗鏡錄』을 필두로 하는 延壽의 저작이 일찍부터 고려에 전해지고 있는 것을 보면, 智訥과 慧諶에도 영향을 주고 있을 것이다. 우선, 智訥의 『入私記』에는 『宗鏡錄』과 『萬善同歸集』에서의 인용이 몇 개 있다.

『宗鏡錄』은 諸宗의 교리를 心의 문제에 집약시키는 것에 의해 제종의 융화를 꾀한 문헌이다. 따라서 教禪一致를 주장하고 있고 특히 天台宗 · 華嚴宗 · 法相宗의 教學을 禪宗의 一心에 和會한 곳에 그 특징이 있다. 延壽의 敎禪一致는 宗密의 영향을 강하게 받고 있고, 특히 『都序』에서의 인용이 많다. 예를 들면 『宗鏡錄』 권1에서 延壽는 다음과 같이 말하고 있다.

> 是以, 綿歷歲華眞風不墜. 以聖言爲定量, 邪僞難移. 用至敎爲指南, 依憑有據. Ⓐ 故圭峯和尙云, 謂諸宗始祖卽是釋迦. 經是佛語, 禪是佛意, 諸佛心口必不相違.[292]
> 〈그러므로 역대에 중화의 진풍이 땅에 떨어지지 않았다. 성언으로 기준을 삼으니 邪敎가 바꿀 수가 없었다. 至敎로 指南을 삼으니 그 근거가 있었다. 그래서 圭峯和尙이 말하기를, "諸宗의 시조는 釋迦이다. 經은 佛의 말이고, 禪은 佛의 뜻이니, 諸佛의 마음과 입은 서로 다르지 않다."〉

Ⓐ는 宗密의 『都序』(大正48, 400 b)의 구절인데, 이와 같이 延壽는 禪敎一致사상의 근거를 宗密에 구하고 있다. 한편 智訥의 頓悟漸修사상은 宗密의 영향을 받고 있고, 『入私記』는 『裵休拾遺門』의 주석이면서 동시에 『都序』에서의 인용도 많다. 그런데 智訥은 延壽에 대해서는 다음과 같이 말하고 있다.

> 又, 閱萬善同歸集, 引圭峰修證頓漸義明之. 令修心人, 知自心知見之得失, 功行之生熟. 煥然明白, 而開合稍異耳. 如問, 上上根人, 頓悟自心, 還假萬行助道熏修不. 答, 圭峰禪師, 有四句料揀. 一漸修頓悟, 二頓修漸悟, 三漸修漸悟, 四頓悟頓修. 上四句多約證悟, 唯頓悟漸修, 此約解悟, 如日頓出, 霜露漸銷……唯此頓悟漸修, 旣合佛乘, 不違圓旨. 如頓悟頓修, 亦是多生漸修, 今生頓熟……此上壽禪師所明頓漸意者, 取證悟門, 束爲四句, 取解悟門, 別立一句而稱讚之. 與禪源集所立, 開合雖異. 而此錄中, 頓悟漸修之意, 到此更生光談. 何者. 錄云, 若得頓悟漸修, 見一切賢聖之軌轍. 而壽禪師亦云,

292) 大正48, 418 b

唯此頓悟漸修, 旣合佛乘, 不違圓旨. 可謂本末相符, 遠近相助矣. 如頓悟頓修, 亦是多生漸修, 今生頓熟, 況余三句, 豈非漸機得入門耶.[293)]

〈또 『萬善同歸集』을 보니, (연수는) 圭峰宗密의 修證頓漸義를 인용해서 설명하여 수행자로 하여금 自心의 知見의 得失과 功行의 生熟을 알게 한다. 그것은 명쾌하지만 (종밀과) 개합이 조금 다르다. (『萬善同歸集』에 말하기를) 물었다, "상상근인은 自心을 頓悟한 후, 또 공행을 닦아서 수행하는 것입니까?" 연수가 답하기를, "宗密禪師는 四句料揀을 말하고 있다. 그것은 漸修頓悟 · 頓修漸悟 · 漸修漸悟 · 頓悟頓修의 4개이다. 이 4개는 証悟의 입장에서 말한 것이다. 頓悟漸修만이 解悟의 입장에서 말한 것으로 마치 태양이 뜨는 것은 급작스럽지만, 이슬은 천천히 녹는 것과 같다…… 이 돈오점수만이 佛乘에 契合하고 圓旨에 어긋나지 않는다. 頓悟頓修도 多生에 漸修한 것이 今生에 頓熟한 것에 지나지 않는다"…… 이 延壽禪師가 밝힌 頓漸義는 証悟門에 四句를 두고, 解悟門에는 따로 一句를 세워서 상찬하고 있다. 『都序』에서 세운 것과는 개합이 조금 다르다. 그러나 『裵休拾遺門』 중의 頓悟漸修의 의미가 여기에 이르러서 더욱 빛나고 있다. 그 이유는 무엇인가? 『裵休拾遺門』에서는 "만약 頓悟漸修할 수 있으면 모든 성현의 軌轍이 보일 것이다"고 하고 있지만, 『萬善同歸集』에서는 "이 頓悟漸修만이 佛乘에 契合하고 圓旨에 어긋나지 않는다"고 하고 있다. 본말이 부합하고 원근이 맞아 떨어지고 있다고 할 만하다. 또 "頓悟頓修도 多生에 漸修한 것이 今生에 頓熟한 것에 지나지 않는다"고 하고 있는데, 다른 三門이 어찌 漸修門이 아니겠는가?〉

延壽가 인용하는 宗密의 四句料揀이란, 『都序』(大正48, 407c－408a)의 구절이다. 智訥은 『都序』와 『萬善同歸集』을 비교해서 "延壽가 証悟門에 漸修頓悟 · 頓修漸悟 · 漸修漸悟 · 頓悟頓修의 4구를 두고, 解悟門에 頓悟漸修의 1구를 두는 것은 『都序』와 開合이 다르다"고 지적한 것은 타당하다고 할 수 있다. 왜냐하면, 『都序』에서 宗密이 証悟門에

293) 『韓國佛敎全書』 卷4, 754中－755上

넣는 것은 漸修頓悟・頓修漸悟・漸修漸悟・頓悟頓修의 세 개이고 頓悟頓修는 別立시켜서 그 안에 또 解悟와 証悟를 두고 있다.[294] 또 智訥은 "『裵休拾遺門』에서의 頓悟漸修는 『萬善同歸集』에 이르러서 더욱 그 가치가 발휘되고 있다"고 주장하고, 그 근거로서 다음의 두 개를 들고 있다.

A. 『裵休拾遺門』에서는 "若得頓悟漸修, 見一切賢聖之軌轍"라고 한 것에 그쳤지만, 『萬善同歸集』에서는 "唯此頓悟漸修, 旣合佛乘, 不違圓旨"라고 해서 頓悟漸修만을 인정한 것.; 그러나 『裵休拾遺門』에는 "若得頓悟漸修, 見一切賢聖之軌轍"라는 구절은 보이지 않고 비슷한 구절로서 다음의 구절이 있다.

> 然, 心貫萬法, 義味無邊. 諸教開張, 禪宗撮略. 撮略者, 就法有不變隨緣二義, 就人有頓悟漸修兩門. 二義顯, 卽知一藏經論之旨歸. 兩門開, 則見一切賢聖之軌轍. 達磨深意, 實在斯焉.[295]
> 〈그러나 마음은 만법을 관통하고 뜻은 한이 없다. 교종은 (심을) 전개한 것이고, 선종은 撮略한 것이다. 촬략이란 법에는 不變과 隨緣의 2의가 있고, 사람에게는 頓悟와 漸修의 양문이 있다. 2의가 나타나면 一藏經論의 旨歸를 알 수 있다. 양문이 열리면 모든 성현의 궤철이 보인다. 달마의 깊은 뜻은 실로 여기에 있다.〉

智訥은 『入私記』에서 "若得頓悟漸修, 見一切賢聖之軌轍"를 "만약 頓悟漸修할 수 있으면 모든 성현의 軌轍이 보일 것이다"고 해석하고 있다. 그러나 이 구절은 위의 문장을 보는 한, "사람의 근기에는 돈오와 점수의 양문이 있고, 돈오와 점수의 양문을 열면 모든 성현의 궤철

---

294) 「且就事跡而言之, 如牛頭融大師之類也. 此門有二意. 若因悟而修, 卽是解悟. 若因修而悟, 卽是證悟.」(大正48, 408a)

295) 卍續110册, 872上

이 보인다"로 해석해야 하고 특별히 頓悟頓修나 漸悟漸修 등과 구별되는 것으로서의 頓悟漸修를 가리키는 구절은 아니다.

또, 智訥은 『裵休拾遺門』에서의 宗密과는 달리 延壽가 돈오점수를 강하게 주장한 것을 칭찬하고 있다. 그러나 사실은 宗密도 『都序』에서는 "於中唯云, 先頓悟後漸修, 似違反也. 欲絶疑者, 豈不見日光頓出, 霜露漸消……是知, 頓漸之義, 甚爲要矣."[296]라고 해서 돈오점수가 요체인 것을 주장하고 있다.

B. 延壽가 "頓悟頓修도 多生에 漸修한 것이 今生에 頓熟한 것으로 결국은 漸修에 속한다"고 해석한 것. 이것을 智訥도 지지하여 "頓悟頓修마저도 결국은 漸修이기 때문에 漸修頓悟 · 頓修漸悟 · 漸修漸悟는 말할 것도 없다"고 주장한다. 그러나 사실은 "頓悟頓修도 결국 漸修에 속한다"고 주장한 것은 宗密도 마찬가지이다. 『都序』에서 종밀은 다음과 같이 말한다.

> 若遠推宿世, 則唯漸無頓. 今頓見者, 已是多生漸熏而發現也.[297]
> 〈만약 宿世에까지 미치면 漸이 있을 뿐 頓은 없다. 지금 홀연히 깨닫는 것은 多生에 漸修한 것이 나타난 것이다.〉

이와 같이 智訥은 『裵休拾遺問』과 『萬善同歸集』, 『宗鏡錄』을 비교해서 延壽가 宗密보다도 더 頓悟漸修를 확실히 주장하고 있다고 상찬하고 있다. 그러나 宗密은 『裵休拾遺門』과 달리 『都序』에서는 頓悟漸修를 더 강하게 주장하고 있는 것을 알 수 있었다. 따라서 『裵休拾遺門』에 기초하고 있는 智訥의 주장은 종밀 전체의 사상에서 보면 타당하다고 할 수 없다.

---

296) 大正48, 408a
297) 大正48, 408a

한편 智訥은 중・하근기인을 위해서는 頓悟漸修를 권하고, 상근기인을 위해서는 看話禪을 권하고 있었다. 즉 돈오점수를 권하면서도 그 위에 格外一門으로서 看話禪을 두는 것이다. 智訥의 돈오점수는 定(漸修)慧(頓悟)雙修를 의미하는 것이다. 이와 같이 정혜쌍수를 인정하면서 그 위에 격외일문을 두는 구조는 『宗鏡錄』에 기초하고 있다. 『入私記』에서 智訥은 다음과 같이 말한다.

> 禪門又有修定慧外, 無心合道門, 略錄于此, 令學敎者, 知格外一門, 發正信爾. 如宗鏡錄云, 如前所述, 安心之門直下相應, 無先定慧. 先明定慧, 後現無心. 定是自心之體, 慧是自心之用……此定慧二門, 修行之要, 佛祖大旨, 經論同詮. 今依祖敎, 更有一門, 最爲省要, 所謂無心. 何者. 若有心則不安, 無心則自樂.[298]……以是當知, 祖宗無心合道者, 不爲定慧所拘也. 何者. 定學者, 稱理攝散. 故有忘緣之力. 慧學者, 擇法觀空. 故有遣蕩之功. 今直了無心, 觸途無滯者, 以無障碍解脫智現前……此無心合道, 亦是徑截門得入也. 其看話下語, 方便妙密, 不可具陳. 但罕遇知音耳.[299]
>
> 〈선문에는 또 定慧를 닦는 이외에 無心合道門이 있으므로, 여기서 간단히 서술해서 교학을 배우는 사람들에게 格外의 일문을 알아서 正信을 발하게 하려고 한다. 예를 들면 『宗鏡錄』에는 다음과 같이 말한다. "앞에 말했듯이, 안심의 문에 바로 상응하는 데는 定慧보다 우선하는 것은 없다(먼저 정혜를 밝힌 후에 무심을 나타낸다 - 智訥의 주). 定은 自心의 體이고, 慧는 自心의 用이다…… 이 定慧 二門은 수행의 요체, 佛祖의 大旨이고, 모든 경론이 이것을 주장하고 있다. (그러나) 지금 선종의 가르침에 의하면 一門이 더 있어서 가장 省要한데, 무심이 그것이다. 왜인가? 만약 유심이라면 불안하지만 무심이라면 저절로 편안해지기 때문이다"…… 그러므로 선종의 무심합도는 정혜에도 구속되지 않는다는 것을 알 수 있을 것이다. 왜인가? (三學 중의) 定學은 理에 따라서 섭산

---

298) 「如前所述~無心則自樂」은 『宗鏡錄』 卷45(大正48, 679 c)에서의 인용이다.
299) 『韓國佛敎全書』 卷4, 748中-749上

하므로 外緣을 잊는 노력이 필요하다. 또, 慧學은 法을 선택하여 空을 관하므로 제거하는 노력이 필요하다. (그러나) 지금 바로 무심을 깨달아서 집착하지 않으면, 장애도 없고 해탈지가 현전할 것이다…… 이 무심합도는 또 경절문득입이다. 看話의 가르침은 방편이 뛰어나서 전부 말할 수가 없다. 단지 知音을 만나는 것이 어려울 따름이다.〉

智訥은 定慧를 중요시하여 定과 慧를 쌍수할 것을 주장하면서도, 선종의 無心合道를 상위에 두고 그 무심합도는 정과 혜에도 구속되지 않는다고 한다. 그리고 그 이유로서는 "定과 慧에는 外緣을 잊는 노력과 제거하는 노력이 필요하지만, 무심을 돈오하면 저절로 해탈지가 나타날 것이다"고 한다.

이와 같이 智訥은 정혜 위에 無心合道門을 세우고 있지만, 그것은 『宗鏡錄』을 경증으로 한 것이었다. 『宗鏡錄』 卷45를 보면, 延壽도 「今依祖教」의 앞에 "前據台教, 明五百番安心法門. 皆爲逗機對病施藥."라고 해서 자신의 定慧雙修論은 천태에 기초한 것이고, 그것은 應病與藥의 방편에 지나지 않는다고 하고 있다. 延壽가 『宗鏡錄』에서 諸宗의 융화를 도모하여 선교일치를 주장하고 있지만, 결국 그것은 선종의 종지를 선양하기 위해서인 것은 「藉教明宗」(大正48, 918 c)이라는 말에 단적으로 나타나 있다. 智訥과 延壽가 서로 다른 점은 智訥이 看話禪=無心合道門이라고 한 반면, 延壽는 無心의 경증으로서 『龐居士語錄』, 『大乘起信論』 등을 들 뿐 看話禪에는 언급하지 않은 것이다.

2) 慧諶에 미친 延壽의 영향

智訥도 『宗鏡錄』을 몇 군데 인용하고 있지만, 智訥보다도 더 『宗鏡錄』의 영향을 강하게 받고 있는 것은 慧諶이다. 그것은 1213년에 慧諶

스스로『宗鏡撮要』를 간행하고 있는 사실에서도 알 수 있다. 또『眞覺國師語錄』에도『宗鏡錄』에서의 인용이 35회 이상이고, 「答襄陽公」(40하－42상)의 경우에는 내용의 90% 이상이『宗鏡錄』에서의 인용이다. 총 35회의 인용 중,『宗鏡錄』「問答章」(卷1의 後半－卷93)까지가 27回, 「引證章」(卷94－卷100)에서 8회를 인용하고 있다. 주지하듯이 연수는『宗鏡錄』 가운데서 300부 이상의 경전과 어록을 인용하고 있고, 慧諶도『宗鏡錄』의 인용을 그대로 재인용하는 것이 많다. 나아가, 慧諶은『宗鏡錄』에 인용되고 있는 문헌을 확인하여 보충하고 있는 곳도 있다. 여기에서 보면, 慧諶은 평소『宗鏡錄』을 옆에 두고 애독하고 있었다고 생각된다.

『宗鏡錄』이 제종을 선종의 입장에서 융화시키고, 특히 心을 밝히는 곳에 그 주안점이 있다는 것은 앞에서 말했지만, 慧諶도 '心'에 대한 延壽의 해석을 인용하는 곳이 많다. 예를 들면『眞覺國師語錄』「示葛學士」에서는 다음과 같이 말하고 있다.

> 是知, 靈台絶妙, 衆生莫知. 若暫返照廻光, 無有不得之者. 如地中求水, 礦裏求金. 唯慮不肯承當, 沒埋心寶. Ⓐ <u>若迷一念心, 執著外境, 隨處生著, 卽入火宅義. 若悟一念心, 通達一切, 無非實相, 卽出火宅義</u>300)
>
> 〈그러므로 靈台의 훌륭함을 중생들이 모르고 있다는 것을 알 수 있다. 만약 회광반조하면 얻지 못하는 사람이 없을 것이다. 마치 땅속에서 물을 구하고, 광석 가운데서 금을 구하듯이. 단지 받아들이려고 하지 않아서 心寶를 묻어 버릴까가 걱정이다. "만약 一念心을 알아차리지 못하고, 외경에 집착해서 집착심을 낳으면 그것이 바로 火宅에 들어가는 것이다. 만약 일념심을 깨달아서 一切에 통달하여 모든 것이 실상으로 된다면, 그것이 바로 화택을 나오는 것이다.〉

300) 『韓國佛教全書』 卷6, 37上－中

Ⓐ는 『宗鏡錄』 卷25(大正48, 555ｃ)에서의 인용으로 延壽가 『法華經』의 七喩를 해석한 곳의 일부분이다. 그리고 慧諶은 그 一念心은 모든 중생이 갖추고 있는 靈知에 다름 아니다고 한다.

또, 慧諶도 延壽와 똑같이 三教一致를 주장하는데 『萬善同歸集』을 인용해서 설명하고 있다. 『眞覺國師語錄』 「答崔參政」에서 慧諶은 다음과 같이 말하고 있다.

> 認其名則佛儒逈異, 知其實則儒佛無殊……起世界經云, 佛言, 我遣二聖, 往震旦行化. 一者老子, 是迦葉菩薩. 二者孔子, 是儒童菩薩. 據此則儒道之宗, 宗於佛法. 而權別實同者乎.[301)]
>
> 〈그 이름을 보면 佛과 儒는 다르지만, 그 실을 알면 儒佛은 같다……『起世界經』에는 "佛이 말하기를, '나는 두 사람의 성인을 중국에 보내어 교화시켰다. 한 사람은 老子로 즉 迦葉菩薩이고, 또 한 사람은 孔子로 儒童菩薩이 그이다.'"고 하고 있다. 이것에 의하면 儒教와 道教는 佛法에 기초하고 있다. 방편은 다르지만 실질은 같다고 할 수 있다.〉

여기서 慧諶이 인용하고 있는 『起世界經』의 구절은 『萬善同歸集』 卷下(大正48, 988a)에서의 인용에 다름 아니다.

그런데 智訥이 頓悟漸修・禪教一致를 주장해도 그것은 어디까지나 중・하근기인을 위한 것이고, 상근기인을 위해서는 看話禪을 권했듯이 慧諶도 『宗鏡錄』에서 많은 구절을 인용하면서도 결국은 看話禪에 의해 지양시키고 있다. 예를 들면 慧諶은 『眞覺國師語錄』에서 다음과 같이 말한다.

> 忽若大夢破, 方始謂之大覺. 然, 夢本無夢, 覺亦無覺. 無覺之覺, 名之妙覺. Ⓐ <u>不見智覺禪師云, 如人夜夢, 種種所見, 比至覺時, 總無一物. 今亦爾, 虛</u>

301) 上揭書, 46下－47中

妄夢中, 言有萬法. 若悟其性, 畢竟無一物可得……思益經云, 諸佛出世, 不爲令衆生出生死入涅槃. 但爲度生死涅槃之二見耳. 直饒你聞伊麽會, 猶是比知, 隨他意轉. 若欲直截自知, 但向十二時中四威儀內, 七顚八倒見聞應緣處, 略抖擻精神, 看是阿誰.[302]

〈만약 大夢에서 깨면 비로소 그것을 '大覺'이라고 이름한다. 그러나 꿈도 원래 꿈이 없고 각도 원래 각이 없다. 無覺의 각을 '妙覺'이라고 이름한다. 전해지고 있지 않은가? 智覺禪師가 말하기를, "예를 들면 사람이 꿈속에서 본 것이 깨고 나면 하나도 없는 것과 마찬가지이다. 지금도 똑같아서 허망한 꿈속에서는 만법이 실재한다고 생각했지만, 그 성을 깨달으면 결국은 얻어야 할 一物도 없다……『思益經』에 말하기를, '諸佛이 출세한 것은 중생으로 하여금 生死에서 벗어나서 涅槃에 들어가게 하려고 한 것이 아니라, 生死・涅槃의 2견을 없애기 위해서이다.' (그러나) 비록 네가 이것을 이해할 수 있다고 해도 아직 추측지이고, 단지 의식에서 벗어난 것에 지나지 않는다. 만약 바로 알고 싶다면 하루 중 어디서나 분발해서 '是阿誰'의 공안을 참구해라."〉

Ⓐ는 『宗鏡錄』 卷26(大正48, 564ｃ)에서의 인용이다. 慧諶은 "『宗鏡錄』의 구절에 의해 '꿈은 실체가 없고 오매일여의 이치'를 깨달아도 그것은 추측지에 지나지 않으므로, 바로 깨닫기 위해서는 公案을 참구해야 한다"고 하는 것이다. 이와 같이 慧諶도 智訥과 같이 看話禪이 모든 敎學과 禪보다 뛰어나다고 주장한다.

이상으로 宗密・延壽・大慧가 智訥과 慧諶에 미친 영향을 약술하였다. 우선, 宗密의 『都序』와 『裵休拾遺門』에서 주장하는 禪敎一致사상은 고려시대뿐만이 아니라 조선시대에도 지속적으로 영향을 주었다. 또, 『華嚴經』과 『圓覺經』에 대한 宗密의 주석서도 선승들에게 애독되었다고 생각된다. 중국의 송대와 같이 고려의 선승들도 종밀의 주석서

302) 上揭書, 17下

를 통해서 『華嚴經』과 『圓覺經』을 이해하고 있었을 것이다. 한편, 宗密의 禪教一致사상을 이은 延壽의 영향은 宗密보다는 약했지만 慧諶에는 큰 영향을 주고 있다. 300여 부의 방대한 전적을 인용하고 있는 『宗鏡錄』은 일종의 참고서 역할을 했다고 생각된다.

이와 같이, 大慧의 看話禪이 도입되기 이전의 고려선종에는 宗密과 延壽의 영향이 컸다. 그렇지만, 大慧의 看話禪이 도입되자 상황은 바뀌었다. 智訥과 慧諶은 看話禪을 徑截門으로 이해했기 때문에 頓悟漸修를 주장한 宗密, 延壽의 영향력은 쇠퇴하지 않을 수 없었다. 그것을 절충한 것이 上根器人에게는 看話禪을, 中·下根器人에게는 頓悟漸修를 권하는 것이었다. 그러나 앞에도 말했듯이 자료부족 때문이기도 하지만 고려선종에 전통적으로 강했던 無事禪과 宗密·延壽의 禪에서 大慧의 看話禪으로 이행하는 과정이 명확하지 않다. 결국, 看話禪을 주장하면서도 無事禪의 그림자가 남는 것이 智訥·慧諶의 禪이라고 할 수 있다.

참고문헌

〈I〉

1. 日本語의 著書와 論文

荒木見悟(1969)『大慧書』, 禪の語錄 17, 筑摩書房

(1985)『楞嚴經』, 佛敎經典選 14, 筑摩書房

(1993)『佛敎と儒敎－新版』, 硏文出版

石井修道(1991)『道元禪の成立史的硏究』, 大藏出版

(1993)『宋代禪宗史の硏究』, 大東出版社

(1979・80・82)「大慧普覺禪師年譜の硏究」上・中・下, 駒澤大學佛敎學部硏究紀要 36・37・40

(1973・74・75)「大慧語錄の基礎的硏究」上・中・下, 駒澤大學佛敎學部硏究紀要 31・32・33

(1970)「大慧宗杲とその弟子達(1)—『五燈會元』の成立過程と關連して」, 印度學佛敎學硏究 18－2

(1973a)「大慧宗杲とその弟子達(4)—大慧の著作について」, 印度學佛敎學硏究 21－2

(1973b)「大慧宗杲とその弟子達(5)—著意と忘懷という言葉をめぐって」, 印度學佛敎學硏究 22－1

(1974a)「大慧宗杲とその弟子達(6)—眞歇淸了との關係をめぐって」, 印度學佛敎學硏究 23－1

(1976)「大慧宗杲とその弟子達(8)—眞歇淸了との關係をめぐって(承前)」, 印度學佛敎學硏究 25－1

(1978)「大慧宗杲とその弟子達(9)—大慧の著作について(承前)」,

印度學佛教學研究 26－2

市川白弦(1941)『大慧』, 禪叢書 4, 弘文堂書房

伊吹　敦(2001)『禪の歷史』, 法藏館

大松博典(1987)「『首楞嚴經』注釋書考」, 宗學研究 30

(1990)「『首楞嚴經』の研究(一)」, 曹洞宗研究員研究紀要 19

(1997)「宋代における『首楞嚴經』受用の問題点」, 駒澤大學禪研究所年報 8

小川弘貫(1972)「大慧, 宏智に見られる如來藏, 佛性」, 駒澤大學佛教學部研究紀要 30

王翠　玲(2000)「永明延壽の研究」, 東京大學博士論文

金井德幸(1982)「會昌廢佛後の華嚴の江南傳播と禪」, 禪學研究 61

鎌田茂雄(1978)『禪源諸詮集都序』, 禪の語錄 9, 筑摩書房

(1984～85)「華嚴と禪」1～10, 傘松 502～511

木村清孝(1992)『中國華嚴思想史』, 平樂寺書店

光地英學(1976)「眞歇清了師における禪淨論」, 宗學研究 19

小島岱山(1986)「善財說話の禪的受用」, インド學佛教學論集 ― 高崎直道博士還曆記念論集, 春秋社

椎名宏雄(1993)『宋元版禪籍の研究』, 大東出版社

塩入法道(1990)「中國初期禪觀思想における首楞嚴三昧について」, 印度學佛教學研究 38－2

柴田　泰(1990・94)「中國淨土教における唯心淨土思想の研究」1・2, 札幌大谷短期大學紀要 22・26

(1999)「中國における禪淨雙修思想の成立と展開」, 印度學佛教學研究 46－2

末木文美士(1998)『碧巖錄を讀む』, 岩波書店

(2003)『(現代語譯)碧巖錄』, 岩波書店

竺沙雅章(2000)『宋元佛教文化史研究』, 汲古書院

鈴木哲雄(1976)「法眼宗の形成(一)」, 愛知學院大學文學部紀要 6

宋代史研究會(1982)『宋代の社會と文化』, 宋代史研究會研究報告1集, 汲古書院

高峯了州(1953) 「『首楞嚴經』の思想史的硏究序說」, 龍谷大學論集 348
(1955) 『華嚴と禪の通路』, 南都佛敎硏究會
原田弘道(1985) 「佛行と罪相」, 駒澤大學佛敎學部論集 17
(1997) 「禪思想史上における因果と佛行の問題」, 駒澤大學佛敎學部硏究紀要 54
平野宗淨(1973) 「南泉と臨濟」, 印度學佛敎學硏究 23-1
(1983) 「狗子無佛性の話を巡って」, 禪學硏究 62
廣田和敎(2003) 「大慧宗杲の禪思想成立に關する硏究」, 花園大學博士論文
北塔光昇(1998) 「中國佛敎における追善論」, インド哲學佛敎學 13
前川 亨(2003) 「禪宗史の終焉と寶卷の生成」, 東洋文化 83
柳田聖山(1962) 「看話禪における信と疑の問題」, 日本佛敎學會年報 28
(1966) 『初期禪宗史書の硏究』, 法藏館
(1970) 「大藏經と禪錄の入藏」, 印度學佛敎學硏究 20-1
(1975a) 「看話と默照」, 花園大學硏究紀要 6
(1975b) 「無字の周邊」, 禪文化硏究所紀要 7
(1984) 「無字のあとさき」, 理想 3
橫手 裕(1992) 「看話と內丹」, 思想 814

2. 기 타

葛兆光(1995) 『中國禪思想史』, 北京大學出版社
杜繼文 · 魏道儒共著(1993) 『中國禪宗通史』, 江蘇古藉出版社
鄧克銘(民國 75年) 『大慧宗杲之禪法』, 東初智慧海叢刊 7, 東初出版社
開濟(民國 85年) 『華嚴禪 — 大慧宗杲的思想特色』, 文津出版社有限公司
Steven Heine, Dale S. Wright(2000) *The Kōan*, Oxford University Press
John R. Mcrae(2003) *Seeing through Zen*, University of California Press
Levering, M.L.(1978) "CH'an Enlightenment for Laymen: Ta-hui and the New Religious Culture of the Sung", Harvard University, Ph.D Thesis

〈Ⅱ〉

1. 日本語의 著書와 論文

大屋德城(1941)「高麗朝の舊槧」,『積翠先生華甲壽記念論纂』
鎌田茂雄(1975)「朝鮮及び日本佛教に及ぼした宗密の影響」, 駒澤大學佛教學部論集 7
韓　泰植(1982)「延壽門下の高麗修學僧について」, 印度學佛教學研究 32-1
黑田　亮(1986)『朝鮮舊書考』, 岩波書店
崔　鈆植(2003)「『眞心直說』の著者の再檢討」, 印度學佛教學研究 51-2
高橋　亨(1929)『李朝佛教』
中島志郎(1994)「智訥の頓悟漸修論」, 禪文化研究所紀要 20
(1997)「智訥の三玄門體系について」, 印度學佛教學研究 46-1
(1998a)「智訥と慧諶」, 禪文化研究所紀要 24
(1997・98)「智訥の『看話決議論』について〈基礎的研究〉」 1・2, 花園大學文學部研究紀要 29・30
(2000a)「智訥と了世」, 禪學研究 78
(2000b)「高麗中期禪宗史」, 花園大學國際禪學研究所研究報告 7
西口芳男(2000)「『禪門寶藏錄』の基礎的研究」, 花園大學國際禪學研究所研究報告 7
忽滑谷快天(1930)『朝鮮禪教史』

2. 기　타

동국대학교불교문화연구원(1984)『韓國禪思想研究』, 동국대학교출판부
동국대학교불교문화연구소(1976)『韓國佛教撰述文獻總錄』, 동국대학교출판부
배현숙「大慧普覺禪師書異本考」, 서지학연구5・6합집
불교사학회(1986.1)『韓國曹溪宗의 成立史研究』, 민족사

(1986.2) 『韓國佛敎禪門의 形成史硏究』, 민족사
(1986.3) 『高麗中後期佛敎史論』, 민족사
이동준(1992) 「高麗慧諶의 看話禪硏究」, 동국대학교박사논문
정성본(1995) 「新羅禪宗의 硏究」, 민족사
정수아(1994) 「慧照國師曇眞과 淨因髓」, 한국사논총(上)
— 이기백선생고희기념 —
조명제(2004) 『高麗後期 看話禪硏究』, 도서출판 혜안
진성규(1986) 「高麗後期 眞覺國師 慧諶硏究」, 중앙대학교박사논문
최병헌(1991) 「大覺國師義天의 渡宋활동과 고려 · 송의 불교교류」, 진단학보71 · 72合
黃有福 · 陳景富 共著(1993) 『中朝佛敎文化交流史』, 中國社會科學出版社
Henrik H. Sørensen(2003) "Concerning the Korean Sōn Master Hyōngak and Yōngok Temple in Mt。Chiri", 韓國佛教學セミナ－9

자료편

*해　설

대혜종고에 관한 연구자료 중 중요한 것으로는 30권본『大慧普覺禪師語錄』(大正新脩大藏經 권47 所收),『大慧普覺禪師宗門武庫』(大正新脩大藏經 권47 所收),『大慧禪師雜毒海』(別名, 2권본『大慧普覺禪師語錄』, 卍續藏經 121冊 所收),『正法眼藏』(卍續藏經 118冊 所收), 4권본『大慧普覺禪師普說』(卍藏經 第31套 所收)이 있다. 그런데 나머지는 전부 한국에 소개되어서 읽혀지고 있으며 동시에 파일로서 입력도 되어 있어 연구하기에 편리한 반면, 오직 4권본『大慧普覺禪師普說』만이 한국에 별로 소개도 되어 있지 않을 뿐만 아니라 파일로 입력도 되어 있지 않다. 필자는 동경대학의 박사논문을 씀에 있어서 4권본『大慧普覺禪師普說』을 완독하였다.

4권본『大慧普覺禪師普說』은 卍正藏(大日本校訂大藏經)에만 들어 있으므로 한국에 소개될 기회가 없었지만, 다른 대혜연구자료에 비하여 주장도 확실하고 많은 普說을 포함하고 있다는 의미에서 중요하다. 따라서 원문을 입력하여 연구자들의 도움이 되고자 한다.

4권본『大慧普覺禪師普說』에 대해서 간략히 소개하면 다음과 같다.

① 卍藏經 第31套 所收의『大慧普覺禪師普說』은 전부 5권으로 되어 있으나, 이 중 마지막 제5권은 30권본『大慧普覺禪師語錄』중의 普說과 동일하다(단지, 30권본『大慧普覺禪師語錄』과 순서가 바뀌어 있고, 「孫通判請普說」이 없는 대신「孟郡王請普說」이 들어 있는 점이 다른

점이다.) 또, 앞 4권은 『大慧普覺禪師普說』1~4로 되어 있는 반면, 마지막 제5권은 上下로 나뉘어 있다. 따라서 아마도 별개로 유통되었던 것을 合本한 것일 것이다.

② 권1과 권2~4는 輯錄者가 다르다. 즉 권1은 '參學慧然蘊聞錄, 小師祖慶校勘'으로 되어 있는 반면, 권2~4는 '參學道先錄'으로 되어 있다.

*〈범 례〉

1. 기본적으로는 卍正藏의 원문 그대로를 입력했으나, 한글자전에 한자가 없는 경우에는 부득이하게 基本字 등을 입력하였다.

2. 한글자전에 한자가 없어서 입력할 수 없는 경우에는 [手夕寸]과 같이, 분해하여 표시하였다.

3. 5권을 전부 입력하면 책의 분량이 너무 많아지므로, 이번에는 권2까지만을 싣고 다음 기회에 나머지 권3~5를 게재하도록 하였다.

卍正59－0789b01, 大慧普覺禪師普說一
卍正59－0789b02, 參學慧然蘊聞錄
卍正59－0789b03, 小師祖慶校勘
卍正59－0789b04, 妙圓居士張檢點祖燈請普說僧問夏終今日師意如何
卍正59－0789b05, 師云會麽進云又是從頭起師云摩竭令行傳萬古進云
卍正59－0789b06, 灼然灼然師云東土二三相接武僧禮拜師云龍頭蛇尾
卍正59－0789b07, 漢僧問佛法要妙處乞師一言師云賊漢進云恁麽則全
卍正59－0789b08, 身擔荷去也師云果然是一枚賊漢進云畢竟水須朝海
卍正59－0789b09, 去到頭雲定覓山歸師云引不著進云某甲又是何人特
卍正59－0789b10, 蒙和尙印證師云七顚八倒進云人天衆前禮拜陳謝去
卍正59－0789b11, 也師云朝打三千暮打八百進云只如祖師道父母非我
卍正59－0789b12, 親誰是最親者諸佛非我道誰是最道者意旨如何師云
卍正59－0789b13, 出頭天外看進云直得鐵蛇鑽不入師云⊡僧禮拜師
卍正59－0789b14, 乃云父母非我親誰是最親者諸佛非我道誰是最道者
卍正59－0789b15, 從地而倒從地而起起來倒去卽且止喚甚麽作地若也
卍正59－0789b16, 識得去方知祖師道汝言與心親父母非可比汝行與道
卍正59－0789b17, 合諸佛心卽是欲識汝本心非卽亦非離旣非卽亦非離
卍正59－0789b18, 露躶躶不曾彰活鱍鱍沒窠窟便恁麽領略得去上不見
卍正59－0789b19, 諸佛度生下不見六道沈淪所以龐居士云無可報龐大
卍正59－0789b20, 空空無處坐屋內空空空空空無有貨日出空裏行日沒
卍正59－0790a01, 空裏臥空坐吟空詩詩空空相和莫怪全用空空是諸佛
卍正59－0790a02, 座世人不識空空卽是實貨若言無有空卽是諸佛過正
卍正59－0790a03, 常恁麽時空亦不可得不可得亦不可得畢竟如何二十
卍正59－0790a04, 空門元不著一性如來體自同復云敎中道有罪須懺
卍正59－0790a05, 悔懺悔卽安樂何故爲衆生造業迷却本地風光不見不

卍正59－0790a06, 生不滅底本來面目逐日只被眼耳鼻舌身意色聲香味
卍正59－0790a07, 觸法使得來七顚八倒迷却這一念故造無量無邊惡業
卍正59－0790a08, 此諸惡業若有體性盡虛空界不能容受若瞥然一念知
卍正59－0790a09, 非如乾草積高須彌山自家知非底一念如芥子許火拔
卍正59－0790a10, 智慧風打一吹草積中一時燒盡無有遺餘方知佛不欺
卍正59－0790a11, 人是眞語者實語者如語者不誑語者不異語者然凡夫
卍正59－0790a12, 造業被業迷諸佛菩薩神通道眼常覺你迷底你常在諸
卍正59－0790a13, 佛菩薩覺性海中衆生起善念亦覺起惡念亦覺你向明
卍正59－0790a14, 處坐他在暗中見你你在暗中坐他在明處見你明與暗
卍正59－0790a15, 喩凡聖迷悟虛空之性喩自家本地風光本來面目虛空
卍正59－0790a16, 明暗日月循環有晝有夜日沒之時虛空不曾暗日出之
卍正59－0790a17, 時虛空不曾明自家本地風光亦不曾明亦不曾暗自家
卍正59－0790a18, 本來面目亦不曾迷亦不曾悟迷悟在衆生一念間一念
卍正59－0790a19, 迷便受沈淪一念悟當體寂滅所以法華經云我今爲汝
卍正59－0790a20, 保任此事終不虛也無常迅速生死事大念念做好事尙
卍正59－0790b01, 恐遲豈況塵勞業識不覺不知刹那造罪殃墮無間一失
卍正59－0790b02, 人身萬劫不復你看諸佛菩薩道眼觀衆生造罪可驚可
卍正59－0790b03, 怖衆生被日用塵勞只管輥將去只見眼前受用之具喚
卍正59－0790b04, 作樂衆生顚倒迷己逐物諸佛菩薩喚作苦然衆生顚倒
卍正59－0790b05, 造業受苦本無自性只在當人迷之與悟若以智慧照破
卍正59－0790b06, 善惡都不可得所以道善惡如浮雲於中無起滅古人又
卍正59－0790b07, 道具足凡夫法凡夫不知具足聖人法聖人不會聖人若
卍正59－0790b08, 會卽是凡夫凡夫若知卽是聖人此語一理二義若人會
卍正59－0790b09, 得不妨有箇入處若也不會莫道不疑好這箇如一條鐵
卍正59－0790b10, 相似這裏用機境摶量他不得用心識分別他不得故云

卍正59－0790b11, 是法非思量分別之所能解唯佛與佛乃能究盡諸法實
卍正59－0790b12, 相且如妙圓居士生閻浮提中眼又明耳又不聾人物又
卍正59－0790b13, 可觀又受國家俸祿若不向這裏偸閑十二時中念念體
卍正59－0790b14, 究生時從甚麼處來百年後却向甚麼處去若不知來處
卍正59－0790b15, 又不知去處旣理會不得則枉來南閻浮提打一遭禪和
卍正59－0790b16, 家別無事念念只在裏許與生死做頭底你俗人在軍伍
卍正59－0790b17, 中或市廓中便道我被塵勞分將去那裏得工夫理會這
卍正59－0790b18, 事殊不知世間法卽是佛法不見道應以佛身得度者卽
卍正59－0790b19, 現佛身而爲說法應以宰官身得度者卽現宰官身而爲
卍正59－0790b20, 說法應以婆羅門婦女身比丘比丘尼優婆塞優婆夷身
卍正59－0791a01, 得度者卽皆現之而爲說法又云治生產業皆與實相不
卍正59－0791a02, 相違背佛又何曾敎人壞世間相而求出世間法耶佛法
卍正59－0791a03, 元來只在衆生日用中光明烜赫不曾間隔一絲毫諸佛
卍正59－0791a04, 菩薩不妄語唯證乃知難可測妙喜舊日參禪大法未明
卍正59－0791a05, 時也道諸佛菩薩說大脫空瞞人及乎悟了始知諸佛諸
卍正59－0791a06, 祖果不斯人平生自疑生不知來處死不知去處常懷恐
卍正59－0791a07, 怖之心從十九歲出家便尋知識請益看話頭恰恰十七
卍正59－0791a08, 年到三十六歲匹似閑在京師天寧見佛果老和尙赴張
卍正59－0791a09, 康國夫人請陞座擧僧問雲門如何是諸佛出身處門云
卍正59－0791a10, 東山水上行我舊時在雲門下曾過這話來也曾作玄妙
卍正59－0791a11, 提撕領略老和尙云若是天寧則不然或有人問只對他
卍正59－0791a12, 道薰風自南來殿閣生微涼只念這兩句詩此是唐柳公
卍正59－0791a13, 權與文芸聯句自家忽然在這一聯詩上打破漆桶當時
卍正59－0791a14, 如貧得寶如暗得燈如病得醫如子得母平生千疑萬慮
卍正59－0791a15, 如一把亂絲將利刀一截截斷從前許多無明煩惱一時

卍正59－0791a16, 斷了當下寂滅如斬一綟絲一斬一切斬證法時亦然一
卍正59－0791a17, 證一切證一了一切了一悟一切悟更無前後中邊是非
卍正59－0791a18, 得失乃至諸佛菩薩蠕動含靈一切無不了直得內空外
卍正59－0791a19, 空空亦不可得此語亦不受然後鼻孔在眼下眉毛在眼
卍正59－0791a20, 上方始知端和尙道終始覓心不可得寥寥不見少林人
卍正59－0791b01, 噁好大衆這箇時節今日却是妙圓居士留心此道雖未
卍正59－0791b02, 達諸佛境界只這一念信心便是成佛底基本一念證一
卍正59－0791b03, 念佛念念證念念佛昔二祖大師元是箇座主曾窮此心
卍正59－0791b04, 不可得聞達磨在少林面壁而坐有教外別傳直指人心
卍正59－0791b05, 見性成佛我如何求得遂去庭前立夜雪遲明積雪齊腰
卍正59－0791b06, 達磨曰汝久立雪中當爲何事二祖曰惟願開甘露門廣
卍正59－0791b07, 度羣品達磨曰諸佛無上妙道曠劫精勤難行能行非忍
卍正59－0791b08, 而忍豈以小德小智輕心慢心欲冀眞乘徒勞勤苦二祖
卍正59－0791b09, 聞師誨勵潛取利刀自斷左臂置于師前達磨曰諸佛最
卍正59－0791b10, 初求邁爲法亡形汝今斷臂吾前求亦可在二祖本名神
卍正59－0791b11, 光遂與易名慧可問曰諸佛法印可得聞乎達磨曰諸佛
卍正59－0791b12, 法印匪從人得二祖曰弟子心不安請師安心達磨曰將
卍正59－0791b13, 心來爲汝安二祖推窮三乘十二分教知道浴箇不可以
卍正59－0791b14, 有心求不可以無心得不可以語言造不可以寂默通知
卍正59－0791b15, 不得解不得五蘊十八界推窮尋趁不見有體卽依實供
卍正59－0791b16, 通云內外中間覓心了不可得達磨曰與汝安心竟二祖
卍正59－0791b17, 於言下豁然大悟如龍得水似虎靠山當恁麽時祖師也
卍正59－0791b18, 不見雪也不見求底心亦不見悟底心亦不見一時空蕩
卍正59－0791b19, 蕩地所以道寥寥不見少林人旣一時不見了莫落空麽
卍正59－0791b20, 忽然懸崖撒手死中得活方知道滿庭舊雪重知冷鼻孔

卍正59－0792a01, 依前搭上昏而今人若喚妙圓居士是菩薩便歡喜喚作
卍正59－0792a02, 殺人底漢便煩惱五祖和尙道喚作菩薩便歡喜喚作魍
卍正59－0792a03, 魎便煩惱劫將菩薩魍魎合作一句喚作菩魍薩魎教你
卍正59－0792a04, 歡喜也歡喜不得煩惱也煩惱不得反道諸佛菩薩畜生
卍正59－0792a05, 驢馬庭前栢樹子麻三斤乾屎橛你是一枚無狀村夫若
卍正59－0792a06, 向這裏透得汝卽諸祖諸祖卽汝也不干妙喜事我若鼓
卍正59－0792a07, 這兩片皮搖三寸舌說到盡未來際鉤鎖連環相續不斷
卍正59－0792a08, 何故佛設一大藏教皆稱衆生根器所宜都無實義我旣
卍正59－0792a09, 證此不可思議之法坐底不可思議立底亦不可思議說
卍正59－0792a10, 底亦不可思議得底亦不可思議不可思議底亦不可思
卍正59－0792a11, 議上來講讚無限勝因蝦蟆跳上梵天蚯蚓驀過東海一
卍正59－0792a12, 切智智淸淨無二無二分無別無斷故以拂子擊禪牀一
卍正59－0792a13, 下云有箇頌子擧似大衆軍中有箇菩薩子號曰妙圓張
卍正59－0792a14, 祖燈七月十四始生日揮金辨供結良因不浪酒肉取歡
卍正59－0792a15, 樂欲報劬勞養育恩自念無始曠大劫漂流生死至如今
卍正59－0792a16, 諸根所作不善業積少成多滄海深投誠三寶乞懺悔如
卍正59－0792a17, 湯沃雪火消氷普設無遮水陸會披閱華嚴最上乘種種
卍正59－0792a18, 佛事已周畢請我陞堂轉法輪提持向上箇一著超凡入
卍正59－0792a19, 聖出羣情般若現前光烜赫何須向外別追尋一一皆承
卍正59－0792a20, 此恩力不離卽今殊勝心
卍正59－0792b01, 李宣教子由請普說僧問至道簡易處請師一接師便喝
卍正59－0792b02, 進云直得星移斗轉電卷風馳教學人如何湊泊師又喝
卍正59－0792b03, 進云行到嶮崖處撈著便飜身師云你道那一喝是賓那
卍正59－0792b04, 一喝是主進云學人適來道了也師云好一著只是不知
卍正59－0792b05, 落處僧便喝師云齋後鐘進云只如百丈野狐話意旨如

卍正59－0792b06, 何師云到頭霜夜月任運落前溪進云爲復是前百丈意
卍正59－0792b07, 爲復是後百丈意師云前百丈意後百丈意進云忽遇迷
卍正59－0792b08, 風耀日背摩靑霄底出來如何支遣師云列在下風進云
卍正59－0792b09, 也須是吹毛用了急須磨師云這箇用不著進云古人錯
卍正59－0792b10, 答一轉語便墮野狐轉轉不錯時如何師云野狐野狐進
卍正59－0792b11, 云不見道一狐疑了一狐疑師云且教你疑三十年僧問
卍正59－0792b12, 登曲彔木攂塗毒鼓平地生堆雲興問端瓶瀉醐對無風
卍正59－0792b13, 起浪不落聲色一句作麼生道師云左搓芒繩縛鬼子進
卍正59－0792b14, 云今日蒙師相領也師云無孔鐵鎚進云爭奈腦後三千
卍正59－0792b15, 師云爭怪得老僧進云今日起動和尙師云川僧家討甚
卍正59－0792b16, 頭腦進云古人道有句無句如藤倚樹時如何師云教我
卍正59－0792b17, 與你下一轉語得麼進云專爲流通師云速禮三拜　師
卍正59－0792b18, 乃云有句無句如藤倚樹直得上無攀仰下絶已躬人人
卍正59－0792b19, 鼻孔遼天箇箇壁立萬仞忽然樹倒藤枯前不迭村後不
卍正59－0792b20, 迭店正當恁麼時三世諸佛諸代祖師天下老和街各各
卍正59－0793a01, 雖有鼻孔直是無出氣處何也此事如大火聚如按太阿
卍正59－0793a02, 近之明燎却面門擬之則喪身失命不擬不近土木無殊
卍正59－0793a03, 到這裏須是箇活漢始得若是箇活漢終不向樹倒藤枯
卍正59－0793a04, 處著到亦不向有句無句處採根敢問大衆旣不向樹倒
卍正59－0793a05, 藤枯庭著到又不向有句無旬處採根畢竟那箇是當人
卍正59－0793a06, 安身立命處若也直下知歸三世諸佛諸大祖師天下老
卍正59－0793a07, 和尙同一眼見同一耳聞同一鼻齅同一舌嘗同一身觸
卍正59－0793a08, 同一意思或若塞却眼耳鼻舌身意滅却色聲香味觸法
卍正59－0793a09, 又作麼生商量還委悉麼有句無句如藤倚樹以拂子擊
卍正59－0793a10, 禪牀一下復云今日伏承子由宣教得得自龍川來爲

卍正59－0793a11, 總轄公作大佛事請妙喜老漢普說用資冥福若非宿有
卍正59－0793a12, 種性見得親信得及焉能如是此事信與不信皆由天資
卍正59－0793a13, 信者教伊不信不得不信者教伊信不得如隋末唐初有
卍正59－0793a14, 兩箇强漢一人信佛一人不信佛不信者姓傅名奕信者
卍正59－0793a15, 姓蕭名瑀乃梁武帝之後傅奕在唐高祖朝作太史令嘗
卍正59－0793a16, 上疏請除佛法曰佛在西域言妖路遠漢譯胡書恣其假
卍正59－0793a17, 託使不忠不孝削髮而揖君親游手游食易服以逃租稅
卍正59－0793a18, 僞啓三塗謬張六道恐愓愚夫詐欺庸品乃追懺既往之
卍正59－0793a19, 罪要規將來之福布施一錢希倍萬之報持齋一日冀百
卍正59－0793a20, 日之粮遂使愚迷妄求功德不憚科禁輕犯憲章有造爲
卍正59－0793b01, 惡逆身墮刑網方乃獄中禮佛規免其罪且生死壽夭由
卍正59－0793b02, 於自然刑德威福關於人主貧富貴賤功業所招而愚僧
卍正59－0793b03, 矯詐皆云由佛竊人主之權擅造化之力其爲害政良可
卍正59－0793b04, 悲矣降自羲農至於有漢皆無佛法需明臣忠祚長年遠
卍正59－0793b05, 後漢明帝始立胡神西域桑門自傳其法云云這張漢也
卍正59－0793b06, 峭當時只說愚僧詐欺庸品却不言達磨兒孫欺罔賢者
卍正59－0793b07, 其時高祖疑之詔旨百官議其事時有太僕卿張道源亦
卍正59－0793b08, 不信佛稱傅奕之言合理蕭瑀在傍詞色俱厲曰佛聖人
卍正59－0793b09, 也而奕非之非聖人者無法當治其罪奕曰人之大倫莫
卍正59－0793b10, 若君父佛以世嫡而叛君父以匹夫而抗天子蕭瑀不生
卍正59－0793b11, 於空桑乃遵無父之教非孝者無親蕭瑀之謂也瑀氣勁
卍正59－0793b12, 而口訥不能折其詞但合掌曰地獄之設政爲是人妙喜
卍正59－0793b13, 看這兩箇强漢信者信到底不信者不信到底後來韓退
卍正59－0793b14, 之論佛骨表稱堯舜以下西漢以前無佛法而年祚長遠
卍正59－0793b15, 政附會傅奕之說殊不知信也著不信也著信與不信都

卍正59－0793b16, 出這網子不得信亦不于這箇事不信亦不于這箇事老
卍正59－0793b17, 漢曾在夷門因閱太平廣記見其中載一事識者云是蕭
卍正59－0793b18, 瑀之語觀其句法是亦不可知但恨渠當時對高祖前不
卍正59－0793b19, 能以此折傅奕矣云使釋迦生於中國設教與孔子同使
卍正59－0793b20, 孔子生於西方設教與釋迦等天堂無則已有則君子生
卍正59－0794a01, 地獄無則已有則小人入此乃古今通論以世間法論之
卍正59－0794a02, 何曾見君子人擔枷入獄所以犯憲章擔枷入獄淩褫釘
卍正59－0794a03, 剮者皆是不孝於親不忠於君不讀聖人之書不知仁義
卍正59－0794a04, 禮智信者況讀聖人之書而於吾門優游教海焉得謂之
卍正59－0794a05, 小人如總轄與老漢素昧平生前此來梅州因捉殺自潮
卍正59－0794a06, 州回馬上略邂逅後來常通書及在贛州城下撥忙亦有
卍正59－0794a07, 書來他是箇殺人漢知有善知識信向此事月十日又是
卍正59－0794a08, 一封書來爲他能存一念信向善知識心渠旣如此肯在
卍正59－0794a09, 軍中亂斬斫人麼肯取人財帛麼肯虜人骨肉麼聞知啓
卍正59－0794a10, 手足時觀察父子自到其家見其家空蕩蕩無一物面前
卍正59－0794a11, 所有者盡是官物子由又見識高將應干弓箭一時納了
卍正59－0794a12, 所以觀察愛其廉潔如此其子又賢甚故盡力照管他子
卍正59－0794a13, 由十四上便得解因循不赴省此回因總轄捐館後近日
卍正59－0794a14, 受命了得得來見妙喜爲總轄修設以報劬勞莫大之恩
卍正59－0794a15, 總轄一生旣職好事一切人讚歎決定不在地獄定生勝
卍正59－0794a16, 處無可疑者聞知臨啓手足時尙自吽老師只這一念子
卍正59－0794a17, 正便是成佛作祖底階梯成佛作祖底根本這箇法門不
卍正59－0794a18, 論三無數劫勤苦修行積功累德方得成佛只要一念不
卍正59－0794a19, 生前後際斷直下見自本心明自本性所以達磨西來直
卍正59－0794a20, 指人心見性成佛便向千聖頂[寧頁]上提持教你空却情塵

卍正59－0794b01, 十二處十八界二十五有內外中間空勞勞地向空無所
卍正59－0794b02, 有處豁開千聖頂門上眼方始出得生死所以古人見一
卍正59－0794b03, 大藏教五千四十八卷說不盡道理太多恐滯在經教中
卍正59－0794b04, 末後云始從鹿野苑終至跋提河於是二中間未嘗說一
卍正59－0794b05, 字只如一大藏教說權說實說頓說漸說半說滿說有說
卍正59－0794b06, 無漏龍宮海藏遍四天下如何却道始從鹿野苑終至跋
卍正59－0794b07, 提河於是二中間未嘗說一字信知佛法不在言語上須
卍正59－0794b08, 是當人自見自明自證自悟方得成佛古人直得老婆心
卍正59－0794b09, 切見僧入門與伊說玄便著玄設妙便著妙說理便著理
卍正59－0794b10, 設事便著事墮在經教中却去文字外單傳直指那箇是
卍正59－0794b11, 單傳直指處便是適來僧問底有句無句如藤倚樹懶安
卍正59－0794b12, 和尙有時陞座云有句無句如藤倚樹便下座有一僧聞
卍正59－0794b13, 得有此語便去問有句無句如藤倚樹是和尙語否安云
卍正59－0794b14, 是這僧理會這箇道理不得便問忽遇樹倒藤枯時如何
卍正59－0794b15, 潙山呵呵大笑僧云某甲三千里賣却布單得三百五十
卍正59－0794b16, 錢做裹足來專爲此事和尙何故却笑潙山喚侍者將三
卍正59－0794b17, 百五十錢還這僧布單錢遂囑云他後有獨眼龍爲汝點
卍正59－0794b18, 破在後數十年明招和尙出世法嗣羅山羅山嗣嚴頭巖
卍正59－0794b19, 頭嗣德山與潙山自隔數代遮僧聞得明招出世在婺州
卍正59－0794b20, 便走去見明招招問近離甚處僧云潙山招云潙山近日
卍正59－0795a01, 有何言句僧云潙山示衆云有句無句如藤倚樹某甲便
卍正59－0795a02, 問忽遇樹倒藤枯時如何潙山呵呵大笑今請和尙爲某
卍正59－0795a03, 甲說破明招云添得潙山笑轉新遮僧忽然大悟遂唱衣
卍正59－0795a04, 鉢遙望潙山禮拜懺悔這箇注解不得近傍不得一似天
卍正59－0795a05, 寒一爐火相似鑽入裏頭卽燒殺你若背却卽凍殺你這

卍正59－0795a06, 箇是一箇喻子你禪和家好看我十七年參後來因薰風
卍正59－0795a07, 自南來殿閣生微涼悟了後被老和尙問經半年開口不
卍正59－0795a08, 得纔開口便被大拳頭打出驀然一見面觜却點似老和
卍正59－0795a09, 尙老和尙云只怕你透因緣不得老漢云請和尙擧遂擧
卍正59－0795a10, 長脚因緣三轉五轉截一箇方始得自在不疑天下老和
卍正59－0795a11, 尙舌頭這事麤心不得古人向萬仞懸崖垂一句語絶人
卍正59－0795a12, 性命性命絶則十方法界都是當人安身立命處性命不
卍正59－0795a13, 絶則鼻孔索頭在別人手裏所以馬大師出世道行江西
卍正59－0795a14, 這箇便是適來道理讓和尙云道一出世並不曾寄箇消
卍正59－0795a15, 息來遂囑一僧云你去待他上堂便出禮拜問作麽生看
卍正59－0795a16, 他有甚言句記將來僧依敎往彼見馬大師陞座便出禮
卍正59－0795a17, 拜問云作麽生馬大師云自從胡亂後三十年不少鹽醬
卍正59－0795a18, 便下座僧回擧似讓和尙讓和尙然之方知道此事須是
卍正59－0795a19, 大機大用大解脫底人若是尋行數墨覓玄覓妙參到彌
卍正59－0795a20, 勒佛下生正如隔靴用拳頭抓痒且喜沒交涉此事唯證
卍正59－0795b01, 乃知難可測所以瑞巖和尙常在方丈中喚主人公自云
卍正59－0795b02, 諾惺惺著他時後日莫受人瞞又自云諾却似眼見鬼一
卍正59－0795b03, 般如是日日在方丈裏叫更無一箇有鼻孔底領覽得這
卍正59－0795b04, 箇道理一日有僧到福州參見玄沙和尙玄沙問上座近
卍正59－0795b05, 離甚處僧云瑞巖沙云瑞巖有何示徒僧云別無示徒常
卍正59－0795b06, 自喚主人公自云諾惺惺著他時後日莫受人瞞又自云
卍正59－0795b07, 諾諾玄沙拍手呵呵大笑云奇哉一等是弄精魂就中瑞
卍正59－0795b08, 巖較些子沙復問瑞巖和尙安樂否僧云已遷化了也沙
卍正59－0795b09, 云如今還喚得應麽僧無語玄沙以手搥胸云蒼天蒼天
卍正59－0795b10, 老漢舊時見一老宿不欲說名我便是參禪底精子老宿

卍正59－0795b11, 問我如何道得免被玄沙道蒼天蒼天老漢云這一段公
卍正59－0795b12, 案皎然明白只是這僧不會老宿云伱如何老漢云和尙
卍正59－0795b13, 却做玄沙某甲却做這僧老宿便問瑞巖安樂否老漢云
卍正59－0795b14, 已遷化了也老宿云如今還喚得應麼老漢云喚得應老
卍正59－0795b15, 宿云伱試喚看老漢云主人公諾惺惺著他時後日莫受
卍正59－0795b16, 人瞞諾諾他也忍笑不住我也忍笑不住走出去後來看
卍正59－0795b17, 得全是全不是伱若向有句無句如藤倚樹處透得全是
卍正59－0795b18, 若透不得則全不是全是今日也使不著全不是今日也
卍正59－0795b19, 使不著因甚使不著古人無實法與人巖頭云若將實法
卍正59－0795b20, 輿人土亦消不得所以古人去千聖頂[寧頁]上行將一百二
卍正59－0796a01, 十斤擔子掇在伱肩頭上一接接得便行一百二十里更
卍正59－0796a02, 不回頭似這般人方可分付若教妙喜鼓這兩片皮從今
卍正59－0796a03, 日說至盡未來際更不借他人氣力何故這箇是無盡藏
卍正59－0796a04, 陀羅尼門無盡藏解脫門無盡藏智慧門無盡藏神通門
卍正59－0796a05, 如虛空無盡此法亦無盡說亦無盡般若智慧亦無盡所
卍正59－0796a06, 以道一切智智淸淨無二無二分無別無斷故有一箇頌
卍正59－0796a07, 子一則莊嚴總轄無上佛果菩提二乃提持此大事因緣
卍正59－0796a08, 教子由信此一事取巧名富貴成家立業致君於堯舜之
卍正59－0796a09, 上盡在這一頌中當機覿面全提處千聖齊教立下風莫
卍正59－0796a10, 怪從來多意氣他家無法在胸中
卍正59－0796a11, 瑩上座請普說僧問德山棒如雨點大似黃門栽鬚臨濟
卍正59－0796a12, 喝似雷奔也是爲蛇畫足去此二塗請師直指師云掃却
卍正59－0796a13, 面前墻[土夂韭]著進云學人今日小出大遇師云且莫詐
明頭
卍正59－0796a14, 進云或有箇漢截斷臨濟德山葛藤又作麼生支遣師云

卍正59－0796a15, 未嘗見此人進云腦後見腮莫與往來師微笑師乃云
卍正59－0796a16, 德山見僧入門便棒大似無風起浪臨濟見僧入門便喝
卍正59－0796a17, 猶如夢裏虛驚須知各各當人分上一段大事因緣天不
卍正59－0796a18, 能蓋地不能載與一切凡聖作主宰一切凡聖與伊作主
卍正59－0796a19, 宰不得淨躶躶絶承當赤洒洒沒窠臼如萬仞崖前獨定
卍正59－0796a20, 立相似到這裏須是箇人始得若是求玄求妙說心說性
卍正59－0796b01, 說理說事欲入這箇門風大似隔靴用拳頭抓痒且喜沒
卍正59－0796b02, 交涉所以道群靈一源假名爲佛體竭形消而不滅金流
卍正59－0796b03, 朴散而常存性海無風金波自湧心靈絶兆萬象齊照體
卍正59－0796b04, 斯理者不言而徧歷河沙不用而功盆玄化如何背覺返
卍正59－0796b05, 合塵勞於陰界中妄自囚執且道出陰界後又作麼生商
卍正59－0796b06, 量良久云洎合錯下注脚復云古來許多尊宿多是閩中
卍正59－0796b07, 人典刑猶在往往近來有於此事上著忙甚多自妙喜到
卍正59－0796b08, 梅陽北中水土惡是第一等不好去處前後死了十九僧
卍正59－0796b09, 將謂無人來元來依前有不惜性命者得得來瘴鄉尋尊
卍正59－0796b10, 宿理會這一段事思量這十九僧未說他參得難參不得
卍正59－0796b11, 禪只把這一念正因我要尋尊宿見妙喜只這一念子便
卍正59－0796b12, 是成佛作祖底基本何故爲這一念子殊勝所以道衆生
卍正59－0796b13, 心識在處能緣唯不能緣於般若之上太末虫一切處能
卍正59－0796b14, 泊唯不能泊於火焰之上雖然一箇殼漏子被金木水火
卍正59－0796b15, 土管攝其實是假緣莫道瘴鄉能殺人莫道瘴鄉不能殺
卍正59－0796b16, 人如近日仰上座自福建路帶取瘴來到這裏又却無事
卍正59－0796b17, 以此較之都是自家甲乙丙丁生死有地若只理會瘴能
卍正59－0796b18, 殺人便障却自已道眼如今兄弟在此者多是有一知半
卍正59－0796b19, 解只是死了方說若在日說著裏面有究不得者便自生

卍正59－0796b20, 慚所以不說如近日有事底近禮上座他因甚麼捨這裏
卍正59－0797a01, 不得他方理會得老漢說話知得箇本命元辰落著所以
卍正59－0797a02, 捨這裏不得聞說他父母本師三發遣他來見老漢似這
卍正59－0797a03, 般兄弟在衆中規行矩步無衲子之過可惜尺頭短然理
卍正59－0797a04, 會得這箇消息何恨之有所以道一念普觀無量劫無去
卍正59－0797a05, 無來亦無住如是了知三世事超諸方便成十力這箇一
卍正59－0797a06, 念旣超越不假三無數劫便坐斷報化佛頭無常迅速生
卍正59－0797a07, 死事大百歲光陰只一彈指頃便是來生到來若於一彈
卍正59－0797a08, 指悟去便與從上諸聖無二無別儒者尙言朝聞道夕死
卍正59－0797a09, 可矣況得道者乎信知此事非難非易若道難却有乍入
卍正59－0797a10, 叢林於一言半句上便領略得者若道易却有二三十年
卍正59－0797a11, 在衆中都不知落著者你道是誰灊便是述首座聞說有
卍正59－0797a12, 事了他也聰明會作詩又愛蹉黃人只是這一點不明常
卍正59－0797a13, 常負慚他隨先師作侍者又隨老漢在江西雲門庵幾回
卍正59－0797a14, 趕出去了又來老漢每見晩進初機有箇入頭處又爲他
卍正59－0797a15, 㪍耳朶常常激發他終是奈何不得所以道非難非易因
卍正59－0797a16, 記得舊時有箇懃和尙號禪智大師是婺州人住蘇州萬
卍正59－0797a17, 壽法嗣大本禪師在本會下知事頭首無不做過爲他有
卍正59－0797a18, 才幹道心做了又做有時討不見却在帳子裏坐禪後來
卍正59－0797a19, 住院座下有五七百僧如今禪和子也不識他也不聞他
卍正59－0797a20, 名我做僧時他已遷化了也看他前輩參禪可謂公辨私
卍正59－0797b01, 辨今時兄弟家往往以辨事爲勞殊不知就窠打有箇道
卍正59－0797b02, 謙長老隨老漢在京師天寧做眞定府化主一日歸納疏
卍正59－0797b03, 了因去方丈入室我老和尙波瀾闊往往多放過有時見
卍正59－0797b04, 伊忽然道得一句子老和尙便呵呵大笑及乎來老漢室

卍正59－0797b05, 中一回呈見解一回被辱他更不退志後來參隨住徑山
卍正59－0797b06, 因遣去問訊紫巖居士他便煩惱自言我又參禪不得被
卍正59－0797b07, 和尙只管使更無閑時其時竹源無意智便向他道你是
卍正59－0797b08, 箇魍魎漢禪本是箇快活底你却煩悶被他道著半路裏
卍正59－0797b09, 打發這事一日報道謙歸來老漢下半山亭接他見他和
卍正59－0797b10, 骨一時換了遂問他道你這番出去强似在屋裏時他不
卍正59－0797b11, 覺驚這些子便是釋迦老子達磨大師來也不敢讓又記
卍正59－0797b12, 得老和尙會裏有元禪客如今見住昭母因老和尙與我
卍正59－0797b13, 說却是元禪常來愛理會老漢云待某親爲驗過一日見
卍正59－0797b14, 元在前資寮裏坐老漢拍他背云來同去鐘棲上看雪去
卍正59－0797b15, 我不問他禪也不問他做工夫只是閑說話這些妙處傳
卍正59－0797b16, 與人不得一日老和尙在方文裏坐老漢云某去驗元禪
卍正59－0797b17, 客了也老和尙云你如何驗他老漢云某也不問他禪只
卍正59－0797b18, 是閑說話盡知他要領他命根不斷在敎中有箇喩子如
卍正59－0797b19, 阿修羅王赴天上供二十四味都是天人喫食末後一口
卍正59－0797b20, 以業力故變作靑泥海龍王赴天上供末後一口以業力
卍正59－0798a01, 故變作蝦蟆元禪客敎渠說也讀得相似只是末後飣出
卍正59－0798a02, 靑泥蝦蟆出來老和尙猶自爲他作主云你亂說老和尙
卍正59－0798a03, 一日因座間喚元禪客來這裏坐便問他公案他便答厮
卍正59－0798a04, 禪來厮禪去老漢云元禪客又在這裏揩拭楪子要飣出
卍正59－0798a05, 靑泥蝦蟆老和尙又拶果然飣出來老漢云不信道我手
卍正59－0798a06, 段辣世間事用得人情唯有這箇用人情不得參須實參
卍正59－0798a07, 悟須實悟證須實證我舊時在衆裏便是參禪底精子到
卍正59－0798a08, 處參來只疑著佛果和尙遂託宋仲安討掛塔我先參堂
卍正59－0798a09, 老和尙次日入院四十二日內師家與學家未曾相親只

卍正59－0798a10, 是隨衆入室爲我諸方參來著著有出身處步步行得是
卍正59－0798a11, 宗師家便識得遂說與關無黨云這裏有箇後生會做工
卍正59－0798a12, 夫一日入室問如何是諸佛出身處老漢便答老和尙便
卍正59－0798a13, 喜又更來窮自家又被我跳出老和尙又說與人云今夏
卍正59－0798a14, 須得這箇人老漢是時聞得此語又喜又輕薄自言這老
卍正59－0798a15, 和尙也只是商量底禪其時我要作無禪論元來從好人
卍正59－0798a16, 處來雖未參得步驟皆是忽因老和尙一日示衆擧僧問
卍正59－0798a17, 雲門如何是諸佛出身處門云東山水上行若是天寧則
卍正59－0798a18, 不然如何是諸佛出身處薰風自南來殿閣生微凉在這
卍正59－0798a19, 裏忽然打破漆桶方知宗師家明明無禪道與人只與你
卍正59－0798a20, 作得箇證明底主宰辨白是非而已後來老和尙在雲居
卍正59－0798b01, 室中常只擧如何是諸佛出身處問學者老漢遂向老和
卍正59－0798b02, 尙說室中須是換機學者豈不會計較得一轉語來答一
卍正59－0798b03, 百箇禪和子箇箇須計較得一轉語來如某在京師天寧
卍正59－0798b04, 室中答這話也是計較得來老和尙方始換機如今兄弟
卍正59－0798b05, 家但虛却心掃却平昔知見學解任其自然忽然火爐頭
卍正59－0798b06, 拾得一粒炒豆喫也只是舊蒙活計喚作竹篦卽觸不喚
卍正59－0798b07, 作竹篦卽背後來晦堂和尙不能用得竹篦只擧拳頭問
卍正59－0798b08, 學者喚作拳頭卽觸不喚作拳頭卽背禪和家有者道放
卍正59－0798b09, 下拳頭有者拗折竹篦昔日省和尙參念和尙會了拗折
卍正59－0798b10, 竹篦後來人也要學他那裏如此這箇道理添一星不得
卍正59－0798b11, 減一星不得間不容髮須是退步虛却心一念不生前後
卍正59－0798b12, 際斷喚作竹篦卽觸不喚作竹篦卽背自然現前兄弟家
卍正59－0798b13, 旣到這裏與你說些家裏話敎你做工夫近日紫巖居士
卍正59－0798b14, 特遣人來下書裏面問諸剎坐夏者幾人眞實有得如說

卍正59－0798b15, 而行者復幾人異時願以法諱見示若說處是佛境界行
卍正59－0798b16, 處是衆生境界恐見未徹也觀他用心更切似自家門兄
卍正59－0798b17, 弟家父母不供甘旨六親固以棄離來這裏瘴鄉討甚麽
卍正59－0798b18, 又無名又無利又階堂所以這幾人兄弟棄身捨命來要
卍正59－0798b19, 理會這一段事想不在叮囑今日瑩上座請普說有箇舊
卍正59－0798b20, 話從來不曾有人拈提老和尙常說趙州禪只在口唇皮
卍正59－0799a01, 子上看來也是有僧問如何是和尙家風州云老僧耳背
卍正59－0799a02, 高聲問來其僧遂高聲問如何是和尙家風州云你問我
卍正59－0799a03, 家風我却識得你家風往往衆中商量道這僧隨語生解
卍正59－0799a04, 不能截斷趙州舌頭若是恁麽會非惟辜負趙州亦乃不
卍正59－0799a05, 識這僧妙喜路見不平要斷這公案這僧等閑將兩箇泥
卍正59－0799a06, 彈子却換得趙州一對金剛眼睛且道趙州金剛眼睛旣
卍正59－0799a07, 被這僧換了却將甚麽受用良久云待我有廣長舌相卽
卍正59－0799a08, 爲你說破
卍正59－0799a09, 政信寺如山主請普說僧問欲言其一纖塵不立欲言其
卍正59－0799a10, 多萬象森羅不落數量請師直截師云露進云直得文殊
卍正59－0799a11, 維摩撒手歸去師云劒去久矣爾方刻舟進云擧一不得
卍正59－0799a12, 擧二放過一著落在第二未審意旨如何師云東家點燈
卍正59－0799a13, 西家暗坐進云爭奈官不容針私通車馬師云扇子踊跳
卍正59－0799a14, 上三十三天[祝土]著帝釋鼻孔東海鯉魚打一棒雨似盆傾
卍正59－0799a15, 又作麽生進云有意氣時添意氣不風流處也風流師云
卍正59－0799a16, 放屁合著大石調師乃云擧一明三目機銖兩明眼衲
卍正59－0799a17, 僧一透透得見得徹把得住作得主拈來便用展縮自由
卍正59－0799a18, 只在門前未知門內句在若是箇脫洒底漢聊聞擧著更
卍正59－0799a19, 不向言句上作活計亦不向機境上蕫到露躶躶絶承當

卍正59－0799a20, 赤洒洒沒窠窟直饒便恁麼明得徹得信得用得切忌向
卍正59－0799b01, 衲僧門下過且道衲僧門下有甚麼長處千箇成群萬箇
卍正59－0799b02, 作隊睡則一處睡夢則各自做復云此是如公山主得
卍正59－0799b03, 得來齋僧請普說底意肯此公若以江鄉間向北界裏深
卍正59－0799b04, 山窮谷中修行人較之則不爲分外若以循梅州廣東一
卍正59－0799b05, 路較之眞是不可思議火中生蓮何故多見師僧家在村
卍正59－0799b06, 落中住箇小院子在便酒池肉林中與俗人無異這箇山
卍正59－0799b07, 主却能清淨身口意攻苦食淡打硬修行若是禪和家在
卍正59－0799b08, 叢林中三五日須有一頓不托喫不至寂寥他在深村中
卍正59－0799b09, 只是一味咬菜根以此較之直是難得老漢庚午年過來
卍正59－0799b10, 梅州纔到興寧縣便見有人說今日來一見他果是箇勤
卍正59－0799b11, 苦修行底人因說道人得在袈裟下豈是容易不見洞山
卍正59－0799b12, 問僧世間何物最苦僧云地獄最苦山云地獄未是苦僧
卍正59－0799b13, 云地獄旣未是苦未審甚麼是苦山云向袈裟下失却人
卍正59－0799b14, 身是苦所以道袈裟難得披舊時佛光無礙禪師一生袈
卍正59－0799b15, 裟常不離身若大小二事時便摺疊放淨處事畢洗漱了
卍正59－0799b16, 依前披在身上睡時也須披箇五條就寢這箇自家不見
卍正59－0799b17, 他只聞前輩說我老和尙曾說五祖師翁每於盛暑中常
卍正59－0799b18, 披袈裟禪床上坐更不使扇先師便問和尙何不使扇祖
卍正59－0799b19, 云你理會不得我是順時保愛因問其故祖云天地之氣
卍正59－0799b20, 旣有四時便有寒暑旣在寒暑中須與他受些子你若逃
卍正59－0800a01, 寒畏暑便是逆其時候了也這箇便是老僧順時保愛先
卍正59－0800a02, 師云看來五祖和尙說得也是我當時向先師道某卽不
卍正59－0800a03, 然也有箇順時保愛寒時燒起一爐火熱時把一柄扇去
卍正59－0800a04, 陰涼處坐這箇便是某順時保愛先師乃笑你道此說有

卍正59－0800a05, 出處無出處回不見僧問洞山寒暑到來知何回避山云
卍正59－0800a06, 何不向無寒暑處回避僧云如何是無寒暑處山云寒時
卍正59－0800a07, 寒殺闍梨熱時熱殺闍梨泐潭湛堂和尙拈云若爲人時
卍正59－0800a08, 氷也暖不爲人時火也寒洞山老人爲這僧直得入泥入
卍正59－0800a09, 水寒時不見寒熱時不與熱作家宗師天然猶在這僧行
卍正59－0800a10, 住坐臥常在淸凉境界內含元殿裏更覓長安也苦殺人
卍正59－0800a11, 其理雖顯要且難明寶峯寄之以頌熱時熱殺寒時寒寒
卍正59－0800a12, 暑由來總不于行盡天涯諳世事老君頭戴楮皮冠適來
卍正59－0800a13, 因說袈裟難得披却打從無寒暑處去大凡說法要歸其
卍正59－0800a14, 宗說從天涯海角去俑間依舊歸話頭上有般底只管一
卍正59－0800a15, 向說去他方世界俑間都忘却話頭往往如此者多所以
卍正59－0800a16, 出家沙門莫敎向袈裟下失却人身旣得袈裟披受却三
卍正59－0800a17, 皈五戒三羯磨乃至二百五十大戒遵佛律儀如實而修
卍正59－0800a18, 如實而證便是有地獄也無著你處便是有天堂也無著
卍正59－0800a19, 你處何故染淨二邊俱不相涉爲達一切法空悟得不生
卍正59－0800a20, 不滅無去無來無住妙心此心與天地同根萬物一體萬
卍正59－0800b01, 法來我心上一時空了不見般若經中道內空外空內外
卍正59－0800b02, 空空空大空勝義空有爲空無爲空畢竟空所以永嘉道
卍正59－0800b03, 二十空門元不著一性如來體自同元來此心是箇空萬
卍正59－0800b04, 法底物事無有一事一法到此心上不空心若不空於法
卍正59－0800b05, 不得自在昔有一座主名法明謂大珠和尙曰禪師家多
卍正59－0800b06, 落空珠曰却是座主家多落空法明大驚曰何得落空珠
卍正59－0800b07, 曰經論是紙墨文字紙墨文字者俱空設於聲上建立名
卍正59－0800b08, 句等法無非是空座主執滯敎體豈不落空法明曰禪師
卍正59－0800b09, 落空否珠曰不落空明曰何故不落空珠曰文字等法皆

卍正59-0800b10, 從定慧而生大用現前那得落空法明乃嘆服若是本色
卍正59-0800b11, 座主決定不在沈空滯寂處著到若是隨語生解底纔聞
卍正59-0800b12, 說空便撥無因果便言飮酒食肉不礙菩提行盜行婬無
卍正59-0800b13, 妨般若如今禪家流不達三祇劫空萬法本來淸淨返不
卍正59-0800b14, 知他座主你看生肇融叡輩有所言說也不滯寂也不沈
卍正59-0800b15, 空他若無悟處不能講得何故不見肇法師云空可空非
卍正59-0800b16, 眞空色可色非眞色眞色無形眞空無名無名名之父無
卍正59-0800b17, 色色之母爲萬物之根源作天地之太祖上施玄象下列
卍正59-0800b18, 冥庭元氣含於大象大象隱於無形爲識物之靈靈中有
卍正59-0800b19, 神神中有身無爲變化各稟乎自然你看這座主若見不
卍正59-0800b20, 透如何說得出來窮得諸佛菩薩骨髓現前雖然說得如
卍正59-0801a01, 此依舊只在世尊淨淨潔潔處坐地須一時掃却了方始
卍正59-0801a02, 得法自在方可說不著佛求不著法求不著衆求方可說
卍正59-0801a03, 亦無人亦無佛大千沙界海中漚一切聖賢如電拂方始
卍正59-0801a04, 設得這箇話這一件事你禪和家須是打疊心意識教空
卍正59-0801a05, 勞勞地空來空去空亦不可得到恁麽時便好放身捨命
卍正59-0801a06, 如何見得便是適來僧問乾峯示衆云擧一不得擧二放
卍正59-0801a07, 過一著落在第二你道這箇是怎生古人提起千聖頂[寧頁]
卍正59-0801a08, 上一著露出一絲毫頭只要人見得當時雲門會得這箇
卍正59-0801a09, 道理便出衆云昨日有人從天台來却往徑山去峯云今
卍正59-0801a10, 日不得普請舊時叢林中日日普請不似今時禪和家十
卍正59-0801a11, 指不沾水百事不干懷著好衣服要受人天供養不生慚
卍正59-0801a12, 愧舊時無這般衲子每人有一柄畬刀一柄鋤頭謂之一
卍正59-0801a13, 日不作一日不食若是普請處有一人打發時一衆賴他
卍正59-0801a14, 便免普請所以道今日不得普請後來衆中多把作禪會

卍正59－0801a15, 了昔日五祖老和尙因謝監收有一片上堂如今收在語
卍正59－0801a16, 錄上云人之性命事第一須是稻若欲成此稻先須防於
卍正59－0801a17, 盜於是眞道人道道先師其時在身邊作侍者因編語錄
卍正59－0801a18, 凡是道字處只作箇○兒呈似五祖祖一見乃至不要動
卍正59－0801a19, 只恁麽地好先師云恐賺人作禪參去祖云儘敎他作禪
卍正59－0801a20, 參若是靈利底一見便會看他舊時尊宿造次顚沛無非
卍正59－0801b01, 在裏許如今學道人若是語言上奈何不得機境上性理
卍正59－0801b02, 上思量處奈何不得一切都奈何不得時這裏便是好處
卍正59－0801b03, 不得放捨忽然如老鼠入牛角死却偸心尋思路絕歸家
卍正59－0801b04, 穩坐便是大安樂底人舊時有一僧撰得話頭問雲居弘
卍正59－0801b05, 覺禪師學人奈何不得時如何這僧也是箇靈利底雲居
卍正59－0801b06, 自是明眼人便乃朴實頭答他只爲工夫不到這僧不肯
卍正59－0801b07, 却往石霜依前如此問霜云莫道上座奈何不得老僧亦
卍正59－0801b08, 奈何不得僧云某甲在學地故是奈何不得和尙是大善
卍正59－0801b09, 知識爲甚麽也奈何不得信知賊須是賊捉霜云我若奈
卍正59－0801b10, 何得時拈却你那不奈何好大衆這箇謂之騎賊馬趕賊
卍正59－0801b11, 隊借婆帔子拜婆年這僧於此忽然大悟如睡夢覺如蓮
卍正59－0801b12, 花開這箇政信山主極不可得聞好事時心便歡喜修行
卍正59－0801b13, 二三十年亦留心此道未說他悟明心地只存這一念正
卍正59－0801b14, 因知有善知識可憑可仗只這一念子決定昧他不得唐
卍正59－0801b15, 時有箇宣律師能持二百五十戒都無缺犯感得韋馱天
卍正59－0801b16, 神送天廚食供養他都來持得戒律精嚴便喫天廚食若
卍正59－0801b17, 是我祖師門下又却不然却要諸天捧花無路外道潛覷
卍正59－0801b18, 無門所以道群靈一源假名爲佛一源中具無量無邊不
卍正59－0801b19, 可說不可說差別異旨能卷能舒能造化萬物萬物造化

卍正59－0801b20, 他不得這箇是人人本有之性一味淸淨平等法門我若
卍正59－0802a01, 把這法門從今日說到盡未來際無有窮盡今日如公山
卍正59－0802a02, 主得得來揮金辨供齋我淸淨禪衆盡是他平日去赴緣
卍正59－0802a03, 事一文文聚得來要結淸衆緣他雖年運巳往尙能留心
卍正59－0802a04, 要學不生不滅之法其志可嘉舊時趙州和尙年八十尙
卍正59－0802a05, 自行脚聞欽山有語云幸字脚羅沙石上種油麻乃云南
卍正59－0802a06, 方有五味禪遂得得來欽山問此話山云須是道我師資
卍正59－0802a07, 禮始得趙州遂如法禮拜起問幸字脚羅沙石上種油麻
卍正59－0802a08, 意旨如何山云是你祖翁也不識其時巖頭聞得謂欽山
卍正59－0802a09, 日你後生長老受他古佛禮拜將來敎你短命絶嗣去政
卍正59－0802a10, 信山主方年六十從脚下履踐將去忽然打破漆桶亦未
卍正59－0802a11, 爲晩因做得箇頌子擧似大衆政信法如得法受用打硬
卍正59－0802a12, 修行滴水滴凍聞說好事眼目定動宿有貪緣善根深種
卍正59－0802a13, 箇是龍川宣律師莫嫌未應天廚供
卍正59－0802a14, 冬至日立監寺請普說僧問正當恁麼時如何師云不恁
卍正59－0802a15, 麼進云却恁麼師云我道不恁麼有收有放有殺有活你
卍正59－0802a16, 道却恁麼全無交涉進云劄師云劄箇甚麼進云劄箇老
卍正59－0802a17, 爺師云未出劒門關脚跟下巳與你三十棒了也進云火
卍正59－0802a18, 燒不然師便打云也不得放過進云只如是雲見桃花悟
卍正59－0802a19, 道爲甚麼玄沙不肯師云你道他不肯那進云也是西天
卍正59－0802a20, 瓜醭師云速禮三拜僧便禮拜師乃云諦當甚諦當猶
卍正59－0802b01, 自未徹在大小靈雲到這裏失却本來面目三十年來尋
卍正59－0802b02, 劒客幾回落葉又抽枝自從一見桃花後直至如今更不
卍正59－0802b03, 疑未免說道理得之於心伊蘭作旃檀之樹失之於旨甘
卍正59－0802b04, 露乃蒺藜之園得失是非一時劃斷方始見得古人道處

卍正59－0802b05, 處眞處處眞塵塵盡是本來人眞實說時聲不現正體堂
卍正59－0802b06, 堂沒却身若向這裏通得一線晷運推移日南長至也只
卍正59－0802b07, 是這一線三世諸佛諸代祖師古往今來天下老和尙也
卍正59－0802b08, 只是這一線乃至士農工商一切等人於日用二六時中
卍正59－0802b09, 見色聞聲齅香了味覺觸知法行住坐臥語默動靜也只
卍正59－0802b10, 是這一線若不通得這一線將甚麽應時應節且道這一
卍正59－0802b11, 線作麽生通不見道二由一有一亦莫守一心不生萬法
卍正59－0802b12, 無咎復云這一段大事因緣人人木有各各圓成耀古
卍正59－0802b13, 騰今湛然淸淨非大非小不方不圓在凡同凡豈異於四
卍正59－0802b14, 生六道在聖同聖不別於十地三賢竪則竪窮三際橫則
卍正59－0802b15, 橫亘十方向一切處而作佛事若應以佛身得度者卽現
卍正59－0802b16, 佛身而爲說法應以宰官身得度者卽現宰官身而爲說
卍正59－0802b17, 法乃至士農工商一切等人悉皆現身而爲說法且道說
卍正59－0802b18, 箇甚麽法大凡擔荷此事須是箇猛烈大丈夫始得所以
卍正59－0802b19, 京師俗諺云寧度百羅刹不渡一迷邪如釋迦老子說華
卍正59－0802b20, 嚴經一生成佛只度得一箇善財童子說法華經只度得
卍正59－0803a01, 一箇婆竭羅龍女說大集經只度得一箇魔王說涅槃經
卍正59－0803a02, 只度得一箇廣額屠兒所謂殺人不眨眼底立地成佛立
卍正59－0803a03, 地成縋底殺人不眨眼且廣額屠兒來涅槃會上見佛說
卍正59－0803a04, 湼槃妙住忽然一念相應便証阿耨多羅三藐三菩提遂
卍正59－0803a05, 云世尊我是賢劫千佛一數釋迦老子曰善哉善哉汝已
卍正59－0803a06, 證阿耨多羅三藐三菩堤汝是賢劫千佛一數渠本是箇
卍正59－0803a07, 屠兒放下屠刀卽便成佛信知猛烈大丈夫作惡旣猛烈
卍正59－0803a08, 作善亦猛烈只貴當人末後一念正與此事相應若一念
卍正59－0803a09, 相應從前所作底惡如積乾草高須彌山只用一芥子火

卍正59－0803a10, 一時焚盡無有遺餘所謂斷相續心只如適來說善財童
卍正59－0803a11, 子一生成佛娑竭羅龍女一生成佛廣額屠兒一生成佛
卍正59－0803a12, 是有恁麽事是無恁麽事若道無恁麽事不可佛說脫空
卍正59－0803a13, 佛不說脫空善財童子於覺城東際古佛廟前漸次南行
卍正59－0803a14, 參五十三人善知識初見德雲比丘證見佛三昧於一念
卍正59－0803a15, 中見無量阿僧祇不可說不可說佛剎微塵數佛都不疑
卍正59－0803a16, 何故是順境界中間忽見箇善知識謂之勝熱婆羅門此
卍正59－0803a17, 善知識如何爲人說法他去深山巖崖無人處東邊燒一
卍正59－0803a18, 堆火西邊燒一堆火南邊燒一堆火北邊燒一堆火頂上
卍正59－0803a19, 曬日頭謂之五熱炙身善財言聖者我已先發阿耨多羅
卍正59－0803a20, 三藐三菩提心而未知云何行菩薩行修菩薩道我聞聖
卍正59－0803b01, 者善能誘誨願爲我說時婆羅門言善男子汝今若能上
卍正59－0803b02, 此刀山投身火聚諸菩薩行悉得淸淨善財到這裏疑怕
卍正59－0803b03, 口不敢說心裏作念得人身難遇善知識難得無難難此
卍正59－0803b04, 將非是魔魔所使耶將非是魔險惡徒黨詐現菩薩善知
卍正59－0803b05, 識相而欲爲我作善根難作障道難障我修行一切智道
卍正59－0803b06, 牽我令入諸惡道中障我法門障我佛法作是念時諸梵
卍正59－0803b07, 天王六欲天王阿修羅王緊那羅王以至夜叉羅剎鳩槃
卍正59－0803b08, 荼王一時出現於虛空中次第告言善男子此婆羅門五
卍正59－0803b09, 熱炙身時其火光明映奪我等所有宮殿諸莊嚴具皆如
卍正59－0803b10, 聚墨令我於中不生樂著我與眷屬卽詣其所於阿耨多
卍正59－0803b11, 羅三藐三菩提得不退轉汝於善知識莫作是念善財聞
卍正59－0803b12, 已禮拜懺悔作如是言我於善知識所生不善心惟願聖
卍正59－0803b13, 者容我懺悔時婆羅門卽爲說偈曰若有諸菩薩順善知
卍正59－0803b14, 識教一切無疑懼安住心不動當知如是人卽獲廣大利

卍正59－0803b15, 坐菩提樹下成於無上道於是善財卽登刀山投身火聚
卍正59－0803b16, 未至中間便證得箇法門名菩薩善住三昧纔觸火焰又
卍正59－0803b17, 得菩薩寂靜樂神通三昧心得淸涼乃白婆羅門言甚奇
卍正59－0803b18, 聖者如是刀山及大火聚我身觸時安隱快樂信知世間
卍正59－0803b19, 五欲塵勞本來淸淨正在塵勞中忽然一念相應便是當
卍正59－0803b20, 人一生成佛豈非猛烈大丈夫所爲耶諸大經綸不但勸
卍正59－0804a01, 僧家若只勸僧家佛法却有揀擇不平等矣如梁武懺云
卍正59－0804a02, 爲子不孝父母爲臣不忠於君爲上不愛其下爲下不敬
卍正59－0804a03, 其上朋友不賞其信鄕黨不以義從朝廷不以其爵斷事
卍正59－0804a04, 不以其道這箇便是地獄滓永劫沈淪無有出期除非自
卍正59－0804a05, 家見得本地風光本來面目無始惡業自然氷消瓦解直
卍正59－0804a06, 下成佛善財童子又見無厭足王有無量衆生犯王敎敕
卍正59－0804a07, 或級其頭或斷其足或剝其皮或挑其目末後見德生童
卍正59－0804a08, 子有德童女到彌勒樓閣前說偈讚歎且道善財未入樓
卍正59－0804a09, 閣如何便知有恁麽殊勝蓋是當人本有之法讚云此大
卍正59－0804a10, 樓閣是解空無相無願者之所住處是於一切法無分別
卍正59－0804a11, 者之所住處是了法界無差別者之所住處是知一切衆
卍正59－0804a12, 生不可得者之所住處乃至雖安住眞如而不墮實際雖
卍正59－0804a13, 說一切乘而不捨大乘此大樓閣是住如是等一切諸功
卍正59－0804a14, 德者之所住處善財只管讚歎忽然彌勒彈指一聲樓閣
卍正59－0804a15, 門開命善財入善財心喜入已還閉只這一彈指便是當
卍正59－0804a16, 人一念相應一生成佛底時節善財見樓閣中一切諸佛
卍正59－0804a17, 幷前所見五十三善知識所得法門一時頓現是時彌勒
卍正59－0804a18, 又彈指一聲如是種種諸相皆不可得所謂過去心不可
卍正59－0804a19, 得現在心不可得未來心不可得然後只就這不可得處

卍正59－0804a20, 運此必成就世出世間法度脫一切有情且道諸人還有
卍正59－0804b01, 此心也無若道無則佛法有不平等處佛法有不周遍處
卍正59－0804b02, 須信諸人日用十二時中行住坐臥語默動靜皆承此恩
卍正59－0804b03, 力乃至士農工商莫不皆承此恩力所以釋迦老子道治
卍正59－0804b04, 生產業皆與實相不相違背正是此箇道理我若廣說從
卍正59－0804b05, 旦至暮鉤鎖連環相續不斷說到盡未來際亦不能得盡
卍正59－0804b06, 此是無盡藏陀羅尼門無盡藏解脫門乃至不可說不可
卍正59－0804b07, 說神通遊戲門一切智智清淨無二無二分無別無斷故
卍正59－0804b08, 遂喝一喝云若不得這一喝盡未來際打葛藤未有了日
卍正59－0804b09, 在久立大衆伏惟珍重
卍正59－0804b10, 然侍者請普說僧問外道問佛不問有言不問無言世尊
卍正59－0804b11, 良久未審意旨如何師云東家杓柄長西家杓柄短進云
卍正59－0804b12, 外道云世尊大慈大悲開我迷雲令我得入未審見箇甚
卍正59－0804b13, 麽道理便恁麽道師云豁開千聖路進云只如翠巖芝和
卍正59－0804b14, 尙云外道恁麽道要且未夢見在旣未夢見因甚麽却悟
卍正59－0804b15, 去師云灼然灼然進云楊岐和尙云世尊輟己從人外道
卍正59－0804b16, 因齋慶讚又作麽生師云速禮三拜進云阿難問世尊外
卍正59－0804b17, 道有何所證而言得入世尊云如世良馬見鞭影而行又
卍正59－0804b18, 作麽生師云[祝土]著你鼻孔進云一點水墨兩處成龍師云
卍正59－0804b19, 是是師乃云心不是佛智不是道安排也安排不得鬬
卍正59－0804b20, 湊也鬬湊不著全體恁麽來全體恁麽去淨躶躶絶承當
卍正59－0805a01, 赤洒洒沒窠窟說有亦不妨說無亦不礙如天普盖似地
卍正59－0805a02, 普擎全暗全明全收全放全殺全活到這裏喚甚麽作
卍正59－0805a03, 釋迦老子喚甚麽作外道喚甚麽作有言喚甚麽作無言
卍正59－0805a04, 喚甚麽作良馬喚甚麽作鞭影大似無夢說夢好肉剜瘡

卍正59－0805a05, 若是皮下有血底擧一明三目機銖兩終不向言語機
卍正59－0805a06, 境上著到爲甚麼如此我王庫內無如是刀以拂子擊禪
卍正59－0805a07, 牀一下復云適來上座請益古人公案問得卽卽當當
卍正59－0805a08, 近來叢林中間話多無前輩典刑傳習成弊令人惡心
卍正59－0805a09, 殊不知古人被諸方差別異旨牢籠理會不得便去請益
卍正59－0805a10, 師家得一言半句爲他點破如還丹一粒點鐵成金至
卍正59－0805a11, 理一言轉凡成聖要直下悟明心地如適來僧請益外道
卍正59－0805a12, 問佛話只管問楊岐又何如翠巖又怎生且如遵布衲
卍正59－0805a13, 問韶山這般長脚因緣若逐句注解幾時得了老漢舊時
卍正59－0805a14, 在衆中亦嘗問話又銒何曾安排計較盡是生機記得在
卍正59－0805a15, 泐潭時準和尙偶病在假施主入山有箇侍者名曰權擴
卍正59－0805a16, 掇他出來接施主這老子果然出三門下坐老漢是時後
卍正59－0805a17, 生不管天地便近前云和尙在官假不當出接施主這
卍正59－0805a18, 老子勃然作色便歸方丈須臾又被侍者擴掇教作遠迎
卍正59－0805a19, 狀去迎施主時有因佛鑒是老杲和尙小師我便說與
卍正59－0805a20, 他若是老子出來陞座我須聒噪他則箇明日果出陞座
卍正59－0805b01, 我便出問某甲咨和尙昔日趙州有三等接人未審和
卍正59－0805b02, 尙有幾等接人答云湛堂只有一等接人進云一幅花牋
卍正59－0805b03, 數行字迎取檀那入寺來又作麼生答云欲識佛性義當
卍正59－0805b04, 觀時節因緣進云眞淨界中無異念凡情自有百千般這
卍正59－0805b05, 老子錯認我話頭却云作麼生是眞淨家風蓋他是眞淨
卍正59－0805b06, 弟子我便將錯就錯云養子不及父家門一世衰他便厲
卍正59－0805b07, 聲云禮拜了退我又進語云輕輕觸著無明袋皺起眉頭
卍正59－0805b08, 滿面紅他更不答我遂禮拜云且放過這老漢一著又何
卍正59－0805b09, 曾念人底來又記得宣州奉聖有箇初和尙是婺州人法

卍正59－0805b10, 嗣昌擔板住奉聖四十餘年我初爲僧發蒙在他處入室
卍正59－0805b11, 教我看僧問法眼如何是學人自己法眼云是汝自己雲
卍正59－0805b12, 門下入室時謂之擧話師家須是提撕三五番云是汝自
卍正59－0805b13, 己我後來行脚到寶峰受化主復歸宣州到奉聖遇四月
卍正59－0805b14, 八日上堂有僧問昔日世尊初生天雨四花地搖六震未
卍正59－0805b15, 審與今日是同是別答云金蓮從地湧寶蓋自天垂這僧
卍正59－0805b16, 也是婺州人謂之成褫問便進語云昔日世尊今朝和尙
卍正59－0805b17, 便禮拜初和尙在法座上顧視笑云寶峰化主何不出來
卍正59－0805b18, 問話我便出問承和尙有言金蓮從地湧寶蓋自天垂爲
卍正59－0805b19, 復是神通妙用爲復是法爾如然答云金蓮從地湧寶蓋
卍正59－0805b20, 自天垂進云鸞鳳不棲荊棘樹鸞雛猶戀舊時窠答云三
卍正59－0806a01, 年不相見便有許多般進云只如適來僧道昔日世尊今
卍正59－0806a02, 朝和尙又作麼生初便喝進云這一喝未有主在初回頭
卍正59－0806a03, 取柱杖稍遲我便云掣電之機徒勞竚思拍手一下便歸
卍正59－0806a04, 衆你看我那時何曾安排來古人或有請益問或有偏僻
卍正59－0806a05, 問只要發明心地豈是當兒戲記得天台韶國師曾置一
卍正59－0806a06, 問問龍牙雄雄之尊爲甚麼近之不得牙云如火與火韶
卍正59－0806a07, 理會不得便進語云忽遇水來時如何牙云道者你不會
卍正59－0806a08, 我語韶便禮拜歸衆後到法眼會下見僧問如何是曹源
卍正59－0806a09, 一滴水眼云是曹源一滴水韶忽然大悟嚴陽尊者參見
卍正59－0806a10, 趙州有僧問如何是佛陽云土塊如何是法陽云地動也
卍正59－0806a11, 如何是僧陽云喫粥喫飯如何是新興水陽云前面江裏
卍正59－0806a12, 這般說話恰似兒戲相似入得這般法門方始安樂得人
卍正59－0806a13, 如眞如禪師拈提古今不在雪竇之下而今末流傳習却
卍正59－0806a14, 成惡口小家只管理會古人又作麼生這裏又合下得甚

卍正59－0806a15, 麼語眞如又如何下語楊岐又如何下語你管得許多閑
卍正59－0806a16, 事瘥病不假驢馱藥若是對病籬根下拈得一莖草便可
卍正59－0806a17, 療病說甚麼朱砂附子人參白朮只如雲居簡和尙弘覺
卍正59－0806a18, 臨遷化時主事僧問和尙去後此山甚麼人住得覺云堂
卍正59－0806a19, 中簡簡聞得自挈被入方丈衆云先師令堂中揀人豈是
卍正59－0806a20, 敎你住簡遂携被袱下山是夜山神叫云還我堂中簡來
卍正59－0806b01, 衆僧明日至瑤田莊迎歸方丈見有語在傳燈錄中如僧
卍正59－0806b02, 問孤峯獨宿時如何簡云閑却七間僧堂不宿誰敎你去
卍正59－0806b03, 孤峯獨宿問路逢猛虎時如何簡云千人萬人不逢偏是
卍正59－0806b04, 你逢問如何是朱頂王菩薩簡云你問這赤頭漢作甚麼
卍正59－0806b05, 若是入得這般法門方始脚踏實地拔得生死根株盡他
卍正59－0806b06, 自是曹洞下尊宿且不曾見趙州蓋好本多同圓悟先師
卍正59－0806b07, 常說趙州禪在口唇皮子上如僧問如何是禪州指繩牀
卍正59－0806b08, 脚僧云莫只這便是也無州云是則脫取去又問如何是
卍正59－0806b09, 祖師西來意州以脚打椅子一下僧云莫只這便是麼州
卍正59－0806b10, 云你却認得老僧脚跟又問如何是道州云墻外底僧云
卍正59－0806b11, 某甲不問這箇道州云你問甚麼道僧云某甲問大道州
卍正59－0806b12, 云大道通長安有秀才見州手中携柱杖行便問佛不違
卍正59－0806b13, 衆生之願是否州云是秀才云卑末欲就和尙乞取杖子
卍正59－0806b14, 得麼州云君子不奪人所好秀才云某非君子州云我亦
卍正59－0806b15, 非佛又問周員外甚麼來周云非來非去州云又不是老
卍正59－0806b16, 鴉飛來飛去又一日訪道吾吾見來著豹皮裩把桔㨶棒
卍正59－0806b17, 在三門下立見州遂唱喏一聲州云小心祇候著吾又唱
卍正59－0806b18, 喏一聲便去如今兄弟只向言句上著到却不子細看他
卍正59－0806b19, 相見底時節非但趙州如洞山聰和尙自是雲門下尊宿

卍正59－0806b20, 一日從山下將一橛柴上山僧問山上有柴和尙何得更
卍正59－0807a01, 將上去聽抛下柴云我要燒你作玄會得麽作妙會得麽
卍正59－0807a02, 作奇持會得麽作平實會得麽這箇如一團熱鐵相似觸
卍正59－0807a03, 著便燃你手也諸人若要問話直須斬釘截鐵古人一言
卍正59－0807a04, 半句直下要脫人生死參須實參悟須實悟世間一切事
卍正59－0807a05, 有心皆學得惟這一著子要離却心意識大悟大徹万得
卍正59－0807a06, 到此數尊宿田地古人云若取自巳自心爲究竟必有他
卍正59－0807a07, 物他人爲對治所以龐居士云十方同聚會箇箇學無爲
卍正59－0807a08, 此是選佛場心空及第歸只有自家一箇心却要空了如
卍正59－0807a09, 今人說心是究竟法元來却不究竟要須空却便得安樂
卍正59－0807a10, 若心不空非惟自不安樂亦安樂人不得到這裏忽然打
卍正59－0807a11, 失布袋便似明鏡當臺明珠在掌胡來胡現漢來漢現趙
卍正59－0807a12, 州道諸人被十二時使老僧使得十二時諸人被菩提使
卍正59－0807a13, 老僧使得菩薩又云未有世界早有此性世界壞時此性
卍正59－0807a14, 不壞自從一見老僧後更不是別人只是一箇主人公正
卍正59－0807a15, 當恁麽時切忌回頭轉腦若回頭轉腦卽失却也夢幻空
卍正59－0807a16, 花何勞把捉得失是非一時放却古人苦口叮嚀怕你不
卍正59－0807a17, 會又云有時將一莖草作丈六金身有時將丈六金身作
卍正59－0807a18, 一莖草用睦州和尙道汝等諸人未得箇入頭處須得箇
卍正59－0807a19, 入頭處若得箇入頭處不得辜負老僧喚好又云明明向
卍正59－0807a20, 汝道尙自不會豈況蓋覆將來到這裏不容你眨眼僧問
卍正59－0807b01, 一氣還轉得一大藏教也無州云有甚饆饠䭔子快下將
卍正59－0807b02, 來禪和子何不向他趙睦二州答處體究看是箇甚麽但
卍正59－0807b03, 向直截處著眼莫要念言念語念得底是生死根本雜毒
卍正59－0807b04, 入心如油入麵取不出來常時要打疊心意識教淨盡驀

卍正59－0807b05, 然囮地一下便了却看一大藏教諸方差別異旨如在自
卍正59－0807b06, 家屋裏行相似自然不著問人如今大法不明底却被許
卍正59－0807b07, 多惡毒障却道眼奉勸諸人無常迅速生死事大百歲光
卍正59－0807b08, 陰只在一刹那一刹那悟去與釋迦老子無二無別其或
卍正59－0807b09, 未然努力今生須了却莫教永劫受餘殃上來講讚無限
卍正59－0807b10, 勝因奉爲慧然侍者追薦考妣超生佛界然侍者隨老漢
卍正59－0807b11, 最久二十餘年在身邊喫辛若極多一生規行矩步孜孜
卍正59－0807b12, 矻矻專理會此事此番與懷首座得得來此過夏瘴煙去
卍正59－0807b13, 處不敢留他蓋他多病秋凉且遣渠歸聞其母甚嚴頃在
卍正59－0807b14, 衡陽常望他歸纔歸相見未經半月遂以疾不起渠能盡
卍正59－0807b15, 出家孝道以報劬勞今日設供亦爲追薦母氏要結大衆
卍正59－0807b16, 緣請老漢普說古人有箇樣子講方不曾提撕著今日舉
卍正59－0807b17, 似大衆昔百丈大智禪師一日在方丈坐忽有一僧哭入
卍正59－0807b18, 云父母俱喪請師擇日丈云來日爲汝一時埋却這箇因
卍正59－0807b19, 緣如何商量如何提持如何下語師復云父母俱喪請師
卍正59－0807b20, 擇日來日爲汝一時埋却提持也提持了下語也下語了
卍正59－0808a01, 切忌作禪在口唇皮子上會以拂子擊禪牀一下
卍正59－0808a02, 大惠普說卷之一下
卍正59－0808a03, 黃解元請普說僧問教中道如我按指海印發光未審那
卍正59－0808a04, 箇是按指處師云汝名如本進云如何是按指底人師云
卍正59－0808a05, 只在目前多蹉過進云今日蒙師親按指學人從此更無
卍正59－0808a06, 疑師云如何是你不疑底事進云地肥茄子大脚瘦草鞋
卍正59－0808a07, 寬師云也有些子僧問不與萬法爲侶者是甚麽人師云
卍正59－0808a08, 你怕我答你這話不得進云學人到這裏作麽生領略師
卍正59－0808a09, 云領進云只如馬大師道待汝一口吸盡西江水又作麽

卍正59－0808a10, 生師云蹉過了也進云和尙恁麽道爲復爲馬大師出氣
卍正59－0808a11, 爲復爲龐居士出氣師云也爲馬大師出氣也爲龐居士
卍正59－0808a12, 出氣進云萬古碧潭空界月再三撈摝始應知師云却較
卍正59－0808a13, 些子僧問芭蕉和尙道你有柱杖子我與你柱杖子你無
卍正59－0808a14, 柱杖子我奪却你柱杖子時如何師云你不早出來我不
卍正59－0808a15, 答你這話進云爭奈五更侵早起更有夜行人師云草賊
卍正59－0808a16, 大敗進云只如眞淨和尙道你有柱杖子我奪你柱杖子
卍正59－0808a17, 你無柱杖子我與你柱杖子又作麽生師云眞淨無此語
卍正59－0808a18, 進云爭奈公案見在師云有甚麽公案進云子規夜啼山
卍正59－0808a19, 竹裂師打云也不得放過僧禮拜師乃云如我按指
卍正59－0808a20, 海印發光釋迦老子三百六十骨節八萬四千毛竅一時
卍正59－0808b01, 撒在諸人懷裏了也眼辨手親者一趯趯得擲向他方世
卍正59－0808b02, 界直得上無攀仰下絶已躬人人常光現前箇箇壁立萬
卍正59－0808b03, 仞且道正當恁麽時釋迦老子在甚麽處安身立命若知
卍正59－0808b04, 得釋迦老子安身立命處則知自已十二時中眼見色耳
卍正59－0808b05, 聞聲鼻齅香舌知味身覺觸意攀緣行住坐臥語默動靜
卍正59－0808b06, 與釋迦老子無異無別其或未然如我按指海印發光汝
卍正59－0808b07, 暫擧心塵勞先起復云今日黃解元爲母氏追薦請老
卍正59－0808b08, 漢普說要說般若般若無形相惟要當人自證自悟自契
卍正59－0808b09, 若是說因說果你屋裏自有出家兒自是飽聞飽見不須
卍正59－0808b10, 說著如今只說些禪和家做底工夫所謂生死事大問他
卍正59－0808b11, 生不知來處問他死不知去處却要些藥頭爲他點破生
卍正59－0808b12, 死兩字敎他生死心絶敎他四大五蘊一一知得下落只
卍正59－0808b13, 如適來僧問芭蕉和尙示衆云你有柱杖子我與你柱杖
卍正59－0808b14, 子你無柱杖子我奪你柱杖子洞山言和尙參眞淨和尙

卍正59－0808b15, 只擧這話問他你有柱杖子我與你柱杖子你無柱杖子
卍正59－0808b16, 我奪你柱杖子作麼生言云某甲不會眞淨云你若不會
卍正59－0808b17, 我却有箇方便你有柱杖子我奪你柱杖子你無柱杖子
卍正59－0808b18, 我與你柱杖子言忽然有省你道他在言語上省柱杖上
卍正59－0808b19, 省若也知得這裏便是截生死底刀子向命根上一截截
卍正59－0808b20, 斷又須是自下手始得敎別人下手不得於這裏省去一
卍正59－0809a01, 大藏敎五千四十八卷不是外物盡是說你屋裏事爲你
卍正59－0809a02, 不知却去求解會作道理所以生死心不破近年有箇謬
卍正59－0809a03, 長老喚作月庵常與人商量這柱杖子話敎人向有無與
卍正59－0809a04, 奪處參取我這裏有幾箇僧從他處來都是如此見解老
卍正59－0809a05, 漢舊時在京師天寧老和尙處有箇聳藏主如今那裏得
卍正59－0809a06, 這般僧因他與僧入室遂去隔壁聽他問僧你有柱杖子
卍正59－0809a07, 我與你柱杖子你無柱杖子我奪你柱杖子如何是你柱
卍正59－0809a08, 杖子我便高聲道這漢亂道瞎人眼禪和家聞得便不去
卍正59－0809a09, 入室老和尙知得遂問那裏是他瞎人眼處遂擧他問僧
卍正59－0809a10, 你有柱杖子我與你柱杖子你無柱杖子我與你柱杖子
卍正59－0809a11, 如何是你柱杖子老和尙云他恁麼問有甚麼不得你又
卍正59－0809a12, 作摩生我便擧云你有柱杖子我與你柱杖子你無柱杖
卍正59－0809a13, 子我與你柱杖子速道速道擬議便打出去老和尙云你
卍正59－0809a14, 道聳藏主欠箇甚麼答云只欠和尙說底聳却無人我便
卍正59－0809a15, 來相就當時便點似他舊時人淳如大梅和尙聞馬祖道
卍正59－0809a16, 卽心是佛便去住山十年人不知去處後鹽官會裏有僧
卍正59－0809a17, 入山採柱杖見一僧衣服繿縷遂問和尙住此山多少時
卍正59－0809a18, 答云我見四山靑又黃僧云和尙從甚麼處來答云隨流
卍正59－0809a19, 來僧云從甚麼處去答云隨流去又問和尙見甚麼道理

卍正59－0809a20, 便住此山答云我見馬大師道卽心是佛我於此證悟便
卍正59－0809b01, 住此山後來有僧擧到馬大師處大師云你去向他道馬
卍正59－0809b02, 大師近日佛法又別僧馳此語問之梅云如何別僧云馬
卍正59－0809b03, 大師近日道非心非佛不是心不是佛不是物梅云從這
卍正59－0809b04, 老漢非心非佛我這裏只是卽心是佛僧回擧似馬大師
卍正59－0809b05, 大師云大衆梅子熟也一日龐居士聞得去訪他問云久
卍正59－0809b06, 亨大梅未審梅子熟也未梅云你向甚麽處下口士云百
卍正59－0809b07, 雜碎梅云還我核子來士便休後來禪和家一時去參他
卍正59－0809b08, 凡有所問只答卽心是佛過數年僧家奔湊爲他架院宇
卍正59－0809b09, 成大叢林唐文宗時賜敕額安千僧自後問答多有奇言
卍正59－0809b10, 妙句僧却去問和尙當時只道卽心是佛如今何故有許
卍正59－0809b11, 多言句梅云我本自無是你諸人諸方般得來後無盡相
卍正59－0809b12, 公頌此因緣後句云後代兒孫嫌直截諸方五味苦參尋
卍正59－0809b13, 如今禪和子不信卽心是佛只管向外馳求尋言逐句所
卍正59－0809b14, 謂棄却甛桃樹沿山摘醋梨一向外邊做工夫這邊得一
卍正59－0809b15, 句那邊得一句般來般去迷却本地風光不見本來面目
卍正59－0809b16, 去道轉遠諸方有差別我這裏無差別如何是佛卽心是
卍正59－0809b17, 佛你若透得這箇萬年一念一念萬年若透不得卽此便
卍正59－0809b18, 是差別一念旣差別已眼不明那箇是禪那箇是道那箇
卍正59－0809b19, 是差別異旨無有了期你要得眞實會麽但將諸方參得
卍正59－0809b20, 底一時颺却自然休去歇去塵勞業識如何窒礙得你我
卍正59－0810a01, 常愛眞淨和尙說底話便乃契佛契祖你若信得及一念
卍正59－0810a02, 相應本來成佛更無差別縱有未信亦得成佛何故法體
卍正59－0810a03, 本來如是不得妄生穿鑿我當時理會不得如銀山鐵壁
卍正59－0810a04, 相似因聞諸佛出身處熏風自南來殿閣生微凉到這裏

卍正59－0810a05, 一鎚打破漆桶諳方所有差別因緣便如在自家屋裏行
卍正59－0810a06, 一般恰似陳正甫看醫書一大藏教祖師西來意這裏明
卍正59－0810a07, 得一大藏教便是醫書昨日因說蘇東坡是箇惺惺底漢
卍正59－0810a08, 做維摩讚云我觀衆工工一師人持一藥療一病風勞欲
卍正59－0810a09, 寒氣欲暖肺肝腎胃更相剋挾方儲藥如丘山卒無一藥
卍正59－0810a10, 堪施用有大醫王拊掌笑謝遣衆工病隨愈問大醫王以
卍正59－0810a11, 何藥元是衆工所用者恰如我前日病廚裏有許多藥都
卍正59－0810a12, 用不著直去尋陳正甫討得藥來一服便効及乎問他你
卍正59－0810a13, 使甚藥云都是老師有底藥若看得方書熟了師以指按
卍正59－0810a14, 脉云須是這裏明始得這裏不明讀得方書一似不曾便
卍正59－0810a15, 如參禪人讀得潙仰語錄曹洞宗派法眼語錄修山主偈
卍正59－0810a16, 頌乃至傳燈廣燈續燈更念得莊子孟子茄子瓠子脚跟
卍正59－0810a17, 下依舊黑漫漫地只爲你這裏未明所以道欲識佛性義
卍正59－0810a18, 當觀時節因緣時節若至其理自彰今日因正甫郎中洎
卍正59－0810a19, 令嗣解元同此證明便是妙喜拙病安樂底時節便是黃
卍正59－0810a20, 解元追薦母氏生天底時節便是本庵與光孝尙處師僧
卍正59－0810b01, 成佛底時節便是釋迦老子生下來一手指天一手指地
卍正59－0810b02, 底時節乃至說方等經大方廣佛華嚴經法華經涅槃經
卍正59－0810b03, 以至雙林樹下入涅槃底時節過去一切劫安置未來今
卍正59－0810b04, 未來現在劫回置過去世世間與出世間法無二無二分
卍正59－0810b05, 無別無斷故我更欲說些子又恐久滯陳正甫又我多費
卍正59－0810b06, 氣力恐病生待我將息幾時却與你諸人理會柱杖子擬
卍正59－0810b07, 議便與本分草料且莫怪妙喜這裏無人情因適來擧卽
卍正59－0810b08, 心是佛有箇頌子擧似大衆卽心便是佛此佛任天眞眞
卍正59－0810b09, 佛放光處菩提果自成悟迷常寂寂生死亦惺惺此物非他

卍正59－0810b10, 物紅爐一片氷松林臻長老請普說僧問向來吾道若
卍正59－0810b11, 懸絲碧眼胡兒知也無一口雖然呑佛祖也須垂手爲迷
卍正59－0810b12, 徒離却竹箆如何是和尙爲人句師云瞌睡漢進云只如
卍正59－0810b13, 德山首山也做這科段芭蕉祕魔巖也做這科段老和尙
卍正59－0810b14, 也做這科段還有爲人處也無師云東邊有進云爭奈這
卍正59－0810b15, 裏也有些子師云西邊無進云離却東西作麽生道師云
卍正59－0810b16, 渾崙呑箇棗僧禮拜師云知時別宜堪作闍梨師乃云
卍正59－0810b17, 道得也又下死道不得也又下死道不得又下死則可知
卍正59－0810b18, 道得爲甚麽也又下死若是箇鶻眼龍睛底漢纔聞擧著
卍正59－0810b19, 如香象渡河徹底截流而過更不周由者也若是皮皮膚之
卍正59－0810b20, 士縱不向又下承當便向語言上擧起處著到若恁麽稱
卍正59－0811a01, 衲僧閻羅老子打你鬼骨聲徵你飯錢有日在須知此事
卍正59－0811a02, 如王寶劒誰敢當其鋒擬犯鋒鋩橫屍萬里有如是自在
卍正59－0811a03, 有是威神誰不瞻仰誰不景慕到這裏說心說性說事說
卍正59－0811a04, 理說玄說妙說得說失總沒交涉旣總沒交涉十二時中
卍正59－0811a05, 如何依倚還委悉麽良久喝一喝復云這箇是松林臻
卍正59－0811a06, 禪者得得自與寧來奉爲本師海和尙所保康安增延法
卍正59－0811a07, 壽修設香齋請妙喜老漢普說底意旨敎中道法不可見
卍正59－0811a08, 聞覺知若行見聞覺知是則見聞覺知非求法也元來箇
卍正59－0811a09, 法不可見聞覺知領略不可以見聞覺知求他何故法離
卍正59－0811a10, 見聞覺知若道見聞覺知是法時節却只是見聞覺知不
卍正59－0811a11, 干法事敢問諸人如今離却你見聞覺知了後你定是冥
卍正59－0811a12, 冥然無所識如土木瓦石相似如何得與見聞覺知底法
卍正59－0811a13, 相應去所以古人道常令寂寂惺惺是無記寂寂非又懶
卍正59－0811a14, 融和尙云恰恰用心時恰恰無心用曲談名相勞直說無

卍正59－0811a15, 煩重無心恰恰用常用恰恰無今說無心處不與有心殊
卍正59－0811a16, 元來祖師門下這般設話盡是活法你禪和家須參活禪
卍正59－0811a17, 莫參死禪古人道參須實參悟須實悟須參活句莫參死
卍正59－0811a18, 句死句下薦得自救不了活句下薦得永劫不忘妙喜如
卍正59－0811a19, 今分明說與你諸人只怕你又去我說處著到如何是活
卍正59－0811a20, 句便是喚作竹篦卽觸不喚作竹篦卽背驀開擧著桶底
卍正59－0811b01, 子剔脫這裏薦得便是活句這裏薦不得却做伎倆奪却
卍正59－0811b02, 竹篦拗折竹篦道和尙放下著更向擊石火閃電光處領
卍正59－0811b03, 略若如此見解便是死句所以道須參活句莫參死句活
卍正59－0811b04, 句下悟去亡知於覺覺卽佛性矣便是我前日說底動靜
卍正59－0811b05, 二相了然不生觀音菩薩悟此法門便道初於聞中入流
卍正59－0811b06, 亡所所入旣寂動靜二相了然不生師以竹篦擊禪牀一
卍正59－0811b07, 下云若不因箇竹篦向禪牀上擊你試去竹篦上討聲看
卍正59－0811b08, 試去禪牀上討聲看竹篦上也無聲禪牀上也無聲諸人
卍正59－0811b09, 耳根亦不動不響不變未曾入流時不知道有聞性因入
卍正59－0811b10, 流卽知聞性滅不得這箇道理却在自家不在別人因甚
卍正59－0811b11, 麽喚作入流亡所元初爲你迷却聞性忽然聞得擊禪牀
卍正59－0811b12, 響卽知響底不是聲塵忽然入流纔入流便見自家不動
卍正59－0811b13, 不響不變之性聞底聲塵便滅元初動相靜相亦滅動相
卍正59－0811b14, 靜相旣滅却坐在寂滅處謂之定性聲聞如獐獨跳只顧
卍正59－0811b15, 其前不顧其後佛呵此流墮在解脫深坑是可畏之處所
卍正59－0811b16, 以觀音法門說箇動靜二相了然不生你看湛堂和尙一
卍正59－0811b17, 日上堂召大衆云看看箇甚麽喏擧起拂子云看這拂子
卍正59－0811b18, 又召大衆云聽聽箇甚麽喏以拂子擊禪牀一下云聽這
卍正59－0811b19, 拂子擊禪牀聲呵呵呵何奇特淺淺箇又甚深適來準上

卍正59－0811b20, 座恁麼擧起拂子這箇拂子遍在諸人眼睛裏諸人眼睛
卍正59－0812a01, 遍在拂子上又擊禪牀一聲云此聲亦在諸人耳根中諸
卍正59－0812a02, 入耳根亦在此一聲中同時同處同見同聞一道圓明更
卍正59－0812a03, 非前後炳然齊現理事兩分聞則聞諸人自家自心見則
卍正59－0812a04, 見諸人自家自性性外無見聞外無心心性一如見聞不
卍正59－0812a05, 二見聞旣爾諸法皆然其餘根根塵塵一一周遍法界法
卍正59－0812a06, 界一一周遍根根塵塵互相融通互相攝入如何說箇互
卍正59－0812a07, 相融通互相攝入如妙喜坐禪牀爲主你諸人立地聽法
卍正59－0812a08, 爲伴乃擊禪牀云我這裏擊禪牀一聲你諸人耳識攝在
卍正59－0812a09, 我禪牀角頭我擊底聲遍在諸人耳根中便是互相融通
卍正59－0812a10, 互相攝入如何說箇根根塵塵一一周遍如妙喜擊禪牀
卍正59－0812a11, 作聲諸人總攝在耳根中其或更聞別處鷄啼狗吠鵲噪
卍正59－0812a12, 鴉鳴你道是一是二若向這裏薦得便會十方俱擊鼓十
卍正59－0812a13, 處一時聞所以道圓融不礙行布卽一而多行布不礙圓
卍正59－0812a14, 融卽多而一一多無礙大小相融狀多鏡以納衆形如千
卍正59－0812a15, 燈而共一室所以道一地具足一切地一法遍含一切法
卍正59－0812a16, 一月普現一切水一切水月一月攝這箇非唯只是諸佛
卍正59－0812a17, 菩薩境界盡是各各當人普光明大般若之妙趣盡是各
卍正59－0812a18, 各當人放身捨命處行住坐臥語默動靜初無間斷做佛
卍正59－0812a19, 法亦得不做佛法亦得做世法亦得不做世法亦得掃蕩
卍正59－0812a20, 亦得建立亦得所以從上諸聖只據這些科段說法利生
卍正59－0812b01, 便令佛種不斷衆生界空只如衆生界如何空得衆生界
卍正59－0812b02, 旣空不得佛法亦無窮盡爲有衆生故所以諸佛菩薩說
卍正59－0812b03, 頓說漸說權說實謂之應病設藥如今學道之人多是得
卍正59－0812b04, 箇動相不生却坐在淨躶躶赤洒洒處依舊是病須是動

卍正59－0812b05, 相也不生靜相也不生便是生滅旣滅寂滅現前如何見
卍正59－0812b06, 得寂滅現前不見雲門大師道扇子跨跳上三十三天[祝土]
卍正59－0812b07, 著帝釋鼻孔東海鯉魚打一棒雨似盆傾眞箇是恁麼地
卍正59－0812b08, 莫要作立妙會這箇唯證乃知你若不曾悟不曾入得這
卍正59－0812b09, 般境界聞恁麼說話恰如說夢相似不疑則謗老漢多時
卍正59－0812b10, 不入室明日齋後敎光孝與新庵兄弟都來入室古人道
卍正59－0812b11, 三日不讀道德經便覺舌本間强看來都是你禪和子家
卍正59－0812b12, 多障難我纔發心要爲你入室便病如今便是如何也須
卍正59－0812b13, 抖擻精神共你理會晩年羅籠一箇半箇作佛法種草如
卍正59－0812b14, 今禪和子家出來行脚原其本心只要參禪只要求師多
卍正59－0812b15, 少是好湛堂和尙曾說禪和家乍入衆時初發心菩薩與
卍正59－0812b16, 佛齊肩一年後到佛腰邊恰如箇瑠璃甁子相似元初空
卍正59－0812b17, 勞勞淨淨潔潔地却著了半甁兒不淨潔底水搖得來在
卍正59－0812b18, 裏面丁丁當當地只管響忽然撞著本色人向你道你這
卍正59－0812b19, 甁子本自淨潔却被這些子惡水漿在裏面又不滿只管
卍正59－0812b20, 響要得不響須是依前傾出蕩洗了却滿著一甁好水便
卍正59－0813a01, 不響因甚麼不響蓋爲滿了如今乍入衆底�得些兒小
卍正59－0813a02, 子便去誇逞賣弄要與人爭氣惟有這一件事與人爭氣
卍正59－0813a03, 不得須是退步百不知百不會他弓莫把他馬莫騎他人
卍正59－0813a04, 之事莫知如欠人百萬貫錢債日夜被他來取索相似如
卍正59－0813a05, 此用工夫始有少分相應你若半明半暗求知見覓解會
卍正59－0813a06, 取師家口裏語道和尙巳肯我了作這般去就慄賺平生
卍正59－0813a07, 近日有箇詮書記是興化軍人也曾到處參來遣理會得
卍正59－0813a08, 些之乎者也前回得得走將來過一冬見我擧竹篦子話
卍正59－0813a09, 因向他說你須去裏頭看莫要去外頭看又見我擧僧問

卍正59－0813a10, 清平如何是大乘平云井索如何是小乘平云錢索如何
卍正59－0813a11, 是有漏平云笊籬如何是無漏平云木杓你若會得大乘
卍正59－0813a12, 小乘井索錢索有漏無漏笊籬木杓便可罷參渠忽然有
卍正59－0813a13, 箇領略處忽一日我在火爐頭坐渠來問訊云惠詮前日
卍正59－0813a14, 見和尚舉清平笊籬木杓話有箇入處我向他道你去我
卍正59－0813a15, 已知了過得幾時因渠舊有脚氣病便來辭歸鄉我向他
卍正59－0813a16, 道你却去涼峯參殊長老去他雖口不能言恰似木鷄一
卍正59－0813a17, 般只是他參得涅槃堂裏禪不期這僧急於人知却歸去
卍正59－0813a18, 泉州與人說文字賣弄口觜道我已參得妙喜禪了老漢
卍正59－0813a19, 聞得連寫數紙去潑除爛罵一頓你於清平笊籬木杓話
卍正59－0813a20, 有箇入處我不昧你你便得少爲足謗大般若教中所謂
卍正59－0813b01, 譬如窮人妄號帝王自取誅滅況得法王如何妄竊因地
卍正59－0813b02, 不眞果招迂曲求佛菩提如噬臍人欲誰成就將來招因
卍正59－0813b03, 帶果不是小事如人以刀斷多羅木一斷更不復生這箇
卍正59－0813b04, 謗般若之罪不通懺悔孟子曰人之患在好爲人師斯言
卍正59－0813b05, 可以爲戒更向他道這書你不要匿却我已遍寫示人你
卍正59－0813b06, 若是箇大丈夫漢莫怕瘴煙草怕脚氣便來理會若不來
卍正59－0813b07, 大事爲你不得小事你自擔當聞說已來到潮州若如此
卍正59－0813b08, 却可救老漢常說我這裏禪如大海相似你須將得箇大
卍正59－0813b09, 海來傾取去便得若只將得鉢盂來盛得些子去自是你
卍正59－0813b10, 器量只如此教我怎奈何老漢在徑山時有箇士大夫來
卍正59－0813b11, 參禪渠夜間少睡愛出來外面行一更也見禪和子望方
卍正59－0813b12, 丈禮拜二更三更直至五更也見禪和子望方丈禮拜渠
卍正59－0813b13, 明日說向人箇老子若無實頭處被一千七百僧禮殺了
卍正59－0813b14, 也你若無實頭處渠禮拜你作甚麽師家却如一片金相

卍正59－0813b15, 似學者便是一塊試金石試來試去我金一時在你石頭
卍正59－0813b16, 上了禪和家十箇有五雙不會自定只是他會秤斤定兩
卍正59－0813b17, 秤得師家半斤定是八兩兄弟家旣是業在其中須是理
卍正59－0813b18, 會敎徹去這箇松林長老雖有學道之心只是不曾遇人
卍正59－0813b19, 見說渠本師向前退院與他住渠向本師說敎其在深村
卍正59－0813b20, 裏有甚麽聞見若敎某在城隍下問或有五湖四海行脚
卍正59－0814a01, 高士往來隨分接待他得一言半句開發我遂只住龍歸
卍正59－0814a02, 廨院不多時恰値妙喜過來便副他本心他至誠爲此事
卍正59－0814a03, 甚切一年須來一回今日請老漢普說設齋且不是瞞神
卍正59－0814a04, 諕鬼得來都是禮牀脚三二百錢聚來爲他知得些子氣
卍正59－0814a05, 味正如狗覰熱油鐺相似要舐又舐不得要捨又捨不得
卍正59－0814a06, 蓋裏面有些氣味兄弟家但辦出家長遠身心無有不到
卍正59－0814a07, 者若道佛法有限劑卽是謗般若百歲光陰只在一刹那
卍正59－0814a08, 刹那悟去一念萬年萬年一念無古無今一道淸淨本來
卍正59－0814a09, 平等無有不平等者皆吾心之常分非假於他術有一則
卍正59－0814a10, 古話擧似大衆僧問玄沙學人乍入叢林乞師指箇入處
卍正59－0814a11, 沙云還聞偃溪水聲麽僧云聞沙云從這裏入後來五祖
卍正59－0814a12, 師翁道要得心性安樂切忌離却這裏妙喜卽不然要得
卍正59－0814a13, 心性安樂直須離却這裏爲甚麽如此不見道來年更有
卍正59－0814a14, 新條在惱亂春風卒未休
卍正59－0814a15, 盧時用請普說僧問要明心地印須達本來心如何是本
卍正59－0814a16, 來心師云鮎魚上竹竿進云可謂是道須自得方爲道淸
卍正59－0814a17, 畏人知始是淸師云烏龜入水進云有時冷地思量著暗
卍正59－0814a18, 寫愁腸付與誰師云你作麽生思量僧擧起拳云只這箇
卍正59－0814a19, 師云這箇且止那箇如何進云只如和尙尋常室中道喚

卍正59－0814a20, 作竹篦即觸不喚作竹篦即背不得下語不得無語畢竟
卍正59－0814b01, 如何師云也無畢竟也無如何進云飜身獅子大家看師
卍正59－0814b02, 云也無飜身獅子進云只如僧問雲門樹凋葉落時如何
卍正59－0814b03, 門云體露金風意旨如何師云東西南北四維上下進云
卍正59－0814b04, 樓閣千家月江湖萬里秋便禮拜僧問南泉道釋迦彌勒
卍正59－0814b05, 猶是他奴未審意旨如何師云汝名宗妙進云畢竟他是
卍正59－0814b06, 阿誰師云元來不識在進云識得也落二落三師云旣識
卍正59－0814b07, 得爲甚麽落二落三進云只如五祖一日陞堂云釋迦彌
卍正59－0814b08, 勒猶是他奴且道他是阿誰便下座意旨如何師云適來
卍正59－0814b09, 向你道了進云今日小出大遇師云速禮三拜僧禮拜
卍正59－0814b10, 師乃云釋迦彌勒猶是他奴畢竟無人識碍他面目若識
卍正59－0814b11, 得他面目便識得三世諸佛面目非旭識得三世諸佛面
卍正59－0814b12, 目亦乃識得西天二十八祖面目非但識得西天二十八
卍正59－0814b13, 祖面目亦乃識得唐土六祖面目非但識得唐土六祖面
卍正59－0814b14, 目亦乃識得天下老和尙面目非但識得天下老和尙面
卍正59－0814b15, 目亦乃識得過現未來刹刹塵塵諸善知識面目旣然識
卍正59－0814b16, 得他面目且道畢竟他是阿誰還有人爲他安得名字麽
卍正59－0814b17, 若與他安得箇名字許汝諸人十二時中行住坐臥語默
卍正59－0814b18, 動靜與三世諸佛古往今來一切知識把手共行更無纖
卍正59－0814b19, 毫差別異見且道正當恁麽時如何證明還委悉麽到江
卍正59－0814b20, 吳地盡隔岸越山多
卍正59－0815a01, 復云說道世間人要作善事時便生魔障若要作惡事時
卍正59－0815a02, 擧意便成何故蓋衆生生在五濁惡世中與欲界天魔同
卍正59－0815a03, 行同坐同起同住彼等天魔以衆生論田疇以衆生爲資
卍正59－0815a04, 粮以衆生爲眷屬若有衆生一念歸向佛乘便出三界外

卍正59－0815a05, 不在生死界中衆生界便空衆生界旣空彼等天魔田疇
卍正59－0815a06, 不熟資粮匱乏眷屬減少所以人學意爲善時他便來作
卍正59－0815a07, 障難這箇盧押錄要來見妙喜聞說發心久矣纔打疊要
卍正59－0815a08, 行便有些魔障況是俗人家現行無明識他不破若知是
卍正59－0815a09, 魔便與他作頭抵要作善事逆他魔意於一切逆順境界
卍正59－0815a10, 中道心愈堅固所以魔孽不能爲害這箇爲復是妙喜杜
卍正59－0815a11, 撰說爲復有本據豈不見教中道眞如淨境界一泯未嘗
卍正59－0815a12, 在能隨染淨緣遂成十法界這四句言語大有意思只是
卍正59－0815a13, 如今人少有知者如何喚作眞如淨境界便是混沌未分
卍正59－0815a14, 時無苦無樂無天無地無人無畜無一切名字故曰一泯
卍正59－0815a15, 未嘗存當恁麽時佛亦著不得爲他能隨染淨緣遂成十
卍正59－0815a16, 法界如何謂之染緣便是如今世間飮酒食肉起心用行
卍正59－0815a17, 但造一切不善之業都是染緣如何是淨緣便是諸佛菩
卍正59－0815a18, 薩聲聞緣覺謂之四法界以至天人阿修羅地獄餓鬼畜
卍正59－0815a19, 生總名十法界隨淨緣底便生天上或生人間惡業深厚
卍正59－0815a20, 底便隨地獄於中有我慢貢高只知有我不知有他以至
卍正59－0815b01, 世間殺人放火縱恣無明底便是阿修羅惡業更深底便
卍正59－0815b02, 隨鬼趣流入傍生卒不能得出來所以道佛果難遇聲聞
卍正59－0815b03, 人謂之聞聲悟道修緣覺乘者把十二緣生打一逆便證
卍正59－0815b04, 緣覺菩薩修六度萬行三十七助道品十力四無所畏十
卍正59－0815b05, 八不共法便證佛地元來眞如淨境界中此十件事本不
卍正59－0815b06, 曾有所以說一泯未嘗存能隨染淨緣遂成十法界如今
卍正59－0815b07, 人生在閻浮提中華佛國之地喫底是淸水白米着底是
卍正59－0815b08, 綾羅紬絹更不作些好事只恁麽過了時節殊不知百年
卍正59－0815b09, 如一彈指便是來生到來却被些小名聞利養牽將去所

卍正59－0815b10, 以六道輪迴古人云此身不向今生度更向何生度此身
卍正59－0815b11, 況逢眞善知識知有良朋善友可以親近知有父母之恩
卍正59－0815b12, 難報須是自家生慚愧改往修來所以盧時用今日揮金
卍正59－0815b13, 辨供齋我現前學般若禪衆爲先考先妣追薦冥福阿含
卍正59－0815b14, 經中說齋僧功德最大如今俗家人只在貪欲瞋恚癡裏
卍正59－0815b15, 走却到出家人披底是如來法服說底是諸佛菩薩要妙
卍正59－0815b16, 法門逐日與般若相酬酢謂之修無漏業忽然漏念一空
卍正59－0815b17, 所有百千恒河沙不可說不可說珍寶而用布施比無漏
卍正59－0815b18, 功德百分不及一千分不及一乃至筭數譬喩所不能及
卍正59－0815b19, 何故我當發心時不爲如上百千恒河沙不可說不可說
卍正59－0815b20, 布施而發阿耨多羅三藐三菩提心我爲脫離三界輪迴
卍正59－0816a01, 故發菩提心你看華嚴經中初發心品種種譬喩初發心
卍正59－0816a02, 功德乃至證於須陀洹斯陀含阿那含阿羅漢果以至辟
卍正59－0816a03, 支佛菩薩果比初發心功德無有能譬喩者何況巳證阿
卍正59－0816a04, 耨多羅三藐三菩提法耶故知般若功德不可思議元初
卍正59－0816a05, 盧時用念念要脫了公門來梅陽見妙喜一念旣殊勝果
卍正59－0816a06, 遂其志未脫得時來這裏住一日如過十數日不免多憂
卍正59－0816a07, 多慮一脫得了好快活無事人要來便來要去便去長樂
卍正59－0816a08, 舊來不曾有人接待因此公與他作樣子漸有發心者經
卍正59－0816a09, 中所說不問持戒不持戒但是披佛袈裟受佛氣分底平
卍正59－0816a10, 等供養他若不依戒臘去下面選聖僧來供養也無功德
卍正59－0816a11, 我初到衡陽諸處道友送得千百貫錢來自家遣兩箇侍
卍正59－0816a12, 者去嶽山潙山諸處齋僧一巡衡陽人初不知有齋僧之
卍正59－0816a13, 說有來問妙喜者對他道只是把錢雇和尙喫飯過得幾
卍正59－0816a14, 時因普說方與他說齋僧功德後來稍稍知歸向唐時有

卍正59－0816a15, 箇宣律師佛滅度後持得二百五十戒無缺犯者惟宣律
卍正59－0816a16, 師一人而已爲他持戒殊勝戒光直透天宮感得韋馱天
卍正59－0816a17, 神每日供天廚食因問天神日你何人耶曰非常人也因
卍正59－0816a18, 修五戒十善果感爲天神宣因問數十件事一一答之又
卍正59－0816a19, 問世間功德何者最大曰齋僧功德最大又問世人奉鬼
卍正59－0816a20, 神以紙錢還可用否曰用矣蓋古時無紙錢漢魏已前多
卍正59－0816b01, 埋錢冥冥之中亦能享受唐高宗已後方有紙錢後來有
卍正59－0816b02, 智之人去藏教中搜出化財雨寶眞言使人持誦能令一
卍正59－0816b03, 財變無量財以此觀之韋馱之言信不妄矣所以道信心
卍正59－0816b04, 生一念諸佛盡能知只要當人一念勇猛殊勝佛本行集
卍正59－0816b05, 經中說人之意識遷流速疾無可譬喩者何故見得且如
卍正59－0816b06, 人舊時曾到京師一念思量著京師了了在面前驀然於
卍正59－0816b07, 速疾中摸著鼻孔只此衆生界中便是諸佛菩薩境界便
卍正59－0816b08, 與諸佛菩薩無二無別人人具足各各天眞在凡同凡不
卍正59－0816b09, 別於四生六道在聖同聖豈異於十地三賢橫則橫亘十
卍正59－0816b10, 方竪則竪窮三際應以宰官得度者卽現宰官身而爲說
卍正59－0816b11, 法乃至士農工商人非人等各各隨類現身而爲說法正
卍正59－0816b12, 當恁麼時畢竟誰人爲你證明若證明不得一大藏教只
卍正59－0816b13, 成脫空去且道畢竟如何如人喫李子定向赤邊咬更要
卍正59－0816b14, 說些子秋暑正隆有簡頌子舉似大衆善惡二邊無障礙
卍正59－0816b15, 日用如如心自安只此便是眞消息不須著意外頭看
卍正59－0816b16, 李善友請普說僧問彼天猶未降母胎猶未出此已般涅
卍正59－0816b17, 槃未審承甚麼人恩力師云面前突出鐵蒺藜進云恁麼
卍正59－0816b18, 則始知衆生本來成佛師云成佛則且止且道承甚麼人
卍正59－0816b19, 恩力進云平生心膽向人傾師云點進云只如一切聲是

卍正59－0816b20, 佛聲一切色是佛色爲甚麼竹篦有背觸師云突出難辨
卍正59－0817a01, 進云爭奈井底蝦蟆不擧頭師云且喜沒交涉進云忽遇
卍正59－0817a02, 一切智智淸淨底人來又作麼生師云向下文長付在來
卍正59－0817a03, 日僧問手執白棒揭地掀天來時如何師云筠袁虔吉頭
卍正59－0817a04, 上揷筆進云爭奈脚踏實地鼻孔遼天師云且喜納敗闕
卍正59－0817a05, 進云一千七百人善知識爲甚麼臨危不扶師云點進云
卍正59－0817a06, 往往聞者多作囫圇會師云點進云生死交謝寒暑迭遷未
卍正59－0817a07, 審還有不涉寒暑也無師云有進云便請拈出師云且在
卍正59－0817a08, 寒暑裏僧禮拜師乃云生死交謝寒暑迭遷有物流動
卍正59－0817a09, 人之常情且道出常情一句作麼生道直饒道得朝打三
卍正59－0817a10, 千暮打八百何故我王庫內無如是刀所以道妙性圓明
卍正59－0817a11, 離諸名相本來無有世界衆生因妄有生因生有滅生滅
卍正59－0817a12, 名妄滅妄名眞咄甚麼處得這消息來黃面老子三百六
卍正59－0817a13, 十骨節八萬四千毛竅一時撒在諸人懷裏了也還有違
卍正59－0817a14, 得者麼若也違得一生參學事畢若違不得莫道不疑好
卍正59－0817a15, 喝一喝　復云今日李某爲在堂慈母林氏祈保平安懺
卍正59－0817a16, 滌罪愆請老漢爲衆普說且道說箇甚麼爲你人人有箇
卍正59－0817a17, 般若種性忽然一言之下打破漆桶直下無心林氏三世
卍正59－0817a18, 罪業一時氷釋壽命堅固與般若種性齊等無可疑者其
卍正59－0817a19, 無心功德假使大地若草若木盡法界一切衆生一音演
卍正59－0817a20, 說有恒河沙數功德比一念無心功德百分不及一千分
卍正59－0817b01, 不及一萬分不及一百千萬億分不及一乃至不可說不
卍正59－0817b02, 可說恒河沙數分亦不及一其無心功德無較量處且道
卍正59－0817b03, 那箇是無較量處昔有僧名法常問馬大師如何是佛大
卍正59－0817b04, 師云卽心是佛常於言下領悟便往明州大梅山卓庵因

卍正59－0817b05, 鹽官曾中兩僧入山採柱杖偶至庵所乃問和尙住此山
卍正59－0817b06, 多少時梅云只見四山靑又黃又問出山路向甚麽處去
卍正59－0817b07, 梅云隨流去僧歸擧似鹽官官云我在江西時曾見一僧
卍正59－0817b08, 自後不知消息莫是此僧否後馬大師聞得令僧去問和
卍正59－0817b09, 尙見馬大師得箇甚麽便住此山梅云馬大師向我道卽
卍正59－0817b10, 心是佛我便向這裏住僧云馬大師近日佛法又別梅云
卍正59－0817b11, 作麽生別僧云近日又道非心非佛梅云這老漢惑亂人
卍正59－0817b12, 未有了日在任你非心非佛我只是卽心是佛僧歸擧似
卍正59－0817b13, 馬大師大師云大衆梅子熟也這箇豈不是無心功德你
卍正59－0817b14, 作麽生較量你看他古人不似而今人孤陋寡聞先去窮
卍正59－0817b15, 究三乘十二分敎見敎中道三際求心心不有心不有故
卍正59－0817b16, 妄元無妄元無處卽菩提生死涅槃本平等所謂三際者
卍正59－0817b17, 過去心不可得現在心不可得未來心不可得三處旣不
卍正59－0817b18, 可得畢竟卽那箇心是佛永嘉和尙道直截根源佛所印
卍正59－0817b19, 摘葉尋枝我不能馬大師向他道卽汝心是佛於言下怙
卍正59－0817b20, 怙地便安穩住得箇山子也心地安樂在在處處一時安
卍正59－0818a01, 樂龐居士聞得特去訪他便問久享大梅未審梅子熟也
卍正59－0818a02, 未梅云汝向甚麽處下口士云百雜碎梅云還我核子來
卍正59－0818a03, 士便休去而今叢林中商量道龐居士使心行所以向他
卍正59－0818a04, 道百雜碎大梅道還我核子來便商量云機鋒更妙且喜
卍正59－0818a05, 沒交涉大梅可謂渾鋼打就生鐵鑄成世間甚麽玄妙甚
卍正59－0818a06, 麽得失便搖動得他只如馬大師又道不是心不是佛不
卍正59－0818a07, 是物這箇又如何商量圓悟先師在川中時有箇寂壽道
卍正59－0818a08, 人要參禪圓悟敎看不是心不是佛不是物是甚麽看來
卍正59－0818a09, 看去今日也來下語明日也來下語圓悟道汝不要下語

卍正59－0818a10, 寂壽云不知和尙別有何方便令某得入圓悟云我却有
卍正59－0818a11, 箇方便只除却箇是甚麽寂壽云如何除却圓悟擧云不
卍正59－0818a12, 是心不是佛不是物寂壽忽然醒如睡夢覺如蓮花開乃
卍正59－0818a13, 云元來恁麽地近某幾年枉用工夫圓悟云你會也爲他
卍正59－0818a14, 一向將心前面等悟要如攧一聲雷相似以故不能得悟
卍正59－0818a15, 輕輕被善知識提一提到這裏間不容髮說與人不得傳
卍正59－0818a16, 與人不得寂壽道人將出蜀來別圓悟圓悟云汝到淮西
卍正59－0818a17, 時東山五祖老大虫自認得你後見五祖祖云你要參禪
卍正59－0818a18, 我有一問問你釋迦彌勒猶是他奴且道他是阿誰寂壽
卍正59－0818a19, 呵呵大笑云大小五祖元來未識他在拂袖便行五祖喚
卍正59－0818a20, 回云你見甚麽人來寂壽云見昭覺和尙教某看不是心
卍正59－0818b01, 不是佛不是物得箇安樂處你看他脚踏實地底被人拶
卍正59－0818b02, 著大四八體祇對自然言中有響所以道人將語試金將
卍正59－0818b03, 火試水將杖試便活潑潑地五祖云你悟處瞥脫諦當非
卍正59－0818b04, 百劫千生承事善知識般若因緣成熟如何得到恁麽田
卍正59－0818b05, 地五祖和尙自是一般老婆心切不覺一場狼籍且道因
卍正59－0818b06, 甚麽如此不見楞嚴經中道若有一人發眞歸源十方虛
卍正59－0818b07, 空悉皆消殞遂使衆生界中佛法種子不絶諸佛慧命不
卍正59－0818b08, 斷今日李某請老漢普說有條攀條現前一衆其間有一
卍正59－0818b09, 箇瞥地如在火爐頭信手摸著一粒炒豆喫了滿口馨香
卍正59－0818b10, 便知林氏般若種智與諸佛不別慧命亦無窮盡若未有
卍正59－0818b11, 箇瞥地只我與你提撕一遍且熏在你諸人心識中令善
卍正59－0818b12, 根種子久久自純熟如天降雨一切草木根荄自然滋茂
卍正59－0818b13, 馬大師問讓和尙如何用心卽合無相三昧讓云汝學心
卍正59－0818b14, 地法門如下種子我說法要譬彼天澤汝緣合故當見其

卍正59－0818b15, 道所以古人道不入虎穴不得虎子馬祖又問道非色相
卍正59－0818b16, 云何能見讓和尙到這裏便依實供通云自心法眼能見
卍正59－0818b17, 自性無相三昧亦復然矣心地法眼若開便見無相三昧
卍正59－0818b18, 馬大師從此心地安樂凡有問如何是佛答云卽心是佛
卍正59－0818b19, 又云非心非佛若會卽心是佛便會非心非佛若會非心
卍正59－0818b20, 非佛便會不是心不是佛不是物而今諸方長老纔發問
卍正59－0819a01, 學者便打箇圜相或拂袖便行或作女人拜或云蒼天蒼
卍正59－0819a02, 天便作禪祗對且喜沒交涉我且問你喚作竹篦卽觸不
卍正59－0819a03, 喚作竹篦卽背從你奪却竹篦去拗折我更問你喚作露
卍正59－0819a04, 柱卽觸不喚作露柱卽背你去拗折露柱得麼如今多是
卍正59－0819a05, 隨語生解你但識取鉤頭意莫認定盤星要之不在口唇
卍正59－0819a06, 皮子上又不得無語遂擧不是心不是佛不是物乃顧視
卍正59－0819a07, 大衆良久云你這一隊漢眼搭眵地向甚麼處去古人云
卍正59－0819a08, 若纖毫凡聖情量不盡總落魔界蓋此事不可以智知不
卍正59－0819a09, 可以識識非靑非黃非赤非白若得之者如人飮水冷暖
卍正59－0819a10, 自知然得亦不曾得失亦不曾失在衆生分上不曾減在
卍正59－0819a11, 諸佛分上不曾增故般若經云不增不減觀自在菩薩卽
卍正59－0819a12, 是你心地法門便喚作心經觀自在菩薩行深般若波羅
卍正59－0819a13, 蜜多時照見五蘊十八界皆空勞勞地五蘊十八界旣空
卍正59－0819a14, 不可聲聞不空緣覺不空佛不空法不空一切智不空一
卍正59－0819a15, 時空了未後向你道眞實不虛又云揭諦揭諦波羅揭諦
卍正59－0819a16, 波羅僧揭諦菩提薩婆訶這箇是眞實說底般若却喚作
卍正59－0819a17, 呪呪你屋裏老爺呪你屋裏七代先靈你禪和家却不識
卍正59－0819a18, 眞箇底般若昔日湛堂準和尙初見眞淨淨云你是甚處
卍正59－0819a19, 人準云與元府淨云近離甚處準云大仰淨云夏在甚處

卍正59－0819a20, 準云大潙眞淨展手云我手何似佛手準罔措眞淨云適
卍正59－0819b01, 來酬酢一靈明天眞及乎問箇佛手便成窒礙且道病
卍正59－0819b02, 在甚處準云不會淨云一切現成更教誰會這箇便是眞
卍正59－0819b03, 正底般若前來一問便是一座須彌山一障障却又如有
卍正59－0819b04, 箇拔舌鬼拔却舌相似更開口不得若是悟得箇不是心
卍正59－0819b05, 不是佛不是物如門開了敲門瓦子直須棄却更不執著
卍正59－0819b06, 始得如人行路纔見堠子便行過去不可只向堠子下坐
卍正59－0819b07, 地便喚作到家了也只如喚作竹篦即觸不喚作竹篦即
卍正59－0819b08, 背不干奪却事如僧問趙州狗子還有佛性也無州云無
卍正59－0819b09, 亦不于無字事這箇一似金屎法不會如金會得了如屎
卍正59－0819b10, 所以道在人不在法你禪和家直須向三條椽下七尺單
卍正59－0819b11, 前著精彩要須打徹然後隨力隨分修行以報佛祖莫大
卍正59－0819b12, 之恩上來舉揚般若有一言半句契佛契祖盡爲李某奉
卍正59－0819b13, 爲慈母林氏懺滌罪垢保慶平安法界衆生同圓種智老
卍正59－0819b14, 漢因舉不是心不是佛不是物更爲你下箇注脚不是心
卍正59－0819b15, 不是佛不是物笑中放出遼天鶻聽響之流著眼看瞥然
卍正59－0819b16, 已過新羅國以拂子擊禪牀下座
卍正59－0819b17, 淨恭園頭請普說僧問靈山百萬大衆獨許迦葉親聞黃
卍正59－0819b18, 梅七百高僧衣鉢分付行者只知七百高僧有甚麽短處
卍正59－0819b19, 師云剎竿頭上看北斗進云只如盧行者有甚麽長處師
卍正59－0819b20, 云剎竿頭上禮南方進云莫道廣南無佛性黃梅傳得五
卍正59－0820a01, 天衣師云這獦獠漢進云非但盧公曾恁麽盛禪從此更
卍正59－0820a02, 無疑師云不許夜行投明須到僧禮拜師乃云黃梅七
卍正59－0820a03, 百高僧衣鉢分付行者且道還有分付底道理也無若道
卍正59－0820a04, 有分付底道理佛法豈到今日若道無分付底道理七百

卍正59－0820a05, 高僧爲甚麼看即有分到這裏若覷得破當知盧行者不
卍正59－0820a06, 曾受他衣鉢得亦不曾得失亦不曾失旣無得又無失如
卍正59－0820a07, 王寶劒常露現前亦能殺人亦能活人所以道我宗無語
卍正59－0820a08, 句亦無一法與人亦無與者亦無受者亦無證明者亦無
卍正59－0820a09, 得失者亦無人亦無佛大千沙界海中漚一切聖賢如電
卍正59－0820a10, 拂正當恁麽時畢竟是甚麽人境界還委悉麽各各照顧
卍正59－0820a11, 脚跟下復云法不可見聞覺知若行見聞覺知是則見
卍正59－0820a12, 聞覺知非求法也元來箇法不在見聞覺知處如今纔敎
卍正59－0820a13, 你離却見聞覺知你便空勞勞地無摸索處無著意處何
卍正59－0820a14, 故當爾時眼耳鼻舌身意都不到若是眼耳鼻舌身意到
卍正59－0820a15, 底思量得底覷得見底這箇是生滅法要你塞却眼耳鼻
卍正59－0820a16, 舌身意如木頭忔怛相似忽然木頭忔怛會作聲智到這
卍正59－0820a17, 裏如獅子王遊行自在不求伴侶如象王渡水直下截流
卍正59－0820a18, 而過更無周由者也這箇道理便是平田和尙道神光不
卍正59－0820a19, 昧萬古徽猷入此門來莫存知解當知見聞覺知亦能令
卍正59－0820a20, 人入道亦能令人障道何故你若於見聞覺知處得殺人
卍正59－0820b01, 刀活人劒時節便能使得見聞覺知你若不得殺人刀活
卍正59－0820b02, 人劒却被見聞覺知使得來七顚八倒障却道眼脚跟下
卍正59－0820b03, 黑漫漫地不得自在如今要絶却見聞覺知得自在時須
卍正59－0820b04, 是歇却箇猢猻子敎貼貼地歇來歇去行住坐臥語默動
卍正59－0820b05, 靜如一條線子莫要放却你纔放却這一條線子時便被
卍正59－0820b06, 見聞覺知走作正走作時還有藥醫得麽且道甚麽藥醫
卍正59－0820b07, 得僧問雲門如何是佛門云乾屎橛這箇藥便醫得你但
卍正59－0820b08, 行也乾屎橛坐也乾屎橛臥也乾屎橛作務時也乾屎橛
卍正59－0820b09, 擧來擧去忽然心無所之到這箇如老鼠入牛角噴地一

卍正59－0820b10, 下便了若得噴地一下時方好看一大藏教三教聖人所
卍正59－0820b11, 說之語盡是屋裏事不干別人事盡是說這噴地一下底
卍正59－0820b12, 所以孟子云君子欲其自得之自得之則居之安居之安
卍正59－0820b13, 則資之深資之深則取之左右逢其原儒者倫要自得況
卍正59－0820b14, 吾釋教裏只說離文字相離分別相離語言相離心緣相
卍正59－0820b15, 離世間種種相不著玄不著妙百不知百不會如三歲孩
卍正59－0820b16, 兒相似方始入得這箇法門你若今日學得些子明日學
卍正59－0820b17, 得些子這公案又如何商量那公案又下得甚麽語這箇
卍正59－0820b18, 是別底語那箇是體底語不見雲門道體你屋裏老爺都
卍正59－0820b19, 是向外邊走不去實頭處做工夫如今禪和家多在這裏
卍正59－0820b20, 枉費心力却去古人册子上理會得幾則公案便喚作做
卍正59－0821a01, 工夫遠之遠矣前日因在大守處與校正說如今聰明靈
卍正59－0821a02, 利底爲甚多了此事不得病在思量計較處他却道先思
卍正59－0821a03, 量後到無思量處措大家纔開口便打之遶或者更引莊
卍正59－0821a04, 子孟子搏量注解又引古德云道無不在觸處皆眞道在
卍正59－0821a05, 稊稗道在瓦礫道在屎尿却向他道你試去瓦礫上拈出
卍正59－0821a06, 道來看試去屎尿裏拈出道來看却道不得信知癡人面
卍正59－0821a07, 前不得說夢所以先德教你一切處不昧蓋法本如是故
卍正59－0821a08, 如日出時不可揀淨處照耶便是糞掃堆頭屎尿坑裏至
卍正59－0821a09, 於金銀琉璃硨璩瑪瑙一切處無有不照且把這箇來喩
卍正59－0821a10, 莫聞我如此說便去這裏隨語生解教中道如人以手指
卍正59－0821a11, 月示人云月在天上彼人因指當應看月如今多不看月
卍正59－0821a12, 却看指頭所以云若復觀指以爲月體此人豈惟忘失月
卍正59－0821a13, 輪亦亡其指何以故以所標指爲明月故豈惟亡指亦復
卍正59－0821a14, 不識明之與暗師云好諸佛菩薩慈悲生怕人不會便撥

卍正59－0821a15, 白露淨大開門戶把手搜教你入去然衆生惡業深厚不
卍正59－0821a16, 得入者多所以雪峰道盡大地是箇解脫門把手搜不肯
卍正59－0821a17, 入若是眼開底到這裏便知轉身一路所謂識法者懼若
卍正59－0821a18, 是已眼未開且去古人糟粕裏返返覆覆咬嚼教心意識
卍正59－0821a19, 無頓處有上也著不得無上也著不得不有不無上也著
卍正59－0821a20, 不得喜上也著不得怒上也著不得天堂也著不得地獄
卍正59－0821b01, 也著不得淨躶躶赤洒洒沒可把方可看如何是佛乾屎
卍正59－0821b02, 橛舊時小南和尙是汀州人極聰明靈利他雲居祐和尙
卍正59－0821b03, 下愛理會三界唯心萬法唯識未有一法不從心生未有
卍正59－0821b04, 一法不從心滅有些似法眼下只是他這箇又活鱍鱍地
卍正59－0821b05, 一時過許多因緣理會心性都有下落了相將擧他立僧
卍正59－0821b06, 因讀雲門語錄見僧問如何是佛雲門云乾屎橛向這裏
卍正59－0821b07, 忽然瞥地方知從前要許多道理作甚麽後來說禪便不
卍正59－0821b08, 同何故爲他正摸著鼻孔知得性上巴鼻如今有一般皮
卍正59－0821b09, 膚之士說心說性禪底把佛祖要妙處都來心性上會了
卍正59－0821b10, 便道一乘法中那裏有許多揀擇何處不是你心以至庭
卍正59－0821b11, 前栢樹子麻三斤乾屎橛都是你心苦哉苦哉醍醐上味
卍正59－0821b12, 爲世所珍遇斯等人翻成毒藥五祖和尙道如今禪和家
卍正59－0821b13, 擧話也不會如何是祖師西來意庭前栢樹子恁麽會便
卍正59－0821b14, 不是了如何是祖師西來意庭前栢樹子恁麽會便是恰
卍正59－0821b15, 似說夢一般我參得禪了把此話來看正如抓著我痒處
卍正59－0821b16, 一般我十七歲上便參禪三十四歲方打破漆桶也曾過
卍正59－0821b17, 因緣來也曾向一棒一喝處解會來也曾去擊石火閃電
卍正59－0821b18, 光處領略來開却眼時佛所讚者我便依而行之佛所訶
卍正59－0821b19, 者我不敢犯忽然一上牀睡著時雖未曾死早被心意識

卍正59－0821b20, 使都理會不下夢見一鋌金便歡喜夢見被人修補拖去
卍正59－0822a01, 要殺乃至見閻羅王鬼使時便生怕怖覺來一身汗出却
卍正59－0822a02, 返思量恁麼地禪便使得著佛說寤寐常一如今人夢裏
卍正59－0822a03, 與日裏自作兩般如何敢開大口道我會禪若是傳燈錄
卍正59－0822a04, 上一千七百祖師總如此時佛法流通豈到今日自家如
卍正59－0822a05, 此疑十來年每日行住坐臥常自窮究我舊時在衆中不
卍正59－0822a06, 甚愛坐禪他人正坐禪瞌睡時我卽長伸兩脚眠了只是
卍正59－0822a07, 我打疊得心意識淨淨潔潔常在裏頭未曾間斷只如僧
卍正59－0822a08, 問雲門如何是諸佛出身處門云東山水上行多少人杜
卍正59－0822a09, 撰差排有底作玄妙會云東山如何解在水上行有底作
卍正59－0822a10, 實頭會云東山有水却去上面行謂之東山水上行有底
卍正59－0822a11, 向擧起處承當舊時淮南有箇方首座老漢曾見他來他
卍正59－0822a12, 參雲門下禪忽一日問我東山水上行你如何會答云東
卍正59－0822a13, 山水上行更要會在他却道你莫要謗般若且將此語來
卍正59－0822a14, 拍我我這裏任你如之若何只管東山水上行謂之作得
卍正59－0822a15, 主如是半月十日不肯放過忽一日云東山水上行且教
卍正59－0822a16, 你胡撈亂經畢竟意旨如何如此問時前頭一段子已過
卍正59－0822a17, 了自此後下百十轉語皆不契末後一句因看東林照覺
卍正59－0822a18, 住泐潭時語錄僧問佛敕沙門皆禁足賓頭盧尊者爲甚
卍正59－0822a19, 麽應四天下供答云只爲脚跟不點地我得這一句便歡
卍正59－0822a20, 喜走向他道我理會得了也他便問東山水上行意旨如
卍正59－0822b01, 何答云脚跟不點地他大喜我却問他不知首座見大和
卍正59－0822b02, 尙時下甚麽語云便是這箇語元來是印板上打就模子
卍正59－0822b03, 裏脫出底東山水上行可知是脚跟不點地畢竟如何咄
卍正59－0822b04, 畢竟如何東山水上行我也曾頌來也曾拈提來後來到

卍正59－0822b05, 京師天寧掛搭過得四十二日忽一日張康國夫人喻氏
卍正59－0822b06, 請老和尙陞座擧僧問雲門如何是諸佛出身處門云東
卍正59－0822b07, 山水上行若是天寧卽不然或有人問如何是諸佛出身
卍正59－0822b08, 處只對他道薰風自南來殿閣生微凉忽然在這裏打破
卍正59－0822b09, 漆桶從前許多知見如湯沃雪更無遺餘好快活所謂獅
卍正59－0822b10, 子咬人狂狗趁塊自此第二年擧我立僧我便發大誓願
卍正59－0822b11, 將本分事與衲子理會若是求知見覓會解向心意識裏
卍正59－0822b12, 頭出頭沒師承學解露布葛藤傳得來底活人不得要活
卍正59－0822b13, 得人如何是佛乾屎橛這箇不在多狗子還有佛性也無
卍正59－0822b14, 無喚作竹篦卽觸不喚作竹篦卽背不得下語不得無語
卍正59－0822b15, 不得思量這裏一時與伱說了伱纔擬議便是無語伱纔
卍正59－0822b16, 開口便是下語要來明他這箇明不得狀不得只爲分明
卍正59－0822b17, 極翻令所得遲不見僧問洞山如何是佛向上事山云非
卍正59－0822b18, 佛百十年後却有箇雲門出來爲他注解道名不得狀不
卍正59－0822b19, 得所以言非師云噁休休參禪須到雲門地位始得他七
卍正59－0822b20, 八生作善知識般若如此熟所以有一捧一喝下悟去底
卍正59－0823a01, 有喚得悟去底因甚如此元來諸佛菩薩百劫千生常在
卍正59－0823a02, 五濁惡世中興慈運悲撈摝衆生作大津梁信知佛祖深
卍正59－0823a03, 恩難報今日淨恭也是不可思議我自不知他事前番因
卍正59－0823a04, 校正說他是曲江人家中甚富爲他知得世間虛幻不實
卍正59－0823a05, 跳出火坑來要修行聞從前在潮州靈山也事園供衆前
卍正59－0823a06, 年得得上來要依附善知識學出世法所以肯來這裏擔
卍正59－0823a07, 屎種菜此是世間第一等討便宜底人聞其弟做秀才讀
卍正59－0823a08, 得書好屢寄書來問他寒夏所須他却道淨恭舊衣舊服
卍正59－0823a09, 鞋襪之類和尙自有與我要錢作甚麽此回方且便許多

卍正59－0823a10, 錢今日齋僧請普說要結當當來世般若因緣所以適來
卍正59－0823a11, 僧問黃梅七百高僧衣鉢分付行者他古人逐日只在碓
卍正59－0823a12, 坊裏以石墜腰舂米供衆後來兒孫遍天下而今祖師眞
卍正59－0823a13, 身現在不是草書相瞞淨恭你但擧措看他上流與一切
卍正59－0823a14, 人作樣子且富貴是人之所欲我却不戀我又不是愚癡
卍正59－0823a15, 又不是害顚知道宗門中有不可思議事敎中道把世間
卍正59－0823a16, 財寶而用布施比出世間功德百千萬億分不及一乃至
卍正59－0823a17, 筭數譬喩所不能及何故爲這一念殊勝心能回三毒爲
卍正59－0823a18, 三聚淨戒回六識爲六神通回煩惱爲菩提回無明爲大
卍正59－0823a19, 智於一毛端現寶王刹坐微塵裏轉大法輪他知有這箇
卍正59－0823a20, 消息便肯向前他人住處我不住他人愛處我不愛謂之
卍正59－0823b01, 徐六擔板各見一邊但自堅固此心便是成佛基本有一
卍正59－0823b02, 則古話擧似大衆僧問睦州一氣還轉得一大藏敎也無
卍正59－0823b03, 州云有甚饆饠䭔子快下將來師云睦州老人通身是眼
卍正59－0823b04, 瞞他一點不得然也有眼力不到處且道那裏是他眼力
卍正59－0823b05, 不到處若檢點得出許你親見睦州
卍正59－0823b06, 張縣尉明講主請普說僧問吹毛出匣寒光凜凜逼人寶
卍正59－0823b07, 鑑當臺萬像重重影現正當恁麼時如何是佛日家風師
卍正59－0823b08, 云簷頭雨滴滴地進云如是則承師一滴曹溪水四海魚
卍正59－0823b09, 龍以爲命師云片片殘紅隨遠水進云恩深轉無語懷抱
卍正59－0823b10, 自分明師云你得箇甚麼進云通上徹下透頂透底師云
卍正59－0823b11, 無孔鐵鎚當面擲進云楊提刑問楊岐和尙長老見甚麼
卍正59－0823b12, 道理便法嗣慈明岐云我與先師同鉢盂喫飯未審意旨
卍正59－0823b13, 如何師云無意旨進云極盡玄微全身獨露師云暗地裏
卍正59－0823b14, 撞著露柱進云提刑又問恁麼則不見去也楊岐以兩手

卍正59－0823b15, 捺膝云那裏是不見處提刑呵呵大笑又作麽生師云笑
卍正59－0823b16, 裏有刀進云可謂笑裏有刀誰辨的古今達者共同塗師
卍正59－0823b17, 云也好箇消息進云只如和尙見甚麽道理法嗣圓悟師
卍正59－0823b18, 云鼻孔大頭向下進云如是則象主行而象子隨一燈滅
卍正59－0823b19, 而一燈續師云欲得不招無間業莫謗如來正法輪進云
卍正59－0823b20, 是名妙蓮華金剛三寶覺便禮拜僧問龐居士問大梅久
卍正59－0824a01, 享大梅梅子熟是否梅云你向甚麽處下口士云百雜碎
卍正59－0824a02, 未審意旨如何師云鼻孔裏翻筋斗進云只如龐老恁麽
卍正59－0824a03, 問大梅恁麽答畢竟意旨如何師云踏破草鞋赤脚走進
卍正59－0824a04, 云爭奈遍身覓核無尋處可笑癡人去不來師云雲在嶺
卍正59－0824a05, 頭閑不徹水流澗下太忙生進云草木逢春皆發茂曇花
卍正59－0824a06, 千載一枝開師云有甚了期僧禮拜師乃云大梅梅子
卍正59－0824a07, 熟向龐居士舌頭上百雜碎旨得如天普蓋似地普擎無
卍正59－0824a08, 一法而不明無一法而不了只這明了處與天地同根與
卍正59－0824a09, 萬物一體旣是一體爲甚麽有暗有明有僧有俗有男有
卍正59－0824a10, 女有貴有賤有高有低到這裏還有人辨明得麽若辨明
卍正59－0824a11, 得去方知全明卽全暗全暗卽全明全收卽全放全殺卽
卍正59－0824a12, 全活淨裸裸絶承當赤洒洒沒可把正當恁麽時直饒有
卍正59－0824a13, 人下得注脚分明也是把鉢盂安柄若下不得敢保你諸
卍正59－0824a14, 人未有參學分到這裏如象王渡河直下截流而過更無
卍正59－0824a15, 周由者也其或未然牛皮鞔露柱露柱啾啾叫凡耳聽不
卍正59－0824a16, 聞千聖呵呵笑　復云法不可見聞覺知若行見聞覺知
卍正59－0824a17, 是則見聞覺知非求法也元來法不可以色見聲求何故
卍正59－0824a18, 這箇不是色見聲求底事況此事在凡不減一絲毫在聖
卍正59－0824a19, 不增一絲毫在三世諸佛與含靈蠕動凡有動相者以海

卍正59－0824a20, 印三昧向脚根下一印印定更無秋毫作差別障礙法體

卍正59－0824b01, 本來如是非是强爲旣非强爲却如何見得本來如是底

卍正59－0824b02, 法體見得不强爲底法性今早因與世永淨智居士等閑

卍正59－0824b03, 說在梅陽時六年之間受人供養臨行庵中所有一切動

卍正59－0824b04, 使之物盡散與人其餘平音收什得些施利把來置辨一

卍正59－0824b05, 千二百分齋請梅州合郡僧道士庶不問貴賤一時請遍

卍正59－0824b06, 却要請見任官因與衲子輩持論士太夫家作筵會便唱

卍正59－0824b07, 曲打令你來我去自然鬧熱是我和尙家齋筵無淡得淡

卍正59－0824b08, 東坡所謂喫素食三昧後如醉漢說話便犯重去何故未

卍正59－0824b09, 免豆腐麪角而已所以也教人打兩段雜劇且要延半日

卍正59－0824b10, 淸話今日世永往往是覆過尊丈朝議乃有此一場戲笑

卍正59－0824b11, 遂遮過淡齋因思量得箇古話先德云欲識佛性義當觀

卍正59－0824b12, 時節因緣時節旣至因緣自會國初時蜀中懷安軍雲頂

卍正59－0824b13, 山有箇德敷禪師得大明悟智慧辨才經律論無所不通

卍正59－0824b14, 未說儒典至於道藏擧起便滔滔誦將去雲頂舊是仙人

卍正59－0824b15, 修行處法堂堦前有一大石謂之仙人臺後來改作下馬

卍正59－0824b16, 臺敷禪師開堂日拈香祝聖罷有箇樂營將也是箇參

卍正59－0824b17, 禪人爲他曾看龐居士問馬大師不與萬法爲侶者是甚

卍正59－0824b18, 麼人馬大師云待汝一口吸盡西江水我卽向汝道龐居

卍正59－0824b19, 士忽然大悟有頌云十方同聚會箇箇學無爲此是選佛

卍正59－0824b20, 場心空及第歸樂營將便引這箇來問敷禪師云一口吸

卍正59－0825a01, 盡西江水卽不問遂指下馬臺云請師呑却下馬臺敷禪

卍正59－0825a02, 師放下拂子展兩手云細抹將來這箇事上也合理上也

卍正59－0825a03, 合方始謂之應機說法樂營將者豁然有省好大衆信知

卍正59－0825a04, 道佛不遠人卽心而證法無所舊觸境皆如塵塵爾念念

卍正59－0825a05, 爾法法爾皆吾心之常分非假於他術今日伏承張文煥
卍正59－0825a06, 王君玉二道友與明講主得得來揮金辨供爲他各各知
卍正59－0825a07, 有一段大事因緣不從人得所以請妙喜擧揚般若要結
卍正59－0825a08, 無上菩提因緣又承判縣朝議洎諸尊官諸山禪師同此
卍正59－0825a09, 證明況某此者荷聖恩得還舊觀不知前報世中曾在
卍正59－0825a10, 新淦有何因緣却來這裏了此一段事不數日間說法三
卍正59－0825a11, 會此皆諸上善人宿植德本與般若有緣知道善知識難
卍正59－0825a12, 遇正法難聞所以相會此間證明如是希有殊勝之事因
卍正59－0825a13, 記得音有一僧在海岸上卓庵常自念度一切有情唯有
卍正59－0825a14, 法施功德無盡若世間財寶布施則有限量居大海邊纔
卍正59－0825a15, 見舡過便叫云且住我問你舡上還帶得一般物也無舟
卍正59－0825a16, 人應曰和尙要甚麼物乃問還有大方廣佛華嚴經也無
卍正59－0825a17, 彼聞是語懵然不知是何言設這僧卽授與華嚴七字題
卍正59－0825a18, 目舟人乃過凡有過者並如此問仍悉授與經題名字蓋
卍正59－0825a19, 此經是如來一乘圓敎世尊初在正覺山前明星現時豁
卍正59－0825a20, 然悟道證得阿耨多羅三藐三菩提法便知一切衆生含
卍正59－0825b01, 靈蠕動與我所證無異無別一證一切證一了一切了一
卍正59－0825b02, 明一切明這僧爲憐憫此輩以貪著射利故常在大海中
卍正59－0825b03, 尙不聞有佛法名字何況有人爲其說法者乎若其餘人
卍正59－0825b04, 或聞招提鐘鼓之聲或聞說法之聲悉獲利益所以這僧
卍正59－0825b05, 要他一舡裏面或百人或千人得聞大方廣佛華嚴經名
卍正59－0825b06, 號一歷耳根永爲般若種子看他古人用心藍得如此切
卍正59－0825b07, 如今人若能如是一切處善用其心則獲無邊勝妙功德
卍正59－0825b08, 在富貴中見貧窮者當濟其所乏居市廛中爲商賈者得
卍正59－0825b09, 饒人處便可饒人若是斗科上尺寸上自欺方寸使欺他

卍正59－0825b10, 人趁眼前鬧熱不覺不知累積惡業深重臘月三十日未
卍正59－0825b11, 合眼時所作俱現所以道三界惟心萬法惟識了之者寂
卍正59－0825b12, 然證聖迷之者生死漂流以此言之可憐衆生迷却自己
卍正59－0825b13, 本地風光不見自巳本來面目耽少欲味甘心受苦不遇
卍正59－0825b14, 善知識開示正因決定迷而不返永無解脫之期教中所
卍正59－0825b15, 謂三惡道充滿諸天衆減少是也且如世間只是許多人
卍正59－0825b16, 翻來覆去在三界中頭出頭沒不知有不生不滅一段殊
卍正59－0825b17, 勝境界貪眼前些兒利養埋頭造業直待兩脚長伸那時
卍正59－0825b18, 悔將何及無常迅速生死事大百歲光陰只在一刹那一
卍正59－0825b19, 刹那悟去無生死可出無佛道可求無法可說無生可度
卍正59－0825b20, 到這裏內空外空內外空空空大空勝義空有爲空無爲
卍正59－0826a01, 空畢竟空空亦不可得却到祖師門下客向空亦不可得
卍正59－0826a02, 處拈一枝草作丈六金身將丈六金身却作一枝草用恁
卍正59－0826a03, 麽也得不恁麽也得恁麽不恁麽總得忽然恁麽也不得
卍正59－0826a04, 不恁麽也不得恁麽不恁麽總不得行也在我住也在我
卍正59－0826a05, 掃除亦在我建立亦在我故曰我爲法王於法自在得失
卍正59－0826a06, 是非焉有絓礙法體本來如是如是之法亘古亘今未嘗
卍正59－0826a07, 間斷若教妙喜更減却二十年從今日說至盡未來際鉤
卍正59－0826a08, 鎖連環相續不斷更不著思量箇元字脚何故此是無盡
卍正59－0826a09, 藏陀羅尼門無盡藏神通門無盡藏解脫門般若旣無盡
卍正59－0826a10, 所設亦無盡衆生界無盡所說亦無盡此是三世諸佛智
卍正59－0826a11, 慧神通變化無盡法門把世間有爲功用卜度他不得諸
卍正59－0826a12, 人若眞實證得也似妙喜如鬼擘口相似胡說亂道舌本
卍正59－0826a13, 爛黐初無壅滯你若未證得便好向自巳脚跟下窮究如
卍正59－0826a14, 我前日說底五十年前從甚麽處來你若不知來處卽是

卍正59－0826a15, 生大百年後却向甚麽處去不知去處卽是死大世間塵
卍正59－0826a16, 勞業識得減省便減省草要他些子便宜經云譬如刀刃
卍正59－0826a17, 有蜜不足一湌之美小鬼舐之有割舌之患此是諸佛菩
卍正59－0826a18, 薩慈悲苦口豈不信夫因適來雜劇又有箇古話擧似大
卍正59－0826a19, 衆劉宜翁提擧一日訪歸宗眞淨和尙淨領衆出接翁便
卍正59－0826a20, 問和尙在這裏寫戲得幾年淨云專候樂官來翁云我不
卍正59－0826b01, 入這保社淨云爭卽今在場子裏翁無語淨記把衲衣角
卍正59－0826b02, 打一摵云大小劉宜翁只參得蝦蟆禪只跳得一跳翁云
卍正59－0826b03, 久享歸宗名不虛得大衆若在事上看劉宜翁輸他眞淨
卍正59－0826b04, 一著若在理上看文關西輸他劉宜翁一著或有箇漢出
卍正59－0826b05, 來道這裏是麽所在說理說事但向他道下坡不走快便
卍正59－0826b06, 難逢
卍正59－0826b07, 向通判請普說
卍正59－0826b08, 僧問道風高厭衆人頭名播江湖數百州學人上來伸一
卍正59－0826b09, 問乞師方便指蹤由師云春日晴黃鶯鳴進云卞璞再將
卍正59－0826b10, 求智鑑牙琴重整示知音師云買石得雲饒進云直得光
卍正59－0826b11, 前絶後耀古騰今去也師云左之右之一時著進云高低
卍正59－0826b12, 瞻仰遠近歸依師云讚嘆有分進云只如今日通判朝議
卍正59－0826b13, 請和尙擧揚般若追薦薌林居士未審還端的也無師云
卍正59－0826b14, 端的進云恁麽則愼終追遠民德歸厚矣師云塵塵爾刹
卍正59－0826b15, 刹爾進云且道薌林居士是生耶死耶師云生耶死耶進
卍正59－0826b16, 云其生也榮其死也哀師云開眼也舊合眼也著進云東
卍正59－0826b17, 家人死還許西家人助哀也無師云又且何妨進云蒼天
卍正59－0826b18, 蒼天師云也不消得僧問跳出金剛圈呑却栗棘蓬如
卍正59－0826b19, 何是和尙爲人底一句師云一雨普潤周沙界進云雨過

卍正59－0826b20, 浮雲散明月又依然師云千峯勢到岳邊止万派聲歸海
卍正59－0827a01, 上消進云正是陽和無偏黨曇花再發一枝春師云相隨
卍正59－0827a02, 來也進云只如薌林居士昔日與和尙相見未審最初一
卍正59－0827a03, 句作麼生道師云便是你口裏道底進云恁麼則衆生普
卍正59－0827a04, 聞盡皆成佛去也師云錯下注脚進云自從一見桃花後
卍正59－0827a05, 剎剎塵塵總是渠師云速禮三拜師乃云自從一見桃
卍正59－0827a06, 花後剎剎塵塵總是渠且道渠畢竟是何面目若識得渠
卍正59－0827a07, 面目方知薌林居士十二時中折旋俯仰語默動靜未嘗
卍正59－0827a08, 不與諸人把手共行須知薌林居士昔日雖生本不曾生
卍正59－0827a09, 今日雖滅本不曾滅旣無生又無滅如擊石火似閃電光
卍正59－0827a10, 聊聞舉著剔起便行到這裏無生死可出無菩提可求無
卍正59－0827a11, 佛道可成無衆生可度亦無人亦無佛大千沙界海中漚
卍正59－0827a12, 一切聖賢如電拂復云適來提宮學士坐間說自從薌
卍正59－0827a13, 林居士傾背後兩年長齋看經不知其數而今已看大般
卍正59－0827a14, 若經至二十空處所內空外空內外空空空大空勝義空
卍正59－0827a15, 有爲空無爲空畢竟空乃至無性自性空空亦不可得只
卍正59－0827a16, 這空亦不可得處如龍得水似虎靠山無一法不明無一
卍正59－0827a17, 法不了以此殊勝妙利用報薌林居士劬勞莫大之恩亦
卍正59－0827a18, 以此殊勝妙利報答前報世中曾爲眷屬者如是乃至一
卍正59－0827a19, 塵一剎無不周旋無不明了所以龐居士頌云無可報龐
卍正59－0827a20, 大空空無處坐家內空空空空空無有貨日出空裏行日
卍正59－0827b01, 沒空裏臥空坐吟空詩詩空空相和莫怪純用空空是諸
卍正59－0827b02, 佛座若人不了空此是諸佛過法體本來如是故非强爲
卍正59－0827b03, 敢問諸人今日一曾在空內在空外若也道得方見薌林
卍正59－0827b04, 居士決不曾死若道不得妙喜爲諸人道去也還委悉麼

卍正59－0827b05, 二十空門元不著三世如來體自同蓊林居士妙喜與之
卍正59－0827b06, 相識僅五十年中間蒙以此道相契此心相知緣宗杲被罪
卍正59－0827b07, 梅陽人跡所不到處卒歲窮年無往來者以故不通書問
卍正59－0827b08, 各矣前日行次久上方知已傾背聞之愴然且聞啓手足
卍正59－0827b09, 時直是明了如叢林中三五十年修行底老衲一般豈非
卍正59－0827b10, 平生學佛之効與大凡要臨命終時寂靜便從平日作用
卍正59－0827b11, 處寂靜始得若要臨命終時省力須是平生行履處省力
卍正59－0827b12, 始得省力處卽是得力處得力處省無限力世間有一種
卍正59－0827b13, 不忠不孝不近道理底人因甚麽死時不能得命根斷却
卍正59－0827b14, 爲平生做底罪業包藏在第八識中正當地水火風分散
卍正59－0827b15, 時這主人公未有下落處被平生習熟處牽絆不得自由
卍正59－0827b16, 財利重者被財利牽絆色欲重者被色欲恩愛牽絆所以
卍正59－0827b17, 臨終之際惡業作主鬼來借宅被業識遮障不見自己一
卍正59－0827b18, 段不生不滅底殊勝境界與天地同根與萬物一體古德
卍正59－0827b19, 所謂空可空非眞空色可色非眞色眞色無形眞空無名
卍正59－0827b20, 無名名之父無色色之母爲萬物之根源作天地之太祖
卍正59－0828a01, 上施玄象下列冥庭元氣含於太象太象隱於無形爲識
卍正59－0828a02, 物之靈靈中有神神中有身無爲變化各稟乎自然微有
卍正59－0828a03, 事用漸有形名形興未質名起未名形名旣兆遊氣亂淸
卍正59－0828a04, 寂兮寥兮寬兮廓兮分兮別兮上則有君下則有臣父子
卍正59－0828a05, 親其居尊卑異其位起敎叙其因然後國分其界人部其
卍正59－0828a06, 家各守其位禮義興行有善可稱有惡可名善人所重惡
卍正59－0828a07, 人所輕古人立箇題目謂之廣照空有若是一生在裏許
卍正59－0828a08, 行履底人到死時那裏解顚倒來圭峯所謂作有義事是
卍正59－0828a09, 惺悟心惺悟不由情臨終能轉業如蓊林居士與某五十

卍正59－0828a10, 年道契始終一節更無瑕玼只向道理上行所以臨終之
卍正59－0828a11, 際如弃弊屣旣能於生死去來得大自在何緣更被業牽
卍正59－0828a12, 來決定生好處無疑人之死去所以沈墜者皆是爲子不
卍正59－0828a13, 孝父母爲臣不忠於君爲下不敬其上爲上不撫其下朋
卍正59－0828a14, 友不償其信鄕黨不以義從朝延不以其爵斷事不以其
卍正59－0828a15, 道如斯等人沈地獄者可知矣所以道天堂無則已有則
卍正59－0828a16, 君子生地獄無則已有則小人入天堂地獄不得道有不
卍正59－0828a17, 得道無若世界上行仁義禮智信溫良恭儉讓底人謂之
卍正59－0828a18, 小人可乎只這便是天堂何必更別處討若是不忠不孝
卍正59－0828a19, 貪著世間無義事以至陷於囹圄現受種種苦報底人謂
卍正59－0828a20, 之君子可乎只這便是地獄何處更討地獄來所以道三
卍正59－0828b01, 界唯心萬法惟識要知善惡報應只在當人行履處順道
卍正59－0828b02, 理不順道理而已某本欲從新淦先到長沙却回來爲鄕
卍正59－0828b03, 林燒香此者伏承提宮泊通判諸昆仲遣書相招適居士
卍正59－0828b04, 諱辰請擧揚追福古德云末後一句始到牢關把斷要津
卍正59－0828b05, 不通凡聖這般說話不妨省力如今叢林中有一般杜撰
卍正59－0828b06, 差排底却道我此間法門別先要理會卽心是外其次理
卍正59－0828b07, 會非心非佛然後理會不是心不是佛不是物謂之差別
卍正59－0828b08, 法門這般底眞是好笑若恁麼參禪如何得到諸佛廣大
卍正59－0828b09, 寂滅境界殊不知古人爲物之故以無差別藥治衆生差
卍正59－0828b10, 別病衆生病除藥亦無用如何是佛卽心是佛早是勞攘
卍正59－0828b11, 已落第二却更理會非心非佛不是心不是佛不是物喚
卍正59－0828b12, 作差別異旨好熱大不緊古人說箇我宗無語句亦無一
卍正59－0828b13, 法與人已是拖泥帶水了也何況更去外邊討奇特玄妙
卍正59－0828b14, 豈非妄乎有箇頌子畢似大衆卽心是佛已怮怛那堪

卍正59－0828b15, 心外更馳求不如直下便休去日用縱橫得自由
卍正59－0828b16, 張丞相請普說僧海鵬問九江夜渡暗傷神將謂無言坐
卍正59－0828b17, 少林大庚嶺頭光相現再敎古佛震雷音師云海鵬飛過
卍正59－0828b18, 海邊去撞著海幢還自回進云恁麽則諸天捧花無路外
卍正59－0828b19, 道潛覰不見師云無孔鐵鎚當面擲進云也知和尙有此
卍正59－0828b20, 一句子師云這一句子忘却多時了也進云直得上無攀
卍正59－0829a01, 仰下絶已躬師云莫將惡水潑人進云只如逢人卽出出
卍正59－0829a02, 則不爲人逢人不出出卽便爲人未審此意如何師云分
卍正59－0829a03, 身兩處看進云這二尊宿竊得臨濟些子家風便恁麽道
卍正59－0829a04, 和尙是圓悟嫡子未審作麽生道師云穿却你鼻孔換却
卍正59－0829a05, 你眼睛進云恁麽則非惟祖道重光亦乃秦國肉猶暖在
卍正59－0829a06, 師云箚僧禮拜僧問入門須辨主端的請師分師云我
卍正59－0829a07, 今日不答你這話進云直得龍馳虎驟去也師云話頭也
卍正59－0829a08, 不識進云和尙也在裏許師云川僧磊苴鉢盂裏走馬進
卍正59－0829a09, 云謝和尙供養師云果然不識話頭僧左邊一拍師云錯
卍正59－0829a10, 僧右邊一拍師便打云再犯不容僧禮拜師乃云問得
卍正59－0829a11, 也好不問最親何故此事若在爭鋒唇舌之間則古德不
卍正59－0829a12, 云玄道在乎妙悟旣在乎妙悟直得如天普蓋似地普擎
卍正59－0829a13, 如象王渡河徹底截流而過便恁麽去猶是扶籬摸壁鈍
卍正59－0829a14, 根阿師況復草窠裏頭出頭沒大似鄭州出曹門且喜沒
卍正59－0829a15, 交涉若向這裏撥得一線路方知秦國太夫人只今在諸
卍正59－0829a16, 人眼裏耳裏鼻裏舌裏身裏意裏轉大法輪且道說箇甚
卍正59－0829a17, 麽法還委悉麽以拂子擊禪床一下云說這箇法所以道
卍正59－0829a18, 在眼謂之見風卷浮雲幾千片在耳謂之聞一曲漁歌過
卍正59－0829a19, 遠村在鼻謂之齅旃檀薝蔔無昏晝在舌謂之嚐新茗烹

卍正59－0829a20, 來味轉長在身謂之觸本來無垢何妨浴在意謂之思前
卍正59－0829b01, 塵落謝幾多時秦國太夫人說如是法汝等諸人當如是
卍正59－0829b02, 會方知如是之法如是知如是見如是信解不生法相正
卍正59－0829b03, 當恁麽時且道秦國太夫人還有末後句也無又以拂子
卍正59－0829b04, 擊禪床云如是如是復云圓悟眞覺先師與相門三世
卍正59－0829b05, 有大法緣偶然時節到來今日在開福說法李長者所謂
卍正59－0829b06, 無邊刹境自他不隔於毫端十世古今始終不離於當念
卍正59－0829b07, 非是强爲法如是故蓋太夫人福足慧足在女流中眞大
卍正59－0829b08, 丈夫有所不如非某一已之私實普天之下無有不知者
卍正59－0829b09, 一生游戲般若看箇狗子無佛性話一言之下打破漆桶
卍正59－0829b10, 便能棒打石人頭剝剝論實事如實修行如實悟入乃至
卍正59－0829b11, 造次顚沛無不在規矩中及乎臨啓手足時以平音悟道
卍正59－0829b12, 頌從頭說一遍却向禪床上忽然坐脫去雖三五十年修
卍正59－0829b13, 行老衲也未到這般田地這箇造僞不得世間好造僞者
卍正59－0829b14, 臨死生禍福之際手足俱露何以故那時不容造僞這箇
卍正59－0829b15, 計較不得安排不得不取口頭辨教中說四大五蘊一離
卍正59－0829b16, 散時如斷石人頭一斷永續不得捨識之後有五處可驗
卍正59－0829b17, 平生行履謂頂煖心煖腹煖膝煖脚煖若一生造惡底人
卍正59－0829b18, 風火散後脚心煖時便是入地獄證候也膝煖時定墮旁
卍正59－0829b19, 生中腹煖入鬼趣心煖生人道頂煖生天況復悟明心地
卍正59－0829b20, 底人何患不生好處適來所謂棒打石人頭剝剝論實事
卍正59－0830a01, 出家兒在家菩薩若是去生死處不知下落張無盡所謂
卍正59－0830a02, 返不如二家村裏省事漢須是如他秦國太夫人臨終付
卍正59－0830a03, 囑一一分明方始契得圭峯道作有義事是惺悟心惺悟
卍正59－0830a04, 不由情臨終能轉業作無義事是散亂心散亂隨情轉臨

卍正59－0830a05, 終被業牽當爾之時惡業作主鬼來借宅自家本地風光
卍正59－0830a06, 本來面目黑漫漫地冥冥濛濛生天堂也不知入地獄也
卍正59－0830a07, 不知世間福慧秦國太夫人不在言也此是世間第一等
卍正59－0830a08, 討便宜底人何故我祖師門下只有箇單傳心印一念不
卍正59－0830a09, 生前後際斷一著子却被他透徹便能坐斷報化佛頭臨
卍正59－0830a10, 行之際果得受用某被罪兩處首尾十七年此者荷　聖
卍正59－0830a11, 恩再得爲僧得得來要爲秦國太夫人發揚此事令未聞
卍正59－0830a12, 者聞未信者信如是而已今日又蒙丞相以法爲親請陞
卍正59－0830a13, 座擧揚以資冥福不免擧一則古話應箇時節昔日淩行
卍正59－0830a14, 婆參見趙州和尙諸人要識張國太麽便是有規矩底淩
卍正59－0830a15, 行婆要識淩行婆麽便是攪叢林無規矩底張國太淩行
卍正59－0830a16, 婆一日使婢子送些錢物與趙州云請和尙轉一藏經趙
卍正59－0830a17, 州接得卽時叫粧香著遂遶禪床一匝謂婢子曰歸擧似
卍正59－0830a18, 婆與你轉經了也這婆子也聒噪人趙州通身是眼這婆
卍正59－0830a19, 子通身是膽來趙州面前[手夕寸]虎鬚却云瞞老婆在元來只
卍正59－0830a20, 轉得半藏大衆要識淩行婆麽聽山僧下箇注脚請轉一
卍正59－0830b01, 藏只半藏瞞他婆子眼不得且作麽生是婆子眼還委悉
卍正59－0830b02, 麽此時若不究根源直待當來問彌勒
卍正59－0830b03, 張龍學侍郞爲秦國太夫人請普說僧問香嚴上樹話意
卍正59－0830b04, 旨如何師云吃瞭舌頭三千里進云香嚴呵呵大笑意旨
卍正59－0830b05, 如何師云雲在嶺頭閑不徹水流澗下太忙生進云恁麽
卍正59－0830b06, 則藏身露影得人憎師云你且道是樹上語樹下語進云
卍正59－0830b07, 一狀領過師云洎不問過僧問承師有言請轉一藏只
卍正59－0830b08, 半藏瞞他婆子眼不得未審那裏是婆子眼師云你今日
卍正59－0830b09, 被我熱瞞不少進云大小趙州爲甚麽却被婆子瞞師云

卍正59－0830b10, 大小婆子却被趙州瞞進云到這裏畢竟事作麽生師云
卍正59－0830b11, 也無畢竟也無作麽生進云若不同床睡焉知被底穿師
卍正59－0830b12, 云閑言語僧問承師有言我這裏是海蚌禪纔開口差
卍正59－0830b13, 瑜異寶便在面前今日朝宰臨筵請師拈出師云劒去久
卍正59－0830b14, 矣爾方刻舟進云和尙恁麽道還有爲人處也無師云有
卍正59－0830b15, 進云如何是和尙爲人處師云速禮三拜進云六般神用
卍正59－0830b16, 空不空一顆圓明色非色師云教休不肯休直待雨淋頭
卍正59－0830b17, 便打進云只如觀音大士現一十九身說法未審說甚麽
卍正59－0830b18, 法師擧拂子云說這箇法進云未審這箇是甚麽法師云
卍正59－0830b19, 聾人爭得聞進云只如秦國太夫人現婦女身而讀是法
卍正59－0830b20, 未審與觀音大士是同是別師云是別進云恁麽則三轉
卍正59－0831a01, 法輪於大千其輪本來常淸淨師云且莫搽胡他僧禮拜
卍正59－0831a02, 師乃云三轉法輪於大千其輪本來常淸淨便恁麽會得
卍正59－0831a03, 方知秦國太夫人與觀音大士同一眼見同一耳聞同一
卍正59－0831a04, 鼻齅同一舌嘗同一身觸同一意思無同異中熾然成異
卍正59－0831a05, 異彼所異因異立同同異發明因此復立無同無異正當
卍正59－0831a06, 恁麽時喚作有亦不得喚作無亦不得喚作非有非無亦
卍正59－0831a07, 不得喚作秦國太夫人說法亦不得喚作觀音大士說法
卍正59－0831a08, 亦不得若於亦不得處撥得一線路方知眼見亦是這箇
卍正59－0831a09, 法耳聞亦是這箇法鼻齅亦是這箇法舌嘗亦是這箇法
卍正59－0831a10, 身觸亦是這箇法意思亦是這箇法觀音大士所說亦是
卍正59－0831a11, 這箇法秦國太夫人所說亦是這箇法若到妙喜分上又
卍正59－0831a12, 却不然敢問大衆到這裏合作麽生還委悉麽千峰勢到
卍正59－0831a13, 嶽邊止萬派聲歸海上消（意旨不錄）復云此是龍學侍郞今
卍正59－0831a14, 日爲秦國太夫人揮金辨供請妙喜老比丘說法底意旨

卍正59－0831a15, 秦國一生行履處天下人知啓手足時了了分明正念現
卍正59－0831a16, 前撒手便行更不周由者也這一段事留與衆生界中作
卍正59－0831a17, 佛法種子況龍學侍郞與大丞相所謂同聲相應同氣相
卍正59－0831a18, 求若論公家縉紳中各出一隻手扶持社稷蘇活生靈在
卍正59－0831a19, 吾敎中乃是般若眷屬所以今日得得作此勝緣意爲秦
卍正59－0831a20, 國發揚此事然此事不在多知多解不在貴不在賤不在
卍正59－0831b01, 老不在少趙州和尙道百歲老人不及我者我卽敎之三
卍正59－0831b02, 歲小兒過我者我卽師之看他古人何曾執著我能我解
卍正59－0831b03, 高立界墻我是他非來祖師門下法無是無非無人無我
卍正59－0831b04, 這箇拈出呈似人不得說與人不得淸涼國師云語證則
卍正59－0831b05, 不可以示人說理則非證不了雖然拈似人不得不可獨
卍正59－0831b06, 是我知我解若如此則佛法不遍一切處只爲佛法平等
卍正59－0831b07, 故應以佛身得度者卽現佛身而爲說法應以宰官身乃
卍正59－0831b08, 至比丘比丘尼身得度者卽現此身而爲說法這箇說話
卍正59－0831b09, 且道後來曾有効驗也無又安得無豈不見傳燈錄載唐
卍正59－0831b10, 文宗好食蛤蜊一日御廚中有擘不開者監廚使奏帝以
卍正59－0831b11, 爲異因焚香禱之乃開卽見觀音形梵相具足帝貯以金
卍正59－0831b12, 粟檀香合乃宣左右街供奉經論大德問此何祥瑞皆無
卍正59－0831b13, 知者卽奏云終南山有惟政禪師深明佛理必知此事文
卍正59－0831b14, 宗遂詔問之政曰臣聞物理無虛應此乃啓陛下信心耳
卍正59－0831b15, 帝曰出何敎典政曰不見契經云應以此身得度者卽現
卍正59－0831b16, 此身而爲說法文宗具大知見便云此身已現但未聞其
卍正59－0831b17, 說法耳政公到此若[視土]著關捩子不轉定被文宗靠倒却
卍正59－0831b18, 云陛下覩此爲常耶非常耶信耶不信耶文宗曰希奇之
卍正59－0831b19, 事朕深信焉政曰陛下已聞說法竟文宗於此忽然如睡

卍正59－0831b20, 夢覺如蓮花開方知此一大事因緣決定不從人得旣然
卍正59－0832a01, 如是適來禪客如是問妙喜如是答諸善男子善女人都
卍正59－0832a02, 在此曾聞者皆聞信者皆信聞信分明且道是箇甚麽良
卍正59－0832a03, 久云我不敢輕於汝等汝等皆當作佛
卍正59－0832a04, 沆州知府王朝議請普說僧問龍牙問翠微如何是祖師
卍正59－0832a05, 西來意微云爲我過禪板來微接得便打意旨如何師云
卍正59－0832a06, 無孔鐵鎚三箇竅進云又問臨濟如何是祖師西來意濟
卍正59－0832a07, 云爲我過蒲團來濟接得便打意旨如何師云三更三點
卍正59－0832a08, 鐵牛吼進云只如臨濟與翠微是同是別師云兩彩一賽
卍正59－0832a09, 進云恁麽則野色更無山隔斷月光直與水相通師云你
卍正59－0832a10, 爲復採胡臨濟採胡翠微進云請和尙定當看師云瞌睡
卍正59－0832a11, 漢僧便喝師云這一喝猶較些子進云白樂天問鳥窠如
卍正59－0832a12, 何是佛法的的大意窠云諸惡莫作衆善奉行又作麽生
卍正59－0832a13, 師云依而行之進云只如白樂天道三歲孩兒也解恁麽
卍正59－0832a14, 道窠云三歲孩兒雖道得八十翁翁行不得旣是八十翁
卍正59－0832a15, 翁爲甚麽行不得師云爛泥有刺進云今日忽被知府朝
卍正59－0832a16, 議伸此一問未審和尙如何祇對師云普進云伯牙與子
卍正59－0832a17, 期不是閑相識便禮拜師乃云三藏孩兒雖道得八十
卍正59－0832a18, 翁翁行不得行不得底道理便是道不得處道不得底道
卍正59－0832a19, 理便是行不得處衲僧須向行不得處道取道不得處行
卍正59－0832a20, 取所以道行但行坐但坐總不得動著便恁麽會得高高
卍正59－0832b01, 峯頂立不露頂深深海底行不濕脚正當恁麽時喚作佛
卍正59－0832b02, 亦不得喚作法亦不得喚作有亦不得喚作無亦不得恁
卍正59－0832b03, 麽也不得不恁麽也不得恁麽不恁麽總不得處放身捨
卍正59－0832b04, 命緩緩地起來恁麽也得不恁麽也得恁麽不恁麽總得

卍正59－0832b05, 有時拈一枝草作丈六金身有時將丈六金身作一枝草
卍正59－0832b06, 用不是强爲法如是故敢問法筵大衆只如今日知府朝
卍正59－0832b07, 議爲顯考通奉顯妣碩人二位尊靈作此佛事且道未作
卍正59－0832b08, 佛事已前還有箇消息也無若道有落在一邊畢竟如何
卍正59－0832b09, 還委悉麽二由一有一亦莫守一心不生萬法無咎　復
卍正59－0832b10, 云無常迅速生死事大這兩句子便是先德參禪底題目
卍正59－0832b11, 今時有一種士大夫被世間名利所奪脚跟下一段大事
卍正59－0832b12, 因緣往往闊略日往月來不覺不知相將到結交頭便手
卍正59－0832b13, 忙脚亂若是這一片田地知得下落了了分明底人任從
卍正59－0832b14, 生死變遷直是移易他一絲毫不得如未知得須是回光
卍正59－0832b15, 返照每日自家纔下床來洗漱了便與世間相酬酢或好
卍正59－0832b16, 或惡折旋俯仰這箇道理從甚麽處來妙喜常說士大夫
卍正59－0832b17, 家九經十七史裏面興亡治亂逆順邪正纔擧起滔滔念
卍正59－0832b18, 將去稍一事不知便以爲耻恐人嗤笑爲孤陋寡聞及乎
卍正59－0832b19, 問他尊官今年幾歲或云五十歲却問他五十一年前未
卍正59－0832b20, 託母胎時本命元辰安頓在甚麽處及至生下來從微至
卍正59－0833a01, 長所作所爲只如與妙喜相酬酢底一段歷歷孤明從甚
卍正59－0833a02, 麽處來須是知得來處始得伱纔不知卽是生太今生縱
卍正59－0833a03, 壽一百歲百歲之後不免一死當爾時雖有眼如蒲萄朶
卍正59－0833a04, 面前靑黃赤白好惡境界都不能見何故蓋眼識已絕雖
卍正59－0833a05, 有耳鐘鈴螺鼓琴瑟箜篌種種音聲都不能聞何故蓋耳
卍正59－0833a06, 識已絕雖有鼻燒旃檀牛糞都不聞香臭何故蓋鼻識已
卍正59－0833a07, 絕雖有舌苦酸鹹淡都不能分別何故蓋舌識已絕有箇
卍正59－0833a08, 父母所生之身平日寒時要衣飢時要食風火一散火燒
卍正59－0833a09, 刀斫都不知痛及乎面前眷屬號慟悉不能知旣然眼耳

卍正59－0833a10, 鼻舌身意色聲香味觸法進十二處十八界一時空了却
卍正59－0833a11, 能知九經十七史興亡治亂逆順邪正底從甚麽處去纔
卍正59－0833a12, 涉思量心裏黑漫漫地都不知得旣不知去處卽是死大
卍正59－0833a13, 故儒者亦曰生死亦大矣所以道無常迅速生死事大百
卍正59－0833a14, 歲光陰只在一刹那一刹那悟去一念萬年萬年一念無
卍正59－0833a15, 古無今無聖無凡無男無女等相喚作一道淸淨平等法
卍正59－0833a16, 門皆吾心常分非假於他術世間有此殊勝之事衆生日
卍正59－0833a17, 用而不知枉來南閻浮提打一遭虛生浪死誠爲可惜不
卍正59－0833a18, 見永嘉大師因看維摩經有所悟徑往曹溪定宗旨纔見
卍正59－0833a19, 祖師更不燒香禮拜便遶禪床三帀振錫一下卓然而立
卍正59－0833a20, 祖師曰夫沙門具三千威儀八萬細行行行無虧大德從
卍正59－0833b01, 何方而來生大我慢你看祖師門戶大波瀾闊永嘉把他
卍正59－0833b02, 所得處作一檐子送在祖師面前却只換他底作我慢永
卍正59－0833b03, 嘉云生死事大無常迅速你道這箇道理是怎生莫作禪
卍正59－0833b04, 會他振錫而立直以道相見祖師旣不放過喚他作我慢
卍正59－0833b05, 遂不免依實供通云生死事大無常迅速所以無暇燒香
卍正59－0833b06, 禮拜道理只是如此祖師又去語下討他云何不了取無
卍正59－0833b07, 生達無速乎永嘉云了卽無生達本無速祖師見他通得
卍正59－0833b08, 消息是卽向他道汝甚得無生意若是如今禪和子開恁
卍正59－0833b09, 麽道便謂祀師印證我貼在額頭上到處欺負人道我得
卍正59－0833b10, 無生意永嘉識破祖師不是好心却云無生豈有意耶蓋
卍正59－0833b11, 以意分別卽是生死根本何謂意分別這箇是王知府那
卍正59－0833b12, 箇是報恩長老若不分明如何知得是張三李四祖師曰
卍正59－0833b13, 無意誰爲分別永嘉云分別亦非意大衆好箇分別亦非
卍正59－0833b14, 意雖然如是可惜放過若是德山臨濟須與椎一頓趁出

卍正59－0833b15, 三門外祖師向這裏便倒地贊言善哉善哉旣而辭去祖
卍正59－0833b16, 師云大德從何方而來返太速壬永嘉云本自非動豈有
卍正59－0833b17, 速耶祖師云誰知非動永嘉云仁者自生分別祖師云少
卍正59－0833b18, 留一宿故名一宿覺有一本證道歌行於世以要言之不
卍正59－0833b19, 出無常迅速生死事大而巳其餘皆是注脚學道之人若
卍正59－0833b20, 是眞實見得自家本地風光本來面目來無所從去無所
卍正59－0834a01, 至湛然常住不動不變底道理生則從他生不被生之所
卍正59－0834a02, 遷死則從他死決定有不死底道理何故見得我只擧眼
卍正59－0834a03, 前一件事向諸人且如知府朝議今日追薦顯考通奉妣
卍正59－0834a04, 碩人還知二尊魂決定不曾死麼若是不識者往往信不
卍正59－0834a05, 及若知府朝議纔起一念則通奉與碩入平昔起居問訊
卍正59－0834a06, 儼然在方寸中湛然不動也不見有生相也不見有死相
卍正59－0834a07, 這箇爲復死得死不得只這不死底便是自家得力處恁
卍正59－0834a08, 麼說了你諸人各有所生父母或存或亡把這海印三昧
卍正59－0834a09, 一印印定更無纖毫差別異旨須知此事在凡同凡在聖
卍正59－0834a10, 同聖向一切處作大佛事應以佛身得度者卽現佛身而
卍正59－0834a11, 爲說法應以宰官乃至比丘身得度者悉現其身而爲說
卍正59－0834a12, 法敢問大衆且道說箇甚麼法良久云向下文長付在來
卍正59－0834a13, 日以拂子擊禪牀下座
卍正59－0834a14, 大慧普覺禪師普說一
卍正59－0834a15,
卍正59－0834a16, 大慧普覺禪師普說二
卍正59－0834a17, 參學道先錄
卍正59－0834a18, 師住明州育王山入院當晚普說僧問一俸一喝賓主歷
卍正59－0834a19, 然大用現前請師一接師云千鈞之弩不爲鼷鼠而發機

卍正59－0834a20, 進云學人到這裏便領禪師話去也師云你作麼生會進
卍正59－0834b01, 云一棒一條痕一摑一掌血師云自領出去進云教學人
卍正59－0834b02, 如何湊泊師云也無湊泊也無如何進云禪師豈無方便
卍正59－0834b03, 師云亦無禪師亦無方便進云只如德山入門便棒此理
卍正59－0834b04, 如何師云亦無德山棒亦無此理進云臨濟入門便喝又
卍正59－0834b05, 作麼生師云亦無臨濟喝亦無作麼生進云育王門下如
卍正59－0834b06, 何施設師云亦不見有育王座上亦不曾說法進云爭奈
卍正59－0834b07, 起伊尹於莘野不亦宜乎師云道甚麼進云見童子於互
卍正59－0834b08, 鄉與其進也師云你更念看進云一等共攀仙桂樹又折
卍正59－0834b09, 蟾宮第一枝師云那箇是第一枝進云和尙手中拂子
卍正59－0834b10, 跳上三十三天師云脫空謾語得人憎進云謝師答話師
卍正59－0834b11, 云且莫詐明頭僧禮拜師乃云一問一答且要血脉不
卍正59－0834b12, 斷有底只管念將去及乎師家本分答他又理會不得正
卍正59－0834b13, 如不解使船底人各自撐向一邊去彼此無利益適來禪
卍正59－0834b14, 客問得却較些子今夜與諸人擧一兩則問話底樣子僧
卍正59－0834b15, 問靈雲混沌未分時如何答云露柱懷胎僧云分後如何
卍正59－0834b16, 答云猶如片雲點大淸看他作家見作家自然箭鋒相柱
卍正59－0834b17, 又問只如太淸還受點也無靈雲不對古人識法者懼若
卍正59－0834b18, 是如今杜撰禪和便道長老被我問得口啞這僧旣領略
卍正59－0834b19, 這話又問恁麼則含生不來也又不對此兩箇不答最毒
卍正59－0834b20, 害更過如一棒一蝎又問直得純淸絶點時如何答曰猶
卍正59－0835a01, 是眞常流注僧云如何是眞常流注答曰似鏡長明僧云
卍正59－0835a02, 向上更有事也無答曰有僧云如何是向上事答曰打破
卍正59－0835a03, 鏡來相見圓悟先師曾拈云如今討箇似鏡長明底早是
卍正59－0835a04, 難得何況打破鏡來相見宗師家直向頂[寧頁]上提起教人

卍正59－0835a05, 易見這箇方始是問話又梁山觀和尚會下有箇園頭參
卍正59－0835a06, 得禪衆中多有不信者一日有僧去撩撥他要其露消息
卍正59－0835a07, 乃問園頭何不出來問堂頭一兩則話結緣曰我除是不
卍正59－0835a08, 出問若出須教箇老漢下禪牀立地在及梁山上堂果然
卍正59－0835a09, 出問家賊難防時如何山云識得後不爲寃曰識得後如
卍正59－0835a10, 何山云遞向無生國裏曰莫便是他安身立命處也無山
卍正59－0835a11, 云死水不藏龍曰如何是活水裏龍山云興波不作浪曰
卍正59－0835a12, 忽遇傾湫倒嶽來時如何梁果然從法座上走下來把住
卍正59－0835a13, 云闍梨莫教濕却老僧袈裟角他且不是計較來因甚鬪
卍正59－0835a14, 湊得恰好將知悟底人與悟底人相見自然縱奪可觀此
卍正59－0835a15, 是洞下因緣不可臨濟下不得舉如今諸方各宗其宗各
卍正59－0835a16, 師其師各父其父各子其子況不信有妙悟謂悟是建立
卍正59－0835a17, 如斯見解欲到諸佛大解脫境界不亦遠乎所以山僧力
卍正59－0835a18, 排此輩謂之斷佛慧命千佛出世不通懺悔非是生滅他
卍正59－0835a19, 且要救取未學之弊又有箇法一長老如今住長蘆妄說
卍正59－0835a20, 隻履西歸話狐魅學者這般惡口穢談吾輩嫌不用底渠
卍正59－0835b01, 自以爲奇特枯骨有甚麽汁又謂晦堂退院後方理會得
卍正59－0835b02, 此話這箇欺誣亡沒尤更[區寸]耐晦堂若果爾豈非二十年
卍正59－0835b03, 立僧住院是說脫空瞞人比擬建立門庭不知連祖翁一
卍正59－0835b04, 時壞了若是眞實有妙悟底人論甚五家宗派會則事同
卍正59－0835b05, 一家不會則萬別千差既要出來擔荷佛祖重任須具大
卍正59－0835b06, 丈夫志氣始得且道是誰不見洛浦久爲臨濟侍者也學
卍正59－0835b07, 得一喝用事一日有箇座主問臨濟曰有人在三乘十二
卍正59－0835b08, 分教明得有人在三乘十二分教明不得未審是同是別
卍正59－0835b09, 臨濟未及答渠便攙行奪市云這裏是甚所在說同說別

卍正59－0835b10, 濟便下座又似肯他又似掘坑埋他少頃却問適來這僧
卍正59－0835b11, 作麼生浦便喝濟又休去浦行數步濟却問你喝老僧那
卍正59－0835b12, 浦云是被臨濟拽柱杖便打趕出乃云好箇赤梢鯉魚不
卍正59－0835b13, 知向誰家虀甕裏淹殺浦遂徑往來山更不問主人直去
卍正59－0835b14, 主山上卓庵夾山得知乃修書遣僧持往浦接得便坐却
卍正59－0835b15, 再展手索僧無對浦打出云歸擧似和尙僧回擧似夾山
卍正59－0835b16, 山云這僧若看書三日內必來若不看此人救不得不知
卍正59－0835b17, 書中道甚底浦開書果是來夾山預令人伺其出便焚其
卍正59－0835b18, 居浦更不回頭奇哉成佛作祖還這般性懆漢若是今時
卍正59－0835b19, 禪和子被燒却庵且思量我包袱裏有多少衣鉢抄錄得
卍正59－0835b20, 有多少玄言妙句討箇似洛浦略不經意往往難得旣見
卍正59－0836a01, 夾山更不禮拜當面叉手而立山云難宿鳳巢素非同類
卍正59－0836a02, 出去浦云自遠趍風乞師一接山云目前無闍梨此間無
卍正59－0836a03, 老僧浦便喝幸自好了却被夾山念一道眞言一禁禁住
卍正59－0836a04, 云住住且莫草草忽忽雲月是同溪山各異截斷天下人
卍正59－0836a05, 舌頭卽不無闍梨爭敎無舌人解語浦低頭思量被夾山
卍正59－0836a06, 拽柱杖便打因此服膺數載遂爲夾山之嗣後來住山示
卍正59－0836a07, 衆云末後一句始到牢關坐斷要津不通凡聖欲知上流
卍正59－0836a08, 之士不將佛祖見解貼在額頭上如靈龜負圖自取喪身
卍正59－0836a09, 之兆又道任從天下樂欣欣我獨不肯大法旣明便解打
卍正59－0836a10, 開自家庫藏運出自巳家財何嘗守繫驢橛謂這箇語有
卍正59－0836a11, 偏正那箇語不觸諱臘月三十日將那一轉語敵他生死
卍正59－0836a12, 若是册子上念得底師承學解底總用不著棒打石人頭
卍正59－0836a13, 剝剝論實事山僧十三歲方發蒙上學只得十三日便去
卍正59－0836a14, 出家旣而落髮早知有此事雖在村院裏常要買諸家語

卍正59－0836a15, 錄看雖理會未得然便喜雲門睦州說話汝等諸人未得
卍正59－0836a16, 箇入頭須得箇入頭旣得箇入頭不得辜負老僧又云今
卍正59－0836a17, 時人明明向道尙自不會豈況蓋覆將來僧問如何是展
卍正59－0836a18, 演之言曰量才補職如何是不展演之言曰伏惟尙享因
卍正59－0836a19, 此便出去行脚到處尋訪知識雲門曹洞潙仰臨濟以至
卍正59－0836a20, 三界唯心萬法唯識都理會來所至處纔兩遍入室早是
卍正59－0836b01, 相契然終是疑情不破參來參去因泐潭準和尙圓寂山
卍正59－0836b02, 僧時在侍旁因往荊州請塔銘於張無盡相公一見便相
卍正59－0836b03, 喜他是眞實悟底人我把學得底對他說也只眨得眼因
卍正59－0836b04, 問曰某甲如此說禪相公以謂如何曰賢見處甚好準老
卍正59－0836b05, 門庭如此正如生獅子相似乃以實告之曰不敢瞞相公
卍正59－0836b06, 亦不敢自瞞某甲未在公曰若爾須見川勤始得遂徑往
卍正59－0836b07, 京師天寧參佛果和尙竊自念言且辨一年工夫參這老
卍正59－0836b08, 子若依前似諸方印可我我卽作無禪論不信有禪宗也
卍正59－0836b09, 不若去弘持一經一論不失爲佛法中人纔掛搭得四十
卍正59－0836b10, 二日忽張康國夫人入寺設齋請老和尙陞座因擧僧問
卍正59－0836b11, 雲門如何是諸佛出身處雲門云東山水上行蓋山僧曾
卍正59－0836b12, 參見一老宿過此話來老宿問東山水上行你如何會答
卍正59－0836b13, 云東山水上行衆中謂之作得主不受人回換明日又問
卍正59－0836b14, 依前如此答任你千變萬化我只管東山水上行擧話時
卍正59－0836b15, 又要大瞠眼來顧謂之擧不顧卽差互不妨會得好過得
卍正59－0836b16, 這一節了却問意旨如何這裏又要一轉語後數日忽然
卍正59－0836b17, 道得老宿又問東山水上行意旨如何答云脚跟不點地
卍正59－0836b18, 老宿深肯曰此語蓋天蓋地與老僧在先師處下底語一
卍正59－0836b19, 般被他教壞半信半疑所以道大疑之下必有大悟圓悟

卍正59－0836b20, 先師曰若是天寧卽不然或有人問如何是諸佛出身處
卍正59－0837a01, 只對他道熏風自南來殿閣生微凉向這裏忽然打破漆
卍正59－0837a02, 桶去却礙膺之物如斬一結亂絲一斬一時斷始信世界
卍正59－0837a03, 上眞箇有禪自此不疑佛不疑祖不疑天下老和尙舌頭
卍正59－0837a04, 方知祖師道法法本來法無法無非法何於一法中有法
卍正59－0837a05, 有不法元來正抓著我痒處從此便發願以自家所證所
卍正59－0837a06, 悟處布施一切人一條黑漆竹篦佛來也打祖來也打將
卍正59－0837a07, 父母所生口抖擻氣力說與諸人莫將作容易只恐更過
卍正59－0837a08, 三五年死去無人爲你說却思量我在當念無常殺鬼念
卍正59－0837a09, 念不停百歲光陰只在一刹那快著精彩一刹那悟去不
卍正59－0837a10, 被生死輪轉所以眞淨和尙道佛法至妙無之但未至於
卍正59－0837a11, 妙則互有長短苟至於妙則悟心之人如實知自心究竟
卍正59－0837a12, 本來成佛如實自在如實安樂如實解脫如實淸淨而日
卍正59－0837a13, 用惟用自心自心變化把得便用莫問是非擬心思量已
卍正59－0837a14, 不是也不擬心一一天眞一一明妙一一如蓮花不著水
卍正59－0837a15, 所以迷自心故作衆生悟自心故成佛而衆生卽佛佛卽
卍正59－0837a16, 衆生由迷悟故有彼此也如今學者多不信此心不悟自
卍正59－0837a17, 心不得自心明妙受用不得自心安樂解脫心外妄有禪
卍正59－0837a18, 道妄立奇特妄生取捨縱修行皆落外道二乘禪寂斷見
卍正59－0837a19, 境界眞淨之說正爲破今時誑妄說法之流謂佛法可以
卍正59－0837a20, 傳授這箇奇特玄妙我只傳你切勿敎張三李四知立你
卍正59－0837b01, 七代先靈昔有僧問趙州如何是玄中玄州云你玄來多
卍正59－0837b02, 少時僧云立來久矣州云賴遇老僧泊合玄殺這屢生子
卍正59－0837b03, 先師嘗謂趙州禪只在口唇皮邊誠哉是言州云我這裏
卍正59－0837b04, 易見難職諸方難見易識有一秀才問佛不違衆生之願

卍正59－0837b05, 是否州云是曰就和尙覓手中柱杖得否州云君子不奪
卍正59－0837b06, 人所好曰我非君子州云我亦非佛問如何是道州云在
卍正59－0837b07, 墻外曰我不聞這箇道州云你問甚麽道曰大道州云大
卍正59－0837b08, 道通長安有周員外者來相見州云從甚處來曰非來非
卍正59－0837b09, 去却作禪祇對正如去蘇東坡面前說文章相似且賞伊
卍正59－0837b10, 膽大州云你不是老鴉飛來飛去所謂易見難識向甚麽
卍正59－0837b11, 處捉摸他教中道如以手掌撮摩虛空秖益自勞虛空云
卍正59－0837b12, 何隨汝執捉非但從上諸佛諸祖如是官使直閣判府敷
卍正59－0837b13, 文亦如是簽判節推亦如是縣丞司法亦如是光孝法姪
卍正59－0837b14, 禪師亦如是現前大衆亦如是妙喜亦如是畢竟如何如是
卍正59－0837b15, 如是便下座姜機宜請普說僧問王常侍問臨濟這一
卍正59－0837b16, 堂僧還看經否濟云不看經曰還坐禪否濟云不坐禪曰
卍正59－0837b17, 旣不看經又不坐禪却作甚麽濟云總教他成佛去此理
卍正59－0837b18, 如何師云師子一滴乳進云恁麽則天生釋迦自然彌勒
卍正59－0837b19, 師云刀山劍樹進云金屑雖貴落眼成翳還有衲僧巴鼻
卍正59－0837b20, 也無師云作麽生無進云如是則今日一問偶爾成文師
卍正59－0838a01, 云將錯就錯進云金屑雖貴亦無處設底道理師云川僧
卍正59－0838a02, 自來沒頭腦進云臨濟不犯鋒鋩總教成佛未審和尙如
卍正59－0838a03, 何師云我這裏無如何進云却開許多鋪席作甚麽師云
卍正59－0838a04, 亦無許多鋪席進云莫瞞人好師微笑師乃云尋牛須訪
卍正59－0838a05, 跡學道訪無心跡在牛還在無心道易尋這箇不是世間
卍正59－0838a06, 土木瓦石無知無覺底無心若得這箇無心不被物之所
卍正59－0838a07, 轉不被生死之所遷流不被佛法之所染汚故曰勿謂無
卍正59－0838a08, 心云是道無心猶隔一重關此語正爲破你無知無覺土
卍正59－0838a09, 木瓦石休去歇去古廟香爐去一條白練去冷啾啾地去

卍正59-0838a10, 底無心修行人惟恐失方便纔失方便則錯認古人方便
卍正59-0838a11, 語作實法會了所以道見人須棄敲門物得路仍忘喉子
卍正59-0838a12, 名從上諸佛諸祖所說之法無非是箇道理何以故釋迦
卍正59-0838a13, 老子說三百六十餘會敎滿龍宮法周沙界末後臨般涅
卍正59-0838a14, 槃因甚麼只三四句便潑撒了道始從鹿野苑終至跋提
卍正59-0838a15, 河於是二中間未嘗說一字只這便是忘却喉子名棄却
卍正59-0838a16, 敲門物也豈不見香巖在百丈會中問一答十問十答百
卍正59-0838a17, 却到潙山山云吾不問汝平生學解及策子經卷上記得
卍正59-0838a18, 者汝未出父母胞胎未辨東西時道將一句來香巖忙然
卍正59-0838a19, 無對若是今時杜撰差排底往往以不作聲默然無言處
卍正59-0838a20, 爲父母未生時事又謂纔開口便落今時莫錯會好切忌
卍正59-0838b01, 向無言無說處埰根此處賺人當時香嚴旣不能抵對乃
卍正59-0838b02, 白潙山曰願知尙爲某甲說山曰吾說得是吾見解於汝
卍正59-0838b03, 何益乎嚴遂歸堂遍檢所集請方語句無一言可將酬對
卍正59-0838b04, 乃自歎曰此生不學佛法也只得邉箇力且作笹長行粥
卍正59-0838b05, 飯僧直往南陽覩忠國師遺迹遂憩止焉一日因山中芟
卍正59-0838b06, 除草木以瓦礫擊竹作聲廓然省悟乃述頌曰一擊忘所
卍正59-0838b07, 知更不自修治動容揚古路不墮悄然機處處無蹤跡聲
卍正59-0838b08, 色外威儀諸方達道者咸言上上機山僧昔年曾與佛性
卍正59-0838b09, 道話及此因謂佛性曰香嚴此頌美則美矣然未免繁詞
卍正59-0838b10, 若據某只稍一擊忘所知便了佛性大以爲然却謂山僧
卍正59-0838b11, 曰五祖師翁頌狗子無佛性話曰趙州露刃劒寒霜光焰
卍正59-0838b12, 焰更擬問如何分身爲兩段亦只消趙州露刃劒足矣也
卍正59-0838b13, 剩了下面三句山僧亦以爲然學道人若會得趙州露刃
卍正59-0838b14, 劒便會得一擊忘所知自然到眞實無心處昔有僧問忠

卍正59－0838b15, 國師如何用心卽得成佛曰無心可用卽得成佛山僧愛

卍正59－0838b16, 這般說話常常擧似諸人要你著眼腦所謂著眼腦却不

卍正59－0838b17, 是敎你瞠眉努眼去領略他只要心孔開智眼明直拔到

卍正59－0838b18, 無心境界又問旣是無心阿誰成佛曰無心自成佛成佛

卍正59－0838b19, 亦無心又問旣若無心誰能住世說許多敎迹曰說敎迹

卍正59－0838b20, 亦無心又問無心應無說也曰上座卽今說底便是無說

卍正59－0839a01, 不是離說別覔無說也好大衆所謂善說法要分明向你

卍正59－0839a02, 道若離說底別覔無說則打作兩橛落斷常之見世諦流

卍正59－0839a03, 布也又問說法旣無心行欲亦無心得否諸人要識金剛

卍正59－0839a04, 圈栗棘蓬只這是却不是這僧透國師金剛圈呑國師栗

卍正59－0839a05, 棘蓬倒是國師透他金剛圈呑他栗棘蓬這僧意謂一切

卍正59－0839a06, 無心時世人現行貪欲瞋恚癡五欲八風如何喚作無心

卍正59－0839a07, 得你看國師弄得活便道無心卽無欲好箇無心卽無欲

卍正59－0839a08, 又問旣是無心卽成佛和尙卽今成佛否曰心尙無阿誰

卍正59－0839a09, 成佛又問旣無可成卽得佛用否曰我心尙無用從何有

卍正59－0839a10, 又問旣無可修萬法都無莫落斷見否曰本來無見阿誰

卍正59－0839a11, 道斷又問本來無見莫落空否曰無空可落又問有可墮

卍正59－0839a12, 否曰空旣是無墮從何立又問能所俱無有人持刀來取

卍正59－0839a13, 命爲是有爲是無曰是無又問旣是無還有痛否曰痛亦

卍正59－0839a14, 無又問痛旣無死當生何道曰亦無死亦無生亦無道又

卍正59－0839a15, 問旣恁麼自在飢寒所逼若爲卽是曰飢時喫飯寒時著

卍正59－0839a16, 衣又問旣有飢寒還是有心曰汝言有心作何體段遂依

卍正59－0839a17, 實供通云無體段曰旣知飢寒無體段本來何曾有心這

卍正59－0839a18, 僧於此如睡夢覺如蓮花開若不是這般大爐韛如何烹

卍正59－0839a19, 煉得大根器人彼旣丈夫我寧不爾無常迅速生死事大

卍正59－0839a20, 旣是撥草瞻風尋訪知識要了此一段大事因緣須是快
卍正59－0839b01, 著精彩然亦不得太急如調琴之法絃急則聲促絃緩則
卍正59－0839b02, 曲不成如鷄抱卵要須煖氣相接第一要識方便若不然
卍正59－0839b03, 者不免認驢鞍撟作阿爺下頷錯認定盤星又不要去宗
卍正59－0839b04, 師口頭取辨有底是宗師說東便去東邊討說西便去西
卍正59－0839b05, 邊討殊不知悟得活祖師意底人如獅子王遊戲自在正
卍正59－0839b06, 在這裏咆哮驀地翻身一擲東西南北初無定度不是强
卍正59－0839b07, 爲法體本來如是不見釋迦老子問阿難曰一切衆生從
卍正59－0839b08, 無始來種種顚倒業種自然如惡叉聚諸修行人不能得
卍正59－0839b09, 成無上菩提乃至別成聲聞緣覺及成外道諸天魔王及
卍正59－0839b10, 魔眷屬皆由不知二種根本錯亂修習猶如煮沙欲成嘉
卍正59－0839b11, 饌縱經塵劫終不能得云何二種一者無始生死根本則
卍正59－0839b12, 汝今者用攀緣心爲自性者那箇是生死根本爲衆生認
卍正59－0839b13, 攀緣心爲自性由此流浪生死這箇亦是錯認方便二者
卍正59－0839b14, 無始菩提涅槃元淸淨體則汝今者識眞元明能生諸緣
卍正59－0839b15, 緣所遺者由諸衆生遺此本明雖終日行而不自覺枉入
卍正59－0839b16, 諸趣因甚麽枉入諸趣爲衆生不知緣從本明上起這箇
卍正59－0839b17, 是緊要處却因循緣遺棄本明所以雖終日行而不自覺
卍正59－0839b18, 此亦錯認方便也由是昧却本地風光迷却本來面目不
卍正59－0839b19, 知都是借路經過云何借路譬如有人問四明路向甚處
卍正59－0839b20, 去郎應之曰從寶幢市去前面有五里牌彼人一見便行
卍正59－0840a01, 可也若執亭堠爲四明是錯認方便也又如以物擊門門
卍正59－0840a02, 開則棄物若執物爲門亦錯認方便也所以華嚴會上善
卍正59－0840a03, 財童子到毘盧遮那莊嚴藏大樓閣前擧體投地從地而
卍正59－0840a04, 起作是念言此大樓閣是解空無相無願者之所住處是

卍正59－0840a05, 一切法無分別者之所住處是以一劫入一切劫以一切
卍正59－0840a06, 劫入一劫而不壞其相者之所住處是以一佛入一切佛
卍正59－0840a07, 以一切佛入一佛而不壞其相者之所住處如是讚歎樓
卍正59－0840a08, 閣無慮數千言因甚麽未曾入去時先知樓閣中有如是
卍正59－0840a09, 殊勝之事將知未入時事卽是裏面事然後見彌勒菩薩
卍正59－0840a10, 從別處來善財見已而白之言大聖我已先發阿耨多羅
卍正59－0840a11, 三藐三菩提心而未知菩薩云何學菩薩行云何修菩薩
卍正59－0840a12, 道一切如來授尊者記一生當得阿耨多羅三藐三菩提
卍正59－0840a13, 又讚歎得不奈何了乃白言惟願大聖開樓閣門令我得
卍正59－0840a14, 入時彌勒菩薩前詣樓閣彈指出聲其門卽開命善財入
卍正59－0840a15, 善財心喜入已還閉乃至於樓閣中見無量無邊不可思
卍正59－0840a16, 議自在境界然後彌勒菩薩入樓閣中又彈指一聲告善
卍正59－0840a17, 財言善男子起法性如是此是菩薩知諸法智因緣聚集
卍正59－0840a18, 所見之相如幻如夢如影如像悉不成就爾時善財聞彈
卍正59－0840a19, 指聲從三昧起問彌勒菩薩曰此莊嚴事何處去耶曰從
卍正59－0840a20, 來處去又問從何處來曰從菩薩智慧神力而來依菩薩
卍正59－0840b01, 智慧神力而住無有去處亦無住處非寂非常遠離一切
卍正59－0840b02, 以是觀之從上諸聖何曾以實法與人要識善財所證法
卍正59－0840b03, 門便是香嚴一聞擊竹聲豁然契悟一悟便忘其所證蓋
卍正59－0840b04, 楞嚴所謂入流亡所者也是以觀音菩薩初於聞中入流
卍正59－0840b05, 亡所所入旣寂動靜二相了然不生如是乃至生滅旣滅
卍正59－0840b06, 寂滅現前如今學道人多是得箇動相滅却坐在靜處由
卍正59－0840b07, 此寂滅不能現前旣不現前則心外有法坐在鬼窟裏不
卍正59－0840b08, 能轉動且道從上祖師那箇得寂滅現前不見馬大師開
卍正59－0840b09, 法江西時讓和尙謂衆曰道一爲衆說法總不見持箇消

卍正59－0840b10, 息來遂遣一僧去云待伊上堂你但問作麼生伊道底言
卍正59－0840b11, 語記將來僧去一如所教回謂讓曰馬師道自從胡亂後
卍正59－0840b12, 三十年不少鹽醬讓然之若不是寂滅現前安得這箇消
卍正59－0840b13, 息又雲門問洞山近離甚處山云查渡又問夏在甚處曰
卍正59－0840b14, 湖南報慈又問幾時離彼曰八月二十五門云放汝三頓
卍正59－0840b15, 棒山聞是語一夜不安自言我一一實頭祇對不知有甚
卍正59－0840b16, 麼過大丈夫須去決擇至明日問昨日蒙和尙放某三頓
卍正59－0840b17, 棒未審過在甚麼處門云飯袋子江西湖南便恁麼商量
卍正59－0840b18, 山於言下大悟見月忘指旣悟了別無言說便低頭禮拜
卍正59－0840b19, 門云你見甚麼了便禮拜若是今時禪和子問他道你見
卍正59－0840b20, 甚麼了便禮拜定道見和尙道江西湖南便恁麼商量若
卍正59－0841a01, 恁麼還同未悟時還同眼見鬼依舊只在髑髏情識裏旣
卍正59－0841a02, 禮拜起却念一道眞言某甲從今日去向十字街頭不蓄
卍正59－0841a03, 一粒米不種一莖菜接待往來一箇箇與伊卸却炙脂帽
卍正59－0841a04, 子脫却鶻臭布衫教伊洒洒落落去門曰身如椰子大開
卍正59－0841a05, 恁麼大口這箇豈不是寂滅現前山僧參禪十七年茶裏
卍正59－0841a06, 飯裏喜時怒時靜時亂時未嘗間斷一旦因薰風自南來
卍正59－0841a07, 殿閣生微凉忽然悟道雖然悟了只是寂滅不能現前爲
卍正59－0841a08, 坐在悟處圓悟先師曰可惜你死了不能得活不疑言句
卍正59－0841a09, 是爲大病不見道懸崖撒手自肯承當絶後再甦欺君不
卍正59－0841a10, 得須信有這箇道理乃舉有句無句如藤倚樹纔開口便
卍正59－0841a11, 云不是一日與客同在方丈藥石次山僧忘却舉筯先師
卍正59－0841a12, 曰這漢參黃楊木禪倒縮了也因問曰見說和尙當時在
卍正59－0841a13, 五祖處曾問此話不知如何答先師不肯道又問曰和尙
卍正59－0841a14, 當時不可在僻處問須對大衆問也先師乃曰我問有句

卍正59－0841a15, 無句如藤倚樹時如何祖云描也描不成畫也畫不就忽
卍正59－0841a16, 遇樹倒藤枯時如何祖云相隨來也山僧纔聞擧便理會
卍正59－0841a17, 得先師曰只恐你透因緣不得在邃連擧一絡索誵訛公
卍正59－0841a18, 案被我三轉兩轉戳一箇如太平無事人得路便行更無
卍正59－0841a19, 滯礙先師曰如今方知道我不誤你也後數日因在侍傍
卍正59－0841a20, 忽話及勇和尙頌淸淨行者不入涅槃破戒比丘不入地
卍正59－0841b01, 獄曰平生疎逸無拘撿酒肆茶坊信意遊漢地不收秦不
卍正59－0841b02, 管又騎驢子下楊州先師曰此頌極好老僧待作一頌要
卍正59－0841b03, 勝他底山僧云某亦待作一頌要勝和尙底當時便得意
卍正59－0841b04, 但未有語句忽聞窓外童子行過口裏道壁上安燈盞堂
卍正59－0841b05, 前置酒毫悶來喫三盞何處得愁來山僧曰只這是乃擧
卍正59－0841b06, 似先師先師大喜從此便浪濤狗踏翻橫說竪設更不疑
卍正59－0841b07, 天下老和尙舌頭蓋知得法源去處知得起倒處然亦未
卍正59－0841b08, 得大自在後因到虎丘閱華嚴經至菩薩住第八不動地
卍正59－0841b09, 卽捨一切功用行得無功用法身口意業念務皆息住於
卍正59－0841b10, 報行譬如有人夢中見身墮在大河爲欲渡故發大勇猛
卍正59－0841b11, 施大方便以大勇猛施方便故卽便覺寤旣覺寤已所作
卍正59－0841b12, 皆息菩薩亦爾見衆生身在四流中爲救度故發大勇猛
卍正59－0841b13, 起大精進以勇猛精進故至不動地旣至此已一切功用
卍正59－0841b14, 摩不皆息到這裏方始寂滅現前蔣大自在便解拈東作
卍正59－0841b15, 西指有爲無說大脫空一似只今信口說將去盡從這裏
卍正59－0841b16, 得來始信禪無傳授可傳授者敎乘文字先德語言而已
卍正59－0841b17, 今夜普說本爲施主請又爲大衆咨聞入室這箇功德又
卍正59－0841b18, 勝似尋常應時應節所將上來擧揚般若若有一言半句
卍正59－0841b19, 契佛契祖並爲右迪功卽姜泳懺悔罪愆莊嚴福慧這箇

卍正59－0841b20, 官人妙年極聰明知有佛乘前此得徐少卿書極稱道謂
卍正59－0842a01, 士林中後來之秀喜寫佛經禮佛修懺中間以子弟之職
卍正59－0842a02, 修行少有間斷近日偶爾遺和切自疑不合退道心將非
卍正59－0842a03, 諸佛菩薩以惡境界而化我耶由是以金四星親付妙喜
卍正59－0842a04, 入育王山齋一千僧請陞座說法仍許供養眞身舍利佛
卍正59－0842a05, 盤願所苦痊安起居輕利然後願盡法界衆生界悉脫苦
卍正59－0842a06, 輪俱證無上佛果善提說法之意如是而已敢問大衆還
卍正59－0842a07, 有說不盡底也無若有却請明朝來方丈裏與黑蛇相見
卍正59－0842a08, 久立珍重
卍正59－0842a09, 方經略請普說僧問和尙乘舟駕浪不動步而到家道端
卍正59－0842a10, 冒雪衝風急著脚幾乎走殺今日相逢無避處當機覿面
卍正59－0842a11, 合如何師云慇進云恩深轉無語也師云點進云直得通
卍正59－0842a12, 身手眼也駐脚不得師云僧堂佛殿從你脚跟下走過爲
卍正59－0842a13, 甚麽却不知進云天知地知某甲今日敗闕師云蚊子上
卍正59－0842a14, 鍛牛無你下觜處進云任是達磨大師也須來和尙手中
卍正59－0842a15, 乞命師云達磨大師有甚麽過進云只爲和尙出他一頭
卍正59－0842a16, 地師云人平不語水平不流進云某甲也車不橫推理無
卍正59－0842a17, 曲斷師云旣然如是特地生風起浪作甚麽進云只見錐
卍正59－0842a18, 頭利不見鑿頭方師云也是雪上加霜進云洞明佛祖大
卍正59－0842a19, 鉗鎚啓迪作家眞爐鞴師云蒸餅裏討汁進云好手手中
卍正59－0842a20, 誇好手紅心心裏中紅心有甚麽過師云育王退身有分
卍正59－0842b01, 進云某甲到這裏滿口嚼氷霜逢人說不得師云始終作
卍正59－0842b02, 家僧問承師有言蚊子上鐵牛無你下觜處當恁麽時請
卍正59－0842b03, 師答話師云我不答你這話進云和尙話墮也師云普進
卍正59－0842b04, 云相隨來也師云今年春氣早虫[ノッ豕]出頭來師乃云相

卍正59－0842b05, 隨來也在箇裏不相隨來也在箇裏恁麽不恁麽便恁麽
卍正59－0842b06, 承當得也只在箇裏女天普蓋似地普擎全放全敗全殺
卍正59－0842b07, 全活可中有箇英靈漢聊聞舉著别起便行有甚麽近傍
卍正59－0842b08, 處且道恁麽人到育王門下却向甚麽庭安排若有安排
卍正59－0842b09, 處卽辜負他若無安排處一任相隨來也 (意詞不錄)
卍正59－0842b10, 復云此是經略敷文今辰修設底意旨人家養子只要送
卍正59－0842b11, 終不知前報世中結得因緣有何差別二機宜遽爾傾逝
卍正59－0842b12, 然世間人從母腹中出來呱地聲時一生官職或善或
卍正59－0842b13, 惡或長或短便在這一聲中增些子不得減些子不得蓋
卍正59－0842b14, 是各自帶來底隨身家事若只有十年分便教你受用十
卍正59－0842b15, 年有百年分教你受用百年除是各各當人於日用中不
卍正59－0842b16, 棄嫌因果勇猛修行放下夢幻空花提起衲僧柱杖子則
卍正59－0842b17, 不被世間形相之所限量何以故這一件事不可思議佛
卍正59－0842b18, 眼也覰不見爾不見馬大師行脚到淩上隔江住庵至今
卍正59－0842b19, 謂之馬祖巖每日惟坐禪爲務也不思量善亦不思量惡
卍正59－0842b20, 纔有思量便有出入旣有出入卽是生滅法旣屬生滅卽
卍正59－0843a01, 被鬼神覰見不知在彼多少時忽然一夕暴風急雨天明
卍正59－0843a02, 出定來只見四面墻堵一新乃云老僧修行無力被鬼神
卍正59－0843a03, 窺覰便起離去山僧常愛東坡爲文章到活處自然拈弄
卍正59－0843a04, 得活曾有詩其略曰馬駒一何疑豈墮山鬼計夜垣非助
卍正59－0843a05, 我謬敬欲其逝這箇正似今時破落院長老退草院了下
卍正59－0843a06, 面有一種依草附木底却不願得好人來住恐打破他窠
卍正59－0843a07, 窟苦哉苦哉佛法微矣東坡意謂山鬼不是好心要我起
卍正59－0843a08, 去信知道人行履處千聖莫能窺佛眼覰不見何故四聖
卍正59－0843a09, 六凡都在下面了蓋識得自巳本命元辰無始時來與太

卍正59－0843a10, 虛同壽這箇壽量如空無所依非世間壽量之比所以維
卍正59－0843a11, 摩經中寶積長者說偈讚佛下面云不著世間如蓮花常
卍正59－0843a12, 善入於空寂行達諸法相無障礙稽首如空無所依舊曰
卍正59－0843a13, 張無盡相公讀到這裏不覺胸中如放下一塊石頭乃曰
卍正59－0843a14, 稽首如空無所依從前知解盡成非到這般田地佛之知
卍正59－0843a15, 見尙著不得何況更著得世間塵勞知見耶尙不見有出
卍正59－0843a16, 世間法何況更有世間法耶不見南泉住山三十年土地
卍正59－0843a17, 欲一見不能得一日忽然現身白院主曰我是當山土地
卍正59－0843a18, 三十年來未嘗得見堂頭和尙願院主爲我作箇方便令
卍正59－0843a19, 我一見院主許之院主爲誰郎子湖和尙乃以鉢飯撒於
卍正59－0843a20, 廊廡之下泉見之顧謂左右曰常住物乃爾狼藉土地忽
卍正59－0843b01, 然得見便禮拜衆中商量有底道元初南泉也不思善也
卍正59－0843b02, 不思惡也都無所思故土地不見後來不合起世間之念
卍正59－0843b03, 所以被鬼神覰破且喜沒交涉不是這箇道理此事以心
卍正59－0843b04, 意識學不得佛之知見深奥非凡情可測法華經云假使
卍正59－0843b05, 滿世間皆如舍利弗盡思共度量不能測佛智元來諸佛
卍正59－0843b06, 智慧不可以智知不可以識識無生無死無去無來此是
卍正59－0843b07, 一道淸淨平等法門故曰無心能度生死海無心能到如
卍正59－0843b08, 來地不是世間土木瓦石無心此是活底無心若能如是
卍正59－0843b09, 修行如是證悟方知世間法便是出世間法所以經路數
卍正59－0843b10, 文在在處處作大利益憂國愛民衆所共知非山野一人
卍正59－0843b11, 之論未嘗苟察姦蠹爲之膽落這些道理與生俱生增一
卍正59－0843b12, 星不得減一星不得何以故蓋政事臨時安排不得便與
卍正59－0843b13, 不可以智知不可以識識道理一般今日得得入山爲二
卍正59－0843b14, 機宜作大佛事山僧又不敢勸教他不要哭不得思量豈

卍正59－0843b15, 可壞世間相而求實相離世間法而求佛法古德不云乎
卍正59－0843b16, 入得世間出世無餘既是死却兒須著思量則箇何故知
卍正59－0843b17, 是幾生因緣得爲父子一旦天奪其愛豈可不思量忽然
卍正59－0843b18, 死却爺也不思量不哭泣得麽如此則滅天性天性豈可
卍正59－0843b19, 滅耶所以要哭但哭思量但思量忽然哭到思愛盡處却
卍正59－0843b20, 返思量兒子在日常行好事孝順父母死去必不墮惡趣
卍正59－0844a01, 教中道若爲人輕賤是人先世罪業應墮惡道以今世人
卍正59－0844a02, 輕賤故是人先世罪業則爲消滅既是爲子孝父母爲臣
卍正59－0844a03, 忠於君爲上愛其下爲下敬其上却有甚罪過來定生勝
卍正59－0844a04, 處無疑因記得教中有一段因緣那吒太子析骨還父析
卍正59－0844a05, 肉還母把骨肉一時分析還父母了却那箇是那吒太子
卍正59－0844a06, 本身好箇話頭昔有僧問石門慈照云那吒太子析骨還
卍正59－0844a07, 父析肉還母未審那吒在甚麽處慈照驀呼上座僧應諾
卍正59－0844a08, 慈照曰那吒太子在甚麽處其僧大悟便掀倒禪牀慈照
卍正59－0844a09, 曰却來這裏使𪇆𪇊遂搜柱杖便打趕出却問首座適來
卍正59－0844a10, 打得這僧好麽云打得好慈照來打起出諸人若知得那
卍正59－0844a11, 吒太子去處卽知得石門落地處這僧掀倒禪牀知恩方
卍正59－0844a12, 解報恩慈照和首座趕出這兩頓棒不妨分付著人雖然
卍正59－0844a13, 如是畢竟未知他落地處是以楞嚴會上釋迦老子謂阿
卍正59－0844a14, 難曰此大講堂洞開東方日輪升天則有明曜謂明亮時
卍正59－0844a15, 因日有明却把還了日輪中夜黑月雲霧晦冥則復昏暗
卍正59－0844a16, 謂昏暗時因黑月有昏時却把暗還了黑月戶牖之隙則
卍正59－0844a17, 復見通謂因戶牖之隙而復見通却把通還了戶牖墻宇
卍正59－0844a18, 之間則復觀壅謂因墻宇而見壅塞却把壅塞還了墻宇
卍正59－0844a19, 以至緣還分別頑虛還空鬱[土孛]還塵淸明還霽汝見八種

卍正59－0844a20, 見精明性當欲誰還諸可還者不干汝事不見汝本地風
卍正59－0844b01, 光本來面目不汝還者非汝而誰佛恁麼說有何遮掩因
卍正59－0844b02, 甚麼又說到這裏蓋爲頓却一箇厖眉雪頂大導師在面
卍正59－0844b03, 前山僧行脚時天童和尙已立僧了此是第一等當代尊
卍正59－0844b04, 宿且不是草書相瞞所以今日說話有分付庭不是暗投
卍正59－0844b05, 若說得不是他解笑得你好敷文又是博極群書學通今
卍正59－0844b06, 古所以要聞般若結當當來世無上菩提因緣敷文妹蘇
卍正59－0844b07, 宜人又信向佛乘見說向前兩年看一大藏經有底在憂
卍正59－0844b08, 患中只了得眉頭皺唯他心地坦然如無一事每日只是
卍正59－0844b09, 古教照心諦味聖意旣如是修行不可更與他說因果罪
卍正59－0844b10, 福得麼怕一大藏教裏面說得小在無常迅速生死事大
卍正59－0844b11, 百歲光陰一剎那過了忽然一念相應無古無今無凡無
卍正59－0844b12, 聖直下一刀兩段若得恁麼不被恩愛之所纏縛不被事
卍正59－0844b13, 物之所擾亂然此事人人本有箇箇天眞也痕是自急始
卍正59－0844b14, 得所以一千箇禪和子見山僧再出來住院相挨相拶一
卍正59－0844b15, 時來獻新又要架這裏探水則箇然妙喜這裏無可得探
卍正59－0844b16, 只是馬前厮撲你未入門時我早在你心肝五臟裏走七
卍正59－0844b17, 八遭了也前日鄭禹功以書來相勉不要教兄弟陪堂但
卍正59－0844b18, 可勘辨掛塔妙喜每笑諸方愛與學者厮禪末後師家多
卍正59－0844b19, 一句便是師家贏得禪學者多一句便是學者贏得禪這
卍正59－0844b20, 般惡口穢談山僧未嘗掛齒牙他旣會了却更家這裏作
卍正59－0845a01, 甚便是釋迦老子來也須納兩碩米蓋晩年出來住院不
卍正59－0845a02, 得不然你來參我禪却倒教我討飯與你喫新婦騎驢阿
卍正59－0845a03, 家牽好顚倒人事旣是陪錢來這裏相聚想無暇別處用
卍正59－0845a04, 心適來因舉那吒太子因緣有箇頌子舉似大衆骨肉都

卍正59－0845a05, 還父母了不知那箇是那吒一毛頭上翻身轉一一毛頭
卍正59－0845a06, 渾不差
卍正59－0845a07, 蘇宜人請普說僧問和尙昨日打兩竹篦了因今日猶痛
卍正59－0845a08, 在師云只怕打著石獅子進云爭奈石獅子不知痛痒師
卍正59－0845a09, 云石獅子何故出頭來進云有我和尙在師云東山樹對
卍正59－0845a10, 西山樹進云恁麼則三門樹佛殿廚庫對僧堂師云却是
卍正59－0845a11, 你相隨來也進云拳來踢去師云劄進云不審師云不消
卍正59－0845a12, 一劄　僧問竹篦打著石獅子東海鯉魚爲甚麼頭痛師
卍正59－0845a13, 云欲得不招無間業莫謗如來正法輪進云老和尙今夜
卍正59－0845a14, 開口見膽師云你因甚麼向石獅子著到進云左之右之
卍正59－0845a15, 總無回避處師云忽然回避得又向甚麼處垛根進云和
卍正59－0845a16, 尙退後退後師云雪峯道底雪峯道底進云伎倆俱盡師
卍正59－0845a17, 云人平不語水平不流進云只如雪峯道底意旨如何師
卍正59－0845a18, 云雲峯道底無意旨進云和尙言滿天下無口過行滿天
卍正59－0845a19, 下無怨惡師云且莫惡水潑人進云道端舌頭不曾出口
卍正59－0845a20, 師云前箭猶輕後箭深師乃云舌頭不出口天下人向
卍正59－0845b01, 這裏證明不得驀然道得一句三世諸佛六代祖師天下
卍正59－0845b02, 老和尙只得立地聽且道當人具甚麼眼便得恁麼奇特
卍正59－0845b03, 若識得渠面目方知行也如是住也如是坐也如是臥也
卍正59－0845b04, 如是如是之法亘吉亘今一大藏教詮注不及三賢十聖
卍正59－0845b05, 看只有分有如是作略得如是自在因甚麼百姓日用而
卍正59－0845b06, 不知只爲分明極翻令所得遲復云言無展事語不投
卍正59－0845b07, 機承言者喪滯句者迷可中有箇不承言不滯句直下如
卍正59－0845b08, 龍得水似虎靠山坐斷報化佛頭截斷生死兩路不妨是
卍正59－0845b09, 箇脫洒出格道流若未到這箇田地須是各各當人退步

卍正59－0845b10, 向脚銀下自推窮看窮來窮去窮得自家所推窮之心無
卍正59－0845b11, 所之到這裏老鼠入牛角便見倒斷也山僧昔年行脚到
卍正59－0845b12, 分寧兜率衆寮裏見有眞淨和尙一紙墨蹟蘇子由黃魯
卍正59－0845b13, 直黃元明似聞都有題跋正說言無展事語不投機承言
卍正59－0845b14, 者喪滯句者迷這是洞山初和尙參見雲門因有一僧請
卍正59－0845b15, 益眞淨云因甚麽見雲門底尊宿箇箇坐脫立亡眞淨曰
卍正59－0845b16, 你要曾麽爲他方寸空勞勞地無佛法知見爲礙所以出
卍正59－0845b17, 生入死得大自在洞山道言無展事謂言不可展事語不
卍正59－0845b18, 可投機承當言者喪眞滯在句下時迷却自已本地風光
卍正59－0845b19, 本來面目眞淨因有四頌疏訣此四件事你看他此四件
卍正59－0845b20, 事打一翻頌言無展事曰大用現前能展事春來何處不
卍正59－0846a01, 開花放伊痛棒參堂去四海當知共一家這箇便是換骨
卍正59－0846a02, 法爲他得底人關捩子在裏頭轉把他言無展事一捩轉
卍正59－0846a03, 來便道言無不展事蓋洞山初見雲門門問近離甚處曰
卍正59－0846a04, 查渡又問夏在甚處曰湖南報慈又問幾時離彼曰八月
卍正59－0846a05, 二十五門云放你三頓棒洞山直得一夜不安自言我一
卍正59－0846a06, 一據實祇對却言放我三頓棒不知過在甚麽處次日却
卍正59－0846a07, 問雲門昨日蒙和尙放三頓棒未審某甲過在甚處門云
卍正59－0846a08, 飯袋子江西湖南便恁麽商量山於言下大悟便禮拜門
卍正59－0846a09, 云你見箇甚麽道理山云某甲從今日去向十字街頭不
卍正59－0846a10, 蓄一粉米不種一莖菜接特往來一箇箇與伊卸却炙脂
卍正59－0846a11, 帽子脫却鶻臭布衫敎伊洒洒落落去門云身如椰子大
卍正59－0846a12, 開恁麽大口自此舌本瀾翻於法自在所以後來示衆有
卍正59－0846a13, 此四句眞淨又頌語不投機謂語須要投機曰千差萬別
卍正59－0846a14, 解投機明眼宗師自在時北斗藏身雖有語出群消息少

卍正59－0846a15, 人知頌承言者喪曾有僧問雲門如何是學人自己門云
卍正59－0846a16, 遊山翫水曰遊山翫水便承言自巳商量總不偏鶻臭布
卍正59－0846a17, 衫脫未得且隨風俗度流年頌滯句者迷曰滯句迷言是
卍正59－0846a18, 瞽聾參禪學道自無功悟來不費纖毫力火裏蝍蟟呑大
卍正59－0846a19, 虫他悟得活祖師意雖是死蛇在他手裏便弄得活這箇
卍正59－0846a20, 却似舊時有人問六祖大師云弟子嘗覽涅槃經未曉常
卍正59－0846b01, 無常義願和尙慈悲略爲宣說祖曰無常者卽佛性也有
卍正59－0846b02, 常者卽善惡一切諸法分別心也曰和尙所說大違經文
卍正59－0846b03, 也祖曰吾傳佛心印安敢違於佛經曰經說佛性是常和
卍正59－0846b04, 尙却言無常善惡諸法乃至菩提心皆是無常和尙却言
卍正59－0846b05, 是常此卽相違令人轉加疑惑祖曰涅槃經吾昔者聽尼
卍正59－0846b06, 無盡藏讀誦一遍便爲講說無一字一義不合經文乃至
卍正59－0846b07, 爲汝終無二說六祖大意道若不生不滅是常義生死去
卍正59－0846b08, 來是無常義時盡大地無一人發眞歸源盡十方世界是
卍正59－0846b09, 箇無孔鐵鎚修羅永作修羅餓鬼永作餓鬼畜生永作畜
卍正59－0846b10, 生無一人得動轉去我說無常正是佛說眞常之道也我
卍正59－0846b11, 說常義正是佛說眞無常義也所以道心迷法華轉心悟
卍正59－0846b12, 轉法華信知得底人道有不是世間窒礙之有道無不是
卍正59－0846b13, 世間虛豁之無道亦有亦無不在戲論道非有非無不在
卍正59－0846b14, 相違因甚麽如批法體本來如是不是祖師强差排所以
卍正59－0846b15, 佛稱一乘法界性說華嚴經不是表法如今不得活祖師
卍正59－0846b16, 意底人便關捩子不轉搊向東去也不覺搊向西去也不
卍正59－0846b17, 覺所以趙州和尙道未出家時被菩提使出家了使得菩
卍正59－0846b18, 提便是這箇道理也然箇事在各各當人分上不曾動著
卍正59－0846b19, 一毫毛敎你推窮尋逐卽是欺你看他前輩行住坐臥無

卍正59－0846b20, 不是爲人處如今道不及古須假宗師端居丈室逐箇爲
卍正59－0847a01, 他整頓馬祖百丈已前無入室之說要識眞箇入室麼尋
卍正59－0847a02, 常鐘鳴鼓響鵲噪鴉鳴盡是宣揚第一義諦今人旣與古
卍正59－0847a03, 人不同宗師擊石火閃電光爲他提持此事却把作禪會
卍正59－0847a04, 來這裏打葛藤不見馬祖一日與百丈行次祀指野鴨子
卍正59－0847a05, 問云是甚麽丈云鴨野子祖行三兩步却問適來向甚麽
卍正59－0847a06, 處去馬祖意謂適來問是甚麽時何不向這裏會取百丈
卍正59－0847a07, 却云飛過去被馬祖將他鼻頭一捏又作忍痛聲租云何
卍正59－0847a08, 曾飛過又因此有省旣省後便解爲人隨馬祖歸去回到
卍正59－0847a09, 侍者寮坐忽然笑一餉少間喜極成悲又哭一餉有箇同
卍正59－0847a10, 事僧却去問馬祖云海侍者歸來笑了又哭不知有甚事
卍正59－0847a11, 祖曰你自去問他僧如敎便去問海侍者你早朝笑適來
卍正59－0847a12, 因甚麽却哭又驀呼上座僧應諾你道笑卽是哭卽是便
卍正59－0847a13, 解騎賊馬趕賊隊借婆帔拜婆耳你道只有他一箇如此
卍正59－0847a14, 爲復更有不見忠國師一日忽然喚一聲云侍者侍者應
卍正59－0847a15, 諾如是三喚侍者三度應諾國師曰將謂吾辜負汝誰知
卍正59－0847a16, 汝辜負吾侍者無對後來雲門大師道作麽生是國師辜
卍正59－0847a17, 負侍者處會得也是無端作麽生是侍者辜負國師處粉
卍正59－0847a18, 骨碎身未報得雪竇云無端無端僧問投子國師三喚侍
卍正59－0847a19, 者意旨如何子云抑逼人作甚麽雪竇云垜根漢僧問玄
卍正59－0847a20, 沙沙云却是侍者會雪竇云元來不會僧問興化化云一
卍正59－0847b01, 盲引衆盲雪竇云端的瞎惟有箇多口老和尙下得箇注
卍正59－0847b02, 脚好僧問趙州州云如人暗中書字字雖不成文彩已彰
卍正59－0847b03, 雪竇便喝且道這一絡索是明得國師三喚侍者是明不
卍正59－0847b04, 得是有辜負是無辜負黃龍南禪師曾頌云嗣師三喚侍

卍正59－0847b05, 者打草只要蛇驚誰知澗底青松下有千年茯苓好大衆
卍正59－0847b06, 明眼宗師提持此事爲人痛的的地若會得國師三喚侍
卍正59－0847b07, 者話便曾得瑞巖和尙常在方丈裏喚主人公自云諾惺
卍正59－0847b08, 惺著喏他時後日莫受人瞞又自云喏喏有一僧去見玄
卍正59－0847b09, 沙沙問近離甚處僧云台州瑞巖沙云瑞巖近日有何言
卍正59－0847b10, 句示徒僧乃擧瑞巖常自叫主人公諾惺惺著喏他時後
卍正59－0847b11, 日莫受人瞞喏喏沙云奇哉一等是弄精魂唯有瑞巖較
卍正59－0847b12, 些子却問上座來時和尙安樂否僧云已還化了沙云如
卍正59－0847b13, 今還叫得應麽僧無對沙以手槌胸云蒼天蒼天妙喜初
卍正59－0847b14, 行脚依附一尊宿在他處發蒙曾理會這話來別人不肯
卍正59－0847b15, 說今夜說與諸人我那時心裏主張道待他問而今還叫
卍正59－0847b16, 得應麽他已死了但實頭祇對云叫得應不免他道箇蒼
卍正59－0847b17, 天蒼天便是無語也不免被他道箇蒼天蒼天開口也著
卍正59－0847b18, 合口也著忽然坐禪處省得元來被言語轉了便去尊宿
卍正59－0847b19, 處呈見解云某理會得主人公話了請和尙問他便作玄
卍正59－0847b20, 沙我作這僧他便問瑞巖安樂否某云已遷化了又問而
卍正59－0848a01, 今還叫得應麽曰叫得應又問你試叫看我便叫杲上座
卍正59－0848a02, 諾惺惺著喏他時後日莫受人瞞喏喏我當時在那裏學
卍正59－0848a03, 順朱這老子也道我學順朱得是後來參得禪了返打一
卍正59－0848a04, 看好慚惶人眞箇是弄精魂旣不弄精魂却如何明得瑞
卍正59－0848a05, 巖喚主人公諾還會麽杲上座諾惺惺著喏他時後日莫
卍正59－0848a06, 受人瞞喏喏逢人不得錯擧下座
卍正59－0848a07, 告香普說師云未有世界早有此性世界壞時此性不壞
卍正59－0848a08, 自從一見老僧後更不是別人只是一箇主人公當恁麽
卍正59－0848a09, 時切忌回頭轉腦回頭轉腦則失却了也趙州古佛直是

卍正59－0848a10, 吐心吐膽說向人只如未有世界時尙未有人此性却在
卍正59－0848a11, 甚麽處安頓因甚麽道世界未成時早有此性世界壞時
卍正59－0848a12, 此性不壞怕你不會隨後提起道自從一見老僧後更不
卍正59－0848a13, 是別人只是一箇主人公當恁麽時切忌回頭轉腦回頭
卍正59－0848a14, 轉腦則失却了也蓋回頭轉腦時是第二念所以要得不
卍正59－0848a15, 越一念便坐報化佛頭却到座主家依文本說要難你禪
卍正59－0848a16, 和子若是明眼衲僧自有出身之路眼若迷癡定被尺寸
卍正59－0848a17, 語縛殺何故座主家一尺還一尺一寸還一寸纔移易一
卍正59－0848a18, 絲毫便道你亂說趙州道未有世界先有此性謂世界因
卍正59－0848a19, 此性上有故曰三界唯心所現萬法惟識所變又道虛空
卍正59－0848a20, 大地咸是妙明眞心中物敎家却道先有世界後有此性
卍正59－0848b01, 主張先有此性底也要說得下落主張先有世界底也要
卍正59－0848b02, 說得下落說則不無須是識得主人公如今得失是非都
卍正59－0848b03, 不問你諸人只如未燒香未咨聞入室已前是箇甚麽及
卍正59－0848b04, 乎禮拜起來坐立儼然賓主互換又是箇甚麽智者聊聞
卍正59－0848b05, 猛提取莫待天明失却難無常迅速生死事大轉息便是
卍正59－0848b06, 來生若向這裏一念不生桶底剔脫萬年只是一念把自
卍正59－0848b07, 家無今無古底一念穿過萬年蓋此一念不屬今古不屬
卍正59－0848b08, 去來不屬聖凡不屬善惡昔六祖謂明上座曰汝但不思
卍正59－0848b09, 善不思惡一物不思正當恁麽時那箇是上座本來面目
卍正59－0848b10, 古人如將一百二十斤檐子一送送在你肩頭上纔接得
卍正59－0848b11, 便擔行一百二十里更不轉頭要擔荷此段大事須得這
卍正59－0848b12, 般有力量漢始得不見二祖大師本是箇座主他把三乘
卍正59－0848b13, 十二分敎窮得釋迦老子骨出初祖達磨觀震旦有大乘
卍正59－0848b14, 根器得得來此土道我不立敎乘文字直指人心見性成

卍正59－0848b15, 佛不假三無數劫便證阿耨多羅三藐三菩提此是難信
卍正59－0848b16, 之法須是大根器人方信得及所以不輕付授二祖去他
卍正59－0848b17, 面前堅立不動積雪過膝達磨曰諸佛妙道曠劫精勤豈
卍正59－0848b18, 可以小德小智輕心慢心欲求此事二祖遂以刀斷一臂
卍正59－0848b19, 置達磨前達磨曰斷臂吾前欲求何事二祖且不說求佛
卍正59－0848b20, 法只云我心未寧乞師安心達磨曰將心來與汝安二祖
卍正59－0849a01, 推窮過去現在未來心都不可得正似阿難被釋迦老子
卍正59－0849a02, 七處徵心末後認推者爲心被世尊咄阿難此非汝心二
卍正59－0849a03, 祖知得這箇消息返推不安底心都無處所乃白達磨曰
卍正59－0849a04, 覓心了不可得達磨去萬仞懸崖上與一椎若是臨濟德
卍正59－0849a05, 山卽這裏棒喝用審達磨只云與領安心竟便當面瞞他
卍正59－0849a06, 此所謂醍醐毒藥一道而行二祖忽向瞞他處打破漆桶
卍正59－0849a07, 又三祖大師本是箇居士害白癩病來見二祖曰弟子久
卍正59－0849a08, 纏風恙請和尙爲某甲懺罪二祖曰將罪來與汝懺居士
卍正59－0849a09, 也去五蘊十八界裏面推尋一上了云覓罪性了不可得
卍正59－0849a10, 二祖曰與汝懺罪竟居士亦打破漆桶元初達磨將一箇
卍正59－0849a11, 無文印子縛二祖二祖不動一絲毫傳三祖自此下面便
卍正59－0849a12, 變了元來不是變蓋人有差別法亦隨之人有許多伎倆
卍正59－0849a13, 宗師也入他伎倆裏提拔出來古人有問如何是佛答云
卍正59－0849a14, 卽心是佛你若信得及直下卽心是佛有何差別或者道
卍正59－0849a15, 這箇是爲初機晚學底誰不理會得你道恁麽說底還夢
卍正59－0849a16, 見也未這裏論甚久參初學只要以悟爲則所以宗師爲
卍正59－0849a17, 人譬如獅子捉象亦全其力捉兎亦全其力有問未審全
卍正59－0849a18, 甚麽力曰不欺之力惡好箇不欺之力古人撥白露淨棒
卍正59－0849a19, 打石人頭曝曝論實事不將謎子教人摶你若十二時中

卍正59－0849a20, 專一般若上留心一念眞實則念念眞實古德不云乎謹
卍正59－0849b01, 白參玄人光陰莫虛度信知般若上無虛過底時節妙喜
卍正59－0849b02, 禪是金屎法未會時似金會了似屎蓋無佛法可傳授只
卍正59－0849b03, 與汝作箇證明底主宰而已山僧恰恰參十七年未悟時
卍正59－0849b04, 滿肚是禪纔被[祝土]著禪便出來大法明後方知不得力不
卍正59－0849b05, 是大安樂大解脫處來爲先鋒去爲殿後底不曾得一刀
卍正59－0849b06, 兩段如何硬休歇得近來諸方打板坐禪若要莊景卽得
卍正59－0849b07, 我不信你坐得定往往聞恁麼道却謂妙喜不教人坐禪
卍正59－0849b08, 又是錯詔何曾解方便我只要你行亦禪坐亦禪語默動
卍正59－0849b09, 靜體安然山僧有時夜裏睡纔覺便起來坐坐旣久都無
卍正59－0849b10, 所思自謂諸佛境界只這是然不要把爲極則不是放身
卍正59－0849b11, 命處況更言靜是根本悟是枝兼此處誤人諸方讀靜了
卍正59－0849b12, 方悟我是悟了方靜不敢相瞞未悟時心識紛飛悟了方
卍正59－0849b13, 貼貼地兄弟旣來這裏相聚各自打辨精神向自已脚跟
卍正59－0849b14, 下窮究教徹去喚作竹篦卽觸不喚作竹篦卽背不得下
卍正59－0849b15, 語又不得無語你纔開口便是下語不作聲使是無語雖
卍正59－0849b16, 然如是豈可有問而無答這箇恰似福州人喫荔枝與你
卍正59－0849b17, 剝皮去却核了送在你口邊自是你不肯喫識取鉤頭意
卍正59－0849b18, 莫認定盤星趁老僧未死之前忽然打發一箇半箇眞實
卍正59－0849b19, 諦當者續佛慧命此外無可言者第一莫要昏沈昏沈則
卍正59－0849b20, 坐在鬼窟裏又不得掉擧掉擧則業識忙忙所謂外息諸
卍正59－0850a01, 緣內心無喘心如墻壁可以入道如是則著意也不得忘
卍正59－0850a02, 懷也不得不志懷不著意是箇甚麼喝一喝云喚作竹篦
卍正59－0850a03, 卽觸不喚你竹篦卽背下座
卍正59－0850a04, 錢承務同衆道友請普說師云今日普說又與每日不同

卍正59－0850a05, 說法不投機盡是非時語蓋諸公爲生死事大巳事未明
卍正59－0850a06, 要理會脚跟下生不知來處死不知去處底一著子若不
卍正59－0850a07, 明這一著子未免流浪生死汨沒愛河頭出頭沒無有了
卍正59－0850a08, 期所以祖師西來不立文字語言直指人心見性成佛多
卍正59－0850a09, 少省力近世爲宗師者多是曲指人心說性成佛却把直
卍正59－0850a10, 指底消息一時壞了明明道敎你見性成佛性却不能得
卍正59－0850a11, 見只管語言上作解會謂這箇是理上說事事上說理這
卍正59－0850a12, 箇又是體中有用用中有體不見雲門道體你屋裏老爺
卍正59－0850a13, 總是癡狂外邊走殊不知佛法不如此棒打石人頭曝曝
卍正59－0850a14, 論實事臘月三十日閻老子不取你口頭辨如今諸方各
卍正59－0850a15, 立門庭是非鋒起苦哉苦哉元初只是一箇達磨大師來
卍正59－0850a16, 此土甚處有許多門庭只緣後來學者理路多所以宗師
卍正59－0850a17, 家不奈何千差萬別曲施方便爲你解粘去縛自此法出
卍正59－0850a18, 姦生癡人面前不得說夢豈可曹洞禪不許臨濟下會臨
卍正59－0850a19, 濟禪不許潙仰下爲潙仰禪不許雲門下會雲門禪不許
卍正59－0850a20, 法眼下會這箇盡是熱大不緊山僧最是參禪底精五家
卍正59－0850b01, 宗派都理會來初行脚時曾參洞山微和尙二年之間曹
卍正59－0850b02, 洞宗旨被我一時參得又參泐潭準和尙其時曾中有箇
卍正59－0850b03, 堅侍者久依揩和尙盡得洞下要領我當時道他是則是
卍正59－0850b04, 然裏面有些不是處如何見得不曾悟在若實有悟由不
卍正59－0850b05, 妨一時得受用其或未然只是箇傳言語漢不干他曹洞
卍正59－0850b06, 事況言悟是建立落在第二頭故不在說也又見一老宿
卍正59－0850b07, 共我商量洞山夏末示衆云初秋夏末兄弟東去西去直
卍正59－0850b08, 須向萬里無寸草處去此話旣出一時下語皆不契洞山
卍正59－0850b09, 意有僧傳到石霜霜云何不道出門便是草洞山聞得深

卍正59－0850b10, 喜之云瀏陽有古佛出世老宿商量道此處綿密謂根蔕
卍正59－0850b11, 下事有事有理又喚作無中唱出洞山道直須向萬里無
卍正59－0850b12, 寸草處去是理上問這裏若答他語不活則死在一邊所
卍正59－0850b13, 以石霜就事上答云出門便是草要得血脉不斷又引僧
卍正59－0850b14, 問香嚴如何是道嚴云枯木裏龍吟僧云學人不會嚴云
卍正59－0850b15, 髑髏裏眼睛謂枯木却有龍吟髑髏却有眼睛亦是血脉
卍正59－0850b16, 不斷又道萬里無寸草處去是父母未生已前威音那畔
卍正59－0850b17, 事你纔去這裏開口便落草又以口爲門謂空劫已前威
卍正59－0850b18, 音那畔事不容開口纔開口便是草也老宿舉此話徧問
卍正59－0850b19, 學者並無一人相契惟山僧當時點似他老宿大喜蓋不
卍正59－0850b20, 會底撞著不會底兩箇漆桶相磕直是好笑又舉生法師
卍正59－0851a01, 道敲空作響擊木無聲問山僧你如何會色空義更罪雲
卍正59－0851a02, 門不合似柱杖空中敲云阿耶阿耶又敲板頭問僧作聲
卍正59－0851a03, 麼僧云作聲門云這俗漢又敲板頭云喚甚麼作聲謂敲
卍正59－0851a04, 空作響擊木無聲只是一意雲門不合分作兩處此是郎
卍正59－0851a05, 君子弟禪這裏且不要你打筋斗作脩羅勢進前退後都
卍正59－0851a06, 使不著須與我眉毛厮結據實理論山僧向他道某今日
卍正59－0851a07, 亦欲共和尙商量敎是乃問老宿曰山河大地森羅萬象
卍正59－0851a08, 是空不空曰空燈籠露柱鼓響鐘鳴眼見耳聞者是空不
卍正59－0851a09, 空曰空和尙手中拂子是空不空曰空禪牀是空不空曰
卍正59－0851a10, 空一一取他口款了却綏綏借他拂子擊禪牀云和尙敲
卍正59－0851a11, 空作響擊木無聲也老宿深肯自家也將謂是了後來因
卍正59－0851a12, 看跋陀三藏與生法師相見問法師尋常講甚麼經曰涅
卍正59－0851a13, 槃經問如何是涅槃曰涅而不生槃而不滅不生不滅故
卍正59－0851a14, 號涅槃又問如何是色空義曰衆微聚爲色衆微無自性

卍正59－0851a15, 爲空又問衆微未聚時是箇甚麼生公無語跋陀云觀公
卍正59－0851a16, 見解未出常流何得名喧宇宙拂袖便行其徒不愼遂攔
卍正59－0851a17, 住問我師講說不契色空義又不契三藏意未審三藏如
卍正59－0851a18, 何說色空義曰不道汝師不會但講得果上色空而不會
卍正59－0851a19, 因中色空耳其徒曰師意如何跋陀曰一微空故衆微空
卍正59－0851a20, 衆微空故一微空一微空中無衆微衆微空中無一微其
卍正59－0851b01, 徒便禮拜有箇汾陽和尙是山僧六世祖下得一轉語極
卍正59－0851b02, 好去生法師無語處代云你葛藤却返思前來老宿與我
卍正59－0851b03, 說許多葛藤何益於事一等是參禪箇般底賺誤後學不
卍正59－0851b04, 是小事山僧十七歲上便知有此事恰恰參十七年也曾
卍正59－0851b05, 作偈頌拈古代別無有不會忽然思量釋迦老子說寤寐
卍正59－0851b06, 常一返就已推窮只今惺惺時佛所讚者戒定慧解脫知
卍正59－0851b07, 見一一依而行之以至三千威儀八萬細行性業遮業一
卍正59－0851b08, 一錙銖得分曉佛所呵者故不敢犯爲甚麼一睡著時夢
卍正59－0851b09, 得金寶見一切如意之事心中輒喜夢見火焚水溺及爲
卍正59－0851b10, 人所殺便怕怖慞惶驚覺來通身汗出當爾時心意識尙
卍正59－0851b11, 在只是睡著早爾不知下落況脫却殼漏子地水火風一
卍正59－0851b12, 時散了更作得主在日裏底與夜裏底分明作兩般如何
卍正59－0851b13, 敢開大口道我會禪會道要敵他生死又常自念禪是有
卍正59－0851b14, 耶是無耶若有我須參教徹去若無豈可傳燈錄上一千
卍正59－0851b15, 七百餘員尊宿盡是說脫空來逮到京師先贖一部淸凉
卍正59－0851b16, 疏鈔收放衣單下却去見佛果和尙自謂且辨一年工夫
卍正59－0851b17, 參箇老子若依前似諸方印可我卽作無禪論去也不若
卍正59－0851b18, 弘持一經一論不失爲佛法中人旣而到天寧掛搭只得
卍正59－0851b19, 四十一朝昏一日聞老和尙擧熏風自南來殿閣生微凉

卍正59－0851b20, 向這裏忽然打破漆桶自此日裏底與夜裏底更不著和
卍正59－0852a01, 會自然成一片方知萬里無寸草出門便是草敲空作響
卍正59－0852a02, 擊木無聲不是尋常議論雲門道這俗漢亦不亂分付譬
卍正59－0852a03, 如師子一滴乳迸散百斛驢乳又如隔窓看馬騎眨眼便
卍正59－0852a04, 蹉過何況主張空劫已前威音那畔開口便落草無中唱
卍正59－0852a05, 有中和之類沒交涉也又記得興陽種瓜次明安入去問
卍正59－0852a06, 汝在此作甚麼陽云種瓜安云幾時熟曰只今紅爛也問
卍正59－0852a07, 幾時熟這裏便要拈出在面前所以云只今紅爛也安云
卍正59－0852a08, 揀熟底摘一枚來此處又要回互陽云摘則不辭未審甚
卍正59－0852a09, 麼人要喫安云不入園者曰不入園者還喫也無安示你
卍正59－0852a10, 還識此人否曰雖然不識不得不與此是悟底人與悟底
卍正59－0852a11, 人相見一問一答宛爾不同若不曾悟空把他言語來傳
卍正59－0852a12, 硬恁麼說偏正回互謂之全是全不是何以故悟則全是
卍正59－0852a13, 不悟則全不是不見潙山問仰山曰寂子你心識微細流
卍正59－0852a14, 注無來幾年耶仰山未即答却問和尙無來幾年其時潙
卍正59－0852a15, 山自是七十餘歲謂仰山曰老僧無來已七年矣寂子何
卍正59－0852a16, 如仰山云慧寂正鬧在以此觀之這裏使麤必說脫空相
卍正59－0852a17, 瞞得麼眞有大力量始得一日問仰山曰寂子聲色外與
卍正59－0852a18, 吾相見山云誰求聲色潙山抵滯聲色如方木榻地仰山
卍正59－0852a19, 累下語皆不契末後云如兩鏡相照中間無像潙云我不
卍正59－0852a20, 知你早立像了也仰山曰慧寂拙祇對未審和尙當時在
卍正59－0852b01, 百丈師翁處如何下語潙山云我當時只道如百千明鏡
卍正59－0852b02, 鑒一像光影相照剎剎塵塵各不相借山禮拜且道誵訛
卍正59－0852b03, 在甚麼處仰山道如兩鏡相照中間無像却道他立像及
卍正59－0852b04, 至潙山吐露只道如百千明鏡鑒一像光影相照剎剎塵

卍正59－0852b05, 塵各不相借仰山便禮拜看來潙山也只是多得幾面鏡
卍正59－0852b06, 仰山不免將錯就錯到這裏傳與人不得拈出似人不得
卍正59－0852b07, 惟佛與佛乃能知之你若實到潙仰田地也似妙喜只今
卍正59－0852b08, 浪濤狗踏翻設將去更無疑滯萬里無寸草處去出門便
卍正59－0852b09, 是草敲空作響擊木無聲雲門道這俗漢百千明鏡鑒一
卍正59－0852b10, 像兩鏡相照於中無像諸佛菩薩畜生驢馬一弗穿却更
卍正59－0852b11, 無遺餘非是强爲法如是故所以山僧發大誓願將平生
卍正59－0852b12, 所得之法布施一切人要汝諸人各各如此修行見性成
卍正59－0852b13, 佛有箇頌子擧似大衆戴斷生死兩條路不住瞿曇解脫
卍正59－0852b14, 場却如遊子久爲客豁然歸到舊家鄉
卍正59－0852b15, 烏智稱同諸道友請普說僧問衲僧諸方留不住育王山
卍正59－0852b16, 裏遣不去五千增至十千情願典裩賣袴看來和尙頭腦
卍正59－0852b17, 也與道端底一般畢竟鼻孔有甚麽長處師云赤[骨乞][骨歷]地
卍正59－0852b18, 進云等閑纔拶著八面起淸風師云雪峯道底進云未審
卍正59－0852b19, 赤[骨乞][骨歷]地與雪峯道底相去幾何師云剎竿頭上仰
蓮心
卍正59－0852b20, 進云王老師可謂玲瓏八面自回合峭峻一方誰敢窺師
卍正59－0853a01, 云鐵蛇鑽不入進云也被學人鑽入了也師云裏頭事作
卍正59－0853a02, 麽生進云這裏是甚麽所在說裏說外師云且在外面
卍正59－0853a03, 僧問赤[骨乞][骨歷]地請和尙向裏許答話師擧拂子云是裏是
卍正59－0853a04, 外進云此猶是外邊底師云你試向裏面道看進云住住
卍正59－0853a05, 師云依前只在外邊僧禮拜師乃云若在裏許道得外
卍正59－0853a06, 面底總在裏頭若在外邊道得裏許底總在外邊如王寶
卍正59－0853a07, 劒誰敢當鋒擬犯鋒鋩喪身失命可中有箇衲僧向恁麽
卍正59－0853a08, 中不恁麽不恁麽中却恁麽裏許外邊攪成一塊如香象

卍正59－0853a09, 渡河徹底截流而過當恁麽時三世諸佛諸代祖師天下
卍正59－0853a10, 老和尙有眼覷不見有耳聽不聞且道他畢竟有甚麽長
卍正59－0853a11, 處內空外空內外空喝一喝云向下文長付在來日　復
卍正59－0853a12, 云今日善女人烏智稱與諸道友知道育王有千二百禪
卍正59－0853a13, 和子在遺裏學般若好事旣在面前不可放過所以得得
卍正59－0853a14, 入山修設請山僧陞座擧揚般若懺悔罪愆梵語懺摩此
卍正59－0853a15, 名懺過亦謂之斷相續心一懺永不復造一斷永不復續
卍正59－0853a16, 若懺了又造佛不容許縱懺不如莫造所以道罪從心起
卍正59－0853a17, 將心懺懺罪何如莫起心罪亡心滅兩俱空是卽名爲眞
卍正59－0853a18, 懺悔罪性旣滅了却是甚麽物便是般若經中道內空外
卍正59－0853a19, 空內外空空空大空勝義空乃至無性自性空空亦不可
卍正59－0853a20, 得故曰二十空門元不著一性如來體共同元來是這一
卍正59－0853b01, 性上本來淸淨淸淨心一明上面一箇佛字也著不得何
卍正59－0853b02, 故自性本淸淨自性旣淸淨則無佛無衆生若更著箇佛
卍正59－0853b03, 字謂之淨邊垢雖云浮却是垢若得如是淸淨便是釋迦
卍正59－0853b04, 老子也覷你不見山僧曾記得小說裏面載玄沙一件事
卍正59－0853b05, 玄沙本是漁者喚作謝三郞每日道其父採魚爲活他心
卍正59－0853b06, 中固所不顧以其父故不得已而爲之忽然一日父失脚
卍正59－0853b07, 落深潭中他急[心土]救之不及乃發願我當出家學無上道
卍正59－0853b08, 救拔我父自此便祝髮參見雪峯悟明心地𣏌大寶坊說
卍正59－0853b09, 法度人果如其願後來有一人死入冥間見一大獄其上
卍正59－0853b10, 榜曰玄沙之獄因問獄主云何是獄名爲玄沙對曰南閻
卍正59－0853b11, 浮提福州有箇謝三郞以父被溺不能救故有不孝之罪
卍正59－0853b12, 特設此獄以待其來又問彼來受罪何時可釋對曰一佛
卍正59－0853b13, 出世復移一獄無有盡時又問我聞玄沙去世久矣云何

卍正59－0853b14, 未至獄主云不知此人在生曾爲何業曰某先祖識之他
卍正59－0853b15, 悟出世法度人無數獄主聞如是言以手加額須臾一陣
卍正59－0853b16, 風吹所謂地獄者忽然不見信知學般若功德有如是殊
卍正59－0853b17, 勝之事所以烏智稱得得發心自臨安來瞻禮眞身舍利
卍正59－0853b18, 營辨香齋作諸佛事要結無上菩提因緣此心一發如箭
卍正59－0853b19, 離弦無回互勢直至盡未來際一念殊勝功德何法不明
卍正59－0853b20, 何罪不滅何福不集乃至成佛永無退轉前世行好事所
卍正59－0854a01, 以今世生在富貴十善之家更須就上增修不得棄嫌因
卍正59－0854a02, 果故經云若人散亂心入於塔廟中一稱南無佛皆已成
卍正59－0854a03, 佛道何況智稱與諸道伴同德同誠皈向佛道其功其德
卍正59－0854a04, 不可較量所以有箇頌子爲作證明夙曾種得菩提種今
卍正59－0854a05, 世身生十善家今世更修來世福還如錦上再鋪花
卍正59－0854a06, 方敷文講普說僧問寒山子來也和尙如何師云一雙孤
卍正59－0854a07, 雁博地高飛進云和尙前日恁麽道學人直是不甘師云
卍正59－0854a08, 今日甘也未進云說甚麽今日盡未來際亦未甘在師云
卍正59－0854a09, 寒山子踊跳入你鼻孔裏你因甚瞌睡進云若不得王老
卍正59－0854a10, 師幾乎蹉過師云爲甚麽却甘進云可知禮也師云前言
卍正59－0854a11, 不副後語好與三十棒進云今日大似人天衆前有偏有
卍正59－0854a12, 黨師云倒地攧把沙進云又道不甘師云大好無偏無黨
卍正59－0854a13, 進云也知和尙腦後見腮莫與往來師云從來如此進云
卍正59－0854a14, 或遇向上人來時如何師云列在下風進云也未爲分外
卍正59－0854a15, 師云你莫是向上人麽進云高著眼師云這下輩進云道
卍正59－0854a16, 則大殺道只是未親切師云這畜生進云下輩畜生相去
卍正59－0854a17, 多少師云一百來丈進云和尙休惡口師微笑師乃云下
卍正59－0854a18, 輩畜生相去不遠只在道端舌頭上若向舌頭上識得便

卍正59－0854a19, 能眼處作耳處佛事耳處作鼻處佛事鼻處作舌處佛事
卍正59－0854a20, 舌處作身處佛事身處作意處佛事於意界中作世出世
卍正59－0854b01, 間無量無邊廣大佛事直得三世諸佛諸代祖師古往今
卍正59－0854b02, 來一切知識目瞪口呿伏聽處分便恁麽會得三世諸佛
卍正59－0854b03, 舌頭卽是道端舌頭道端舌頭卽是三世諸佛舌頭六代
卍正59－0854b04, 祖師舌頭卽是道端舌頭道端舌頭卽是六代祖師舌頭
卍正59－0854b05, 天下老和尙舌頭卽是道端舌頭道端舌頭卽是天下老
卍正59－0854b06, 和尙舌頭忽若塞却眼耳鼻舌身意滅却色聲香味觸法
卍正59－0854b07, 道端又向甚處摸索道端應云只在這裏師便打云也
卍正59－0854b08, 不得放過　復云敎中道是法住法位世間相常住若了
卍正59－0854b09, 得這兩句世間法與出世間法一網打就何以故佛說一
卍正59－0854b10, 大藏敎盡是隨衆生器量而說所以釋迦老子初於正覺
卍正59－0854b11, 山前覩明星現忽然悟道於所證處便見大地一切衆生
卍正59－0854b12, 與他同體平等乃云奇哉一切衆生具有如來智慧德相
卍正59－0854b13, 但以妄想執著而不證得謂我所證處與十方諸佛乃至
卍正59－0854b14, 含蠢蠕動一時同得同證以海印三昧向人人脚跟下一
卍正59－0854b15, 印印定更無纖毫以爲透漏以是知諸佛菩薩法門廣大
卍正59－0854b16, 一證一切證一悟一切悟一了一切了一用一切用却到
卍正59－0854b17, 後來衆生根器狹劣所見亦微如人以針去窓上面剳得
卍正59－0854b18, 一箇窟籠兒自謂我這窟籠是不可思議廣大境界便要
卍正59－0854b19, 與人天爲師將有所得心傳授與人若他處窟籠差大卽
卍正59－0854b20, 以爲非何故蓋不是他所見境界有箇小話正可喩這箇
卍正59－0855a01, 道理有一懶龍不樂行雨爲龍王所怒遂走入井底藏身
卍正59－0855a02, 非蛙一見便問你是甚人曰我非人是海中龍也暫寄此
卍正59－0855a03, 避難耳因問其所以曰吾倦於行雨娑竭羅龍王將加苦

卍正59－0855a04, 楚故此來避蛙乃問聞說龍王宮殿廣大曰然海亦廣大
卍正59－0855a05, 曰然其蛙卽於井之一角泅兩遭顧謂龍王曰龍宮大海
卍正59－0855a06, 得似這大否龍乃徐徐笑曰更大些子正似認一針孔爲
卍正59－0855a07, 廣大境界此所謂迷中倍人唯有諸佛菩薩所證法門與
卍正59－0855a08, 一切人合故曰人人具足各各圓成只爲凡夫根器差殊
卍正59－0855a09, 各自分疆列界如將虛空來截自局促於其間不信外面
卍正59－0855a10, 有無限量虛空是故名爲可憐憫者不見首楞嚴曰空生
卍正59－0855a11, 大覺中如消一漚發有漏微塵國皆依空所生漚滅空本
卍正59－0855a12, 無況復諸三有常記得佛照老杲和尙說迷底人與底迷
卍正59－0855a13, 人說話固有限劑悟底人與悟底人說話更不著撈攘迷
卍正59－0855a14, 底人與悟底人便有差別悟底人對迷底人亦差別何故
卍正59－0855a15, 夏虫不可與語氷如今諸方不信有妙悟者返言悟是建
卍正59－0855a16, 立敎中道知人以刀斷多羅木一斷永不復生正謂此也
卍正59－0855a17, 大般若經說謗法之報受地獄極苦世界壞時轉寄他界
卍正59－0855a18, 他界壞時展轉相寄此界成後復還而來旣言悟是建立
卍正59－0855a19, 只恁麼敎人堆堆坐硬差排敎靜謂靜是根本悟是枝葉
卍正59－0855a20, 且從伱說悟是枝葉枝葉豈不從根株上來豈有根株而
卍正59－0855b01, 無枝葉枝葉尙自不會更理會甚麼根株往年福州有箇
卍正59－0855b02, 長老粗有名聲也說向曾天游道悟是枝葉天游不信謂
卍正59－0855b03, 之曰若果爾豈非傳燈錄上許多尊宿盡瞞人一箇箇只
卍正59－0855b04, 說悟道何曾言違立來因問渠向來座下二二禪子却那
卍正59－0855b05, 裏去曰徑山參悟底禪去天游乃笑蓋他不曾悟所以始
卍正59－0855b06, 終不信這般底是地獄滓莫要信他古人一悟便了說甚
卍正59－0855b07, 麼枝葉根本來譬如眞金不重爲鑛此是佛說云何不信
卍正59－0855b08, 似此等輩臘月三十日死不得時如何爲有殊勝境界在

卍正59－0855b09, 面前所以不能得命根斷不見道入荒田不揀信手拈來
卍正59－0855b10, 草觸目未嘗無臨機何不道妙喜別無長處只得這些枝
卍正59－0855b11, 葉便恁麼信口說將去了無疑滯若教我安排一箇字要
卍正59－0855b12, 上法座說生身入地獄幸自有面前一段光明烜赫却要
卍正59－0855b13, 去鬼窟裏討巖頭曰若以實法繫綴人土亦滔不得妙喜
卍正59－0855b14, 這裏無蜜室傳授底禪亦不共學者低聲商量纔言低聲
卍正59－0855b15, 商量便是惡口我最是參禪底精溈仰下耽源授仰山九
卍正59－0855b16, 十六圓相以至洞下功勳五位偏正回互五王子之類都
卍正59－0855b17, 理會得待無事時從頭說與諸人昔在泐潭有箇堅侍者
卍正59－0855b18, 乃湛堂準和尚族弟爲楷和尚侍者十餘年盡得其道我
卍正59－0855b19, 也共他理會來又洞山微和尚亦是芙蓉高弟此人却有
卍正59－0855b20, 悟門只是不合把許多家事來傳山僧參他兩年也曾燒
卍正59－0856a01, 頂煉臂發擔來被我一傳得了寫作一紙榜在僧堂前大
卍正59－0856a02, 丈夫參禪豈肯就宗師口邊喫野狐涎唾這箇盡是閻老
卍正59－0856a03, 子面前喫鐵棒底若一向理會古人言語這箇公案又如
卍正59－0856a04, 何那箇因緣又怎生山僧敢道他放屁何不去緊要處用
卍正59－0856a05, 工夫却不理會生從何處來死向甚麽處去且如問監寺
卍正59－0856a06, 今年幾歲曰四十八歲問他四十九年前從甚麽來曰不
卍正59－0856a07, 知好濟事自家本命元辰却不知旣不知卽是生大且做
卍正59－0856a08, 壽一百歲更問你百年後只今在此說法聽法底一段歷
卍正59－0856a09, 歷孤明却向甚麽麽去曰不知旣不知卽是死大故曰無
卍正59－0856a10, 常迅速生死事大所以參禪學道只要拔生死根株教盡
卍正59－0856a11, 如今不信有悟門底病在於何蓋爲拔生死根株不盡所
卍正59－0856a12, 以只在語言上作解會何故見得且如溈山問仰山云寂
卍正59－0856a13, 子今時人還假悟也無仰山曰悟則不無爭奈落在第二

卍正59－0856a14, 頭癡人面前不得說夢將謂是眞箇仰山道悟則不無爭
卍正59－0856a15, 奈落在第二頭他自有出身路何故他是悟了底人方可
卍正59－0856a16, 恁麼說得所以潙山肯之曰如是如是這箇是鵝王擇乳
卍正59－0856a17, 素非鴨類如今人夢也未曾夢見也隨例說悟是第二頭
卍正59－0856a18, 悟是枝葉正是獅子咬人狂狗趁塊且從你說悟是第二
卍正59－0856a19, 頭只如潙山又道研窮至理以悟爲則此語又如何消遣
卍正59－0856a20, 都來漏仰父子因甚麼作兩般說話你要信他落在第二
卍正59－0856b01, 頭卽是信他以悟爲則卽是到這裏除非知有莫能知之
卍正59－0856b02, 恰似妙喜說禪知他前後訛多少了今日恁麼說明日却
卍正59－0856b03, 不恁麼說爲甚如此蓋於法自在所以變通在我也似方
卍正59－0856b04, 敷文與府判公尋常蒞事之際一切臨時有十分罪過者
卍正59－0856b05, 來到面前可作方便者與作方便從輕斷之若所犯雖輕
卍正59－0856b06, 而其情不可恕者與盡法而行何故縱奪在我不由別人
卍正59－0856b07, 所以道入得世間出世無餘禪和家若信決定有妙悟便
卍正59－0856b08, 來這裏參若信悟是枝葉却往別處參妙喜不瞞人這裏
卍正59－0856b09, 鄰峯有天童和尙是第一等宗師自家行脚時他已立僧
卍正59－0856b10, 了又有出世高弟在這裏你但去問他若總道悟是枝葉
卍正59－0856b11, 我敢道他也是箇瞎漢兄弟家若曾在別處參得些子來
卍正59－0856b12, 底且放左肋下若於古人言句中乃至一機一境上得些
卍正59－0856b13, 子底且放右肋下然後虛却心實頭理會第一不得將言
卍正59－0856b14, 語要來合我底何故我這裏無實法與人你如何合得我
卍正59－0856b15, 自無住處你如何尋得見參須實參悟須實悟若一絲毫
卍正59－0856b16, 聖凡情量不盡總落魔界今日府判計議泊方機宜常宣
卍正59－0856b17, 教蘇承務在此證明諸公俱是箇中人妙喜說得是也在
卍正59－0856b18, 他肚裏說得不是也在他肚裏便從今日說到盡未來際

卍正59－0856b19, 鉤鎖連環相續不斷爲甚麽如此只得這些子連枝帶葉
卍正59－0856b20, 底氣力有箇頌子擧似大衆拔却生死根掃除諸妄想不
卍正59－0857a01, 用別求禪菩提苗自長
卍正59－0857a02, 方外道友請普說師云學道先須有悟由還如曾闘快龍
卍正59－0857a03, 舟雖然舊閣閑田地一度贏來方始休這箇是古人參禪
卍正59－0857a04, 底樣式信知學道之要須是悟入始得若無悟入處只恁
卍正59－0857a05, 麽死忔怚坐欲求靜決定了不得何故不見祖師道止動
卍正59－0857a06, 歸止止更彌動你若將心去止動則轉鬧亂也唯要虛却
卍正59－0857a07, 心把生死二字貼在額頭上如欠人萬伯貫債相似晝三
卍正59－0857a08, 夜三茶裏飯裏行時住時坐時臥時與朋友相酬酢時靜
卍正59－0857a09, 時鬧時舉箇話頭僧問趙州狗子還有佛性也無州云無
卍正59－0857a10, 只管去這裏看看來看去沒滋味餉間又有些歡喜處歡
卍正59－0857a11, 喜一上了又鬧亂一上到恁麽時相將結交頭知老鼠入
卍正59－0857a12, 牛角便見倒斷也若半信半疑半進半退決定難入所以
卍正59－0857a13, 道此宗難得其妙切須子細用心且如何用心要你辨長
卍正59－0857a14, 遠身心與之廝崖驀地心花發明照十方刹故曰可中頓
卍正59－0857a15, 悟正因便是出塵階漸古人無枝葉一悟便徹底去不似
卍正59－0857a16, 近來諸方老宿有一般異解學者高些子師家不識他師
卍正59－0857a17, 家高些子學者亦不識譬如方木逗圓孔彼此沒交涉若
卍正59－0857a18, 是本分宗師爲人無許多勞攘只貴一言之下便領略不
卍正59－0857a19, 見仰山常問僧近離甚處云離甚處又問來作甚麽云來
卍正59－0857a20, 禮拜和尙又問老僧何似一頭驢垂此語二十年無人道
卍正59－0857b01, 得唯有西塔光湧禪師識得這箇道理仰山亦如前問西
卍正59－0857b02, 塔云據某見處佛亦不似山云旣不似却似箇甚麽西塔
卍正59－0857b03, 云若有所似何異於驢仰山深肯之這箇如人喫飯喫到

卍正59-0857b04, 飽足處自不著問人參禪須如此始得妙喜十七歲上便
卍正59-0857b05, 知有此事其時已是發心參禪在受業院裏買一部傳燈
卍正59-0857b06, 錄讀來讀去至法眼開堂曰大衆立定主事覆云大衆已
卍正59-0857b07, 簇法座前了法眼曰大衆却參眞善知識又有頌云六街
卍正59-0857b08, 鍾鼓響鼕鼕即處鋪金世界中池長芰荷庭長栢更將何
卍正59-0857b09, 物演眞宗因看這箇早是會得心性禪但未曾見宗師未
卍正59-0857b10, 知入室道理然自此便有箇趣向處又修山主道欲識本
卍正59-0857b11, 來心靑山綠水深不是身心境徒將聞見尋識得便識取
卍正59-0857b12, 不用更沈吟也理會得元初已入得唯心法門後來却被
卍正59-0857b13, 揚眉瞬目底打作兩橛淈[水盾]不見了修山王說得多少分
卍正59-0857b14, 明渠却來難自家不是過得幾時元來他底不是我底是
卍正59-0857b15, 只如是柱不見柱非柱不見柱是非已去了是非裏薦取
卍正59-0857b16, 當時幸自會得好却被他向我道這箇不在言語上可知
卍正59-0857b17, 是不在言語上却問他在那裏云在指處元來也只不是
卍正59-0857b18, 在何故有手且教你指無手又如何指信知邪師說法似
卍正59-0857b19, 是似非常記得張無盡說與某有箇淸長老住雲巖承嗣
卍正59-0857b20, 佛印一日與無盡道話次無盡問諸方栢樹子話如何商
卍正59-0858a01, 量曰若理會得這箇便可罷參無盡問曰莫在栢樹子上
卍正59-0858a02, 麼曰有甚交涉又問莫在擧起處麼曰有甚交涉也不妨
卍正59-0858a03, 令人疑著及子細詰之渠云不在栢樹子上乃在顧視處
卍正59-0858a04, 謂之擧不顧即差互無盡大笑因此有頌云祖意西來事
卍正59-0858a05, 若何眼睛動處有誵訛不知夜半臺盤子得似庭前翠栢
卍正59-0858a06, 麼蜆子和尙夜半裏被人向紙錢堆裏一擒擒住問如何
卍正59-0858a07, 是祖師西來意云神前酒臺盤當恁麼時不可也道在顧
卍正59-0858a08, 視處後問無盡求語錄序無盡不諾却求黃魯直爲之魯

卍正59－0858a09, 直爲作去裏面譏之其略曰雲巖禪師歓古澗之寒泉悟
卍正59－0858a10, 灌溪之劈箭這裏罵得極妙然用事隱而不覺僧問趙州
卍正59－0858a11, 古澗寒泉時如何州云苦歓者如何州云死僧問灌溪如
卍正59－0858a12, 何是灌溪溪云劈箭急謂這漢著甚死急你看這般底必
卍正59－0858a13, 要開語錄取笑有識者何益於事如今諸方出這幾路不
卍正59－0858a14, 得有一種說心說性底以指燈籠露柱看上看下爲極致
卍正59－0858a15, 這一路子猶是把纜放舡抱橋柱澡洗與教乘相近更有
卍正59－0858a16, 一種只在外邊走雖把心性爲窟宅其實不曾踏著硬主
卍正59－0858a17, 張眼見也是心耳聞也是心輥來輥去與顧視底總不多
卍正59－0858a18, 爭又有一種擧了便會了謂之擊石火閃電光究得究不
卍正59－0858a19, 得未免喪身失命錯認古人方便作實法會了又有一種
卍正59－0858a20, 纔開口便不是教人死忔怚地坐謂之威音王那畔更那
卍正59－0858b01, 畔消息又有一種商量古人公案謂這箇下得甚麼語那
卍正59－0858b02, 箇合如何代別都不說悟門教人靜坐底故是不說悟門
卍正59－0858b03, 說心說性底也不說悟門主張顧視底也不說悟門擊石
卍正59－0858b04, 火閃電光底也不說悟門商量古今公案底也不說悟門
卍正59－0858b05, 却一時颺了悟門要求速劫如斯等輩眞可憐憫兄弟家
卍正59－0858b06, 旣是巳事未明來就師家決擇須是以悟爲則宗師本無
卍正59－0858b07, 實法與人只作得箇證明主宰而巳纔言有密室傳授謂
卍正59－0858b08, 此事莫教別人知決定是邪魔外道見解未說別人如眞
卍正59－0858b09, 如和尙他是箇古佛據他拈提古人公案不在雪竇之下
卍正59－0858b10, 後來爲見眞點胸下無人却愛收拾禪子因此也不說悟
卍正59－0858b11, 門他自是大徹大悟底人却到下面幾箇早不相似了何
卍正59－0858b12, 以知之蓋山僧往年親見嗣其法者圓悟先師纔出川來
卍正59－0858b13, 便參眞如當時會中有箇慶藏主曾參承天宗和尙來先

卍正59－0858b14, 師最親近之在他處理會雪竇頌古所以後來有許多擊
卍正59－0858b15, 節人多謂佛果和尙只是聰明記持由他肆意穿鑿殊不
卍正59－0858b16, 知無師承宗旨如何只恁麽胡亂說得後來因佛鑑以書
卍正59－0858b17, 責之云老兄幸自有直指底一著不當說雪竇爲人先師
卍正59－0858b18, 遂已慶在潙山雖僻地裏與先師入室其眞實如不曾學
卍正59－0858b19, 他立僧一日眞如問先師你去慶藏主處入室否曰未曾
卍正59－0858b20, 眞如云因甚不去他古今好先師曰某待都去禪頭處入
卍正59－0859a01, 室其時會中又有箇賢蓬頭却是悟底禪先師自此俱入
卍正59－0859a02, 其室又入得眞如門戶眞如劇稱道之一日問曰小勤你
卍正59－0859a03, 今年幾歲答曰二十四歲眞如云更過二十四年後做箇
卍正59－0859a04, 沒量大人便授記他後來先師果然四十八上出世你道
卍正59－0859a05, 他不是古佛得麽只是有愛禪子之癖先師也畫得他頂
卍正59－0859a06, 相又得禪會子有從上諸聖一人傳一人子今旣得善自
卍正59－0859a07, 護持之語先師深祕之一日慶與秀大師者將欲起離說
卍正59－0859a08, 與先師意欲偕往先師又愛且住潙山慶以小話譏之曰
卍正59－0859a09, 舊有一僧不奉戒律以罪到訟庭於法當杖危急之際忽
卍正59－0859a10, 告郡將曰念某曾參圓照禪師來蓋郡將是同參遂問曰
卍正59－0859a11, 以何爲驗其僧遽出圓照眞子呈之乃獲免慶曰而今傳
卍正59－0859a12, 得眞子者縱沒用處等閑收取或可免棒先師𠛀耐他口
卍正59－0859a13, 觜不中又竊怪眞如所謂禪會子者旣言一人傳一人何
卍正59－0859a14, 得在我下者皆有之卽時和眞子一時燒了乃與慶秀俱
卍正59－0859a15, 出山同到黃龍見晦堂又往東林參照覺俱打不合自此
卍正59－0859a16, 相分先師往淮甸慶入京師秀隨之慶在惠林掛搭秀在
卍正59－0859a17, 法雲一日慶有疾秀不告假且以錢賂守門者往省問之
卍正59－0859a18, 慶曰法雲規繩嚴緊何緣得出秀以實告之慶用心不臧

卍正59－0859a19, 密遣人報圓通圓通不以秀不告爲非是夜小參痛罵慶
卍正59－0859a20, 曰是何用心枉披法服彼拚出院而往問疾是不忘義也
卍正59－0859b01, 敢爾陰損之必當招惡報不數曰慶果吐紅而終今日因
卍正59－0859b02, 施主請普說偶然及此雖似沒緊要然亦可爲無識者之
卍正59－0859b03, 誡所以道法無二法妄自愛著信知世法佛法本無差別
卍正59－0859b04, 只爲近世師家差別多學者亦差別如今差別底也放下
卍正59－0859b05, 不差別底也放下只理會狗子還有佛性也無云無這箇
卍正59－0859b06, 有甚麼差別趙州道諸方難見易識我這裏易見難識喚
卍正59－0859b07, 作竹篦卽觸不喚作竹篦卽背不得下語不得無語此豈
卍正59－0859b08, 不是易見難識這裏一千二百衲子箇箇做工夫亦妙喜
卍正59－0859b09, 晚年之幸譬如死在瘴鄕安有今日事更望兄弟各各努
卍正59－0859b10, 力向前窮究敎徹去大家續佛慧命報佛深恩此外無可
卍正59－0859b11, 言者記得僧問雲門如何是諸佛出身處門云東山水上
卍正59－0859b12, 行先師道如何是諸佛出身處熏風自南來殿閣生微凉
卍正59－0859b13, 妙喜又却不然如何是諸佛出身處落霞與孤鶩齊飛秋
卍正59－0859b14, 水共長天一色
卍正59－0859b15, 快然居士請普說師云法無定相建立由人若證得無定
卍正59－0859b16, 相之法則造次顚沛無非是當人安身立命處是故敎中
卍正59－0859b17, 道非離眞而立處立處卽眞如今諸方各立門戶把古人
卍正59－0859b18, 糟粕來搏量自謂我理會得多少公案又理會得諸家宗
卍正59－0859b19, 旨臘月三十日地水火風相將解散一點氣走上走下孤
卍正59－0859b20, 燈獨照時將那箇一轉語敵他生死如何不窮究自己脚
卍正59－0860a01, 跟下生不知來處死不知去處底一段大事只管向外馳
卍正59－0860a02, 求枉勞心力若是理會古人公案且未說別底雪竇拈古
卍正59－0860a03, 百則頌古百則妙喜逐一理會來也下得語也說得行如

卍正59－0860a04, 圓悟和尙許多擊節他是向上拈提與了底人說便得若
卍正59－0860a05, 是入泥入水炙脂決瀼禪依文解義老和尙却不會妙喜
卍正59－0860a06, 初行脚曾參一尊宿來喚作實印和尙實印先參興敎坦
卍正59－0860a07, 和尙也見雪竇後來法嗣瑯琊山僧在他處作侍者兩年
卍正59－0860a08, 每日商量公案如雲門示衆云十五日已前不問汝十五
卍正59－0860a09, 日已後道將一句來自代云日日是好日此是古本雲門
卍正59－0860a10, 語錄上面說是四月八日上堂因甚麼道十五日已前不
卍正59－0860a11, 問汝謂初八在其中十五日已後道將一句來自代云日
卍正59－0860a12, 日是好日謂何日不是佛降生時節雪竇頌曰去却一拈
卍正59－0860a13, 得七上下四維無等匹徐行踏斷流水聲縱觀寫出飛禽
卍正59－0860a14, 跡草茸茸煙冪冪空生巖畔花狼藉彈指堪悲舜若多莫
卍正59－0860a15, 動著動著三十棒謂去却一拈得七乃是八也世尊生下
卍正59－0860a16, 一手指天一手指地云天上天下唯我獨尊故曰上下四
卍正59－0860a17, 維無等匹徐行踏斷流水聲謂正當四方徐行七步時爲
卍正59－0860a18, 你衆生故直饒流水聲也須踏斷縱觀寫出飛禽跡謂縱
卍正59－0860a19, 目觀四方時爲衆生故幾乎寫出飛禽跡草茸茸煙漠漠
卍正59－0860a20, 謂幸自有如此境界一切現成須菩提不必巖中宴坐惹
卍正59－0860b01, 得天雨四花故曰空生巖畔花狼藉彈指堪悲舜若多舜
卍正59－0860b02, 若多是虛空神無身覺觸謂縱使得似舜若多神無身無
卍正59－0860b03, 影時正可悲可嘆所以後面道莫動著動著三十棒又商
卍正59－0860b04, 量雪竇擧僧問保福雪峯平生有何言句得似[羊靈]羊掛角
卍正59－0860b05, 時保福云我不可作雪峯弟子不得雪竇愛他底乃曰一
卍正59－0860b06, 千五百布衲唯保福較些子何故見得這僧致箇問頭不
卍正59－0860b07, 妨奇特謂縱你得似[羊靈]羊掛角時也只是言句纔有言句
卍正59－0860b08, 便落這僧圈[示貴]所以保福答他道我不可作雪峯弟子不

卍正59－0860b09, 得雪竇愛保福具眼識得這僧問端答這話有出身路有
卍正59－0860b10, 箇亨長老承嗣先師見自家注解得下落眉笑眼笑舊時
卍正59－0860b11, 衆中如此商量也將謂是及乎後來因熏風自南來殿閣
卍正59－0860b12, 生微涼忽然打破漆桶把來看干甚事好慚惶人信知此
卍正59－0860b13, 事決不在言語上唯證乃知難可測古來大有榜樣且道
卍正59－0860b14, 是誰豈不見甘贄行者一日往南泉設齋請首座施財座
卍正59－0860b15, 云財法二施等無差別檀波羅蜜具足圓滿行者曰這俗
卍正59－0860b16, 漢遂將䞋錢出去復入來請第二座施第二座亦如前云
卍正59－0860b17, 財法二施等無差別檀波羅蜜具足圓滿行者便行䞋這
卍正59－0860b18, 箇道理是怎生一等恁麼施財爲甚肯箇不肯箇將知鵝
卍正59－0860b19, 王擇乳素非鴨類須是眼見始得山僧每愛佛眼和尙云
卍正59－0860b20, 教中有王子寶刀喩譬如王子庫內有一柄刀被人竊取
卍正59－0861a01, 去到處尋不見又不敢說恐人知得庫藏空虛他日有人
卍正59－0861a02, 獲此刀以納于王子其時大臣有智見而謂之曰且謾爲
卍正59－0861a03, 汝收取我王庫內無如是刀以至衆盲摸象喩深山巖崖
卍正59－0861a04, 佛法望州亭烏石嶺相見事當親面而見之不在說也山
卍正59－0861a05, 僧所以收入正法眼藏這箇方始是宗師說話若是說心
卍正59－0861a06, 說性忙教乘中說得少在更要你說作甚參須實參悟須
卍正59－0861a07, 實悟兄弟既來這裏學道若曾在諸方得些子底不要拈
卍正59－0861a08, 出縱拈出亦使不著參禪本要心地安樂豈是爭人我勝
卍正59－0861a09, 負逞我能我解底事如近日所謂周無已者也道曾見尊
卍正59－0861a10, 宿來參來參去却成狂了昨日來入室問他不是心不是
卍正59－0861a11, 佛不是物是箇甚麽便竪起拳頭口中胡說亂道更去地
卍正59－0861a12, 上[馬展]禪若如此只應[馬展]屎猪亦會了可憐這般底本是正
卍正59－0861a13, 因打頭不撞著好人中毒已深卒醫不得徧問他却道都

卍正59－0861a14, 不知豈非天奪其魄鬼擘其口喚作邪毒入心如油入麪
卍正59－0861a15, 永取不出一似郭郎除了口中叫子便無可得道往往心
卍正59－0861a16, 裹道若不如此怎知我會禪有箇光師姑曾在成都參老
卍正59－0861a17, 和尙元無所得後來出蜀參成枯木時京師高太尉起妙
卍正59－0861a18, 惠寺請渠作長老住持要來蔣山受請老和尙謂之曰你
卍正59－0861a19, 去半山受請去這師姑也難容且來用探竿影草云惠光
卍正59－0861a20, 本在昭覺發明只是當時不曾與和尙說和尙竟不知惠
卍正59－0861b01, 光有得處先師笑曰你若不說我幾時得知宗師眼目如
卍正59－0861b02, 相體裁衣尺寸長短盡在他手裏兄弟家但著鞭莫患宗
卍正59－0861b03, 師不知你但看山僧前後有師僧參得禪底豈敢大驚小
卍正59－0861b04, 怪要來呈見解盡是我驗出來往年曾吉甫正間妙喜驗
卍正59－0861b05, 人所以對曰豈可說向人這些妙處父不可以傳子古來
卍正59－0861b06, 大宗師盡具這箇眼目未說別底如陳操尙書雖是箇俗
卍正59－0861b07, 官一日與客登樓次有數僧從樓下過客曰這箇總是衲
卍正59－0861b08, 僧書曰不是客曰何以知之書曰若不信待與驗過乃於
卍正59－0861b09, 縷上叫一聲上座僧轉頭書顧謂客曰不信道你看他只
卍正59－0861b10, 竊得睦州些子活計便解如此又問雲門儒書即不問上
卍正59－0861b11, 座三乘十二分敎自有座主作麽生是衲僧行脚事且看
卍正59－0861b12, 雲門是作家杓柄便在手裏却問云尙書曾問幾人來曰
卍正59－0861b13, 只今問上座門云只今且置作麽生是敎意曰黃卷赤軸
卍正59－0861b14, 門云這箇是文字言語作麽生是敎意只這箇供過雲門
卍正59－0861b15, 了曰口欲談而詞喪心欲緣而慮忘門云口欲談而詞喪
卍正59－0861b16, 爲對有言心欲緣而慮忘爲對妄想作麽生是敎意尙書
卍正59－0861b17, 無語門云見說尙書看法華經是否曰是門云經中道一
卍正59－0861b18, 切治生産業皆與實相不相違背且道非非想天有幾人

卍正59－0861b19, 退位書又無語門云且不得草草十經五論師僧抛却特
卍正59－0861b20, 入叢林十年二十年尙自不奈何尙書又爭得會書曰某
卍正59－0862a01, 甲罪過因甚前頭解恁麼驗人及見雲門乃爾負墮却不
卍正59－0862a02, 得道他不會豈不見道汝若立時我須坐汝若坐時我須
卍正59－0862a03, 立若也同坐同立二俱瞎漢所謂賓則始終賓主則始終
卍正59－0862a04, 主如今諸方盡是多一句底禪末後多一句便是我贏得
卍正59－0862a05, 且喜沒交涉所以快然居士得得來理會這一件事奉勸
卍正59－0862a06, 應是從前知解請一時放下直教四稜塌地日月浸久自
卍正59－0862a07, 然到無放下處敢問諸人只如無放下後作麼生良久云
卍正59－0862a08, 鼻孔依前搭上唇
卍正59－0862a09, 榮安撫請普說僧問前念是凡後念是聖中間無住當恁
卍正59－0862a10, 麼時是甚麼人作證明師云你是道端進云恁麼則却成
卍正59－0862a11, 兩箇師云三箇也有進云只如分身千百億和尙又向甚
卍正59－0862a12, 麼處見他師云你是客作漢進云對面不相識千里却同
卍正59－0862a13, 風師云一任踊跳進云恁麼則和尙更與安名立字師云
卍正59－0862a14, 賊身已露進云謝師證明師云龍頭蛇尾得人憎僧問
卍正59－0862a15, 一句當陽顯赫遍界已絶羅籠不從諸佛心髓中流亦非
卍正59－0862a16, 乾坤未生時立旣然恁麼未審從甚麼處來師云總被你
卍正59－0862a17, 道了進云如何是那一句師云脚跟下蹉過也不知進云
卍正59－0862a18, 上是天下是地蹉過箇甚麼師云蹉過天蹉過地進云爭
卍正59－0862a19, 奈坐立儼然兩兩分明師云且喜沒交涉進云楊岐一頭
卍正59－0862a20, 驢爲什麼只有三隻脚師云你少喫水草進云恁麼則覿
卍正59－0862b01, 面相呈更無回互師云且莫詐明頭進云旣是潘浪倒騎
卍正59－0862b02, 歸爲甚麼攧殺黃番掉師云非汝境界進云爭奈卽今何
卍正59－0862b03, 師云且莫辜負老僧進云恩大難酬便禮拜師乃云楊

卍正59－0862b04, 岐一頭驢只有三隻脚潘浪倒騎歸攧殺黃番掉妙喜三
卍正59－0862b05, 十年前底注脚今日被這僧對人天衆前花擘一上不同
卍正59－0862b06, 小小直得楊岐和尙拍手呵呵大笑山河大地萬象森羅
卍正59－0862b07, 一時起舞當恁麽時且道是甚麽人作證明所以道處處
卍正59－0862b08, 眞處處眞塵塵盡是本來人眞實說時聲不現正體堂堂
卍正59－0862b09, 沒却身作麽生是堂堂正體未離兜率已降王官未出母
卍正59－0862b10, 胎度人已畢豈不是堂堂正體若作堂堂正體會則辜負
卍正59－0862b11, 釋迦老子若不作堂堂正體商量則辜負自巳自巳旣辜
卍正59－0862b12, 負將甚麽與釋迦老子相見若向這裏撥得一線路方知
卍正59－0862b13, 釋迦老子在兜率天乘日輪香象降摩耶夫人胎只是示
卍正59－0862b14, 現箇生底時節以至一手指天一手指地云天上天下唯
卍正59－0862b15, 我獨尊也只是與一切人作箇示現生相底樣子若向這
卍正59－0862b16, 裏見得不獨爲釋迦老子出氣亦乃與生身父母出氣不
卍正59－0862b17, 獨爲生身父母出氣亦乃與一切有情出氣正當恁麽時
卍正59－0862b18, 且道承誰恩力良久云揮劍所開人我易推山塞斷是非
卍正59－0862b19, 難　復云這箇是安撫直閣今日降誕之辰請陞座說法
卍正59－0862b20, 底意旨這箇官人乃是士林中在家菩薩未必久在林下
卍正59－0863a01, 修行老衲箇箇得似此公鋪心如地所謂身心一如身外
卍正59－0863a02, 無餘每以書來常云恐負主上知人之明朝夕惶懼戰
卍正59－0863a03, 戰兢兢唯恐不及前日又以書來云某如今年老豈不虞
卍正59－0863a04, 鐘鳴漏盡之譏妙喜答他道這般事在公不必掛念但常
卍正59－0863a05, 以主上起公之意自家直道而行上不愧天下不愧人
卍正59－0863a06, 則世間種種苦惱自然不生缺陷界中如何得一一周旋
卍正59－0863a07, 有來干我者順之則歡喜讚歎違之則生煩惱亦人之當
卍正59－0863a08, 情唯吾佛大聖人始得福慧兩足心如虛空毁譽不動所

卍正59－0863a09, 以華嚴經中道若以威德色種族而見人中調御師是爲
卍正59－0863a10, 病眼顚倒見彼不能知最勝法如來色形諸相等一切世
卍正59－0863a11, 間莫能測億那由劫共思量色相威德轉無邊却到我博
卍正59－0863a12, 地凡夫福德旣有限智慧亦有限如何將有限身心要充
卍正59－0863a13, 他無限境界秖益自勞終無是處旣知有此一段大事因
卍正59－0863a14, 緣但辨肯心必不相賺經行及坐臥常在於其中如鷄抱
卍正59－0863a15, 卵要暖氣相接續如今學道人但將求佛智底心怕生死
卍正59－0863a16, 底心這兩件事常貼在鼻尖兒上與之厮崖時節因緣到
卍正59－0863a17, 來自然撞發去何況更於塵劫中搜得回來猶爲有力量
卍正59－0863a18, 漢妙喜常敎人生處放敎熟熟處放敎生何謂熟處一切
卍正59－0863a19, 衆生現行無明徇一切境造無間業豈不是熟處何謂生
卍正59－0863a20, 處菩提涅槃眞如解脫是諸佛菩薩甚深境界而衆生念
卍正59－0863b01, 念與之相違豈不是生處旣然恁麽要得一念不生前後
卍正59－0863b02, 際斷何可得哉所以聖人示衆生境界則順衆生視聖人
卍正59－0863b03, 境界則逆故首楞嚴所謂衆生顚倒迷已逐物便是這箇
卍正59－0863b04, 道理如今要得一念相應麽也莫作衆生想也莫作聖人
卍正59－0863b05, 想也莫作逆順想但只理會喚作竹篦則觸不喚作竹篦
卍正59－0863b06, 則皆不得下語不得無語不得思量不得計較不得向擧
卍正59－0863b07, 起處曾我和注脚一時說了也承當却在你邊不干我事
卍正59－0863b08, 如明上座趕六祖至大庾嶺頭要奪衣鉢他是箇殺人放
卍正59－0863b09, 火底漢六祖見其來意不善遂置衣鉢石上蹲身草中明
卍正59－0863b10, 盡力提不起此豈是衣鉢有恁麽殊勝若爾則達磨所傳
卍正59－0863b11, 返成揑怪所以道欲識佛性義當觀時節因緣蓋是他悟
卍正59－0863b12, 道底時節因緣熟驀然提不起乃告曰行者我豈爲衣鉢
卍正59－0863b13, 來願行者慈悲爲我說佛法祖曰汝且在石上坐也不要

卍正59－0863b14, 思量善也不要思量惡明如其敎靜坐片時祖忽喚曰明
卍正59－0863b15, 上座明曰喏祖曰不思善不思惡正當恁麼時一物不思
卍正59－0863b16, 作麼生是汝父母未生時本來面目明上座忽然向六祖
卍正59－0863b17, 舌頭上見得本來面目便禮拜遂問除却行者如上爲某
卍正59－0863b18, 甲說底不知黃梅付囑外別有甚麼密意可以傳授此乃
卍正59－0863b19, 古本壇經所載不知後來是何作聰明底杜撰改却山僧
卍正59－0863b20, 當時所見者乃唐時本亦唐時經生寫底他道黃梅付囑
卍正59－0864a01, 外別有甚麼密意可以傳授祖曰上座汝若返見自己本
卍正59－0864a02, 來面目密卽在汝邊我所說者則非密也因記得舊時有
卍正59－0864a03, 一官人最是聒噪人每見僧則問羅睺羅以何爲第一僧
卍正59－0864a04, 云密行翁第一官人咄曰剃頭俗漢後又問一老宿羅睺
卍正59－0864a05, 羅以何爲第一老宿曰不知官人遂作禮曰破布裹眞珠
卍正59－0864a06, 我當時若見他道剃頭俗漢卽答他道不審在家底和尙
卍正59－0864a07, 還他便了正當恁麼時還有密底道理也無若道有漏逗
卍正59－0864a08, 不少若道無亦漏逗不少山僧因行不妨掉臂與他做得
卍正59－0864a09, 箇頌子過量漢作過量事逈與常人體不同撥轉上頭關
卍正59－0864a10, 捩子世間出世在其中
卍正59－0864a11, 超明海三大師請普說師云正說知見時知見卽是心當
卍正59－0864a12, 心卽知見知見卽如今若了得這四句一生參學事畢五
卍正59－0864a13, 祖師翁常愛擧僧問淸平如可是大乘答曰井索如何是
卍正59－0864a14, 小乘答曰錢索如何是有漏答曰笊籬如何是無漏答曰
卍正59－0864a15, 木杓若會得這箇說話便許罷參誠哉瘥病不假驢䭾藥
卍正59－0864a16, 先德苦口垂慈只要你前念不生後念不續不越一念便
卍正59－0864a17, 坐斷報化佛頭此是金屎法一識得破如屎相似若未識
卍正59－0864a18, 得如銀山鐵壁肚裏七上八下所以古人只貴當機直截

卍正59－0864a19, 更無回互如今人都不理會脚跟下事且理會宗旨宗旨
卍正59－0864a20, 是甚麽末事古人悟了然後定宗旨豈不見永嘉因讀維
卍正59－0864b01, 摩經悟道乃云我聞曹溪六祖得黃梅衣鉢待將自家所
卍正59－0864b02, 得底消息試去定宗旨則箇這箇豈不是悟了方有恁麽
卍正59－0864b03, 說話如今人不曾悟說甚麽宗旨總是癡狂外邊走若眞
卍正59－0864b04, 箇知得本命元辰下落宗旨自在你所證處不干師家事
卍正59－0864b05, 所以山僧每愛忠國師法門大有僧問無情還解說法也
卍正59－0864b06, 無國師云常說熾然說無間歇僧云某甲爲甚麽不聞曰
卍正59－0864b07, 汝自不聞僧云未審甚麽人得聞曰諸聖得聞僧云恁麽
卍正59－0864b08, 則衆生無分也曰我爲衆生說不爲諸聖說似此般說話
卍正59－0864b09, 你去那裏捉他又問衆生聞後如何曰卽非衆生僧云和
卍正59－0864b10, 尙還聞麽曰我亦不聞僧云師旣不聞爭知無情解說法
卍正59－0864b11, 曰我若聞則齊於諸聖汝卽不聞我說法看他得底人如
卍正59－0864b12, 水上葫蘆動著轉轆轆地祖師門下只貴這些子所以道
卍正59－0864b13, 心隨萬境轉轉處實能幽隨流認得性無喜亦無憂參禪
卍正59－0864b14, 人工夫旣純熟驀地向轉處打失鼻孔不爲難事當時永
卍正59－0864b15, 嘉旣到曹溪一見祖師更不燒香禮拜只遶禪牀三匝振
卍正59－0864b16, 錫一下卓然而立其意直以此道相見更不欲講人事祖
卍正59－0864b17, 師曰夫沙門具三千威儀八萬細行行行無虧大德從何
卍正59－0864b18, 方而來生大我慢他將平生參得底禪作一檐子送在祖
卍正59－0864b19, 師面前却只喚他底作我慢遂依實供通云某爲無常迅
卍正59－0864b20, 速生死事大祖師便就語下討他云何不了取無生達無
卍正59－0865a01, 速乎曰了卽無生達本無速祖師這裏掘坑子埋他曰子
卍正59－0865a02, 甚得無生意若是今時小根魔子聞恁麽道便誇逞道和
卍正59－0865a03, 尙謂我得無生意到處求印證輕忽上流且看永嘉對得

卍正59－0865a04, 他好曰無生豈有意耶被他等閑跳出坑子來蓋他元初
卍正59－0865a05, 證處本無實法只是借方便爲入道之門旣得入卽捨方
卍正59－0865a06, 便正似香嚴擊竹作聲豁然悟道當下忘其所證故曰一
卍正59－0865a07, 擊忘所知也又如彌勒彈指命善財入樓閣門善財心喜
卍正59－0865a08, 入已還閉所言心喜處卽是悟入處入已還閉是所證處
卍正59－0865a09, 絶消息所證處旣絶消息卽是捨方便門自見本來面目
卍正59－0865a10, 故能於樓閣中見百億樓閣百億四天下百億兜率陀天
卍正59－0865a11, 一一皆有彌勒菩薩降神誕生遊行七步觀察十方大獅
卍正59－0865a12, 子孔現爲童子居處宮殿出家苦行往詣道場降伏諸魔
卍正59－0865a13, 成等正覺以至轉法輪入涅槃及餘無量不可思議境界
卍正59－0865a14, 然後彌勒菩薩又彈指一聲善財從三昧起彌勒爲說此
卍正59－0865a15, 是因緣聚集所見之相如幻如夢如影如像來無所從去
卍正59－0865a16, 無所至旣是來無所從去無所至豈可更存有所得心耶
卍正59－0865a17, 若所得心不忘謂之法塵煩惱更過於世間塵勞煩惱十
卍正59－0865a18, 倍能障道眼不明道眼若明一切處活鱍鱍地何故只如
卍正59－0865a19, 祖師道子甚得無生意永嘉曰無生豈有意耶豈不是他
卍正59－0865a20, 活處更看祖師掘第二箇坑子埋他曰若無意誰爲分別
卍正59－0865b01, 只這便是金剛圈栗棘蓬直是難呑難透蓋眼前事物須
卍正59－0865b02, 以意識分別然後可以指陳此是僧此是俗此是燈籠露
卍正59－0865b03, 柱元來以意分別著悉是世間塵勞之法何謂出世間法
卍正59－0865b04, 不見釋迦老子曰觀法先後以智分別是非審定不違法
卍正59－0865b05, 印次第建立無邊行門令其衆生斷一切疑到這裏不屬
卍正59－0865b06, 生不屬死純是智慧永嘉窮得三乘十二分敎骨出開椟
卍正59－0865b07, 子一轉拈來便用對祖師云分別亦非意謂分別底不是
卍正59－0865b08, 意便是以智分別底道理是以普賢菩薩謂善財曰汝見

卍正59－0865b09, 吾妙色身否蓋色上著妙卽是法身以要言之法身尙不
卍正59－0865b10, 可得何況喚作奇特玄妙卽是染汚須知此一段事奇特
卍正59－0865b11, 玄妙染汚他不得所以祖師見他通得消息是讚言善哉
卍正59－0865b12, 善哉當時可惜放過若是德山須與劈脊用事然雖如是
卍正59－0865b13, 又須知祖師綿裏秤鎚旣而辭去問曰大德反太遠乎曰
卍正59－0865b14, 本自非動豈有速耶這裏又不放過更與一拶誰知非動
卍正59－0865b15, 曰仁者自生分別遂留一宿後來有一本證道歌傳到西
卍正59－0865b16, 天妙喜昔在京師有密三藏者方中年人見其端然受數
卍正59－0865b17, 輩老比丘禮拜因問其所以曰我是中印土人乃佛生處
卍正59－0865b18, 當受四印土人禮非但比丘百姓亦然信知五天之人可
卍正59－0865b19, 殺重佛法因他說證道歌彼方譯作梵語分爲三册纔說
卍正59－0865b20, 著以手加額由是觀之佛法豈有兩般參須實參悟須實
卍正59－0866a01, 悟若纖毫凡聖情量不盡總落魔界今日三人尼大師請
卍正59－0866a02, 普說所以說些家裏事這箇道理不在男不在女不在貴
卍正59－0866a03, 不在賤莫敎一打發便與佛齊肩有箇尼長老號定光大
卍正59－0866a04, 師往年也在雪峯諸處參禪聞得我在廣因遂破夏走將
卍正59－0866a05, 來求掛搭山僧問他道我自是客問取長老去長老遂諾
卍正59－0866a06, 之其時爐鞴熱雖只七十來僧一日兩遍入室定光者敎
卍正59－0866a07, 他看不是心不是佛不是物時光藏主入室他在外面聽
卍正59－0866a08, 得有箇歡喜處忽一日云妙道適聞和尙與光藏主擧不
卍正59－0866a09, 是心不是佛不是物巳理會得當時便問他不是心不是
卍正59－0866a10, 佛不是物你如何會答云妙道只恁麽會道聲未了山僧
卍正59－0866a11, 云囙多了箇只恁麽會他方始瞥地信知參禪須要悟眞
卍正59－0866a12, 是臘月三十日涅槃堂裏得力始得如檀大師舊在小溪
卍正59－0866a13, 參三年不能得箇入處後來忽然寄得幾箇頌子來衡陽

卍正59－0866a14, 方知他理會得山僧說話佛法無人情只有一箇是一箇
卍正59－0866a15, 不是曾記往年有人議論自家道杲首座不道他不悟只
卍正59－0866a16, 是悟得麤不大故細膩却謂自家不理會諸方宗旨苦哉
卍正59－0866a17, 苦哉何曾見佛法論麤細來你看臨濟一日與普化同赴
卍正59－0866a18, 齋濟問毛呑巨海芥納須彌爲復是神通妙用法爾如然
卍正59－0866a19, 化把飯牀打一踢便出去明日又同赴齊濟又問今日供
卍正59－0866a20, 養何似昨日化又踢倒飯牀濟云得卽得太麤生化云佛
卍正59－0866b01, 法豈有麤細得到恁麼田地卷舒逆順不由別人所以眞
卍正59－0866b02, 淨和尙曾有頌曰卷舒逆順皆方便往往宗師昧者多若
卍正59－0866b03, 欲決明心地印鷲峯問取老禪和老南門下皆大根器人
卍正59－0866b04, 如眞淨和尙先在潙山夜聞僧誦雲門語曰佛法如水中
卍正59－0866b05, 月是否門云淸波無透路忽有省自此所至辯論傾座下
卍正59－0866b06, 視諸方遂往依南禪師未幾下山至香城見順和尙順問
卍正59－0866b07, 曰首座在黃檗未多時起離何速曰他只是箇修行僧理
卍正59－0866b08, 會某說話不得不知順是箇無齒大虫更高他一頭地因
卍正59－0866b09, 夜話謂眞淨曰老和尙安樂曰然又問新黃蘗住得如何
卍正59－0866b10, 曰住得甚好先是南禪師垂問學者鐘樓上念讚牀脚下
卍正59－0866b11, 種菜時如何衆下語皆不契唯勝首座云猛虎當路坐南
卍正59－0866b12, 深肯之命次補黃檗順曰他只下得一轉語好便得院住
卍正59－0866b13, 佛法未夢見在眞淨因此忽然見得老南用處便欲回去
卍正59－0866b14, 値雪未晴因僧告行遂作適來頌子送之老南得見謂左
卍正59－0866b15, 右曰文關西徹也這箇方始是驗人眼目破人生死窠窟
卍正59－0866b16, 底宗旨如何說玄說妙說秘密謂之宗旨豈不誤人逮再
卍正59－0866b17, 見南南問甚處來淨曰香城來南曰恰値老僧不在淨曰
卍正59－0866b18, 未審向甚麼處去南曰天台普請南嶽遊山曰恁麼則某

卍正59-0866b19, 甲亦得自在去也南曰脚下鞋甚處得來曰盧山七百錢
卍正59-0866b20, 唱得南曰何曾得自在曰何曾不自在南異之一日因侍
卍正59-0867a01, 者捲簾次南問侍者捲起簾時如何侍者云照見天下又
卍正59-0867a02, 問放下簾時如何侍者云水泄不通又問不捲不放時如
卍正59-0867a03, 何侍者無語南擧問眞淨淨云和尚須替侍者入涅槃堂
卍正59-0867a04, 始得南厲聲曰關西人自來無頭惱時雲居祐和尚爲藏
卍正59-0867a05, 主亦在侍旁淨指云只這藏主也未夢見在南大笑看他
卍正59-0867a06, 大徹大悟底人如獅子返擲東西南北初無定度不似今
卍正59-0867a07, 時口耳傳授之流把甛甛密密處爲究竟護惜箇琉璃瓶
卍正59-0867a08, 子生怕人動著大丈夫須是一鎚擊碎方可得大自在若
卍正59-0867a09, 一向保惜如將虛空來戴自以爲寬廣良可悲夫豈不見
卍正59-0867a10, 佛謂阿難曰當知虛空生汝心內況諸世界在虛空耶汝
卍正59-0867a11, 等一人發眞歸元此十方虛空悉皆消殞云何空中所有
卍正59-0867a12, 國土而不振裂教中說底便是祖師悟底祖師悟底便是
卍正59-0867a13, 教中說底無二無二分無別無斷故記得箇古話擧似大
卍正59-0867a14, 衆僧問靈雲如何是佛法大意答曰臨鴆砧井底種林檎
卍正59-0867a15, 僧云學人不會靈雲曰今年桃李貴一顆直千金這箇古
卍正59-0867a16, 話自來不曾有人下注脚山僧今日不避口業爲諸人說
卍正59-0867a17, 破要會麽臨鴆砧井底種林檎今年桃李貴一顆直千金
卍正59-0867a18, 妙淨居士趙觀使請普說僧問昨日晴今日雨老師擊動
卍正59-0867a19, 虛空鼓四方八面一時來黑漆竹篦能打否師云荷葉團
卍正59-0867a20, 團團似鏡菱角尖尖尖似錐進云這箇猶是相似底未審
卍正59-0867b01, 正令當行如何施設師云風吹荷葉動決定有魚行進云
卍正59-0867b02, 恁麽則明來也著暗來也著師云十字街頭石幢子進云
卍正59-0867b03, 雖然如是未審他還受也無師云受與不受總不干他事

卍正59－0867b04, 進云旣不干他事畢竟他是阿誰師云遮欄不住進云忽
卍正59－0867b05, 遇千了百當底人來還落諸聖階級也無師云列在下風
卍正59－0867b06, 進云可謂有意氣時添意氣不風流處也風流師云可知
卍正59－0867b07, 禮也進云恁麽則學人踏步向前讚歎有分師云墮坑落
卍正59－0867b08, 塹進云王老師門下也不爲分外師云何不分外上更道
卍正59－0867b09, 進云某甲若道和尙却須退後始得師云我不辭退後只
卍正59－0867b10, 是你依前道不得進云和尙未免賊過後張弓師云爭奈
卍正59－0867b11, 穿却你鼻孔換却你眼睛進云不妨好手師云我從來好
卍正59－0867b12, 手進云學人有鼻孔卽從和尙穿無鼻孔又穿箇甚麽師
卍正59－0867b13, 云穿箇無鼻孔底進云某甲平生無人能近傍今日鼻孔
卍正59－0867b14, 被和尙穿却師云劄進云是僧問善現林間宴坐憍尸
卍正59－0867b15, 迦特地雨花妙喜天下橫行趙觀使親蒙印可無說無聞
卍正59－0867b16, 卽不問雙明雙暗事如何師云靴裏動指頭能有幾人知
卍正59－0867b17, 進云恁麽則金鎚影動寶劒光寒師云三千里外逢人不
卍正59－0867b18, 得錯擧進云某甲今日信受奉行師云作禮而去進云爭
卍正59－0867b19, 奈這一步何師云這一步你進不得進云和尙還有提挈
卍正59－0867b20, 他處也無師云蹉過也不知進云只如天帝釋道尊者無
卍正59－0868a01, 說我亦無聞意旨如何師云普進云老和尙口吧吧地觀
卍正59－0868a02, 使聞見歷歷分明又作麽生師云入平不語水平不流進
卍正59－0868a03, 云未審古人是今人是師云今人古人一串穿却進云也
卍正59－0868a04, 埋沒他不得師云你道他是阿誰不受埋沒進云扁舟已
卍正59－0868a05, 過洞庭湖師云何不早恁麽道僧禮拜師乃云佛法至
卍正59－0868a06, 論非競辯而求激揚鏗鏘以摧異見諸祖之道豈然乎
卍正59－0868a07, 所以一大藏教不能自詮十方諸佛不能提唱輝騰今古
卍正59－0868a08, 逈絶見知圓滿十虛寧有方所只爲情生智隔想變體殊

卍正59－0868a09, 雖終日行而不自覺於是勞他諸聖回首塵勞曲開方便
卍正59－0868a10, 所以道欲識佛性義當觀時節因緣時節旣至其理自彰
卍正59－0868a11, 作麼生是自彰底道理豈不見南泉問僧夜來好風僧云
卍正59－0868a12, 好風泉云吹落門前一枝松僧云吹落門前一枝松又問
卍正59－0868a13, 一僧夜來好風僧云是甚麼風泉云吹落門前一枝松僧
卍正59－0868a14, 云是甚麼松泉云一得一失二僧無語敢問大衆這裏合
卍正59－0868a15, 著得甚麼語若著得一轉語昨日晴今日雨總不是別人
卍正59－0868a16, 分上事若著語不得滴穿眼睛浸爛鼻孔畢竟不知痛痒
卍正59－0868a17, 在
卍正59－0868a18, 復云殺人不眨眼底立地成佛立地成佛底殺人不眨眼
卍正59－0868a19, 常記得京師法雲老杲和尙說此一件大事須是一箇入
卍正59－0868a20, 山撞見大虫驀腰捉住㔶作兩截有如此氣槩底人方可
卍正59－0868b01, 擔荷若是殃殃祥祥匙挑不上半疑半信底卒摸索不著
卍正59－0868b02, 誠哉是言所以觀使是一箇明白胸中慷慨大丈夫與湛
卍正59－0868b03, 然居士膠漆相投言氣相合平昔所願只要報答先大王
卍正59－0868b04, 劬勞莫大之恩往往貴公子中孝順如觀使者實爲希有
卍正59－0868b05, 體中舊有一小疾聞知先國夫人不安時曾批股以救之
卍正59－0868b06, 先大王不安復亦批股只觀此兩事實人之所難能他自
卍正59－0868b07, 不說向人而自然感於神明遂達聖聰特與轉官初亦
卍正59－0868b08, 再三辭免自念孝順父母乃人子之常情猶恨不能粉骨
卍正59－0868b09, 碎身況少肉乎豈敢受國家賞賜實非本心共見識有過
卍正59－0868b10, 人者如此然雖如是朝廷無以激勵風俗旣不許辭讓
卍正59－0868b11, 是所以拜而受之以此而言世間有多少不忠不孝不知
卍正59－0868b12, 父母恩者是故先佛以天堂地獄因果報應之說而化導
卍正59－0868b13, 之因記得有俗士問西堂智藏禪師曰天堂地獄爲是有

卍正59－0868b14, 爲是無藏曰有俗士乃笑藏云莫曾問尊宿來曰然藏曰
卍正59－0868b15, 尊宿向你道甚麽曰某曾問徑山國一禪師向我道無和
卍正59－0868b16, 尙因何言有藏乃問你有妻否曰有妻又問徑山和尙有
卍正59－0868b17, 妻否曰無妻藏曰徑山和尙道無郎得你看他古人出一
卍正59－0868b18, 言半句開眼也著合眼也著橫來也著竪來也著邪來也
卍正59－0868b19, 著正來也著人生世間旣未得到諸佛大解脫境界豈可
卍正59－0868b20, 撥無因果不能知恩報恩今觀使所以感他湛然此一段
卍正59－0869a01, 事得得入山齋僧請陞座說法別無希求適來所謂時節
卍正59－0869a02, 若至其理自彰今日乃是湛然本命之辰密密作此佛事
卍正59－0869a03, 以報相知之意是以釋迦老子於天鼓聲中爲諸天說法
卍正59－0869a04, 告言諸天子汝等應當知恩報恩若知恩不報必遭橫死
卍正59－0869a05, 往往世間知恩不報者不可勝數橫遭死者又不知幾何
卍正59－0869a06, 寒山子所謂一朝入地獄永作鎭庫銀蓋謂是也若是忠
卍正59－0869a07, 於君孝於親具有仁義禮智信溫良恭儉讓底人決無沈
卍正59－0869a08, 淪之理況在富貴中而不爲富貴所折困而能向般若上
卍正59－0869a09, 留心決要脫離三界二十五有輪迴見自巳本地風光本
卍正59－0869a10, 來面目猶爲難事所以四十二章經說貧窮布施難豪貴
卍正59－0869a11, 學道難却爲貴人眼前都是順境界所欲者皆如意由是
卍正59－0869a12, 迷却正念都不覺知若是逆境界却易打何故有罵詈毁
卍正59－0869a13, 辱於我旣識得破一忍過便無事唯有將順境界底事多
卍正59－0869a14, 是識不破被他牽向三塗六道去無有出期以是知順境
卍正59－0869a15, 界中折得過可謂有力大人非小根小器所能之事觀使
卍正59－0869a16, 公乃是妙喜與立道號曰妙淨居士昔潙山問仰山妙淨
卍正59－0869a17, 明心子作麽生會仰山云山河大地日月星辰潙山云只
卍正59－0869a18, 得其事不得其理仰云和尙問甚麽潙山云我問你妙淨

卍正59－0869a19, 明心仰云喚作事得麽潙云如是如是因以妙淨號之山
卍正59－0869a20, 僧夏間往會稽見師座是時妙淨偶生瘡癤聞其痛不可
卍正59－0869b01, 忍以故不及相見而能扶疾寫簡具道曲折山僧答以玄
卍正59－0869b02, 沙誤服藥而遍身白癩有僧問如何是清淨法身沙云膿
卍正59－0869b03, 滴滴地後來有箇尊宿頌得極好因說這一段事是卽還
卍正59－0869b04, 他是非卽還他非不可只臨濟下有曹洞下無曹洞下有
卍正59－0869b05, 雲門下無雲門下有法眼下無法眼下有潙仰下無除却
卍正59－0869b06, 千非歸一是到頭衲襖是寒衣你道尊宿是誰天衣懷和
卍正59－0869b07, 尙頌曰滴滴通身是爛膿釣魚船上顯家風時人只看絲
卍正59－0869b08, 輪上不見蘆花對蓼紅大衆你若理會得一頌透許你罷
卍正59－0869b09, 參便理會得保寧勇和尙頌風幡話曰蕩蕩一條官驛路
卍正59－0869b10, 寅昏曾不禁人行渾家不是不進步無奈當門莿棘生今
卍正59－0869b11, 日因甚麽說這話蓋妙淨因聽山僧陞座有箇自信處旣
卍正59－0869b12, 有自信處便搖撼他不得爲他已具決定志雖然來室中
卍正59－0869b13, 卒急道不得緣他平昔不曾與衲子相酬酢未知古人淵
卍正59－0869b14, 奥處所以三昧生莫教失脚踏著便是一箇沒最大人山
卍正59－0869b15, 僧有一箇長頌爲他發揚此事坐斷生死開塞却菩提路
卍正59－0869b16, 聞善不欣歡遇惡豈能怖明明不二門歷歷非行布昔日
卍正59－0869b17, 未嘗迷今日誰求悟便恁麽承當有甚麽遮護如是見得
卍正59－0869b18, 親佛亦不須做湛然常自如妙淨絶染汚同德又同誠同
卍正59－0869b19, 出一門戶如水入水中似膠入膠固兩鏡鬪光明若金烏
卍正59－0869b20, 玉兎請我轉法輪一念俱超度妙喜又饒舌爲伊作證據
卍正59－0870a01, 直下不容針覿面難回互跳出葛藤窠脫了娘生袴回而
卍正59－0870a02, 更相涉不爾依位住
卍正59－0870a03, 黃氏道恩請普說僧問馬祖出八十四人善知識獨有歸

卍正59－0870a04, 宗較些子圓悟出百億毛頭善知識就中和尙爲人手段
卍正59－0870a05, 最辣未審座下二千二百衆誰人堪與祖佛爲師師云掃
卍正59－0870a06, 却面前榼[木夭韭]著進云恁麼則功不浪施師云前箭猶輕後
卍正59－0870a07, 箭深進云燈籠開口笑露柱却攢眉師云干他燈籠露柱
卍正59－0870a08, 甚麼事進云只爲他慣得其便師云你且道他是阿誰慣
卍正59－0870a09, 得其便進云老和尙燈籠露柱也不識便禮拜師云好箇
卍正59－0870a10, 阿師却向燈籠露柱裏著到僧問學人每日向鉢盂匙
卍正59－0870a11, 筯針筒鞋袋裏瞻仰和尙未審和尙每日著衣喫飯折旋
卍正59－0870a12, 俯仰處還顧視學人也無師云不曾顧視進云爭奈東西
卍正59－0870a13, 南北四維上下總回避不得師云東西南北四維上下總
卍正59－0870a14, 是回避處進云某甲亦不曾見有和尙師云我已無端入
卍正59－0870a15, 荒草是你屎臭氣也不知進云恁麼則三世諸佛六代祖
卍正59－0870a16, 師天下老和尙總被和尙帶累師云裂破進云未審裂破
卍正59－0870a17, 古今後還有奇特事也無師云有進云如何是奇特事師
卍正59－0870a18, 云東山樹對西山樹上澗泉流下澗泉進云老和尙滿口
卍正59－0870a19, 道只道得八成師云你試道教十成進云禹力不到處河
卍正59－0870a20, 聲流向西師云也只道得九成僧禮拜師乃云禹力不
卍正59－0870b01, 到處河聲流向西若喚作九成句則座上無老僧座下無
卍正59－0870b02, 大衆且作麼生是十成句若有人道得三世諸佛諸代祖
卍正59－0870b03, 師天下老和尙伏聽處分還有道得底麼不見先德有言
卍正59－0870b04, 我宗無語句亦無一法與人只如坐立儼然問答縱橫畢
卍正59－0870b05, 竟明甚麼邊事還委悉麼過去諸如來斯門已成就現在
卍正59－0870b06, 諸菩薩今各入圓明未來修學人似拂子擊禪牀云當依
卍正59－0870b07, 如是法如是之法過去也恁麼見在也恁麼未來也恁麼
卍正59－0870b08, 生也恁麼死也恁麼乃至行住坐臥語默動靜無不恁麼

卍正59－0870b09, 旣然如是因甚麽釋迦老子道過去已滅未來未至現在

卍正59－0870b10, 無住無作業者無受報者此世不移動彼世不改變又喚

卍正59－0870b11, 甚麽作如是之法若向這裏見得方知上官司戶雖生本

卍正59－0870b12, 不曾生雖滅本不曾滅旣無生又無滅雲門手中扇子踊

卍正59－0870b13, 跳上三十三天[祝士]著帝釋鼻孔東海鯉魚打一棒雨似盆

卍正59－0870b14, 傾又作麽生商量喝一喝云泊合錯下注脚

卍正59－0870b15, 復云這箇是黃氏道恩爲亡夫上官司戶請說法底意旨

卍正59－0870b16, 道恩乃是智通居士之女智通是山谷家裏人黃似深尙

卍正59－0870b17, 書之子自受命後更不出官等得兒子出來仕宦他便致

卍正59－0870b18, 仕一味咬菜根修行蓋爲他早年便知無常迅速生死事

卍正59－0870b19, 大唯有祖師門下不越一念坐斷報化佛頭底一著子可

卍正59－0870b20, 以越生死苦海信得此一段事及所以夫婦同志修行以

卍正59－0871a01, 契證爲期居士純誠而根性稍鈍然於箇事未嘗放捨念

卍正59－0871a02, 念在其中縱饒今生參不得後世出頭來管取欠他底不

卍正59－0871a03, 得山僧常說與士大夫你要參妙喜禪辦取一生不會始

卍正59－0871a04, 得若要口裏說得分曉心裏思量得到妙喜這裏即無却

卍正59－0871a05, 往諸方參去你道一生在裏做工夫至死參不得底是誰

卍正59－0871a06, 泉州有箇江給事請山僧住庵四年每日只是理會這事

卍正59－0871a07, 不能得箇省發處爲他亦曾諸處參來所以多知多解只

卍正59－0871a08, 管要將來合自家底妙喜向他道你恁麽合不得渠云雪

卍正59－0871a09, 峯智和尙曾道某底是禪鑑興化亦道某底是妙喜曰往

卍正59－0871a10, 往二人者見處與公一般所以契合若要敵生死則決定

卍正59－0871a11, 未在更有箇曾侍郞字天游一生尋訪知識也曾參圓悟

卍正59－0871a12, 先師來逮見山僧竟理會自家說話不得雖理會不得然

卍正59－0871a13, 却在正路上行一日因作書告之曰公如今覺得知見少

卍正59－0871a14, 些子比似向前莫較省力渠答書云正如和尙所說後來
卍正59－0871a15, 福州有箇長老却向他道本來無悟悟是建立之詞思量
卍正59－0871a16, 這般底敢稱善知識所謂我眼本正因師故邪若言悟是
卍正59－0871a17, 建立則釋迦老子在正覺山前因見明星忽然悟道乃云
卍正59－0871a18, 奇哉一切衆生具有如來智慧德相但以妄想執著而不
卍正59－0871a19, 證得是說脫空謾人雪峯問德山從上宗乘某甲還有分
卍正59－0871a20, 也無德山打一棒云道甚麽雪峯當時如桶底脫相似也
卍正59－0871b01, 是脫空謾人洎與巖頭到鰲山阻雪雪峯一向坐禪巖頭
卍正59－0871b02, 曰何不噇眠去每日恰似七家村裏土地相似他時後日
卍正59－0871b03, 魔魅人家男女去在峯自點胸云某甲這裏未穩在不敢
卍正59－0871b04, 自謾頭云若實如此據你見處一一通來是處與你證明
卍正59－0871b05, 不是處與你剗却峯云某甲初到鹽官聞擧色空義得箇
卍正59－0871b06, 入處頭云此去三十年切忌擧著又擧見德山因緣頭喝
卍正59－0871b07, 云你不聞道從門入者不是家珍峯云他後如何卽是頭
卍正59－0871b08, 云若欲播揚大敎一一須從自已胸襟流出將來與我蓋
卍正59－0871b09, 天蓋地去峯於言下大悟禮拜起來連聲叫云今日始是
卍正59－0871b10, 鰲山成道這箇不可也是建立因往年天游說及所謂悟
卍正59－0871b11, 是建立者頗怪其邪說曰妙喜此等亦不足怪正所謂夏
卍正59－0871b12, 虫難與語氷公但以悟爲則若不多爭欲自點顯時我早
卍正59－0871b13, 知你也逮天游末後收因結果時如脫弊屣良由一生在
卍正59－0871b14, 般若上留心所以臨行之際正念現前如今世界上人爲
卍正59－0871b15, 業所牽迷了正念悉是妄想習氣所謂妄想富貴妄想官
卍正59－0871b16, 職要去一切人頭上行從旦至暮念念不停無有休息直
卍正59－0871b17, 至結交頭無少利益只添得些惡業種子爭似回這妄想
卍正59－0871b18, 底心來般若上用工夫縱未能噴地一發亦無虛棄之功

卍正59－0871b19, 往往無智慧人却疑道恐空過了歲月不如看經念佛去
卍正59－0871b20, 此則名爲可憐憫者殊不知一念起證便與從上諸佛諸
卍正59－0872a01, 祖無二無別然此是難信之法未證者不能無疑所以道
卍正59－0872a02, 此事如太火聚近之則燎却面門如按大阿擬之則喪身
卍正59－0872a03, 失命又如太末虫一切處能泊唯火焰之上不能泊何故
卍正59－0872a04, 火焰上是伊喪身失命處衆生一切處能緣具足貪欲瞋
卍正59－0872a05, 恚癡乃至向十二處十八界裏面頭出頭沒如遊園觀無
卍正59－0872a06, 不是棲泊處而不能泊於般若智焰上蓋般若智焰上不
卍正59－0872a07, 是世間情識所泊處可中上根利智之士聞恁麽道驀然
卍正59－0872a08, 打飜鼻孔般若眞智現前便能回三毒爲三聚淨戒回六
卍正59－0872a09, 識爲六神通回煩惱爲菩提回無明爲大智法體本來如
卍正59－0872a10, 是不是妙喜强差排智通居士雖未悟入然巳知箇中滋
卍正59－0872a11, 味但只管與之厮崖忽然打發便有過人處何故蓋爲工
卍正59－0872a12, 夫在前妙喜昔在荊州無盡公家與之相識是時渠尊人
卍正59－0872a13, 作湖北運使無盡每謂客曰黃似深好箇靜重子弟後來
卍正59－0872a14, 聚何相之女號空慧道人這婆子有智彗從小便知信向
卍正59－0872a15, 然專務苦行修行以此成病至於骨立山僧曾謂之曰你
卍正59－0872a16, 眞實要參妙喜禪放教自在但能持五戒足矣旣攝念在
卍正59－0872a17, 般若上則世間塵勞之念自輕不須勤苦太過不見趙淸
卍正59－0872a18, 獻公有頌云苦行修行割幻身若言成佛太謾人休誇覓
卍正59－0872a19, 得來生福未了還應入鐵城信知須修智慧不必專於苦
卍正59－0872a20, 行苦行但助道之法耳自此信得及一味做工夫後因看
卍正59－0872b01, 語錄有箇瞥地處却反笑智通山僧又向道莫要笑他莫
卍正59－0872b02, 教他一鎚打就却笑你在所以黃氏道恩遵父母之教極
卍正59－0872b03, 知信向曾在定光處參禪邵武更有箇吳元昭是參禪底

卍正59－0872b04, 士大夫有女曾嫁上官家於道恩爲叔母後捨緣隨定光
卍正59－0872b05, 出家號慈悟大師道恩常相往還理會此事今喪厥良得
卍正59－0872b06, 得遣人來阿育王山齋一千二百衲子仍供養釋迦如來
卍正59－0872b07, 眞身舍利佛盡請山僧陞座擧揚般若以資冥福觀其志
卍正59－0872b08, 誠如此不可思議因記得箇古話擧似大衆漸源在道吾
卍正59－0872b09, 作侍者未參得禪時將謂在和尙處所以向行佐坐臥一
卍正59－0872b10, 切作用處便問此事一日隨道吾至一家吊慰拊棺一下
卍正59－0872b11, 問道吾云生耶死耶吾云不道不道旣而回至中路又問
卍正59－0872b12, 和尙快與某道若不道打和尙去吾云打卽任打道卽不
卍正59－0872b13, 道源便打數拳復隨歸寺吾曰你且出去恐主事得知共
卍正59－0872b14, 你理會在源遂出去至一小院夜聞童子誦普門品云應
卍正59－0872b15, 以比丘比丘尼優婆塞優婆夷身得度者卽現比丘比丘
卍正59－0872b16, 尼優婆塞優婆夷身而爲說法忽然有省見得生耶死耶
卍正59－0872b17, 不道不道底道理却回道吾吾已遷化遂往石霜石霜知
卍正59－0872b18, 得他曾打道吾乃問侍者打先師因緣如何源云痛恨先
卍正59－0872b19, 師不與某道他旣打發此事却來這裏埋兵掉鬪須知此
卍正59－0872b20, 處要人石霜云你問我與你道源便問生耶死耶霜云不
卍正59－0873a01, 見先師道不道不道源大悟於言下山僧今日爲上官司
卍正59－0873a02, 戶陞座擧揚與他下箇注脚生耶死耶通徹不道不道直
卍正59－0873a03, 截一鎚打破虛空當下七花八烈
卍正59－0873a04, 榮侍郞請普說僧問和尙杜杖子出生三世諸佛呑却森
卍正59－0873a05, 羅萬象可尊可貴學人杜杖子只管遊山翫水通身黑似
卍正59－0873a06, 崑崙堪笑堪悲未審和尙杜杖子甚處得來師云無陰陽
卍正59－0873a07, 地上得來進云若據無陰陽地上理合寸草不生畢竟從
卍正59－0873a08, 甚處得來師云從你問處得來進云爭奈學人舌頭未嘗

卍正59－0873a09, 出口師云擔枷過狀漢進云白日青天有恁麽事師云我
卍正59－0873a10, 實見有恁麽事進云恁麽則三世諸佛也不奈和尚何師
卍正59－0873a11, 云又干他三世諸佛甚麽事進云可謂是坐斷要津不通
卍正59－0873a12, 凡聖師云我無這箇閑工夫進云設使學人通身是舌到
卍正59－0873a13, 這裏也分疎不下師云只今也分疎不少進云只如芭蕉
卍正59－0873a14, 和尚道你有柱杖子我與你柱杖子你無柱杖子我奪你
卍正59－0873a15, 柱杖子既是有柱杖子因甚麽更與既是無柱杖子又奪
卍正59－0873a16, 箇甚麽師云你衲僧眼在甚麽處進云也要大家知師云
卍正59－0873a17, 雨過溪光淡雲開嶽色沈進云恁麽則千聖立下風無人
卍正59－0873a18, 能近傍師便喝僧亦喝師云好一喝只是不知落處僧禮
卍正59－0873a19, 拜師乃云若知這一喝落處你有柱杖子我與你柱杖
卍正59－0873a20, 子你無柱杖子我奪却你柱杖子便知芭蕉落處若知芭
卍正59－0873b01, 蕉和尚落處便向無陰陽地上果然突出柱杖子亦知落
卍正59－0873b02, 處既知得柱杖子落處即知三世諸佛諸代祖師天下老
卍正59－0873b03, 和尚落處乃至山河大地萬象森羅色空明暗一時知得
卍正59－0873b04, 落處若知得許多落處方知得自已十二時中拈匙把筯
卍正59－0873b05, 折旋俯仰落處既知得這箇落處即知生落處既知生落
卍正59－0873b06, 處即知死落處所以道生死交謝寒暑迭遷有物流動人
卍正59－0873b07, 之常情只這流動底物還有人知落處也無頁久云只今
卍正59－0873b08, 休去便休去若覔了時無了時復云這箇滎侍郎某與之
卍正59－0873b09, 聲迹相聞三十年竟未識面惟書問往還不輟古人一傾
卍正59－0873b10, 蓋便如故吾二人未傾蓋已如故蓋彼此道眼相照初無
卍正59－0873b11, 間隔所謂張氏者爲離鄉日久不知父母存亡念念思憶
卍正59－0873b12, 以致成病此來聞山中建般若會所以特損淨賄修設水
卍正59－0873b13, 陸請山僧陞座說法以報劬勞莫大之恩或若尚居人世

卍正59－0873b14, 願福壽增延其或已謝世緣願超昇佛界不滯幽塗修設
卍正59－0873b15, 之意如是而已教中云假使左肩擔父右肩擔母遶須彌
卍正59－0873b16, 山百千萬億匝終不能報父母少分之恩以此言之人生
卍正59－0873b17, 世間不孝父母者何異禽獸豈不念此身從生至長片衣
卍正59－0873b18, 口食以至成家立業從甚處得來有箇聰明士大夫初生
卍正59－0873b19, 下來其家嫌兒女多以水淹之不殺遂得一嬸養之及其
卍正59－0873b20, 身貴被人攛掇不爲所生母持服妙喜當時聞之因謂客
卍正59－0874a01, 曰若果爾恐陷這官人被言章去何故你做如許大官職
卍正59－0874a02, 享富貴甚麼得來父母若棄嫌舜亦須不孝瞽瞍始得說
卍正59－0874a03, 這話未數日果然遭章方知妙喜說得是又有箇士大夫
卍正59－0874a04, 生下來亦羅此難當時亦得嬸婆養之逮至長成知有所
卍正59－0874a05, 生母便去孝養及其死便解官持服這箇方始謂之知恩
卍正59－0874a06, 報恩在人天正路上行底人是以釋迦老子在兜率天於
卍正59－0874a07, 天鼓聲中爲諸天子說法告言諸天子汝等當知恩報恩
卍正59－0874a08, 若知恩不報必遭橫死往往世間人多是背恩忘義所以
卍正59－0874a09, 沈淪惡趣惟我出家兒父母不供甘旨六親固已棄離入
卍正59－0874a10, 於空門持齋奉戒爲學無上菩提驀然明見自已本來面
卍正59－0874a11, 目非但今生父母假使百劫千生父母劬勞之恩一時報
卍正59－0874a12, 畢所以道一念普觀無量劫無去無來亦無住如是了知
卍正59－0874a13, 三世事超諸方便成十力只要一念不生前後際斷直下
卍正59－0874a14, 悟入佛之知見雖然如是不可只恁麼說了便休却須是
卍正59－0874a15, 親證親悟始得且作麼生是親證親悟處僧問趙州狗子
卍正59－0874a16, 還有佛性也無州云無這裏若悟去塵沙諸佛盡在無字
卍正59－0874a17, 上百雜碎然士大夫多被聰明靈利障却正見所以般若
卍正59－0874a18, 不能現前蓋聰明靈利底人性識先行纔見宗師開口言

卍正59－0874a19, 前先會了被這箇作障難如一座須彌山障却自已本來
卍正59－0874a20, 面目所以不知生從何處來死從何處去底一段事要得
卍正59－0874b01, 知麼須是悟若不悟說到盡未來際摠是閑言長語所以
卍正59－0874b02, 道未悟須是悟悟得不是悟我家悟處不可悟不可悟處
卍正59－0874b03, 無不悟
卍正59－0874b04, 無相居士請普說僧問百千諸佛居何土崔灝曾題黃鶴
卍正59－0874b05, 樓會得長沙無剩語乾坤只在一毛頭這是學人線袋針
卍正59－0874b06, 筒裏抖擻將來底百千諸佛向上一句請和尙道師云一
卍正59－0874b07, 拳拳倒黃鶴樓一踢踢飜鸚鵡洲進云直得有意氣時添
卍正59－0874b08, 意氣不風流處也風流師云你却做得崔灝底奴進云和
卍正59－0874b09, 尙旣恁麼某甲亦恁麼有甚麼過師云你不合恁麼老僧
卍正59－0874b10, 當恁麼進云這一片田地是學人十分成現久矣又干老
卍正59－0874b11, 和尙甚麼事師云爭奈中間樹子猶屬老僧在進云未審
卍正59－0874b12, 中間樹子和尙有來多少時也師云中間樹子元不動惱
卍正59－0874b13, 亂春風卒未休進云恁麼則天人羣生類皆承此恩力師
卍正59－0874b14, 云你這一句從甚處得來進云某甲雖有父母所生口終
卍正59－0874b15, 不對衆作脫空師云也有些子進云和尙大似只見錐頭
卍正59－0874b16, 利不見鑿頭方師云你却只見鑿頭方不見錐頭利進云
卍正59－0874b17, 彼此得利失利不離行市師云人平不語水平不流進云
卍正59－0874b18, 只供養百千諸佛不如供養一箇無心道人百千諸佛已
卍正59－0874b19, 供養未審無心道人向甚麼處安排師云渠無位次不用
卍正59－0874b20, 安排進云可謂天上人間三頭六臂師云人從陳州來却
卍正59－0875a01, 得許州信進云某甲若不上來爭知恁麼師云忿怒那吒
卍正59－0875a02, 撲帝鐘進云和尙恁麼道還當得無心道人分上事也無
卍正59－0875a03, 師云作麼生當不得進云忽有箇牙如劍樹口似血盆底

卍正59－0875a04, 人出來不肯和尙恁麽道又作麽生師云却許伊具眼進
卍正59－0875a05, 云電光石火存機變誰敢當頭將虎鬚師云孟八郞漢又
卍正59－0875a06, 恁麽去也進云摠因和尙致得師云鐵蛇鑽不入進云只
卍正59－0875a07, 如廣額屠兒道我是賢劫千佛中一數只今千佛摠在這
卍正59－0875a08, 裏未審那箇是廣額屠兒師云生鐵鑄就進云大小王老
卍正59－0875a09, 師今日錯下注脚師云你又作麽生進云生鐵鑄就師云
卍正59－0875a10, 錯錯進云是是師便喝僧問德山臨濟棒喝齊施達磨
卍正59－0875a11, 西來將何傳授師云廬陵米作麽生價進云不問廛陵米
卍正59－0875a12, 價和尙將何爲人師云劍去久矣爾方刻舟進云只如達
卍正59－0875a13, 磨西來直指人心二祖爲甚麽道覓心了不可得師云達
卍正59－0875a14, 磨不曾西來二祖亦不曾覓心進云爭奈和尙是他兒孫
卍正59－0875a15, 師云目前無闍梨座上無老僧進云大似龍頭蛇尾師云
卍正59－0875a16, 且莫錯會僧禮拜師乃云達磨不來東土二祖不往西
卍正59－0875a17, 天是以四海浪平百川潮落任是三世諸佛到這裏無揷
卍正59－0875a18, 足處六代祖師到這裏亡鋒結舌恁麽不恁麽如水上按
卍正59－0875a19, 葫蘆等閑觸著轉轆轆地拘牽他不得惹絆他不得描畫
卍正59－0875a20, 他不得飾飣他不得恁麽也不得不恁麽也不得恁麽不
卍正59－0875b01, 恁麽摠不得然後赤[骨乞][骨歷]地跳出來方可與伊眼上安眉
卍正59－0875b02, 教伊洒洒落落去正當恁麽時釋迦彌勒猶是他奴且道
卍正59－0875b03, 他是阿誰若識得他面目無三界可出無菩提可求人與
卍正59－0875b04, 非人性相平等旣是性相平等却喚甚麽作達磨喚甚麽
卍正59－0875b05, 作二祖誰爲覓心者誰是安心者誰是傳衣鉢者直得十
卍正59－0875b06, 方無壁落四面亦無門淨倮倮赤洒洒沒可把直饒恁麽
卍正59－0875b07, 切忌向衲僧門下過且道衲僧門下別有甚麽長處還委

卍正59－0875b08, 悉麼千箇成羣萬箇作隊睡則同處睡夢則各自做以拂
卍正59－0875b09, 子擊禪牀一下云
卍正59－0875b10, 復云無相居士某與之素昧平昔二十年書問往還自得
卍正59－0875b11, 譴衡陽梅陽首尾十七年來相煖熱所以不忍饑受凍皆
卍正59－0875b12, 居士輟已以相濟人非土木寧不知感然居士一片眞實
卍正59－0875b13, 志孝之心可謂上貫日月應是縉紳士人乃至叢林衲子
卍正59－0875b14, 無不知者而又爲猛烈作事所以適來禪客問廣額屠兒
卍正59－0875b15, 因緣他是箇猛烈慷慨漢作惡旣猛烈成佛亦猛烈何故
卍正59－0875b16, 喚作廣額屠兒因其額闊故以名之每日惟務殺生忽一
卍正59－0875b17, 日見世尊說涅槃自性人人具足若能一念不生前後際
卍正59－0875b18, 斷不假三無數劫便證阿耨多羅三藐三菩提三纔聞是語
卍正59－0875b19, 豁然心開頓語無生法忍卽時腰間抽取一柄刀攛在佛
卍正59－0875b20, 前白言世尊我是賢劫千佛中一數於時世尊爲作證明
卍正59－0876a01, 告言善來廣額旃陀羅汝是賢劫千佛中一數所以一大
卍正59－0876a02, 藏教大喩三千小喩八百於中一生成佛者只三人而已
卍正59－0876a03, 何以知之法華會上婆竭羅龍女年始八歲獻佛寶珠便
卍正59－0876a04, 於南方無垢世界坐寶蓮花成等正覺華嚴會上善財童
卍正59－0876a05, 子不越一念成等正覺涅槃會上廣額旃陀羅放下屠刀
卍正59－0876a06, 成等正覺只此便是勇猛精進不起第二念立地成佛底
卍正59－0876a07, 樣子也然世間惡事易易好事難成蓋於逆順境界往往
卍正59－0876a08, 打不過所以隨他流轉若是逆境界却易打惟有順境界
卍正59－0876a09, 最難打何故且如無相居士平生多是順境界底事被他
卍正59－0876a10, 識得破知身是幻叉念青山長在知識難逢故能於富貴
卍正59－0876a11, 中急流勇退此實人之所難若更向自巳脚跟下推窮元
卍正59－0876a12, 初未來鄧家託生時在甚處安身立命及至百年之後只

卍正59－0876a13, 今在此聽法底一段歷歷孤明却向甚麼處去忽然知得
卍正59－0876a14, 來去處分明與從上諸佛諸祖無二無別常說與士大夫
卍正59－0876a15, 學此道無他但生處放教熟熟處放教生久久自然得力
卍正59－0876a16, 纔覺日用應緣處省力時便是修行得力處如山僧住徑
卍正59－0876a17, 山纔四年遂得譴前年荷聖恩寬大得脫瘴鄉已是僥
卍正59－0876a18, 倖旣而復還本來面目更令掃洒當山固不敢有所推托
卍正59－0876a19, 直下承當然念住持涉世非老者所宜始欲抽頭終成掣
卍正59－0876a20, 肘蓋與育主一千二百衲子結得般若緣重所以將錯就
卍正59－0876b01, 錯且將順之近因信步寺前偶見一穴地竊意異時可作
卍正59－0876b02, 歸休之處然不知其風水何若元來因緣會遇自有時節
卍正59－0876b03, 偶然無相帶得陰陽文字來又得其精妙試請看之稱以
卍正59－0876b04, 爲善山僧常記宣和間行脚到鄧州香巖見忠國師堂內
卍正59－0876b05, 有魚軍容像蓋國師別長安時代宗令軍容送歸南陽其
卍正59－0876b06, 後國師因尋壽穴軍容善地理乃指白崖山爲勝處且願
卍正59－0876b07, 侍香火於其傍國師然之所以香嚴至今齋粥二時念誦
卍正59－0876b08, 先爲肅代二宗次爲國師軍容是四人者周而復始山僧
卍正59－0876b09, 雖非忠國師而無相居士大勝軍容何故昔者軍容求進
卍正59－0876b10, 而不求退今無相念念要休閑尋師訪道所以得得來育
卍正59－0876b11, 王供佛齋僧請擧揚般若報塔聖天子莫大之恩又施
卍正59－0876b12, 俸資爲山僧買田造庵作種種殊勝事誓願盡未來際爲
卍正59－0876b13, 佛法外護誠不愧於古人昔日黃龍新和尙法嗣瑯琊覺
卍正59－0876b14, 和尙二十年建一大刹可安數百僧有人問今堂中衆不
卍正59－0876b15, 甚多要架許多屋作麽對曰非汝所知旣而寺成乃白郡
卍正59－0876b16, 將乞請黃檗南禪師來主之逮南公住持新和尙歸寂南
卍正59－0876b17, 夜夢一異人來白之言某是當山土地爲西堂和尙有功

卍正59－0876b18, 於山門所以願守其塔南公許之遂命工塑新者以易之
卍正59－0876b19, 看他前輩用心殊勝感得鬼神守塔自後黃龍屢經回祿
卍正59－0876b20, 唯塔與土地存焉今日居士請山僧談禪又不可一向世
卍正59－0877a01, 諦流布不免却說些古人因緣且要佛法世法一時周足
卍正59－0877a02, 記得雲門行脚到江州赴陳操尙書齋陳便問儒書郎不
卍正59－0877a03, 問上座三乘十二分敎自有座主作麽生是衲僧行脚事
卍正59－0877a04, 門云尙書曾問幾人來書云只今問上座門云只今且致
卍正59－0877a05, 作麽生是敎意你看雲門是作家陳尙書本要勘他却被
卍正59－0877a06, 雲門借婆帔子拜婆年倒轉話頭便問作麽生是敎意陳
卍正59－0877a07, 尙書只得供過他答云黃卷赤軸門云這箇是文字語言
卍正59－0877a08, 作麽生是敎意書云口欲談而詞喪心欲緣而慮忘門云
卍正59－0877a09, 口欲談而詞喪爲對有言心欲緣而慮忘爲對妄想作麽
卍正59－0877a10, 生是敎意尙書無語門云見說尙書看法華經是否曰是
卍正59－0877a11, 門云經中道治生產業皆與實相不相違背且道非非想
卍正59－0877a12, 天有幾人退位尙書又無語你莫道他眞箇不會所以被
卍正59－0877a13, 雲門折挫此事唯證乃知難可測大法一明如珠走盤如
卍正59－0877a14, 盤走珠無不可者又如獅子遊行不求伴侶箭旣離弦無
卍正59－0877a15, 返回勢所以先德道我立地待汝究去又道我坐地待汝
卍正59－0877a16, 究去雪峰道臨河渴底人無數飯羅邊餓底人如恒河沙
卍正59－0877a17, 雲門道通身是飯通身是水這般說話喚作無味之談塞
卍正59－0877a18, 斷人口你若開眼得受用如在自家屋裏行一般旣是屋
卍正59－0877a19, 裏人說些屋裏話居士發心旣眞實妙喜說亦眞實昨日
卍正59－0877a20, 見同來蒙庵主說居士令嗣閤使要畫他尊人喜神求妙
卍正59－0877b01, 喜讚以行速故不逮今居士旣作山僧建壽塔檀越遂與
卍正59－0877b02, 刻一身喜神永留庵中庶幾異時可以追黃龍故事因爲

卍正59－0877b03, 讚曰渾剛打就脊梁骨磊落塵中過量人一去萬牛挽不
卍正59－0877b04, 住便是渠儂身內身
卍正59－0877b05, 永大師請普說師云叢林舊無普說有來方五六十年始
卍正59－0877b06, 因眞淨和尙尋常不入室時便爲大衆普說如普說入室
卍正59－0877b07, 一般又愛與學者厮禪或問監寺近日如何或問首座近
卍正59－0877b08, 日作麼生或問潙山水牯牛你如何會學者便答一句看
卍正59－0877b09, 來又似好又似不好何故字經三寫烏焉成馬引得後來
卍正59－0877b10, 叢林有一般兄弟專以厮禪爲事不管道理是不是末後
卍正59－0877b11, 多一句便是贏得禪泐潭湛堂和尙每見師僧在廊下也
卍正59－0877b12, 須與他厮禪則箇常記得山僧一日在實際寮湛堂引官
卍正59－0877b13, 客來閑行見山僧看經便問看甚麼經對云金剛經堂云
卍正59－0877b14, 經中道是法平等無有高下是否對云是又問因甚麼雲
卍正59－0877b15, 居山高寶峰低山對云不見道是法平等無有高下堂云
卍正59－0877b16, 杜撰禪和如麻似粟便出去少間官人問他適來箇上座
卍正59－0877b17, 祇對得是否堂云放屁合著大石調山僧背後聽得暗地
卍正59－0877b18, 歡喜蓋明眼宗師知得你已在正路上行又一日因修鐘
卍正59－0877b19, 樓樓下元有地藏十王塑像普請移出安在三門頭是時
卍正59－0877b20, 山僧亦捧一身堂問你手裏大王姓甚麼山僧云姓梁蓋
卍正59－0878a01, 湛堂姓也堂遂以手作展樸頭脚勢云爭奈姓梁底少這
卍正59－0878a02, 箇對曰雖然少這箇鼻孔不多爭堂云杜撰禪和如麻似
卍正59－0878a03, 粟又一日從馬祖殿下來厮撞著便問你近日爲甚麼鼻
卍正59－0878a04, 孔不見半邊山僧對曰寶峰門下堂云杜撰禪和如麻似
卍正59－0878a05, 粟今時兄弟只作戲論殊不知法無戲論只貴天眞自然
卍正59－0878a06, 道得一句盤山有言譬如擲劒揮空莫論及之不及如尋
卍正59－0878a07, 常室中問學者喚作竹篦即觸不喚作竹篦即背你若天

卍正59－0878a08, 眞自然道得一句就一句上與一拶更道得一句又與一
卍正59－0878a09, 拶纔擬議劈脊與一捧敎出去這箇是活祖師意不是印
卍正59－0878a10, 板上打來模子裏脫出底古德云非離眞而立處立處卽
卍正59－0878a11, 眞非是强爲法如是故近年來叢林中多愛商量公案這
卍正59－0878a12, 裏又者駕甚麼語那裏又好別一轉語古人在這裏失脚
卍正59－0878a13, 一隻眼我却爲他出一隻眼都不求悟門好沒緊要妙喜
卍正59－0878a14, 在衆裏時五家宗派都理會來至於仰山許多圓相待無
卍正59－0878a15, 事時爲諸人從頭擧一遍只可發一笑至於雪竇頌古衆
卍正59－0878a16, 中說情解底禪如恒河沙自家喚作惡口不敢拈出如佛
卍正59－0878a17, 鑑佛眼先師三人同出一師門亦自有三般道理各各當
卍正59－0878a18, 人據他所得處爲人然如今早見漏逗也何故佛鑑下有
卍正59－0878a19, 一種作鵓鳩鳴野鴨叫佛鑑何曾有恁麽事佛眼下有一
卍正59－0878a20, 種主張因我得禮你指燈籠露柱但是眼見耳聞皆是因
卍正59－0878b01, 我得禮你無不是心佛眼又何曾有恁麽事老和尙擊石
卍正59－0878b02, 火閃電光如今也成大窠窟引得後來學者擧了便會了
卍正59－0878b03, 不是心不是佛不是物擧了便會了這箇是錯認方便只
卍正59－0878b04, 管弄業識癡團囮你不見山僧前日說底你若會得密在
卍正59－0878b05, 汝邊不干我事舊時蜀中有箇婆子喚作寂壽道人曾在
卍正59－0878b06, 昭覺參老和尙敎看不是心不是佛不是物是甚麽看來
卍正59－0878b07, 看去無箇入頭處一日告老和尙云某甲看這話都未有
卍正59－0878b08, 趣向不知和尙別有甚麽方便伏望慈悲先師云我有箇
卍正59－0878b09, 方便你但擧婆子便擧不是心不是佛不是物是甚麽先
卍正59－0878b10, 師云與你除却箇是甚麽婆子聞擧言下有省後來隨兒
卍正59－0878b11, 子赴官斬州便往黃梅東山見五祖老和尙禮拜燒香求
卍正59－0878b12, 入室一日五祖問釋迦彌勒猶是他奴且道他是誰婆子

卍正59－0878b13, 便點似他祖不覺失聲云事大你那裏得來婆子依實供
卍正59－0878b14, 通云某曾見昭覺和尙來五祖歡喜踊躍引去諸寮相看
卍正59－0878b15, 信知禪門中別無奇特玄妙唯有這脚蹈實地底一著子
卍正59－0878b16, 須是自肯始得近世爲宗師者老婆心切爲人代語這箇
卍正59－0878b17, 最敎壞人家男女未說別人如死心和尙也有這箇病痛
卍正59－0878b18, 有箇宜大頭是靈源禪子來雲巖掛搭死心要請充維那
卍正59－0878b19, 宜不肯死心云你與我做維那待老僧非時爲你入室宜
卍正59－0878b20, 乃受之其時參靈源底兄弟多不肯死心一日宜以職事
卍正59－0879a01, 當稟方丈上去見死心心錯認他來入室叫行者裝香宜
卍正59－0879a02, 郎忙退身借香[匚扁]坐具去燒香禮拜了倒問死心守宜非
卍正59－0879a03, 時上來請和尙答話心云恰値死心不在宜云何得當面
卍正59－0879a04, 諱却心云不好你作老僧我却答你宜便云恰値死心不
卍正59－0879a05, 在心云謝答話可知是難得人死殺那漢如此尊宿尙自
卍正59－0879a06, 與人代語敎學者自道始得常記山僧在夷門一日送亡
卍正59－0879a07, 僧老和尙問亡僧遷化向甚麽處去山僧答一轉語老和
卍正59－0879a08, 尙云你這語只道得八成你問我與你道山僧掩耳云莫
卍正59－0879a09, 惡口老和尙呵呵大笑這老子古錐有時室中見禪和子
卍正59－0879a10, 下得語不是怨倰不禁也爲他代語山僧每見他掛牌愛
卍正59－0879a11, 去外頭聽一日又要爲人代語望見山僧乃云風漢在外
卍正59－0879a12, 面壁聽遂休山僧在雲居秉拂曾擧有一僧辭覆船去見
卍正59－0879a13, 雪峯峯問近離甚處僧云覆船峯云生死海未渡爲甚麽
卍正59－0879a14, 覆却船僧無語却回擧似覆船船云何不道渠無生死其
卍正59－0879a15, 僧歡喜復往雪峯峯問還道得也未僧云道得峯云試道
卍正59－0879a16, 看僧云渠無生死只見雪峯從禪牀上走下來把住這僧
卍正59－0879a17, 云此不是汝語僧云不敢實是覆船恁麽道峯云我有二

卍正59－0879a18, 十棒打覆船二十棒老僧自喫不干闍梨事妙喜云是郎
卍正59－0879a19, 是不干這僧事二十棒雪峯何須自喫當時呆上座添作
卍正59－0879a20, 四十只打覆船爲甚麼如此老老大大不合與人代語老
卍正59－0879b01, 和尙聞而笑曰這漢無狀蓋師資相忘敢爾所謂代語只
卍正59－0879b02, 成敎壞他於他何益近時諸方又愛理會宗旨有密室傳
卍正59－0879b03, 授底禪殊不知正是惡口何故此事撥白露淨如千日並
卍正59－0879b04, 照不見香嚴因擊竹作聲忽然大悟便道一擊忘所知又
卍正59－0879b05, 何曾密室傳授來信知唯證乃知難可測如定光往年從
卍正59－0879b06, 雪峯下來廣因參禪一日聞老僧室中擧不是心不是佛
卍正59－0879b07, 不是物他在外頭彷佛有箇動靜處少間要來通消息老
卍正59－0879b08, 僧喝云不是出去一日却問他不是心不是佛不是物你
卍正59－0879b09, 如何會云妙道只恁麼會老僧云㘞多了箇只恁麼會他
卍正59－0879b10, 忽然理會得乃云慚愧若不得和尙幾在半塗且不是說
卍正59－0879b11, 脫空定光如今現在這裏這箇永上座極有心力孜孜爲
卍正59－0879b12, 道定光兩處住院最得他此際又相隨來育王今夜請普
卍正59－0879b13, 說要妙喜說些學道蹊逕山僧却有箇方便敎諸人易見
卍正59－0879b14, 不是心不是佛不是物一時與你注脚了久立
卍正59－0879b15, 安靜道人李氏請普說師云一言道盡千聖萬聖同一舌
卍正59－0879b16, 頭一句當陽千聖萬聖亡鋒結舌當知此事不可以有心
卍正59－0879b17, 求不可以無心得不可以語言造不可以寂默通可中有
卍正59－0879b18, 箇牙劍樹口你血盆一棒打不回頭將四路葛藤一劃
卍正59－0879b19, 劃斷直得三世諸佛諸代祖師天下老和尙稽首合掌讚
卍正59－0879b20, 嘆不及若未到這田地直須退步向自已脚跟下推窮尋
卍正59－0880a01, 逐推窮來推窮去心無所之向這裏赤[骨乞][骨歷]地跳出來便
卍正59－0880a02, 與三世諸佛爲師諸代祖師爲師天下老和尙爲師不見

卍正59－0880a03, 古人道寧作心師莫師於心若恁麼提持得去許汝高步
卍正59－0880a04, 毘盧頂不稟釋迦文若提持不得亦不欠少爲甚麼如此
卍正59－0880a05, 以拂子擊禪牀一下喝一喝云且置是事
卍正59－0880a06, 復云這箇安靜道人乃是太宗皇帝駙馬李和文都尉
卍正59－0880a07, 五世孫所以深知信向在昔和文具大根器深造此道得
卍正59－0880a08, 法於葉縣省和尙如汾陽無德禪師廣慧璉和尙大陽明
卍正59－0880a09, 安智門祚琅琊覺洞山聰唐明嵩盡參見這般尊宿至如
卍正59－0880a10, 與慈明激揚問答具載國史其略云李某與沙門楚圓激
卍正59－0880a11, 揚妙道唱和偈句流布諸方一日請唐明嵩和尙暨汾陽
卍正59－0880a12, 諸大老擧揚佛法葉縣省和尙末後陞座一詞不措良久
卍正59－0880a13, 喝一喝以柱杖橫按膝上左右顧視把柱杖拗作兩截便
卍正59－0880a14, 下座少須大王問和文適來箇長老有甚事惡發和文曰
卍正59－0880a15, 不然他是臨濟下尊宿直下受用不存凡聖此語亦載于
卍正59－0880a16, 方册中安靜道人是他種草信得此段大事及所以不憚
卍正59－0880a17, 苦寒遠遠入山瞻禮舍利齋雲堂淸淨禪衆要結當當來
卍正59－0880a18, 世無上佛果菩提因緣是故華嚴經云信爲道源功德母
卍正59－0880a19, 長養一切諸善法信能增長智功德信能必到如來地況
卍正59－0880a20, 此事在凡同凡在聖同聖向一切處作大佛事若應以宰
卍正59－0880b01, 官身得度者卽現宰官身而爲說法應以比丘比丘尼乃
卍正59－0880b02, 至婆羅門婦女身得度者卽皆現之而爲說法此是先佛
卍正59－0880b03, 所說眞實不虛且道後來還有證據也無安得無豈不見
卍正59－0880b04, 傳燈錄載唐文宗好嗜蛤蜊一日御廚中有壁不開者監
卍正59－0880b05, 廚使奏帝以爲異因焚香禱之乃開見觀音形梵相具足
卍正59－0880b06, 帝貯以金粟檀香匣乃宣左右街供奉經論大德問此何
卍正59－0880b07, 祥耶皆無知者乃奏云終南山有惟政禪師者深明佛理

卍正59－0880b08, 必知此事文宗遂詔問之政曰臣聞物理無慮應此乃啓
卍正59－0880b09, 陛下信心耳帝曰出何教典政曰不見契經云應以此身
卍正59－0880b10, 得度者卽現此身而爲說法文宗具大知見便道此身
卍正59－0880b11, 已現但未聞說法耳宗師家若開榱子不轉定被靠倒政
卍正59－0880b12, 曰陛下覩此爲常耶非常耶信耶不信那帝曰希奇之事
卍正59－0880b13, 朕深信焉政曰陛下已聞說法竟文宗於此如睡夢覺如
卍正59－0880b14, 蓮花開所以參學之士欲造先聖閫域當從信門而入安
卍正59－0880b15, 靜道人少時曾乞名於京師法眞和尙眞以法因名之往
卍正59－0880b16, 歲得書來覓道號是時適値山僧看華嚴經經中偶有安
卍正59－0880b17, 靜字欣然將以號之今日特請擧揚要聞般若淨名曰法
卍正59－0880b18, 不可見聞覺知若行見聞覺知是則見聞覺知非求法也
卍正59－0880b19, 元來此法卽見聞覺知學不得若離見聞覺知亦不得到
卍正59－0880b20, 這裏須知有一條活路若識得這活路法在汝邊不干我
卍正59－0881a01, 事方知古人道我爲法王於法自在得失是非焉有絓礙
卍正59－0881a02, 須是具決定信一去萬牛挽不回底漢方可荷負且道世
卍正59－0881a03, 上誰是恁麼人便是現在育王山裏楊頭陀渠本是士人
卍正59－0881a04, 曾獲兩薦取功名富貴已有涯涘却能自警覺此坐三十
卍正59－0881a05, 餘歲大事未明世間聲色利祿何時是了聞得妙喜住育
卍正59－0881a06, 王遙從行朝來要求出家望見山僧在寢堂上坐足未越
卍正59－0881a07, 閫先卸下帽子解却衫[衣帶]碎擘了袖中出一柄剪刀自斷
卍正59－0881a08, 其髮投地作禮妙喜告之曰子何不商量耶曰某特來禮
卍正59－0881a09, 和尙爲師和尙儻言未可教某如何卽是山僧首肯之這
卍正59－0881a10, 箇便是具決定信底樣子也安靜道人亦有決定信要學
卍正59－0881a11, 無上菩提又與空慧道人爲友空慧亦問道於山僧曾因
卍正59－0881a12, 看古人公案有箇領略處自後直是得受用旣得好道伴

卍正59－0881a13, 正好修行因記得西天有一外道於人天大衆前要與佛
卍正59－0881a14, 論義自言我義若墮道斬首以謝之瞿曇若義墮當爲我
卍正59－0881a15, 作弟子世尊乃問外道汝義以何爲宗曰以一切不受爲
卍正59－0881a16, 宗外道意謂我所立義凡也不受聖也不受善也不受惡
卍正59－0881a17, 也不受佛及衆生一切不受所以立一切不受爲宗也不
卍正59－0881a18, 妨是箇惺惺底外道佛便問是見受否大意言旣一切不
卍正59－0881a19, 受時只汝能知不受底能說不受底還受不受外道思量
卍正59－0881a20, 一上了不覺[祝土]底又也會瞞人卽時拂袖出去其徒謂其
卍正59－0881b01, 義勝手執赤幡隨之而去外道至中路語其徒曰我當回
卍正59－0881b02, 去斬首以謝世尊其徒曰我師不曾有語何負墮乎曰佛
卍正59－0881b03, 問我義以何爲宗答以一切不受爲宗又問是見受否吾
卍正59－0881b04, 所以默而無對者蓋審思吾所立義以一切不受爲宗是
卍正59－0881b05, 見若受其義自墮若言是見不受無義可立是見若受負
卍正59－0881b06, 門處贏是見不受負門處細吾寧於有智人前斬首不於
卍正59－0881b07, 無智人前得勝旣到佛所具陳上事將自斷其首世尊曰
卍正59－0881b08, 善來外道我宗無如是事汝當皈依佛法僧彼依佛教應
卍正59－0881b09, 時袈裟著體鬚髮自落便證阿耨多羅三藐三菩提後來
卍正59－0881b10, 天衣懷和尙頌得極好曰是見若受破家門是見不受與
卍正59－0881b11, 誰論[匚扁]檐折兩頭脫一毛頭上現乾坤噁好大衆天衣
卍正59－0881b12, 古佛眞善知識山僧往日參得禪了因見此頌更進得一
卍正59－0881b13, 步信知禪不問五家宗派只要自得自悟若得恁麽無我
卍正59－0881b14, 無人無佛無衆生所謂內空外空內外空乃至空亦不可
卍正59－0881b15, 得然後向空亦不可得處建立一切法掃蕩一切法成就
卍正59－0881b16, 一切法破壞一切法如當門按劒凡聖俱絶更欲葛藤老
卍正59－0881b17, 來氣力有限教中所謂乃至深愛法者亦不爲多說雖如

卍正59－0881b18, 是巳是郎當不少適來本只做得一頌作箇收殺臨欲陞
卍正59－0881b19, 座方聞得安靜道人是李和文之後因此更做得一頌一
卍正59－0881b20, 時舉以大衆衆生心是佛國土佛國土是衆生心如能一
卍正59－0882a01, 念摠超越世出世間無事人莫言吾教巳寂寞須信典刑
卍正59－0882a02, 今尙存要知安靜源流本便是和文五世孫
卍正59－0882a03, 大慧普覺禪師普說二

《《 민족문화 학술총서를 내면서 》》》》》》

21세기의 새로운 미래를 향해 나아가는 현 시점에서 한국학 연구는 새로운 전기를 맞이하고 있다. 한국은 물론이고, 아시아·구미 지역에서도 한국학에 대한 관심은 고조되고 있으며 여러 분야에서 다각도로 심층적인 분석이 이루어지고 있다. 이러한 추세에 발맞추어 우리나라의 한국학 연구자들도 지금까지의 연구를 기반으로 하여 방법론뿐 아니라, 연구 영역에서도 보다 심도 있는 연구가 요청되고 있는 형편이다. 따라서 우리는 동아시아 속의 한국, 더 나아가 세계 속의 한국이라는 관점에서 민족문화의 주체적 발전과 세계 문화와의 상호 관련성을 중시하는 방향에서 연구를 진행해야 할 것이다.

본 한국민족문화연구소는 한국문화연구소와 민족문화연구소를 하나로 합치면서 새롭게 도약의 발판을 마련한 이래 지금까지 민족문화의 산실로서 중요한 역할을 수행해 왔다. 그런 중에 기초 자료의 보존과 보급을 위한 자료총서, 기층 문화에 대한 보고서, 민족문화총서 및 정기학술지 등을 간행함으로써 연구소의 본래 기능을 확충시켜 왔다. 이제 이러한 성과를 바탕으로 한국학 연구자의 연구 성과를 보다 집약적으로 발전시켜 나아가기 위해서 민족문화 학술총서를 간행하고자 한다.

민족문화 학술총서는 한국 민족문화 전반에 관한 각각의 연구를 체계적으로 정리함으로써 본 연구소의 연구 기능을 극대화하는 역할을 할 것으로 기대한다. 또한 본 학술총서의 간행을 계기로 부산대학교 한국학 연구자들의 연구 분위기를 활성화하고 학술 활동의 새로운 장이 되기를 바란다.

아울러 본 학술총서는 한국학 연구의 외연적 범위를 확대하는 의미에서 한국학 관련 학문과의 상호 교류의 장이자, 학제간 연구의 중심 기능을 수행함으로써 명실상부한 한국학 학술총서로서 자리잡을 수 있도록 해야 할 것이다.

1997년 11월 20일

부산대학교 한국민족문화연구소

• 저자 •

정영식

• 약 력 •

부산대학교 철학과 박사과정 수료
일본 동경대학 인도철학 불교철학 연구실 석사 · 박사 과정 졸업
현 부산가톨릭대학교 연구원

• 주요논저 •

「朝鮮初期『儒釋質疑論』에 나타난 儒佛觀」
「호국불교와 불교의 국가관 -청담대종사의 호국사상과 관련해서」
「대혜종고의 묵조선비판의 대상에 대한 재고」
외 다수

민족문화 학술총서 49

韓國看話禪의 源流

• 초판 인쇄 2007년 7월 31일
• 초판 발행 2007년 7월 31일

• 지 은 이 정영식
• 펴 낸 이 채종준
• 펴 낸 곳 한국학술정보㈜
경기도 파주시 교하읍 문발리 526-2
파주출판문화정보산업단지
전화 031) 908-3181(대표) · 팩스 031) 908-3189
홈페이지 http://www.kstudy.com
e-mail(출판사업부) publish@kstudy.com
• 등 록 제일산-115호(2000. 6. 19)
• 가 격 40,000원

ISBN 978-89-534-7395-9 93220 (Paper Book)
978-89-534-7396-6 98220 (e-Book)